Spanish for Oral and Written Review
Fifth Edition

Mario Iglesias
The Ohio State University

Walter Meiden
The Ohio State University

Holt, Rinehart and Winston
Harcourt Brace College Publishers
Fort Worth   Philadelphia   San Diego   New York   Orlando   Austin   San Antonio
Toronto   Montreal   London   Sydney   Tokyo

Publisher	Ted Buchholz
Senior Acquisitions Editor	Jim Harmon
Developmental Editor	John Baxter
Project Editor	Deanna M. Johnson
Senior Production Manager	Kathleen Ferguson
Senior Art Director	David A. Day

ISBN: 0-15-501093-X
Library of Congress Catalog Card Number: 94-78414

Address for Editorial Correspondence:
Harcourt Brace College Publishers, 301 Commerce Street, Suite 3700, Fort Worth, TX 76102.

Address for Orders:
Harcourt Brace & Company, 6277 Sea Harbor Drive, Orlando, FL 32887-6777.
1-800-782-4479, or 1-800-433-0001 (in Florida).

Printed in the United States of America

8 9 0 1 2 3   0 6 6   9 8 7 6

PREFACE

Spanish for Oral and Written Review, Fifth Edition, together with its combined workbook and laboratory manual, provides a review of Spanish grammar for students who have already completed at least two semesters of elementary Spanish. It is designed to review what beginning students have already learned and add to their knowledge of the language at the intermediate or advanced level.

The book is divided by grammatical topics into eighteen chapters, each of which is made up of a number of sections. These main topics are preceded by an introductory chapter, Chapter 1, in which some of the most basic grammatical concepts are reviewed in order to facilitate further grammatical study. An instructor may organize his or her syllabus in many different ways, combining chapters in any order. However, we recommend starting with the introduction.

The book may be used either in intermediate courses with readers or as the sole text in courses reviewing Spanish grammar and syntax. Its organization affords great flexibility; for instance, it allows teachers who so desire to assign a limited amount of grammar each day along with reading from other textbooks.

Special Features

Authentic readings. Each chapter begins with an authentic text from a well-known writer or from an author just beginning his or her literary career. The selection contains numerous boldfaced examples of the grammatical topic presented in the chapter. A brief biographical presentation of the author and a comprehension activity follow each reading.

Inductive grammar. The grammar is presented inductively. Each section consists of a question on the point discussed; examples in Spanish illustrating the point, and a generalized principle or rule that provides an answer to the question.

Focused practice. Relatively brief exercises, both in Spanish and English-to-Spanish, are presented after each grammatical topic. Exercises so arranged permit students to concentrate on one topic at a time.

Problem words. At the end of each chapter are three or four Problem Words—English words that are expressed in different ways in Spanish. These Problem Words may be taken up in any way that seems desirable.

New to the Fifth Edition

This fifth edition has undergone some important changes that will help fulfill the expectations of a serious grammar course: to achieve a better understanding of the language being studied while polishing the language used in class. Following is a list of the new items in addition to those mentioned under Special Features:

An Introductory chapter. A new preliminary Chapter 1 reviews the most basic grammatical concepts studied in high school English courses.

A new organization. In this edition, the chapters follow a more *grammatical* organization; that is, the topics are grouped according to the importance and functions of the essential components of the grammatical sentences: the noun phrase, the verb phrase, and prepositions. However, thanks to the flexibility of the program, users can make their own decisions in matters of chapter presentation.

Some additions and deletions. The subjunctive has been divided into two chapters: Chapter 12—The Indicative, The Subjunctive, and the Infinitive in Noun Clauses, and Chapter 13—The Indicative and the Subjunctive in Adjective and Adverbial Clauses. Relative pronouns have been absorbed into the new Chapter 13 and are now with the adjective clauses. Old Chapter 18, *De esto y de aquello*, has been dispersed throughout the book, with some items being deleted altogether. *Ejercicios de Recapitulación* have been moved from the back of the book to the end of each corresponding chapter.

Ancillaries. *Combined workbook/laboratory manual and tape program.* Each lesson in the textbook has a counterpart in the *Workbook/Laboratory Manual.* The workbook provides additional exercises that will challenge students to apply knowledge and skills in open-ended situations. Creative vocabulary practice is offered in the workbook. The laboratory manual offers students the opportunity to develop listening-comprehension skills and speaking promptness in brief oral exchanges. The laboratory manual is accompanied by a new set of tapes containing listening-comprehension activities and oral expression practice. A complete set of scripts and answer keys is found in a separate tapescript ancillary.

Spanish MicroTutor Software. A generic interactive microcomputer grammar tutorial for the IBM PC is available as an optional supplement for *Spanish for Oral and Written Review*, Fifth Edition. It provides pre-tests, tutorials, exercises, and post-tests.

Acknowledgments

We are indebted to the various teachers who have made suggestions which have led to the changes in this Fifth Edition. We especially wish to thank the following professors for their detailed suggestions:

Quina Hoskisson, Brigham Young University
Hilda Losada, Evergreen Valley College
Loknath Persaud, Pasadena City College
Alex R. Quiroga, Salem State College

Mario Iglesias

CONTENTS

C H A P T E R 1

What Is Grammar? A Brief Introduction to the Study of Spanish Grammar

El cuervo y el zorro

    En la rama de un árbol,
bien ufano[1] y contento
con un queso en el pico
estaba el señor Cuervo.
5   *Del olor atraído*
un Zorro muy maestro,[2]
le dijo estas palabras
o poco más o menos:[3]
    "Tenga usted buenos días,
10   *señor Cuervo, mi dueño,[4]*
vaya que estáis donoso,[5]
mono, lindo en extremo;
yo no gasto lisonjas,[6]
y digo lo que siento;
15   *que si a tu bella traza[7]*
corresponde el gorjeo[8]
juro a la diosa Ceres[9]
siendo testigo[10] el cielo,

que tú serás el fénix[11]
20   *de sus vastos imperios."*
      Al oír un discurso[12]
      tan dulce y halagüeño,[13]
      de vanidad llevado,[14]
      quiso cantar el Cuervo.
25   *Abrió su negro pico,*
      dejó caer[15] *el queso;*
      el muy astuto Zorro,
      después de haberle preso,[16]
      le dijo: "Señor bobo,[17]
30   *pues*[18] *sin otro alimento,*
      quedáis con alabanzas[19]
      tan hinchado y repleto,[20]
      digerid las lisonjas
      mientras yo como el queso."
35   *Quien oye aduladores,*[21]
      nunca espere otro premio.[22]

Félix María de Samaniego

---

[1]proud [2]clever [3]more or less [4]my lord [5]gracious, good-looking [6]flattery [7]appearance [8]chirping [9]Roman goddess of agriculture [10]witness [11]the marvel [12]speech [13]flattering [14]moved by vanity [15]dropped [16]caught [17]silly master [18]since [19]praise [20]puffed up [21]flatterers [22]should never expect another reward

Félix María de Samaniego (1745–1801) fue un fabulista y prosista español. Cultivó el género de la fábula siguiendo los ejemplos del clásico fabulista romano Fedro y del francés Jean de la Fontaine. Sus *Fábulas morales* han sido leídas y memorizadas por varias generaciones de niños españoles e hispanoamericanos. También publicó un volumen de cuentos titulado *El jardín de Venus.*

PREGUNTAS

Comprensión. *Complete estas oraciones simples con las palabras o frases apropiadas:*

1. El cuervo estaba posado[1] en _____

2. Tenía en el pico _____

3. Por eso el cuervo estaba _____

4. El zorro vino atraído por _____

5. El zorro saludó al cuervo así: _____

6. Según el zorro, el cuervo estaba _____

7. El zorro no decía _____

8. Según el zorro, el cuervo cantaba _____

9. El cuervo se sintió muy _____

10. El cuervo quiso _____

11. El cuervo abrió _____

12. El zorro cogió _____

La enseñanza[2] moral de esta fábula es:

_____

_____

_____

_____

[1]perched in a branch   [2]teaching

1. What is grammar?

Grammar is the study of the rules that govern the language. These rules may indicate:

   how words and sentences are pronounced: **phonetics** and **phonology**
   how words are formed: **morphology**
   how words are put together in a meaningful sentence: **syntax**

Grammar is a part of a broader field of knowledge called **linguistics.**

The study of the meaning of words is taken up by two branches of linguistics called **semantics** and **lexicography**.
   In order to illustrate how grammar works, compare these two groups of words:

   a. a las se lo veían casas lejos pueblo del
   b. A lo lejos se veían las casas del pueblo.

Anybody with a rudimentary knowledge of Spanish would probably notice that the first group of words, *a*, makes no sense whatsoever, although it contains the same words as the second group, *b*. This is possible because when we learn a language, we acquire a sense of the order of words even if we can not explain the rules that govern it. This textbook deals mainly with reviewing what the student has learned about word order in the Spanish sentence and how it compares with the English sentence. The following exercise will prove to you that you already have a sense of word order in Spanish, that is, its syntax.

A. *Escriba oraciones con significado lógico o posible reorganizando el orden en que cada conjunto de palabras está dado.*

   Ejemplo: muy a aquel empezó temprano día llover
                 Aquel día empezó a llover muy temprano.

1. a me vas ahora vestido nuevo el enseñar   2. todos el tres tren días llegaba los a tarde las de la   3. pollo me comer frito gusta   4. esperamos toda noche los la casa de María en   5. él es con imposible hablar serias de cosas

2. What is a grammatical sentence?

Eso sí es ejercitarse.	El ejercicio de correr.
Honrar honra.	Yendo por esa calle.
Las noches iluminadas por la luna tienen un no sé qué de melancólico misterio.	Al anochecer
¡Vete!	Verte.

The groups of words in the left column are complete statements that express an idea or give an order. They are called **grammatical sentences.**

The groups of words in the right column are incomplete statements and are called **phrases** in some grammar books. Notice, however, that these phrases could be interpreted as grammatical sentences if they are part of a question-answer sequence, for example, **—¿Qué quieres?—Verte.** In this sequence, the speaker is saying "[Quiero] verte", which is a sentence.

3. What are the components of the grammatical sentence?

1. Los muchachos saltaron la cerca.	*The children jumped over the fence.*
2. Ayer llegaron los muebles.	*The pieces of furniture arrived yesterday.*

3. Me gusta bailar ese baile.	*I like to dance that dance.*
4. No sabemos nada de ella.	*We don't know anything about her.*

The grammatical sentence has two main components:

the **subject,** which is the *actor* of the action expressed in the sentence:
(1) los muchachos, (2) los muebles, (3) bailar ese baile, (4) (nosotros, understood)
the **predicate** which is the *verb or action* and its **complements:** direct object, indirect object, and the adverbials:

> Example 1: saltaron (verb), la cerca (direct object);
> Example 2: llegaron (verb), ayer (adverbial);
> Example 3: gusta (verb), me (indirect object);
> Example 4: sabemos (verb), nada (direct object), de ella (adverbial)
> no (adverbial).

(When the verb is either **ser** or **estar** and is followed by an adjective or a noun, the word *predicate* is changed to *attribute,* because these two verbs have attributive characteristics. In other words, they are used to express attributes or qualities of the subject.)

B. *Diga si los siguientes conjuntos de palabras son frases u oraciones gramaticales. Si son oraciones, diga cuál es el sujeto y cuál el predicado y sus complementos.*

Ejemplo: Volverán las oscuras golondrinas.
Oración. Sujeto: las oscuras golondrinas. Predicado: volverán (verbo).

1. Una sensación de náusea.   2. Se ponen los frijoles a fuego lento.   3. Susana lo quiere mucho.   4. Me lo.   5. Saber leer es saber andar.   6. En un momento de apuro ante sus amigos.   7. Se lo dije.   8. El castillo del Morro.

4. What is a simple sentence?

Mis hermanos y mis sobrinos viven en Jamaica.	*My brothers and my nephews live in Jamaica.*
Yo siempre había querido volver a visitar La Habana en invierno.	*I had always wanted to visit Havana again in the winter.*
¡Cállate!	*Be quiet!*

A simple sentence is a grammatical sentence with only one verb. This verb form can be a compound form like the one in the second example, **había querido.**

5. What is a compound sentence?

Voy porque quiero.	*I'm going because I want to.*
Vine, vi y vencí.	*I came, I saw, and I conquered.*
Entra, siéntate, cuéntame todo.	*Come in, sit down, tell me everything.*
No esperaba que lo hicieras tan bien.	*I did not expect you to do it so well.*

A compound sentence is a sentence that has more than one verb form. In reality a compound sentence is a combination of two or more simple sentences.

C. Diga si los siguientes grupos de palabras son frases, oraciones simples u oraciones compuestas.

1. Romeo y Julieta, los amantes de Verona.   2. Fernando tomó el refresco porque tenía sed.   3. Vine a las dos y volví a verlo.   4. Para cazar serpientes hay que tener un instrumento especial.   5. Todas las tardes me voy al pueblo antes de que oscurezca.   6. Sabiendo las respuestas.   7. Al llegar a la plaza vi a Micaela. 8. Es imposible que digan eso de ti.

6. How many different simple sentences can be derived from a simple declarative sentence?

We could write several simple sentences by transforming the original *simple declarative sentence.* For example, we could have an
emphatic affirmative sentence by adding **sí** before the verb:

Margarita **sí** me trajo la revista ayer.

Or we could construct the following negative sentences:
negative simple:

Margarita **no** me trajo la revista ayer.

negative compound:

Margarita **no** me trajo **nada nunca.**

There are about twenty changes of this nature that can be made starting with a *simple declarative sentence.*

7. How do you know what is what in a simple declarative sentence?

Subject

Ricardo buscaba a su padre.	*Richard was looking for his father.*
Los caballos no han comido todavía.	*The horses have not eaten yet.*
Los demócratas ganaron las elecciones.	*The democrats won the elections.*

The *subject* of a sentence is the *actor* or executor of the *action* expressed by the *verb.* You can follow this simple procedure to determine or discover *who* or *what* is the subject of a sentence:

First: Ask the question *who* or *what* is doing the action. The response is the *subject of the sentence.* In the examples above, the responses should be **Ricardo, los caballos,** and **los demócratas.**

Second: Be sure to verify that there is an agreement in person and in number between the found subject and the verb. In the examples above **Ricardo** and **buscaba** are both singular and third person; **los caballos** and **han comido** are both plural and third person; **los demócratas** and **ganaron** are both plural and third person.

Verb

The *verb* is the *action* in the sentence. Some verbs do not express actions in the sense that we normally use this word. For example, **ser, estar, parecer,** and **tener** are not very active; however, they are verbs. Use the following procedure to find out what word in a sentence is the verb:

First: Look for the word expressing an action.

Second: Verify if the word you think is a verb has or could have a subject.

Third: Verify if the word you are considering has a *verb form,* for which you must know the paradigms of the Spanish conjugation as they appear on pages 452–475.

Direct Object

The *direct object* is the part of the sentence that is *acted upon.* The direct object *does not do anything—everything is done to it.* Follow this procedure to find out *who* or *what* is the direct object of a sentence:

First: Ask the verb *who* or *what* is receiving its action. In other words, *who* or *what* is being acted upon.

Second: Do not be tricked by the position of the direct object after the verb, as it normally occurs in English. In Spanish the direct object could be in different places, as shown in the following examples:

Vimos ayer en el teatro a **Miguel.**

Vimos a **Miguel** ayer en el teatro.

Lo vimos ayer en el teatro.

A Miguel lo vimos ayer en el teatro.

Third: You can test the word you are considering as a direct object by doing the *passive transformation.* In other words, transform the given sentence into a *passive sentence with* **ser.** For example: **Vimos ayer en el teatro a Miguel,** changes to the passive as **Miguel fue visto ayer en el teatro (por nosotros).** Since **Miguel** becomes a *passive subject,* it is a *direct object.* Notice that in both instances, **Miguel** is *acted upon.*

Indirect Object

The *indirect object* is the person (sometimes a thing) that is *receiving the benefit, or the damage, or the result of the verbal action in a sentence.* The indirect object does not do anything in the sentence but sometimes acts as a producer or inducer of the action, as is evident in the following examples:

Luis **le** abrió la puerta a **Julia.**	*Luis opened the door for **Julia.***
Me dieron cuatro invitaciones para la fiesta, porque estaba allí.	*They gave **me** four invitations to the party because I was there.*
Les cambié el aceite a **los autos.**	*I changed the oil in **the cars.***
¿**Te** limpiaron el cuarto?	*Did they clean the room for **you?***

Use the following procedure to discover the indirect object of a sentence:

First: Ask the verb *to whom* or *for whom* the action on the direct object is performed. The response must be a *person,* an *animal,* or a *thing.* For example in **Les cambié el aceite a los autos,** you ask: *to whom/what* did I change the oil? The answer must be the indirect object: **los autos.**

Second: Check if the *person, animal,* or *thing* is introduced by the preposition *a*. If so, it must be the indirect object.

Third: Verify that the *person, animal,* or *thing* is not acted upon. That is, if it is not a direct object, then it must be an indirect object. (With some verbs, like **traer,** the indirect object may be introduced by the preposition **para.**)

Fourth: Verify if that *person, animal,* or *thing* is receiving any damage or benefit from the action in the sentence. If it does, then it is an indirect object.

Adverbials

The *adverbials* are those words or phrases that express conditions of *time, place, mode, company, instrument, quantity, purpose,* and so forth. For example:

El helicóptero rescató en la falda de la montaña a los pasajeros del avión en menos de una hora.

The helicopter rescued on the side of the mountain the passengers of the plane in less than an hour.

The components of this sentence are:

SUBJECT   El helicóptero
VERB   rescató
DIRECT OBJECT   a los pasajeros del avión[1]
ADVERBIAL OF PLACE   en la falda de la montaña
ADVERBIAL OF TIME   en menos de una hora

---

[1] **los pasajeros del avión** are acted upon, that is, they *are rescued.* Therefore, it is the direct object of the sentence, not the indirect, although they received the greatest benefit anybody can expect under the circumstances!

D. *Diga los componentes sintácticos de estas oraciones: sujeto, verbo, complemento directo, complemento indirecto y complementos circunstanciales (adverbials).*

1. En ese momento entraba por la puerta de la calle el tío de Clarita, enfurecidamente con unas cartas en la mano.   2. Horacio no les compraba nunca juguetes a sus hijos.   3. La familia Hernández vivía pobremente en la casucha de la esquina norte.
4. Ayer me dieron las noticias aquí mismo.   5. Se lo dijo Adela hoy por la mañana.
6. Nosotros no somos venezolanos.   7. Para bailar la bamba necesitas un poquito de gracia.   8. ¿Me vas a enseñar las fotos de tu sobrino Lorenzo?

8. How do you know what is the best word order of a sentence?

1. El cartero trajo una carta para Matilde ayer.

   The letter carrier brought a letter for Matilde yesterday.

2. Trajo el cartero una carta para Matilde ayer.

   The letter carrier brought a letter for Matilde yesterday.

3. Ayer el cartero trajo una carta para Matilde.

   Yesterday the letter carrier brought a letter for Matilde.

4. Una carta para Matilde trajo el cartero ayer.

   The letter carrier brought a letter for Matilde yesterday.

5. El cartero una carta para Matilde ayer trajo.

   The letter carrier brought a letter for Matilde yesterday.

Spanish has greater mobility for the syntactical components of its sentences than English or French. That means that all the Spanish examples are grammatically correct. However, example number 5 is not used normally in conversations and letter writing because it sounds pedantic. Of the possible grammatically correct forms of writing the given example (El cartero trajo una carta para Matilde ayer) only a few are used in normal parlance.

The orders most accepted in the construction of Spanish sentences are:

1. The order SUBJECT + VERB + DIRECT OBJECT + INDIRECT OBJECT + ADVERBIALS is commonly used: **El cartero + trajo + una carta + para Matilde + ayer.** This order is called the *linear construction,* which is very common in English.
2. The order VERB + SUBJECT + DIRECT OBJECT + INDIRECT OBJECT + ADVERBIALS is also commonly used: **Trajo + el cartero + una carta + para Matilde + ayer.** In this order the verb is in the first position and the subject is in the second, an accepted order.
3. The order ADVERBIAL (one adverbial only) + SUBJECT + VERB + DIRECT OBJECT + INDIRECT OBJECT is very common: **Ayer + el cartero + trajo + una carta + para Matilde.**

E. *Escriba en cinco formas distintas la siguiente oración y diga cuáles son las formas más comúnmente aceptadas. Explique.*

   Los obreros organizaron una huelga el mes pasado.

EJERCICIO DE RECAPITULACIÓN

Analice las siguientes oraciones, es decir, (1) diga si cada grupo de palabras es una oración simple o compuesta, o es una frase; (2) diga cuál es el sujeto, el verbo, el complemento directo, el complemento indirecto y los complementos circunstanciales de cada oración simple; y (3) en cada oración compuesta, diga cuál es la oración principal, las oraciones subordinadas de que consta y qué palabras o marcas las une.

Ejemplo: Preferimos que vengas antes de que empiece a llover.

Oración compuesta formada por:

Oración principal: SUJETO (nosotros) + VERBO **preferimos** + que + Oración subordinada 1 SUJETO (tú) + VERBO **vengas** + antes de que + Oración subordinada 2 SUJETO IMPERSONAL + VERBO **empiece a llover**

Prefirieron ver la película mexicana.

Oración simple. SUJETO: (Ellos o ellas) + VERBO: prefirieron + COMPLEMENTO DIRECTO: ver la película mexicana

1. Irene defendió a su hermano vigorosamente. 2. Cristina sabe la verdad. 3. Las ballenas nadaban velozmente. 4. Verás un monte de maderas preciosas. 5. Le traje un nuevo libro a Josefina. 6. El dinero se lo di a Miguel ayer. 7. No empezaré hasta mañana pero lo haré. 8. Dudaban que tú pudieras entender el teorema de Pitágoras.

PROBLEM WORDS

Actually

(a) When *actually = as a matter of fact*

En realidad
Verdaderamente } no entiendo lo que estás diciendo.
Realmente
De veras

Actually, I don't understand what you are saying.

Miguel dice que va a España, pero

en realidad
verdaderamente } se queda en Portugal.
realmente
de veras

*Michael says he is going to Spain, but **actually** he is staying in Portugal.*

When *actually = as a matter of fact* and contradicts what seems to be the case, it may be expressed by **en realidad, verdaderamente, realmente,** or **de veras.**

(b) When *actually = really*

Mi hermano Roberto oyó { **de verdad**
                          realmente } eso.

De verdad mi hermano Roberto oyó eso.

Mi hermano Roberto { **sí**
                      de veras } oyó eso.

*My brother Robert **actually** heard that.*

¿Escribió usted $\left\{\begin{array}{l}\textbf{de verdad} \\ \textbf{realmente}\end{array}\right.$ ese poema?

¿Usted **sí** escribió ese poema?

*Did you **actually** write that poem?*

When *actually* = *really*, it may be expressed by **de veras, de verdad**, or **realmente** or by placing an emphatic **sí** before the verb.

CAUTION   Do NOT use "actualmente" for *actually;* **actualmente** means *at present.*

Agree

(a) When *agree* = *be of the same opinion, be in agreement*

Yo **estoy de acuerdo** contigo.	*I **agree** with you.*
Todos **estaban de acuerdo** con Carlos.	*Everyone **agreed** with Charles.*

When *agree* = *be of the same opinion, be in agreement*, it is rendered by **estar de acuerdo** in Spanish.

(b) When *agree* = *make a bargain, come to an understanding.*

Los obreros y los patrones **se pusieron de acuerdo** para abrir la fábrica el lunes.	*The workers and management **agreed to** open the factory Monday.*

When *agree* = *make a bargain* or *come to an understanding*, it is expressed by **ponerse de acuerdo** (**+ para** + INFINITIVE).

(c) When *agree with* = *be in harmony with, be consistent with, correspond to*

Todo lo que dices $\left\{\begin{array}{l}\textbf{corresponde con} \\ \textbf{está de acuerdo con}\end{array}\right.$ lo que dijo Raúl.

*Everything you say **agrees with** what Raul said.*

When *agree with* = *be in harmony with, be consistent with, correspond to*, it may be expressed in Spanish by **corresponder con, estar de acuerdo con.**

(d) When *agree to = consent to*

La señora Rey $\begin{cases} \textbf{quedó en} \\ \textbf{consintió en} \end{cases}$ hablarle a nuestro grupo.

*Mrs. Rey **agreed to** speak to our group.*

When *agree to = consent to*, it may be expressed in Spanish by **quedar en** or **consentir en.**

(e) When *agreed = OK*

—¿Nos encontramos en frente del   *"Shall we meet in front of the*
   teatro?   *theater?"*

— $\begin{cases} \textbf{Sí, cómo no.} \\ \textbf{De acuerdo.} \\ \textbf{Vale.} \\ \textbf{Está bien.} \end{cases}$ *"OK."*

When *agreed = OK*, it may be expressed by **Sí, cómo no,** by **De acuerdo,** by **Está bien,** or in Spain by **Vale**. Many Spanish speakers now also use the expression "OK," pronounced as in English.

(f) When *agree* is a grammatical term

El sujeto y el verbo **concuerdan** en   *The subject and verb **agree** in*
   número y persona.   *person and number.*

When used as a grammatical term, *agree* = **concordar**. The grammatical term *agreement* = **concordancia.**

(g) When *agree = suit, have a good effect on*

Esta comida me $\begin{cases} \textbf{sienta bien.} \\ \textbf{cae bien.} \end{cases}$ *This food **agrees with** me.*

¿Te **sentaba bien** el clima de   *Did mountain weather **agree with***
   montaña?   *you?*

When *agree with = suit* or *have a good effect on,* it is rendered by **sentar bien.** When speaking of food, it may also be expressed by **caer bien**. In some

Spanish-speaking areas, **caer bien** may be used with people. Ex: Me cae bien. = *I like her/him.*

La carne le $\left\{\begin{array}{l}\textbf{sienta mal}\\\textbf{cae mal}\end{array}\right.$ a mi padre.   *Meat **does not agree with** my father.*

The negative *not to agree with* = **sentar mal.** When referring to food, it may also be expressed by **caer mal.**

Ask

(a) How to say *ask* followed by a direct or indirect question

Pregunté:—¿Cómo se llama Ud.?   *I asked, "What is your name?"*

Pregúntale si vendrá.   *Ask him if he will come.*

The usual word for *ask* when followed by a direct or indirect question is **preguntar.**

(b) How to say *ask a question*

Este abogado **hace muchas preguntas.**   *This lawyer **asks a lot of questions.***

The expression *ask a question* is expressed by **hacer una pregunta.**

(c) How to say *ask for something*

El hijo le **pidió** dinero a su padre.   *The son **asked** his father **for** money.*

The verb **pedir** is used to express *ask for* + OBJECT.

CAUTION   Do not use *para* or *por* with *pedir*. Right: Pedí sopa Wrong: Pedí por/para sopa.

(d) How to say *ask someone out*

La invité a salir pero no quiso.   *I **asked her out,** but she refused.*

The expression *ask someone out* is expressed by **invitar a alguien a salir.**

(e) How to say *ask about*

Diego **estaba preguntando por** tu   *James **was asking about** your*
    salud.   *health.*

The expression *ask about* (something or someone) is expressed by **preguntar por.**

NOTE   The idiomatic and somewhat slangy English expression *You're asking for it!* is expressed in Spanish by **¡Tú te lo estás buscando!**

Because

(a) *because* = **porque**

No vine **porque** estaba lloviendo.   *I didn't come **because** it was raining.*

When *because* is a conjunction connecting two clauses, it is expressed by **porque.**

(b) *because of* = $\left\{ \begin{array}{l} \textbf{a causa de} \\ \textbf{por} \end{array} \right.$

No vine $\left\{ \begin{array}{l} \textbf{a causa de} \\ \textbf{por} \end{array} \right.$ la lluvia.   *I didn't come **because of** the rain.*

When *because of* is a preposition, it may be expressed either by **a causa de** or by **por.**

(c) When *because* begins an English sentence

Como estábamos cansados, nos   ***Because** we were tired, we went to*
    acostamos temprano.   *bed early.*

When the English *because* comes at the beginning of a sentence, Spanish normally expresses it by **como.**

Become

(a) *become* = **hacerse**

Nicolás **se hizo** $\left\{ \begin{array}{l} \text{médico.} \\ \text{indispensable.} \end{array} \right.$ *Nicolas **became*** $\left\{ \begin{array}{l} \textit{a doctor.} \\ \textit{indispensable.} \end{array} \right.$

become + $\left\{ \begin{array}{l} \text{NOUN} \\ \text{ADJECTIVE} \end{array} \right.$ = **hacerse** + $\left\{ \begin{array}{l} \text{NOUN} \\ \text{ADJECTIVE} \end{array} \right.$

when *becoming* depends on the personal will or effort of the subject. The verb **hacerse** is often followed by a noun of profession.

(b) *become* = **llegar a ser**

El capitán Lara **llegó a ser** $\left\{ \begin{array}{l} \text{general.} \\ \text{poderoso.} \end{array} \right.$ *Captain Lara **became*** $\left\{ \begin{array}{l} \textit{a general.} \\ \textit{powerful.} \end{array} \right.$

become + $\left\{ \begin{array}{l} \text{NOUN} \\ \text{ADJECTIVE} \end{array} \right.$ = **llegar a ser** + $\left\{ \begin{array}{l} \text{NOUN} \\ \text{ADJECTIVE} \end{array} \right.$

when *becoming* involves the natural developments of time and circumstances.

(c) *become* = **convertirse en**

Augusto **se convirtió** en un   *August **became** a real tyrant.*
   verdadero tirano.

become + NOUN = **convertirse en** + NOUN often when the idea of a somewhat unexpected change is predominant. The noun may not be a profession, and it is often modified.

(d) *become* = **volverse**

Elena **se volvió** $\left\{ \begin{array}{l} \text{loca.} \\ \text{sarcástica.} \\ \text{alegre.} \end{array} \right.$ *Helen **became*** $\left\{ \begin{array}{l} \textit{mad.} \\ \textit{sarcastic.} \\ \textit{happy.} \end{array} \right.$

become + ADJECTIVE = **volverse** + ADJECTIVE when the idea of a sudden or gradual change of personality predominates.

The only types of adjectives that can normally follow **volverse** are those which could be inherent qualities on the one hand or transitory qualities on the other, that is, adjectives which can be used with both **ser** and **estar.**

Adjectives which can be used only with **ser** or only with **estar** would not follow **volverse.** Thus, one cannot say **Se volvió enfermo,** since **enfermo** is used only with **estar.** Nor can one say **Se volvió mortal,** since **mortal** is used only with **ser.**

(e) *become* = **ponerse**

La muchacha **se puso** $\begin{cases} \text{triste.} \\ \text{alegre.} \\ \text{furiosa.} \end{cases}$ *The girl **became*** $\begin{cases} \textit{sad.} \\ \textit{happy.} \\ \textit{furious.} \end{cases}$

become + ADJECTIVE = **ponerse** + ADJECTIVE when the adjective indicates a sudden change of emotional state.

El jefe **se puso** $\begin{cases} \text{gordo.} \\ \text{feo.} \end{cases}$ *The boss **became*** $\begin{cases} \textit{fat.} \\ \textit{ugly.} \end{cases}$

become + ADJECTIVE = **ponerse** + ADJECTIVE when the adjective indicates a change in physical appearance.

(f) *become* + ADJECTIVE = reflexive form of a verb

Me alegré al ver a mi novia.	*I **became happy** on seeing my fiancée.*
Bernardo **se enojó** al oír las noticias.	*Bernard **became angry** on hearing the news.*
Rebeca **se enfermó** durante el viaje.	*Rebecca **became sick** during the trip.*

Spanish often uses the reflexive form of a verb where English uses *become* + ADJECTIVE, especially when the adjective expresses a psychological or physiological reaction.

NOTE   Sometimes *become* + ADJECTIVE may be expressed either by the reflexive form of a verb or by **ponerse** + ADJECTIVE. Thus, La muchacha **se puso alegre** = La muchacha **se alegró;** and José **se puso triste** = José **se entristeció.**

But

(a) *but* = **pero**

Aquí se habla mucho, **pero** no se dice nada.	*Here they talk a lot, **but** they don't say anything.*

The common word for *but* = **pero.** It links two independent clauses.

(b) *but* = **sino**

No queremos queso **sino** carne.	*We don't want cheese **but (rather)** meat.*
No llamaron a las dos **sino** a las cuatro.	*They didn't call at two **but (rather)** at four.*

but = **sino** when the initial part of the sentence is negative and when what follows **sino** contradicts or excludes what precedes it.

(c) *but* = **sino que**

No regresé **sino que** me quedé en el bosque.	*I didn't return **but (rather)** I stayed in the woods.*

but = **sino que** when there is a sentence with two clauses in which the first clause is negative and the second clause contradicts or excludes what is in the first clause.

(d) *nothing but* = **nada más que**

Adolfo no tiene **nada más que** dos dólares.	*Adolph has **nothing but** two dollars.*

When *nothing but* = *nothing more than*, it is expressed by **nada más que** or **no más que.**

(e) *but* = **menos, excepto, salvo**

Vinieron todos { **salvo** / **menos** Yolanda. / **excepto** }   *Everyone came **but** Yolanda.*

but = **menos, excepto, salvo** when it is equivalent to *except.*

A. *Sustituya las palabras inglesas entre paréntesis por sus equivalentes en español.*

1. Mi tío y yo (*agreed to*) vender el terreno.   2. El adjetivo (*agrees*) con el nombre que modifica en español.   3. Arturo dice que quiere un reloj, pero (*actually*) le gustaría más una radio.   4. (*I asked about*) el estado de las carreteras.   5. Cecilia le pegó (*actually*) a su pequeño hermano.   6. Nosotros (*agree*) con Susana.   7. No-

sotros (*will ask*) a Vicente si puede acompañarnos.   8. —¿Podemos ver el álbum mañana? (*Agreed*).   9. (*Ud.*) ¿(*Did you ask about*) el precio de la carne?   10. Los científicos (*actually*) descubrieron las causas de esos fenómenos atmosféricos.   11. La cerveza no (*agree with us*).   12. Lo que leí en el periódico (*agrees with*) lo que ocurrió.   13. El dueño del coche (*agreed to*) pagar los daños.

B. *Traduzca estas oraciones al español. Tenga especial cuidado con las palabras en itálica.*

1. Adverbs[1] do not *agree* with verbs[1].   2. (*tú*) Who *asked* you that?   3. *Actually*, I prefer not to sing in that church.   4. The girl *asked* her mother *for* a doll.   5. (*tú*) Do you *agree* with that writer?   6. I *asked* my friend *for* a stamp.   7. (*Ud.*) Did Albert *agree* to paint your living room?   8. (*Uds.*) Do your children *ask many questions?*   9. This *agrees with* what I heard yesterday.   10. My boyfriend *asked* me *out*.   11. Did the witnesses *actually* see the accident?   12. "Shall we go by train?" "*Agreed*."   13. I will ask Dora if she *actually* lost her keys.   14. Tomatoes *do not agree with* me.

---

[1]Use the definite article with this noun.

C. *Sustituya las palabras inglesas entre paréntesis por sus equivalentes en español. Se*[1] *indican con un asterisco (*) las oraciones en las que la palabra inglesa puede traducirse de dos maneras válidas.*

1. No comemos pasteles (*but*) frutas.   2. Juan (*became*) deprimido.*   3. (*Because*) el lechero llegó tarde, no teníamos leche para el desayuno.   4. La depresión atmosférica (*became*) huracán.   5. El señor Madero (*became*) embajador.   6. Ese coche cuesta mucho, (*but*) es muy cómodo.   7. Me quedé en casa (*because of*)* mi resfriado.   8. Inés (*became*)* guapa a los diecisiete años.   9. Javier no quiere salir hoy (*but*) prefiere quedarse en casa.   10. La señora Comas (*became*)* ambiciosa.   11. No te apures, (*because*) tenemos mucho tiempo.   12. Todos fueron a casa (*but*) Rolando.   13. El señor Gómez (*became*) el jefe de su departamento.   14. Marcos (*became*)* una influencia poderosa en su comunidad.   15. Ricardo (*became*)* un buen bailador.

---

[1]An asterisk (*) indicates that the English word in parentheses may be translated in two correct ways.

D. *Traduzca las siguientes oraciones al español. Tenga especial cuidado con las palabras en itálica.*

1. We didn't go to the movies *because* we had guests.   2. (*Ud.*) When did your

son *become* a[1] lawyer?   3. That empty building *became* a hotel last year.   4. Elisa *became* very unhappy.   5. I *became interested* in Portuguese.   6. I didn't buy coffee *but* tea.   7. The plot *became* very interesting.   8. Everyone sang *but* Louise. 9. Shoes *are*[2] *becoming* very expensive.   10. I couldn't work *because of* the noise. 11. My father *became* sick.   12. Dorothy doesn't swim *but* plays tennis.   13. I bought nothing *but* a handkerchief.   14. *Because* we arrived late, we didn't see the first act of the play.   15. I wanted to come, *but* I couldn't.   16. After playing for a while, the child *became tired.*   17. The girl *became* very angry.

---

[1]Omit in translation.   [2]Use the progressive form of the verb.

PRÁCTICA DE CONJUGACIÓN

Practique la conjugación de los verbos *hablar* y *comer*, conjugados en las páginas 456–457.

C H A P T E R 2

The Article

La Nochebuena de 1836

El número 24 me es fatal; si tuviera que probarlo diría que en día 24 nací.
Doce veces **al** año amanece, no obstante, día 24. Soy supersticioso porque **el** co-
razón **del** hombre necesita creer algo, y cree **mentiras** cuando no encuentra **ver-
dades** que creer; sin **duda** por esa razón creen **los** amantes, **los** casados y **los**
5   pueblos a sus ídolos, a sus consortes y a sus gobiernos; y una de mis supersticio-
nes consiste en creer que no puede haber para mí **un** día 24 bueno. **El** día 23 es
siempre en mi calendario **víspera** de **desgracia**, y a imitación de aquel jefe de
policía ruso que mandaba tener prontas **las** bombas **las** vísperas de incendio, así
yo desde **el** 23 me prevengo para **el** siguiente día de sufrimiento y resignación, y
10   **al** dar **las** doce, ni tomo **vaso** en mi mano por no romperlo, ni juego a **las** cartas
por no perder, ni enamoro a **mujer** porque no me diga que sí, pues en punto a
amores tengo **otra** superstición: imagino que **la** mayor desgracia que a **un** hom-
bre le puede suceder es que **una** mujer le diga que le quiere. Si no la cree es **un**
tormento, y si la cree... ¡Bienaventurado aquel a quien **la** mujer dice no quiero,
15   porque ése, a **lo** menos, oye **la** verdad!

Mariano José de Larra (España)
(fragmento del original)

Mariano José de Larra (1804–1837), prosista, dramaturgo y periodista del romanticismo español. Su obra más conocida es *Artículos de costumbre*. En ellos hace crítica social de los tiempos confusos que le tocaron vivir, lo cual hizo románticamente hasta el final. Su suicidio fue su último gesto romántico.

PREGUNTAS

1. ¿Por qué le es fatal el número 24 al narrador?   2. ¿Por qué dice el narrador que es supersticioso?   3. ¿Cómo es el día 23 para el narrador?   4. ¿Qué hacía el jefe de policía ruso?   5. ¿Qué no hace el narrador al dar las doce del día 23? 6. ¿Qué otra superstición tiene?

The article is a word without lexical meaning—it has only grammatical functions. The articles *the* and *a* do not have meaning in the sense that *table, green,* and *eat* have meanings. But in spite of the fact that the article has no lexical meaning, it cannot be used or omitted at random. The use or omission of the article has some significance and follows a definite set of patterns.

The following sentences will illustrate this point in English sentences:

Butter is cheap.	*Give me **a pencil.***
***The butter** is on the table.*	*Give me **the pencil** that is on the table.*
*Do you have **butter?***	*We don't need **pencils.***

In each of these sentences the presence or absence of *the* or *a* changes the meaning of *butter* and *pencil*. Thus, the articles perform a function.

In this chapter we will study the forms and functions of the Spanish articles—definite and indefinite—and when they are used and when omitted before a noun.

I. FORMS OF THE ARTICLE

1. What are the forms of the definite and indefinite articles?

Vi **el** coche.	Vi **un** coche.
Vi **los** coches.	Vi **unos** coches.
Vi **la** casa.	Vi **una** casa.
Vi **las** casas.	Vi **unas** casas.

	DEFINITE		INDEFINITE	
	singular	plural	singular	plural
Masculine	**el**	**los**	**un**	**unos**
Feminine	**la**	**las**	**una**	**unas**

English has only one form of the definite article: *the*. Spanish has four. English has only two forms of the indefinite article: *a, an*. Spanish has four.

2. When are el and un used with feminine singular nouns?

el águila	**un** águila	**las** águilas	**unas** águilas
la gran águila	**una** gran águila		

el hada	**un** hada	**las** hadas	**unas** hadas
el aula	**un** aula	**las** aulas	**unas** aulas

If a feminine noun begins with the sound of stressed **a** (written **a** or **ha**), the singular forms of the article which immediately precede it are **el** and **un.**

If an adjective separates the article and a feminine noun beginning with a stressed **a**, then the regular forms **la** and **una** precede the adjective.

3. What happens when the prepositions a or de immediately precede the article el?

¿Vas **al** cine con la hija **del** presidente?	*Are you going **to the** movie with the daughter **of the** president?*

The following contractions are mandatory:

a + el = al   **de + el = del**

NOTE   In writing names of businesses, magazines, books, and so on, with forms of the definite article, the separation between **a** or **de** and the article is respected. Ex: Los estudiantes se dirigieron **a** «**El** Globo». ("**El Globo**" is the name of a newspaper or a store.) Estas camisas son **de** «**El** Elegante». ("**El Elegante**" could be the name of a store.) But in speaking, the contraction is made. One says: Los estudiantes se dirigieron **al** Globo. Estas camisas son **del** Elegante.

A. *Escriba las oraciones siguientes (a) en la forma en que se deben escribir; (b) en la forma en que se deben decir.*

1. The speaker talked for an hour about[1] Unamuno's *El sentimiento trágico de la vida.*   2. Mrs. Cruz is coming from *El Encanto*, the most expensive shop in[1] the city.   3. I got this news from *El Mundo*, a very well-known newspaper in[1] Havana[2].

---

[1]**de**   [2]Consult the vocabulary for the Spanish way of writing this city.

II. THE USE AND OMISSION OF THE DEFINITE ARTICLE

4. What is the most common use of the definite article in both Spanish and English?

La mesa estaba desordenada.	*The table was in disorder.*
Pásame **la mantequilla**, por favor.	*Pass me the butter, please.*
Antonio es **el americano** que vino ayer.	*Anthony is the American who came yesterday.*
El tren pasó por **la ciudad** muy despacio.	*The train crossed the city very slowly.*
Vi **los árboles** y **las flores** por la ventana.	*I saw the trees and flowers from the window.*

The definite article is used to indicate a particular noun, whether it is used as the subject, as the object, or as a predicate noun.

When there is more than one noun as subject, object, or predicate noun, the definite article is usually repeated before each Spanish noun. English often uses the article only before the first noun.

5. How do English and Spanish differ in their treatment of abstract nouns?

La libertad es difícil de alcanzar.   *Freedom is difficult to attain.*

El trabajo es bueno para **el ser humano.**   *Work is good for **human beings.***

In Spanish, abstract nouns are normally modified by the definite article; in English no article is used with an abstract noun.

NOTE   After **con** and **sin**, no article is used before an unmodified abstract noun. Ex: No puedo vivir **sin libertad.** (*I cannot live **without freedom**.*) **Con trabajo** todo se logra. (***With work** everything succeeds.*)

6. How do Spanish and English differ in their treatment of nouns used in a general sense in the subject of a sentence?

Las manzanas son baratas, pero **las toronjas**, caras.   *Apples are cheap, but **grapefruit** is expensive.*

Los niños acostumbran a hacer ruido.   *Children tend to make noise.*

In Spanish, nouns used in a general sense in the subject of a sentence are modified by a definite article. This is not the case in English.

7. When does Spanish use, and when does it omit, the article with nouns specifying fields of knowledge?

a. In general

La astronomía me interesa.   *Astronomy interests me.*

When a field of knowledge is spoken of in general, Spanish places the definite article before it.

b. In definitions

¿Qué es $\left\{ \begin{array}{l} \textbf{geografía?} \\ \textbf{la geografía?} \end{array} \right.$ *What is* **geography?**

Antropología $\left. \right\}$ es la ciencia que trata del ser humano física y
La antropología $\left. \right.$ culturalmente.

Anthropology is the science that deals with human beings physically and culturally.

A field of knowledge may be used with or without the definite article when a definition is asked or given, but usually the article is omitted.

c. After *estudiar* and *examinar*

Estudiamos **física** y **química.**   *We are studying* **physics** *and* **chemistry.**

Mañana nos examinaremos de   *Tomorrow we'll take a* **botany**
   botánica.   *exam.*

When fields of knowledge are used after the verbs **estudiar** and **examinar**, no article modifies the field of knowledge.

NOTE   When **llevar** and **tomar** are used in the sense of **estudiar**, no article modifies the field of knowledge either. Ex: Mauricio tomará **latín** el año que viene. Llevé **astronomía** en 1989.

8. Is the article used when a Spanish noun indicates a certain quantity of that noun? Contrast the use of an article with a noun indicating a certain quantity and a noun used in a general sense.

Noun Used to Indicate a Certain Quantity	Noun Used in a General Sense
Tráigame $\left\{ \begin{array}{l} \textbf{libros} \\ \textbf{unos libros} \end{array} \right.$ del sótano.	**Los libros** son muy importantes para la instrucción.

En esta fábrica hacen **papel**.   No sé cómo hacen **el papel**.

Compré **vino** ayer.   Me gusta **el vino**.

When a sentence uses a noun to indicate a certain quantity of that noun, no definite article is used with such a noun in Spanish. In the plural, such a noun may be modified by the indefinite article. This is in contrast to nouns used in the general sense, where the noun is normally modified by the definite article.

B. *Ahora usted le cuenta a su amigo lo que hizo el sábado pasado cuando fue de compras. Escriba en cada espacio en blanco la forma del artículo definido o la contracción que le corresponde. Si no es necesario usar un artículo, indíquelo con una X.*

1. Fuimos _____ Mercado del Viejo Mundo a comprar _____ pan. 2. _____ buen pan es difícil de conseguir. 3. Quisiéramos poner[1] _____ carne mañana pero _____ carne es muy cara. 4. Afortunadamente compramos _____ carne a un precio muy bueno. 5. Después fuimos a otra tienda para buscar _____ lámparas. 6. Hoy en día _____ lámparas que fabrican son de muy mala calidad. 7. Ya no usan _____ acero, sólo _____ plástico y _____ latón. 8. ¿Tienes _____ lámparas viejas en _____ sótano de tu casa? 9. ¡Magnífico! Necesito una para _____ escritorio _____ cuarto. 10. Estoy estudiando _____ paleontología para _____ examen final. 11. ¿Qué es _____ paleontología? 12. Es _____ estudio de _____ vida en períodos geológicos pasados.

---

[1]*serve*

9. What effect does the definite article have when it is used before an adjective without its noun?

Las chicas eran **las culpables**.   *The girls were **the guilty ones**.*

De todos los libros prefiero **el viejo**. *Of all the books I prefer **the old one**.*

The definite article is sometimes used with an adjective alone in such a way as to make it function as a noun. In English, THE + ADJECTIVE + *one(s)* expresses the same idea.

CAUTION   Under no circumstances does Spanish ever use a form of **uno** in such expressions.

10. How is the neuter article <u>lo</u> used with the masculine singular form of the adjective?

Lo peligroso de manejar en invierno es que hay hielo en los puentes.

The dangerous thing about driving in winter is that there is ice on the bridges.

No me gusta que grites tanto. **Lo malo** es que vas a seguir haciéndolo.

*I don't like you yelling so much. **The bad thing about it** is that you are going to keep on doing it.*

The neuter article **lo** is sometimes used with the masculine singular form of the adjective to express an abstract idea. In English, THE + ADJECTIVE + *thing* expresses the same concept.

11. When is the singular form of the definite article used with days of the week and when is it omitted?

La fiesta es **el martes.**

*The party is on **Tuesday.***

—¿Vas a venir **el miércoles?**

*"Are you coming on **Wednesday?"***

Usted se equivoca. Hoy es **jueves**, y mañana será **viernes.**

*You are wrong. Today is **Thursday**, and tomorrow will be **Friday.***

¿Qué día es? Es **domingo.**

*What day is it? It's **Sunday.***

In Spanish, the singular form of the definite article is used with days of the week to express a happening on a given day except when the day of the week is preceded by expressions such as **Hoy es...**, **Mañana será...**, and **Ayer fue...**, etc., and in answer to the question **¿Qué día es?** Sometimes the Spanish ARTICLE + DAY OF THE WEEK is expressed in English by *on* + DAY OF THE WEEK.

CAUTION   Under no circumstances does Spanish ever use **en** with days of the week. WRONG: Salgo para Sevilla en lunes. RIGHT: Salgo para Sevilla el lunes. (*I leave for Seville on Monday.*)

12. When is the plural form of the definite article used with the days of the week?

¿Van los vecinos a la iglesia **los domingos?**

*Do the neighbors go to church **Sundays?***

Todos los sábados visito a mi tía.   *Every **Saturday** I visit my aunt.*

The plural form of the definite article is used with days of the week when the occurrence takes place every week. The adjective **todos + los +** DAY OF THE WEEK also indicates a regular occurrence each week on the day mentioned.

NOTE   The days **sábado** and **domingo** add **-s** to form their plural. All other days of the week are invariable.

C. *Usted hace los planes para las cosas que piensa hacer esta semana. Traduzca al español las actividades de la semana.*

1. I have a lot of things to do on Monday, but the worst is the laundry.   2. Tuesday is election day.   3. There are various candidates, but I'll vote for the liberal ones. 4. On Wednesday my cousin arrives from Caracas.   5. Thursday I'll go to see Pamela.   6. I don't expect to finish everything until Friday.   7. The best thing about Friday is that generally I go to parties in the evening.   8. On Saturday morning[1] I'll go to market.   9. Every Saturday afternoon I go to the movies.   10. I never go out Sundays.   11. What day is it today? Sunday? No, today is Monday. Yesterday was Sunday.

---

[1]**por la mañana**

13. How is the article used with dates?

El terremoto ocurrió **el 7 de marzo**   *The earthquake was **March 7, 1958.***
   de 1958.

Hoy es **(el) 2 de julio.**   *Today is **July 2.***

5 de mayo de 1968 }
5 de mayo, 1968   }   *May 5, 1968*

miércoles 22 de junio, 1983   ***Wednesday, June 22, 1983***

El accidente ocurrió **el viernes 12**   *The accident happened **Friday,***
   de noviembre.   ***November 12.***

The definite article is always used before dates when they occur in a complete sentence. When the date alone is given in a letter or in a school exercise, no article normally precedes the day of the month. The day of the month is followed by **de** before the month. The year may or may not be separated from the month by **de.**

If the name of the month is used without the day, then it is preceded by the preposition **en.** Ex: Llegaremos *en diciembre.* Nos inscribimos *en agosto.*

14. When is the definite article used with seasons?

Carmen vino **el otoño pasado.**   *Carmen came **last autumn.***

Cuando llegue **la primavera,**   *When **spring** comes, we'll see*
    veremos flores.   *flowers.*

En (el) invierno hay muchos   ***In winter** there are many*
    deportes interesantes.   *interesting sports.*

The article is normally used with seasons, but after **en** the use of the article is optional.

Cuando es **verano** en la América   *When it is **summer** in North*
    del Norte es **invierno** en la   *America, it is **winter** in South*
    América del Sur.   *America.*

The article is not used with seasons following an impersonal use of **ser.**

D. *¿Qué hizo usted el año pasado? Usted le cuenta a un amigo algunas de las cosas que ocurrieron.*

1. In December we went to Chile.   2. It was summer there.   3. We returned to the United States in February.   4. In spite of the rain, spring was the most pleasant season of the year.   5. Our vacation[1] began on June 20.   6. In summer we usually go swimming[2] in Paradise Lake.   7. But last summer we were in Yucatan from June 25 to August 16.   8. My sister graduated from high school on June 15, 1989, and do you know that she didn't decide to go to college until August 20?   9. In August we both[3] went to college.   10. We arrived on September 15.   11. What day did September 15 fall on? Was it a Wednesday?

---

[1]Spanish uses the plural form.   [2]Use a form of **ir a nadar.**   [3]*we both* = **los dos**—followed by the **nosotros** form of the verb.

15. When is the definite article used with names of languages?

El español es una lengua muy
  hermosa.

*Spanish is a very beautiful
  language.*

Yo no comprendo (el) chino.

I don't understand Chinese.

Aquí se habla inglés.

English is spoken here.

En portugués hay muchas palabras
  de origen latino como en
  español.

*In Portuguese, as in Spanish, there
  are many words of Latin origin.*

The names of languages are always modified by the definite article when they are used as the subject of a sentence.

As the direct object of the verbs hablar, estudiar, aprender, leer, escribir, entender, comprender, and saber, languages do not usually take the definite article if they follow these verbs immediately. However, they may be used with the definite article.

Usually the article is not used with names of languages governed by en.

E. *Escriba la forma apropiada del artículo definido en cada espacio en blanco que
    lo requiera. Si no es necesario usar el artículo, indique esto con una X. Si el
    uso del artículo es opcional, indique ambas posibilidades (el/X).*

1. No me gusta ir a ese lugar porque allí no hablan _____ español. 2. ¿Es _____ inglés la lengua más hablada en todo el mundo? 3. No entiendo lo que dices. ¿Estás hablando en _____ griego? 4. Me gusta _____ árabe y por eso lo estudio. 5. La palabra *venir* viene de _____ latín. 6. Sé que _____ alemán tiene muchas palabras muy largas. 7. Si no supiéramos _____ español, no entenderíamos nada de _____ portugués.

16. When is the definite article used with titles of persons?

Vimos a la señorita Fernández en
  casa de la señora Luaces.

*We saw Miss Fernandez at Mrs.
  Luaces' home.*

El profesor Pardo, que enseña
  historia en la universidad, fue a
  ver al doctor Bilbao.

*Professor Pardo, who teaches
  history at the university, went to
  see Dr. Bilbao.*

—Buenos días, doctor Álvarez.

"Good morning, Dr. Alvarez."

—Buenas noches, **capitán Egea.** ¿Ha visto usted **al general Rojas?**	*"Good evening, **Captain Egea.** Have you seen **General Rojas?"***
—**Don Antonio**, dígale a **doña María** que **el padre León** está aquí.	*"**Anthony**, tell **Marie** that **Father Leon** is here."*
Fray Jiménez viene con **el obispo Lezama.**	*****Friar Jimenez** is coming with **Bishop Lezama.***

When speaking of a person and using a title with his or her name, the article generally precedes the title. However, the titles **don, doña, fray,** and **sor** are not preceded by the article.

The article is not used with a title when addressing a person by his or her title.

17. When is the article used with first names? With family names?

Carlos fue a ver a **los García.**	*Charles went to see **the Garcias.***
El pequeño Martín y **la hermosa María** jugaron juntos en la arena.	*****Little Martin** and **pretty Marie** played together in the sand.*

The definite article is not normally used with first names. It is used with first names modified by an adjective. Family names are used with the article as in English, but Spanish names often do not take an **-s** at the end.

NOTE In familiar language the singular form of the definite article is sometimes used with first names and family names with a somewhat derogatory connotation. Ex: Por allí viene **la** Lola. (Here comes *that* Lola.)

F. Traduzca al español estas expresiones que se oyen en el consultorio del médico. Use <u>usted</u> *para expresar **you.***

1. I'd like to talk to Dr. Gonzalez about my health certificate.   2. Aren't you going to see the Lorcas now?   3. Father Francisco has an appointment at three o'clock sharp.   4. The Murillos need a new prescription for their children.   5. Professor Alsina has been admitted to the hospital.   6. Norma Ruiz and her brother, Little Joe, are in the waiting room.   7. Miss Lopez, tell Mr. Morelos that he can come in now.   8. The Obregons want you to give a vaccine to their parents to protect them from the flu.

18. When is the article used in Spanish with names of games and sports?

Me gustan **las damas.**   *I like **checkers.***

Para mí, **el tenis** es más interesante   *For me, **tennis** is more interesting*
que **el béisbol.**   *than **baseball.***

Pablito **juega** muy bien **al ajedrez**   *Little Paul **plays chess** very well but*
pero no sabe nada **de barajas.**   *knows nothing **about cards.***

The definite article is always used with names of games when they are the subject of the sentence. After the verb **jugar,** the formula **a** + DEFINITE ARTICLE + GAME is normally used. When **de** is used with the name of a game, there is usually no definite article.

G. *Traduzca al español estos fragmentos de una conversación sobre juegos. Use* <u>tú</u> *para expresar **you.***

1. Do you want to play checkers?   2. Not now.   It is true that I like to play checkers, but now I prefer to play chess.   3. What about cards?   4. No, I don't want to lose all my money at cards.   5. Do you think that Bob cheats[1] at dominos?

---

[1]Use a form of **hacer trampas.**

19. When is the definite article used with expressions of age, time of day, and names of meals?

María Luisa se casó **a los cuarenta**   *Mary Louise got married **at the age***
años con un hombre que **tenía**   *of forty with a man who **was***
veinticinco años.   *twenty-five (years old).*

The definite article is used with expressions of age when they are objects of a preposition. After **tener,** no article is used with expressions of age.

Son **las ocho y media** y quiero   *It is **half past eight** and I want to*
terminar para **las diez,** porque **de**   *finish by **ten (o'clock)** because*
diez a once hay un programa   ***from ten to eleven** there is a very*
muy bueno.   *good show.*

The definite article is generally used in indicating the time of day, but in the expression **de...a...** it is normally omitted.

Durante **la cena** el señor Bravo se mostró muy nervioso.	*During **supper** Mr. Bravo looked very nervous.*

The definite article is generally used with names of meals.

H. Complete estas oraciones traduciendo al español todas las edades y horas que se dan en inglés.

1. La reunión empezará a (*nine o'clock sharp*), no a (*five after nine*). 2. (*It was half past seven*) cuando llegó el autobús. 3. Ese pobre hombre empezó a trabajar a (*the age of ten*). 4. El médico verá a los pacientes entre (*two and three o'clock*). 5. Roberto ya era ingeniero a (*the age of twenty-four*). 6. (*At fifteen*) no se debe manejar automóviles. 7. Los invitados esperaban nuestra llegada desde (*half past ten*). 8. Yo creía que Cora (*was nineteen years old*).

20. Which common nouns indicating place are generally used with an article in Spanish but without an article in English?

Voy a **la iglesia** los domingos y a **la escuela** los otros días de la semana.	*I go to **church** on Sundays and to **school** the other days of the week.*
El criminal está en **la cárcel** ya.	*The criminal is already **in jail**.*
Nos dirigíamos a **la ciudad** cuando vimos a Carlos.	*We were going to **town** when we saw Charles.*
La cocinera va **al mercado** todas las mañanas.	*The cook goes to **market** every morning.*

Certain common nouns indicating places are regularly used with the definite article in Spanish but not in English. Among these are **iglesia, escuela, cárcel, ciudad**, and **mercado.**

NOTE Certain idiomatic expressions do not follow this rule. Ex: **ir (estar) de mercado, condenado a cárcel, ir de ciudad en ciudad.**

21. To what extent is the article used with names of countries in Spanish?

En (el) Perú y en México había
    mucha plata.

In Peru and in Mexico there was a
    lot of silver.

Me hubiera gustado visitar (el)
    Brasil, pero fui a Portugal.

I would have liked to visit Brazil,
    but I went to Portugal.

In modern Spanish, the tendency is to use the names of all countries without the article, except in the case of countries such as **los Estados Unidos** and **la República Dominicana**, where the article is usually considered a part of the name. However, the use of **Estados Unidos** without the definite article is becoming increasingly common.

La España del Siglo de Oro
    floreció en la literatura y en las
    artes.

Golden Age Spain flourished in
    literature and the arts.

The definite article is used regularly with the modified name of a country.

22. How is the article used with names of streets and avenues?

La calle de Alcalá es más ancha
    que **la calle de San Jerónimo.**

Alcala Street is wider than San
    Jeronimo Street.

Tomé por **la Avenida Hidalgo**
    hasta llegar **al Paseo de la**
    Reforma.

I took Hidalgo Avenue until I came
    to Reform Boulevard.

When a street name is accompanied by **calle, avenida, paseo,** and so on, the definite article is normally used before that name.

Bolívar es una calle muy corta; es
    más corta que **Atocha.**

Bolivar Street is very short; it is
    shorter than Atocha Street.

En la esquina de **Neptuno** y
    Manrique hay una tienda.

There is a store at the corner of
    Neptuno and Manrique.

When a street name is used in a sentence without a term such as **calle** or **avenida**, no article is used before that street name.

I. Conteste estas preguntas, usando en su respuesta la palabra o palabras dadas.

1. ¿Dónde vives ahora? (Calle Independencia, 1234)   2. ¿Adónde fuiste el domingo? (iglesia)   3. ¿Con quién fuiste? (señor Morales)   4. ¿Dónde estuviste el verano pasado? (Alemania)   5. ¿Qué calle te gusta más? (Avenida de los Reyes) 6. ¿Adónde vas esta noche? (centro)   7. ¿Dónde compraste ese plato tan bonito? (Perú)   8. ¿Qué canciones te gustan más? (México de 1910)

23. In both Spanish and English, the definite article is normally used with ordinal numbers, but when is it omitted in Spanish?

La segunda mesa está vacía.	*The second table is empty.*
Lo hizo **por primera vez** en su vida.	*He did it **for the first time** in his life.*
En primer lugar, no es cierto lo que dices de Inés.	*In the first place, what you say about Inez is not true.*

The definite article is not used in expressions such as **por primera vez, por segunda vez**, and **en primer lugar.**

24. Under what conditions is the article used or omitted with nouns of profession, nationality, and religion?

Felipe es **médico.** ¿Es **mexicano?**	*Philip is **a doctor.** Is he **(a) Mexican?***
Sí, es **un mexicano rico.**	*Yes, he is **a rich Mexican.***
La señora Gil es **católica.**	*Mrs. Gil is **(a) Catholic.***
La señora Gil es **una católica devota.**	*Mrs. Gil is **a devout Catholic.***

After forms of **ser**, Spanish designates profession, religion, and nationality by a noun without an indefinite article. English uses a noun modified by an indefinite article.

In Spanish, if the name of the profession, nationality, or religion is modified, an indefinite article is used, as in English.

However, if the adjective or adjectival phrase is considered an integral part of the noun, no article is used. Ex: León es **profesor de ruso.** (*Leon is* a Russian teacher.)

J. Traduzca al español.

1. (*Uds.*) In the first place, you know nothing about us.   2. I am a Mexican, although I was born in Costa Rica.   3. We thought that Martha was an actress, but they say that she is a teacher.   4. (*tú*) You've come early for the first time. 5. The man who talked to us is a Catholic, not a Protestant.

25. How are the Spanish adjectives <u>otro</u> and <u>cierto</u> different from their English equivalents?

Iremos a tu casa **otro** día.	*We'll go to your house **another** day.*
Alberto alcanzó **cierta** reputación.	*Albert attained **a certain** reputation.*
Me miró con **(una) cierta** sonrisa.	*She looked at me with **a certain kind of** smile.*

The adjective **otro** is never accompanied by the indefinite article; when **cierto** precedes its noun, it usually is not. The use of the indefinite article before **cierto** creates a stylistic effect related to mystery, uncertainty, and bewilderment.

26. When is the definite article used and when is it not used with nouns in apposition?

Tolosa, **pequeña población entre San Sebastián y Vitoria**, tiene casas muy antiguas.	*Tolosa, **a small town between San Sebastian and Vitoria**, has very old houses.*

When the noun in apposition indicates a quality which is unknown to the person spoken to and which is not particularly unique, Spanish normally does not use the article with the noun in apposition. In such sentences, English generally uses the indefinite article.

Fernando e Isabel, **los Reyes Católicos**, expulsaron a los moros de España.	*Ferdinand and Isabel, **the Catholic Rulers**, expelled the Moors from Spain.*
Leandro, **el primo de Gloria**, nunca va a esas fiestas.	*Leandro, **Gloria's cousin**, never goes to those parties.*
Don Mauricio, **el jefe de la oficina**, siempre está de mal humor.	*Maurice, **the head of the office**, is always in a bad mood.*

When the noun in apposition is a name usually associated with the person in question, when it indicates a function in a particular place, or when it expresses a family or business relationship, Spanish normally uses the definite article with the appositive. In such cases, English uses the definite article also.

Barcelona, **(la) segunda ciudad de España**, es muy industrial.	*Barcelona, **the second city of Spain**, is very industrial.*
Pizarro, **(el) conquistador del Perú**, es casi una figura legendaria.	*Pizarro, **the conquerer of Peru**, is almost a legendary figure.*

In many cases, the use of the article before an appositive is optional. When it is used, the speaker feels that he is stating a well-known fact; when it is omitted, the speaker is supplying information which he feels the audience does not know. In such sentences, English generally uses the definite article.

NOTE   Spanish does not normally use the indefinite article before a noun in apposition unless that noun is modified by an adjectival phrase or an adjective clause, in which case the indefinite article is optional. Ex: Tolosa, **(una) pequeña población del norte de España**, tiene casas muy antiguas. El doctor Flores, **(un) médico a quien todos conocen en la ciudad**, estudió medicina en Salamanca hace muchos años.

K. Traduzca al español.

1. A certain lawyer resigned.   2. Carlos Garcia, Dolores' father, is the vice-president of the company.   3. *(Ud.)* Show me another apartment; I don't like this one.
4. Peter Rosado, a barber on[1] Huerta Street, has another barbershop on Cruces Avenue.   5. Roger used to go out with a certain girl every night.

---

[1] **de**

EJERCICIOS DE RECAPITULACIÓN

A. *Sustituya los espacios en blanco por formas de los artículos definidos e indefinidos cuando sea necesario. Si no es necesario usar el artículo, indique esta condición con una X.*

1. Ese país exporta _____ zapatos y _____ artículos de piel.   2. Nos veremos _____ 13 de mayo cuando _____ primavera está más bonita.   3. _____ señora Gómez enseña _____ español y _____ portugués.   4. Esas alfombras vienen de _____ Perú. 5. Dígame, _____ señora Rodríguez, ¿conoce usted _____ doctor Álvarez? 6. Con _____ amistad sincera de nuestros amigos, lograremos vencer _____ dificultades.   7. No queremos estudiar _____ matemáticas ahora.   8. Hoy es _____ martes. ¿Cuándo dijo que venía, _____ martes o _____ miércoles?   9. Luis fue a _____ cuarto para copiar oraciones de «_____ Burlador de Sevilla».   10. Ésta es _____ tercera vez que dices esas tonterías.   11. Oí _____ concierto maravilloso en _____ Teatro Colón, _____ gran centro cultural de Buenos Aires.

B. *Escriba en español las palabras inglesas en itálica. Tenga especial cuidado con el uso y omisión del artículo.*

1. Préstame (*the car*).   2. Prefiero jugar (*chess*).   3. ¿Qué platos? Ponga (*the new ones*).   4. Pablo llegó (*at dinner*) a eso de (*two in*[1] *the afternoon*).   5. Dadme (*liberty*) o dadme (*death*).   6. Esa familia va (*to church*) (*every Sunday*).   7. (*Children*) siempre están activos.   8. No te vayas; (*the best thing*[2]) viene ahora.   9. Alberto se fue (*from home*) (*at eighteen*).   10. Me gusta leer leyendas (*of colonial Mexico*).   11. Vamos (*to a store*) que está en (*Independence Boulevard*).   12. Esa señora es (*a biology teacher*).   13. Vigo, (*an industrial city in the north of Spain*), es (*a port*) muy importante.

---

[1]Not **en.**   [2]Not expressed by the Spanish word for *thing*.

PROBLEM WORDS

Can

(a) *can = be able*

Podemos salir ahora.   *We **can** leave now.*

¿Puedes verme mañana?   ***Can you** see me tomorrow?*

When *can = be able*, it is expressed by a form of **poder.**

(b) *can = may* (to ask permission, often in questions)

¿Puedo verla, señora? $\left.\begin{array}{l}\textit{\textbf{May}}\\\textit{\textbf{Can}}\end{array}\right\}$ *I see you, madam?*

Some English speakers make a distinction between *may* (to ask permission) and *can* (to be able). In colloquial English, this distinction is often not made, and *can*, as well as *may*, is used to ask permission. In Spanish, **poder** is used to ask permission.

(c) *can = know how to*

¿Sabe usted cocinar? $\left\{\begin{array}{l}\textit{\textbf{Do} you \textbf{know how} to cook?}\\\textit{\textbf{Can} you cook?}\end{array}\right.$

Ese chico **no sabe** nadar.   *That boy* $\left\{\begin{array}{l}\textit{\textbf{can't} swim.}\\\textit{\textbf{doesn't know how} to swim.}\end{array}\right.$

When *can = know how to*, it is expressed by **saber** in Spanish.

Character

(a) *character* = **personaje**

Los **personajes** de esta comedia son   *The **characters** of this play are very*
 muy interesantes.   *interesting.*

When speaking of characters in a literary work, the word **personaje** is used.

(b) *character* = **carácter**

El desarrollo del **carácter** de un
   niño es la tarea más importante
   de la educación.

The development of a child's
   ***character** is the most important*
   task of education.

When referring to a person's character, *character* = **carácter.**

NOTE   The plural of **carácter** is **caracteres.** Note the shift in stress and the
absence of a written accent on **caracteres**.

Come

(a) *come* = **venir**

¿Cuándo vas a **venir** a verme?

*When are you **coming** to see me?*

El señor Casas no **vino** a la reunión.

*Mr. Casas **didn't come** to the*
   meeting.

In most cases, the English *come* is expressed by the Spanish **venir**.

(b) *come* = **llegar**

Por fin, **llegamos** a un motel.

*Finally, **we came** to a motel.*

When *come* = *arrive*, Spanish tends to use **llegar.**

(c) *come* = **ir**

Esta noche **iré** a tu casa.

*Tonight **I'll come** to your house.*

—Marcos, ¡**ven** acá!

*"Mark, **come** here."*

—¡**Voy!**

*"**I'm coming.**"*

But when the English *come* indicates a move away from the person in question
and toward the person spoken to, it is expressed by **ir** in Spanish.
This is contrary to English usage and should be noted carefully.

CAUTION Verbs of motion are not used in the progressive form in Spanish except to express customary action. Ex: —¿Dónde está Leonardo? —¡Ahí **viene!** ("Where is Leonard?" "*He's coming.*") WRONG: «Está viniendo».

Various special ways of expressing *come*

English uses *come* in a number of expressions expressed by other verbs in Spanish. Note how *come* is expressed in a few of the most common cases.

(d) *come about* = **ocurrir**

Han ocurrido muchos cambios en los últimos años.	*Many changes **have come about** in the last few years.*

(e) *come across* = **encontrar, dar con, tropezar con**

Cuando abrimos el sobre, **encontramos** el testamento.	*When we opened the envelope, **we came across** the will.*

(f) *come along* = **avanzar, progresar**

Los muchachos **están progresando** mucho en la escuela.	*The boys **are coming along** nicely in school.*

(g) *come between* = **dividir, separar, desunir**

Mi suegra nos $\begin{cases} \textbf{divide.} \\ \textbf{separa.} \\ \textbf{desune.} \end{cases}$ *My mother-in-law **is coming between** us.*

(h) *come down* = **bajar, descender**

Los precios del oro **están bajando.**	*The prices of gold **are coming down.***

(i) *come on!* = **¡vamos!, ¡ven!, ¡venga!**

¡Vamos, no puedo creerlo!	*Come on, I can't believe it!*
¡Ven!	*Come on!*

(j) *come out* = **salir; declararse, manifestarse**

El león **salió** de su madriguera.   *The lion **came out** of his den.*

El candidato $\left\{ \begin{array}{l} \textbf{se declaró} \\ \textbf{se manifestó} \end{array} \right.$ en favor de mejores salarios.

*The candidate **came out** for higher salaries.*

(k) *come up* = **subir; presentarse, surgir**

¡Sube en seguida!   ***Come up** immediately!*

Es posible que la cuestión no $\left\{ \begin{array}{l} \textbf{se presente} \\ \textbf{surja} \end{array} \right.$ otra vez.

*The question is not likely **to come up** again.*

(l) *come up with* = **ocurrírsele**

Al abogado **se le ocurrió** una mejor   *The lawyer **came up with** a better*
solución.   *solution.*

(m) *how come that . . .?* = **¿cómo es que... ?**

¿Cómo es que tú no quieres viajar   ***How come** you don't want to travel*
en avión?   *by plane?*

A. Sustituya las palabras inglesas entre paréntesis por sus equivalentes en español.

1. ¿(*Can*) tu amigo jugar bien a las damas?   2. ¿Qué clase de (*character*) tiene Irma?   3. Me pregunto cuándo (*we'll come*) a la estación.   4. Los muchachos (*may*) ir al circo si quieren.   5. —Lucila, ¿dónde estás? —(*I'm coming*).   6. Todos los (*characters*) de esa comedia son mujeres.   7. Matías (*can*) ayudarnos a encontrar mis gafas.   8. Esta tarde (*we'll come*) a tu oficina.   9. ¿Qué dijo Salvador de los (*characters*) de Rodrigo y de Marcos?   10. (*Ud.*) ¿Qué tal (*are you coming along*) en su proyecto?   11. El accidente (*came about*) porque estaba lloviendo.

B. Traduzca estas oraciones al español. Tenga especial cuidado con las palabras en itálica.

1. (*Ud.*) I *came* to your laboratory this morning at eight.   2. Who is the principal *character* in[1] that novel?   3. *May* I close the windows?   4. I like Bill's appearance,

but I don't like his *character*.   5. Louis *can* speak very well, but he *can't* write.
6. After two hours I *came* to a filling station.   7. I *can't* hear what Amelia is
saying.   8. Anita *can* speak several languages.   9. "Where are those children?"
"*They're coming.*"[2]   10. (*tú*) "Mario, *come* here." "*I'm coming.*"   11. Finally, the
mayor *came out* for hiring more women.   12. *Come on!* That *can't* be true.

---

[1]**de**   [2]Begin the sentence with **Ahí** ...

PRÁCTICA DE CONJUGACIÓN

Practique la conjugación de los verbos *vivir* y *lavarse*, conjugados en las páginas
456–457 and 458–459.

C H A P T E R **3**

Personal Pronouns

Le dije:—es la vida—y no la vi más

Para el Catire Pozo[1]

Mientras la lluvia azotaba[2] su espalda la mujer vio el foco del alumbrado público recordando de inmediato la atmósfera de aquel día...

Ella tenía quince años cuando al bajar aceleradamente las escaleras de la casa se encontró con **él** por primera vez. Algo desconcertó a ambos[3] en aquella
5   ocasión. **Él** se puso de pie al ver**la** poniendo de manifiesto el sentirse intimidado. La mecedora[4] continuó su balanceo habitual[5] aún vacía, había una luz de atardecer en la sala y el calor de siempre.

Él estaba vestido con ropa ordinaria, destacaba[6] una gorra de jugar baseball con su visera azul[7] y **aquella** pelota apretada entre las manos, dos cosas que
10   desde un primer momento resultaban extrañas en su fisonomía general, parecían objetos colocados sobre una fotografía **de él** sin orden alguno, sin noción de homogeneidad del contexto.

El padre **los** presentó[8] (era la primera vez en su vida que su padre **le** "presentaba" a alguien, léase:[9] que **la** trataba como a un adulto), su desconcierto pasó
15   al limite del asombro y ahora no pudo recordar si estrechó la mano[10] del joven o no, en cambio sí puede tener la medida exacta de su rostro en ese momento.

El rostro de **él,** alargado, tenía cierto aire suave cuando un mechón de cabello castaño[11] (luego supo que no era el color natural) insistía en bajar sobre la frente. **A ella le** gustó su tono al hablar pausado y suave.

Hay un lapso vacío[12] y se ve a sí misma sirviendo café para la visita en la cocina e intentando que la madre no perciba su turbación expresada en el hecho mismo de no derramar el líquido en las tacitas de porcelana. Llevaba la bandeja para ver**lo** de nuevo, la mirada **de él le** producía muy dentro un temblor parecido al entusiasmo y sentía la tentación de experimentar**lo** una y otra vez.

Comenzó entonces a manifestar una curiosidad latente por aquel personaje que visitaba a su padre y sostenía con **él** largas conversaciones y aparte de aquellos diálogos misteriosos empezó a intuir la vinculación del joven con la organización de ciertas reuniones en casa en las cuales parecía tratarse asuntos de importancia clandestina.[13] Un tejido de palabras y el entrelazar ciertos pensamientos **la** llevaron a comprender el sentido enigmático de las circunstancias. Entonces supo del disfraz de **él,** de su necesaria condición de ermitaño.[14]

Nunca hubo **entre ellos** algo que pudiera calificarse como una conversación. Se trataba tan sólo de miradas furtivas[15] y el rozar sus dedos al entregar**le** una taza de café. Es incluso improbable, (hoy puede decírse**lo a sí misma** abiertamente) que **él** jamás, haya tenido conciencia de lo que **dentro** de **ella** ocurría.[16] Eso ahora no tenía la menor importancia, pues **ella** miraba en los ojos **de él** un mar de infinita profundidad, acaso todo era un sueño y ese sueño valía lo que el universo de sus minutos de placidez contemplativa.

Allí estaba **él** con su pomposo título de dirigente de masas clandestino, diseñando con sus manos en el aire profundos asuntos de táctica y estrategia.[17]

Una noche **ella** vivió un punto clave en su éxtasis.[18] **Él** vino a su casa en horas de la madrugada (**ella** dormía y despertó al percibir la alteración de los sonidos cotidianos de la casa).[19] **Él** estaba en la cocina y la madre **de ella le** vendaba un brazo[20] cuidadosamente. Cuando **la** vio sonrió sin inmutarse,[21] **ella** procuró[22] seguir todas las indicaciones que ahora su madre **le** daba con relación a la búsqueda de algunos medicamentos, y así disimuló[23] su alteración. Interiormente hubiera querido ser **ella** la herida y no **él.** Subió a su habitación cuando la madre **lo** ordenó. Es innecessario señalar que no pudo conciliar el sueño[24] sabiendo que **él** permanecía insomne en algún lugar de la casa. Sus pensamientos resultaban compulsivos,[25] hubiera deseado saber más, la angustia de desconocer lo ocurrido junto al tener la posibilidad de que ese brazo herido fuera causa de terrible dolor **la** mantuvieron en vela.[26]

Una mañana y como era usual se detuvo a hojear el periódico[27] del día antes de partir camino al liceo.[28] **Lo** colocó sobre la mesa del comedor (aquel comedor con dimensiones de jaula pajarera.[29] En la primera plana, una línea de fotografías tiradas a dos columnas detuvo de inmediato su mirada. El titular estaba escrito con el "tipo"[30] más grande con que debía contar el periódico, era relativo a un

grupo de arrestados la noche anterior,[31] supuestamente pertenecientes a una orga-
nización política que actuaba en la clandestinidad.[32] Su mirada apresurada reco-
60   rrió las imágenes borrosas, con un sabor amargo en la garganta. Ahí estaba .él. La
última fotografía de la línea, la más cercana al borde de la página. Sus ojos
enormes y el mechón de cabello castaño sobre la frente.

Ahora la imposibilidad de acercárse**le** crecía y se ligaba a la incertidumbre.

Intentaba poner atención a las frases sueltas dichas en aquellas extrañas
65   reuniones que continuaban realizándose. Así se enteró de que **él** sufría de asma y
ello afectaba en demasía la misma condición de prisionero.[33] Supo de su delgadez
y del nuevo tono rubio de su cabello el que había aparecido bajo los rastros del
tinte castaño. Supo mucho más tarde de su salida al exilio.[34]

Ella ya nunca más volvió a tener quince años y con el tiempo aprendió a
70   sonreír con condescendencia recordando que alguna vez **los** había tenido.

Y un día en que llueve cuantiosamente, un día en que esa lluvia de Caracas
parece haberse propuesto derretir hasta las fachadas de las casas,[35] un día en que
no hay color sino un todo borroso, **ella** camina tratando de impedir que el para-
guas se **la** lleve por esos cielos de San Bernardino, y entonces se tropieza con el
75   cartel en la misma esquina de la avenida Volmer. Una consigna política alcanza
a leerse debajo del dibujo de su rostro. **Ella** se detiene y deja que el diluvio uni-
versal se **le** venga encima.[36]

Abre su bolso y busca el monedero,[37] dentro está aquel papelito arrugado,[38]
mira nuevamente el cartel a tiempo para rescatar el paraguas con el papelito apre-
80   tado, ahora **lo** desdobla, hay una vieja fotografía impresa en papel periódico, trae
anotada una fecha al borde, que corresponde a trece años atrás.[39]

Ella mira el rostro de la fotografía en su mano y el rostro del cartelón bajo
la lluvia. Afuera **de ella** llueve y hay un viento que quiere llevarse todas las
cosas...[40]

Laura Antillano

---

[1]redheaded [2]lashed [3]confused both of them [4]rocking chair [5]habitual swinging [6]stood out [7]blue peak [8]introduced them [9]in other words [10]shook his hand [11]chesnut lock of hair [12]empty pause [13]matters of clandestine importance [14]hermit [15]furtive look [16]what was happening to her, inside [17]matters of tactics and strategy [18]a key point in her extasis [19]the expected noises of the house [20]was bandaging his arm [21]he smiled without altering himself [22]tried [23]feigned [24]she could not fall asleep [25]were compulsive [26]kept her awaken [27]daily newspaper [28]high school [29]bird cage [30]type (print) [31]the previous night [32]that was acting in the underground [33]his very condition as a prisoner [34]his leaving into exile [35]melt the façade of the houses [36]the torrential rain would come upon her [37]coin purse [38]wrinkled little piece of paper [39]thirteen years ago [40]that wants to sweep everything

Laura Antillano nació en Caracas, capital de Venezuela, en 1950. Estudió y se doctoró en la Escuela de Letras (Humanidades) de la Universidad de Zulia, Venezuela. En la actualidad es profesora de literatura de la Universidad de Carabobo, Venezuela. Ha publicado varios libros entre los cuales citamos *La bella época* (1968), *Perfume de gardenia* (1982) y *Dime si adentro de ti, no oyes tu corazón partir* (1983).

PREGUNTAS

Comprensión. A continuación aparecen diez oraciones que resumen todo el cuento. Léalas en el orden en que deben estar.

_____ La muchacha seguía las instrucciones que le daba su madre.

_____ Ella estudiaba en la escuela secundaria.

_____ Trece años más tarde el recuerdo de aquellos días de éxtasis eran borrados por un fuerte viento que quería llevarse todas las cosas.

_____ Una noche, el misterioso conspirador en la clandestinidad se quedó a dormir en la casa.

_____ Cuando la chica tenía unos quince años vio por primera vez al joven pelirrojo (*redhaired*).

_____ El joven pelirrojo venía con frecuencia a la casa y hablaba durante largas horas con el padre de la chica.

_____ Durante aquel primer encuentro el padre la presentó al visitante misterioso.

_____ Una mañana leyó en el periódico que el joven visitante había sido arrestado.

_____ El joven trabajaba en la clandestinidad revolucionaria.

_____ Ella supo que el joven iba a exilarse.

A pronoun is a word that takes the place of a noun. A personal pronoun is one that refers to one of the three grammatical persons: I, you, he/she/it. Personal pronouns may be used as the subject of the sentence, as the direct or indirect object, or after a preposition.

I. SUBJECT PRONOUNS

1. What are the Spanish subject pronouns?

The Spanish personal pronouns used as the subject are:

PERSON	SINGULAR		PLURAL	
FIRST	yo	*I*	nosotros, m. nosotras, f.	*we*
SECOND	tú	*you*	vosotros, m. vosotras, f.	*you*
	usted	*you*	ustedes	*you*
THIRD	él	*he*	ellos, m.	*they*
	ella	*she*	ellas, f.	*they*
	ello	*it*		

NOTE   The neuter pronoun **ello** (*it*) exists, but it is rarely used in oral or written expression.

2. In the above table, *you* (singular) is expressed by both tú and usted. When is you expressed by tú, and when by usted?

—Señor Pérez, ¿quiere **usted** ir conmigo a Montevideo?

*"Mr. Perez, do **you** want to go to Montevideo with me?"*

—Hoy no, pero si **usted** puede esperar hasta mañana, con mucho gusto.

*"Not today, but if **you** can wait until tomorrow, I will, with pleasure."*

—Pepe, **tú** no vas al cine, ¿verdad?

*"Joe, **you** aren't going to the movies, are you?"*

—Si **tú** me acompañas, voy.

*"I'll go if **you**'ll go with me."*

The familiar pronoun **tú** expresses *you* when speaking to close friends, relatives, often people in the same social category—students to each other, soldiers doing military service, etc.—and also to address God in prayer. In general, **tú** is used in Spanish where the given (first) name would be used in English.

For all other persons, **usted** is used. It is reserved for more formal relations with persons who are older or who have a position of importance, such as professors, doctors, government officials, and clergy. The **usted** form is used for both masculine and feminine singular. It takes a third person singular verb form.

NOTE   Since the 1940s, both in Spain and in Spanish America, it has become increasingly common to express *you* by **tú** instead of **usted.** This is especially true among young people.

3. Notice in the table in §1 that *you* plural is expressed by <u>vosotros</u>, <u>vosotras</u>, and <u>ustedes</u>. When is each of these used?

Let us express in various styles the English sentence: *"You, Joe, and you, John, where are you going tonight?"*

Informal Style—Spain

—**Tú**, Pepe, y **tú**, Juan, ¿adónde vais (**vosotros**) esta noche?

Informal Style—Spanish America

—**Tú**, Pepe, y **tú**, Juan, ¿adónde van (**ustedes**) esta noche?

Formal Style—Both Spain and Spanish America

—**Usted**, Pepe, y **usted**, Juan, ¿adónde van (**ustedes**) esta noche?

In Spain, **vosotros** is the plural of **tú.** Wherever one would use **tú** in the singular, one would use **vosotros** in the plural.

In Spanish America, the plural of **tú** is **ustedes.** In the development of the language, **vosotros** fell out of use there. Thus, in Spanish America, **ustedes** is used for *you* (plural), no matter to whom one is speaking.

4. In English, except for imperatives, every sentence must have its subject expressed, whether it is a noun or pronoun. Is this the case in Spanish?

Vi a Pedro en el parque. Ayer (él) **vino** a casa con una cara muy triste. Primero me **dijo** que **había tenido** una discusión muy seria con su madre. **Parecía** muy preocupado. Por fin, me **pidió** que lo **aconsejara.**

*I saw Peter in the park. Yesterday, **he** came to my home with a very long face. First, **he** told me that **he** had had a very serious discussion with his mother. **He** seemed very worried. Finally, **he** asked me for some advice. (lit. . . . he asked that **I** advise him.)*

In Spanish, where the verb form is inflected and thus indicates the subject of the sentence, the use of the subject pronoun is purely optional in most cases. In an isolated sentence, its use or omission is a matter of emphasis or of the psychological reaction of the speaker. When there are several related sentences with the same subject, the subject pronoun is normally omitted.

It is more common to express **usted** and **ustedes** than other subject pronouns, partially for reasons of courtesy, partially because their verb form is the same as that of **él, ella, ellos**, and **ellas.** However, **usted** and **ustedes** are also often omitted.

5. How is the English neuter subject pronoun *it* expressed in Spanish?

—¿Por qué no haces este trabajo?

"Why don't you do this work?"

—Porque **es** difícil.

*"Because **it's** hard."*

—¿Dónde está el coche?

"Where is the car?"

—**Está** aquí.

*"**It's** here."*

—¿Por qué bebe usted este refresco?

"Why do you drink this soft drink?"

—Me **satisface.**

*"(Because) **it satisfies** me."*

The English neuter subject pronoun *it* is not expressed in Spanish either in impersonal expressions or when it refers to an inanimate object.

6. How does Spanish express the English *It is I, It is you*, and the like?

Soy yo.	*It is I.*	**Somos nosotros.**	*It's we.*
Eres tú.	*It's you.*	**Sois vosotros.**	*It's you.*
Es usted.	*It's you.*	**Son ustedes.**	*It's you.*
Es él.	*It's he.*	**Son ellos.**	*It's they* (m.).
Es ella.	*It's she.*	**Son ellas.**	*It's they* (f.).

To express the English *It is* + SUBJECT PRONOUN, the form of the Spanish verb **ser** agrees with the subject pronoun, and the subject pronoun always follows the verb.

ENGLISH	SPANISH
It is + SUBJECT PRONOUN	form of **ser** + SUBJECT PRONOUN

7. Occasionally, English uses a subject pronoun with a noun in apposition, such as *we Americans, you students,* etc. How is this construction expressed in Spanish?

Nosotros los americanos amamos la libertad.

We Americans cherish liberty.

Ustedes las muchachas trabajan demasiado.

You girls work too much.

In Spanish this construction is expressed by:

SUBJECT PRONOUN + DEFINITE ARTICLE + NOUN IN APPOSITION

A. *Sustituya las palabras inglesas entre paréntesis por sus equivalentes en español.*

1. (*We boys*) no somos muy estudiosos.   2. (*You*) leéis con buena entonación.
3. (*You*) comprende estas cosas, ¿verdad?   4. (*You nurses*) deben ayudar a los médicos.   5. ¿Puedes (*you*) decir la verdad a tus primos?   6. (*They*) vienen aquí todos los días.

B. *Complete estas oraciones, traduciendo al español las expresiones dadas en inglés entre paréntesis.*

1. ¿Quién abrió la puerta? ____(*It was I.*)   2. ____ (*We girls*) somos más serias que ____ (*you boys,* Sp. Am.)   3. ____ (*It is*) preciso salir de aquí ahora mismo. 4. ____ (*You,* pl. Sp. Am.) están pensando en el viaje, ¿verdad?   5. ____ (*I'm*) seguro de que ____ (*it's they*).   6. ____ (*It would be*) bueno pasar un mes en Colombia.   7. —¿Dónde está mi guitarra? ____ (*It's*) aquí.   8. ____ (*You,* m. pl. intimate, Sp.) cenaréis a las diez.   9. Nos gusta mucho su sala; ____ (*it's*) muy acogedora.   10. ____ (*You,* f. pl. intimate, Sp.) las españolas sois muy corteses.

II. PREPOSITIONAL PRONOUNS

8. Which pronoun forms are used after most prepositions? Which of these forms are different from the subject pronouns?

Singular		Plural	
mí	*me*	**nosotros-nosotras**	*us*
ti **usted** }	*you*	**vosotros-vosotras** **ustedes** }	*you*
él **ella**	*him* *her*	**ellos, m.** **ellas, f.** }	*them*

The pronouns used after most prepositions are the same as the subject pronouns (see page 50), except for **mí** (*me*), **ti** (*you*), and **sí** (*himself*).

NOTE   After prepositions, *himself, herself, itself,* and *themselves* are normally expressed by **sí** or **sí mismo/a**. Ex: Ella trabaja para **sí misma**. (She works for *herself*.)

9. List some common prepositions which are followed by these forms.

Será muy importante **para ti**, pero no **para mí**.

*Probably it is very important **for you**, but not **for me**.*

The common prepositions followed by the prepositional forms are:

a	*to*	**desde**	*since, from*	**para**	*for*
ante	*in front of*	**detrás de**	*behind*	**por**	*for, instead of*
contra	*against*	**en**	*in, on*	**sin**	*without*
de	*of, from*	**hacia**	*toward*	**sobre**	*on, over*
delante de	*in front of*	**hasta**	*until, up to*	**tras**	*after, behind*

10. The preposition <u>con</u> (*with*) has three special forms when followed by a pronoun. How does one say in Spanish: *with me, with you* (<u>tú</u>)?

¡Ven **conmigo** y te divertirás!	*Come **with me**, and you'll have a good time.*
No se puede estudiar **contigo**; pierdes mucho tiempo.	*It's impossible to study **with you**— you waste a lot of time.*

After **con**, the regular prepositional forms are used except in the case of:

conmigo	*with me*
contigo	*with you (**tú**)*

NOTE The combination **consigo** is a reflexive form which is seldom used. It refers to a third person singular or plural subject or to **usted** or **ustedes.** Ex: La señora está satisfecha **consigo.** (The lady is satisfied *with herself.*) Ustedes nunca llevan ningún dinero **consigo.** (You never take any money along—lit. *with yourselves.*)

11. Certain words with prepositional functions are followed by subject pronoun forms. Which are these words?

Entre tú y yo, este chico está equivocado.	***Between you and me**, this boy is wrong.*
Van todos **menos tú y él.**	*Everyone is going **except you and him**.*
Según ella, no es posible.	***According to her**, it isn't possible.*

The words **entre** (*between*), **según** (*according to*), and **menos, excepto,** and **salvo** (all of which mean *except*) are normally followed by the subject pronouns.

NOTE   But when these words are followed by another preposition, then the prepositional pronoun follows the combination. Ex: Les dio dinero a todos **menos a ti y a mí.**

C. Sustituya las palabras inglesas entre paréntesis de estas oraciones relacionadas con la amistad por sus equivalentes en español.

1. No quiero que digas nada contra (*him*); es mi amigo.   2. Mi amiga Juanita siempre estudia con (*me*).   3. Entre Juan y (*me*) no hay secretos; nos conocemos desde la niñez.   4. (*Ud.*) Para (*you*) no hay amistades duraderas.   5. ¡Que amigos más leales! Ellos dicen que es imposible ir a la fiesta sin (*us*).   6. Todos sus amigos fueron a verlo al hospital menos José y (*me*).   7. (*Uds.*) Según (*you*) debemos hablar con el director del programa para que deje entrar a nuestro amigo Samuel.

III. OBJECT PRONOUNS AND THEIR USES

12. What are the Spanish direct object pronouns?

Luisa **me** quiere, pero yo no **la** quiero.	*Louise loves **me**, but I don't love **her.***
—Ayer compramos unos vestidos. **Los** compramos porque **los** vimos muy buenos y baratos.	*"Yesterday we bought some clothes. We bought **them**, because we considered **them** so good and so cheap."*

NOTE 1   In sentences such as: I met *a friend;* They will do *it;* John sees *them,* the direct objects of the sentences are *a friend, it,* and *them,* because they receive the direct action of the verbs *met, will do,* and *sees.* The direct object is always acted upon by the subject of the sentence (see Chapter 1, page 8).

NOTE 2   To refer to masculine persons who are the direct object of the sentence, **le** is generally used to mean *him* or *you* in Spain, whereas in Spanish America and sometimes in Spain, **lo** is used.

—¿Has visto a Rogelio?   *"Did you see Roger?"*

$\left.\begin{array}{l}\text{—Lo}\\\text{—Le}\end{array}\right\}$ vi en la calle.   *"I saw **him** on the street."*

The direct object pronouns referring to persons are:

Singular		**Plural**	
me	*me*	**nos**	*us*
te	*you*	**os** (Spain)	*you*
le (Spain) **lo** (Spanish America) $\Big\}$	*him; you*	**los**	*them, m.; you*
la	*her; you*	**las**	*them, f.; you*

The direct object pronouns referring to things are:

lo	*it*, m.	**los**	*them*, m.
la	*it*, f.	**las**	*them*, f.

NOTE   Just as **vosotros** is not used as a subject pronoun in Spanish America, **os** is not used as the object pronoun there.

13. When we wish to stress an English object pronoun, we do so with voice intonation in speech. How does Spanish stress an object pronoun?

Dolores $\left\{\begin{array}{l}\text{**le**}\\\text{**lo**}\end{array}\right.$ quiere **a él.**   *Dolores loves **him.***

Antonio **me** escucha **a mí.**   *Tony is listening to **me.***

Spanish stresses the object pronoun by adding after the verb **a** + the corresponding PREPOSITIONAL PRONOUN.

Pronoun Combinations for Stressing Direct Object Pronouns

Singular	Plural
me...a mí	**nos...a nosotros, -as**
te...a ti	**os...a vosotros, -as** (Spain)
le...a él/a usted (Spain)	**les...a ellos/a ustedes** (Spain)
la...a ella/a usted (Spain)	**las...a ellas/a ustedes** (Spain)
lo...a él/a usted (Span. Am.)	**los...a ellos/a ustedes** (Span. Am.)
la...a ella/a usted (Span. Am.)	**las...a ellas/a ustedes** (Span. Am.)

14. In English, in answer to the question, "*Is this boy lazy?*" we say, "*Yes, he is.*" How does Spanish express this type of reply?

—¿Es perezoso este chico?	*"Is this boy lazy?"*
—Sí, **lo es.**	*"Yes, he is."*

In Spanish, where a question with a form of **ser** or **estar** is followed by an adjective, the neuter object pronoun **lo** replaces this adjective in the reply. In English we simply omit the adjective or at times replace it with the word *so.*

D. Llene los espacios en blanco con la forma apropiada del pronombre de tercera persona.

1. —¿Conoce usted al señor Benítez? —No, no _____ conozco.   2. Encontré a su mujer en la calle ayer. _____ saludé y fuimos al mercado.   3. —¿Está enferma Ada? —No, no _____ está.   4. Recibí una carta hoy y _____ contestaré mañana. 5. Señorita, si usted va para Lima, _____ podré llevar.   6. Pasé a recoger a mis hermanos y _____ llevé al circo.

E. Complete estas oraciones, traduciendo al español las expresiones dadas en inglés entre paréntesis.

1. María está aquí; _____ (*I saw her*) en la sala.   2. Nuestros amigos no nos han traído los libros; _____ (*they left them*) en su casa.   3. —¿Estás listo? —Sí, _____ (*I am*).   4. Las chicas han llegado; _____ (*I heard them*) en el pasillo.   5. (*tú*) ¿Dónde _____ (*did Paul find you*)?   6. Mis sobrinas siempre _____ (*accompany me*).   7. —¿Están cansados los jugadores? No, _____ (*they are not*).

15. What are the Spanish indirect object pronouns?

¿**Te** vendieron la mesa?   *Did they sell **you** the table?*

Vi a Lola y **le** di el regalo.   *I saw Lola and I gave **her** the gift.*

The indirect object pronouns are:

Singular		Plural	
me	(to) *me*	**nos**	(to) *us*
te	(to) *you*	**os** (Spain)	(to) *you*
le	(to) *him, her, you*	**les**	⎰ (to) *them* (m. and f.), ⎱ (to) *you* (m. and f.)

NOTE 1   The indirect object is the person or thing *to* or *for* whom something *is said* or *done*. In the sentences: They told *me* the truth; He will show *them* the apartment; Did you give *Anna* the check? *me, them,* and *Anna* are indirect objects because something *is said* or *done* to them (sec Chapter 1, page 8).

NOTE 2   In English, the indirect object is sometimes, but not always, introduced by the preposition *to*. Ex: I gave *him* the book (or) I gave the book *to him*.

NOTE 3   In Spanish, the indirect and direct object pronouns are exactly the same except in the third person.

NOTE 4   Note that the third person indirect object pronouns **le** and **les** become **se** when used in conjunction with a third person direct object pronoun. See page 64, §23.

16. The indirect object pronoun le may mean to him, to her, and to you. The plural form les may mean to them (m./f.) or to you (m./f.). How does Spanish clarify the meanings of le and les?

Gerardo **le** dio el libro **a usted.**   *Jerry gave the book **to you**.*

Francisca **le** enseñó los perros **a él.**   *Frances showed the dogs **to him**.*

A ellos les escribimos ayer.   *We wrote **to them** yesterday.*

A ustedes les escribiremos mañana.   *We'll write **to you** tomorrow.*

To clarify the meaning of **le** and **les** and also often for emphasis, Spanish may use **a** + PREPOSITIONAL PRONOUN in addition to the indirect object pronoun. If there is no noun subject, **a** + PREPOSITIONAL PRONOUN may either precede or follow the verb. Ex: **A él le** di el libro más difícil (or) **Le** di el libro más difícil **a él.** If there is a noun subject, the redundant construction normally comes at the end of the sentence. Ex: Antonio **le** dio el libro más difícil **a él.**

NOTE   The redundant construction above is not a substitute for the regular indirect object pronoun. It is used only when clarification is needed or for emphasis.

17. Why is this redundant construction also used in the first and second persons?

A mí me trajo perfume. ⎫
Me trajo perfume **a mí.** ⎭   *He brought **me** perfume.*

A ti te compraré un álbum. ⎫
Te compraré un álbum **a ti.** ⎭   *I'll buy **you** an album.*

Sometimes the redundant **a** + PRONOUN is used in the first and second persons simply for emphasis. It is not mandatory to use it.

A mí me gusta ese queso.   *I like that cheese.*

A ti te parece muy difícil, pero no   *It seems very hard **to you** but it*
   lo es.   *really isn't.*

With certain verbs of opinion and emotion, the necessity for emphasis seems urgent, and it is therefore common to use the redundant **a** + PREPOSITIONAL PRONOUN along with the indirect object form.

F. Traduzca al español estas oraciones relacionadas con el desayuno. Use un solo pronombre personal para el objeto indirecto.

   Ejemplo   I gave the cup to her.
               Le di la taza.

1. I'll tell her the news after she drinks her coffee.   2. Philip never passes the butter to me.   3. Who assigns us the tables?   4. Albert woke his cousins and told them to hurry up.   5. (*tú*) Did you bring me the bread I like?

G. *Traduzca al español las oraciones siguientes, usando dos pronombres personales para expresar el objeto indirecto.*

    Ejemplo   I returned the book to her.
          Le devolví el libro a ella.

1. (*Ud.*) Will you give them the tickets immediately?   2. (*tú*) Did the landlord return[1] your money to you?   3. The boss talked to him about[2] his salary.   4. (*Ud.*) Paul asked you for his gift three times, didn't he?   5. (*Uds.*) Yesterday they notified[3] you of the date of the test.

---

[1]*return (something to someone)* = **devolver**   [2]**sobre**   [3]*notify of* = **anunciar**

18. When is the third person indirect object pronoun used in Spanish when it would not be used in English at all?

Bernardo **le** mandó el paquete **a Carlos.**	*Bernard sent the package **to Charles.***
El guía **les** enseñará el camino **a esos turistas.**	*The guide will show **those tourists** the road.*

    Although it is not mandatory, it is fairly common in Spanish to find a third person indirect object pronoun which anticipates a following noun indirect object. This is in analogy with the constructions explained in §§16–17.

H. *Vuelva a escribir estas oraciones, incluyendo un pronombre personal que anticipe el objeto indirecto.*

1. Escribí a mi tío ayer.   2. Nuestro vecino arregló las bicicletas a los niños. 3. ¿Dio usted los boletos al portero?   4. Regalé un diamante a Alicia.   5. El mensajero llevó el paquete a la señora Gutiérrez.

19. What construction does Spanish often use to express *for* in sentences such as *You changed the furniture for me,* and *The doorman opened the door for the officers?*

Me cambiaste los muebles.	*You changed the furniture **for me.***
Le lavé la ropa (**a ella**).	*I washed the clothes **for her.***

¿**Te** cocinó la comida tu mujer?	*Did your wife cook the meal **for you?***
El carpintero **nos** arregló la ventana.	*The carpenter fixed the window **for us.***
El portero **les** abrió la puerta **a los oficiales.**	*The doorman opened the door **for the officers.***

The English *for* + A PERSON is often expressed in Spanish by an indirect object rather than by **para** + A PERSON.

NOTE   In sentences with the verb **ser, para** + A PERSON is always used. Ex: Este té es **para usted.** (*This tea is **for you.***) In certain other cases, where the indirect object of the sentence is receiving a concrete object, either the indirect object pronoun or **para** + A PERSON may be used. Ex: **Te** traje flores (or) Traje flores **para ti.** On the other hand, when the subject of the sentence is rendering a service, the **para** construction may not be used. Ex: She cleaned the frying pan *for me.* RIGHT: **Me** limpió la sartén. WRONG: «Limpió la sartén para mí.»

At the intermediate level, the student is advised to avoid using **para** + A PERSON, and always to use an indirect object to express *for*, except in sentences with the verb **ser.**

CAUTION   When *for* means *instead of, because of*, and *on behalf of*, Spanish uses the preposition **por** (see pages 434–435).

I. Traduzca al español las oraciones siguientes. Use el dativo (complemento indirecto) para expresar la preposición for.

> **Ejemplo**   Sam took the suitcases upstairs for Patricia.
> Samuel **le** subió las maletas **a Patricia.**

1. (*tú*) Don't pay the bill for me; I have money.   2. (*Ud.*) I'll hang the curtains for you.   3. (*Ud.*) Look up these words in the dictionary for me, please.   4. Joe found the keys for Dorothy.   5. (*tú*) Turn off the radio for me.

20. What construction does Spanish often use to express *from,* especially when the action results in some disadvantage or loss to the person directly concerned with the action?

Nos quitaron las corbatas.	*They took the ties **from us.***
Me han robado la cartera.	*They stole my billfold **from me.***
La enfermera siempre **le** esconde la medicina **al paciente.**	*The nurse always hides the medicine **from the patient.***

To express *from* + A PERSON, especially when the action results in some disadvantage or loss to the person directly concerned with the action, Spanish normally uses the indirect object construction.

J. Traduzca al español las oraciones siguientes. Use el dativo para expresar la frase preposicional.

1. He won all that money from them.   2. (*tú*) "Where is your overcoat?" "I don't know. They stole it from me."   3. She demanded an explanation from her husband.

IV. THE POSITION OF OBJECT PRONOUNS

21. Where do object pronouns usually come in relation to the verb?

Te expliqué la regla ayer.   *I explained the rule **to you** yesterday.*

Object pronouns normally precede a finite verb.

22. When there are two object pronouns, which one comes first?

<u>**Te la**</u> explicaré.   *I'll explain **it to you.***

No <u>**nos la**</u> dieron.   *They did not give **it to us.***

<u>**Me los**</u> quitaron.   *They took **them** away **from me.***

When there are two object pronouns, the indirect object precedes the direct object. The negative **no** precedes all pronoun objects.

> **(no)** INDIRECT OBJECT + DIRECT OBJECT + VERB

K. Cambie por pronombres las expresiones en itálica.

1. Bárbara no me dio *la invitación* ayer.   2. Te haré *el trabajo* mañana.   3. Pepín nos leerá *la poesía*.   4. Olga os ha entregado *los boletos*.   5. ¿Quién te planchará *esa camisa?*

23. When there are two third-person object pronouns, what happens to the indirect object pronoun?

se
El cliente l̶e̶ lo explicó.   *The customer explained **it to him**.*

Se
L̶e̶s la leímos.   *We read **it to them**.*

Se
¿L̶e̶ las escribiste?   *Did you write **them to her?***

When both indirect and direct object pronouns are in the third person, the indirect object becomes **se**, whether it is singular or plural. In other words, when there are two third-person pronoun objects, the first one is always **se**.

24. How can one tell whether <u>se</u> is singular or plural, masculine or feminine?

¿A quién le dieron la dirección? ¿A él o a ella?	*To whom did they give the address? To him or to her?*
Se la dieron **a él.**	*They gave it **to him**.*
—¿Leyeron ustedes las cartas a todos?	*"Did you read the letters to everyone?"*
—No, **se** las leímos **a ustedes** solamente.	*"No, we read them only **to you**."*
—Ya vendí la mesa.	*"I already sold the table."*
—¿**Se** la vendiste **a ella?**	*"Did you sell it **to her?**"*

When there is ambiguity, the meaning of **se** may be clarified by adding **a** + PREPOSITIONAL PRONOUN after the verb.

L. Cambie por pronombres las expresiones en itálica y haga todos los otros cambios que sean necesarios.

1. Le dije *el secreto.*   2. Ayer le trajiste *el café.*   3. Mi mamá les dio *las llaves* a ustedes.   4. No les compraremos *los materiales.*   5. Nunca le contamos *la verdad.*

M. Traduzca estas oraciones al español.

1. She gave the newspaper to Arthur. He read it and he gave it back to her.   2. The clerk took out some suits, showed them to Victor, and finally sold them to him. 3. My sisters wanted to hear the story before going to bed, and my mother read it to them.   4. Marina saw some blouses in the store, and her aunt bought them for[1] her.   5. Gertrude asked[2] me for the magazine, but I didn't give it to her.   6. The librarian could not find the book that Tony wanted, but he sent it to him later.

---

[1]Use the indirect object pronoun.   [2]Do not use a form of **preguntar.**

25. What is the position of object pronouns in the negative imperative?

No **me** siga.   *Don't follow* ***me.***

No **se lo** manden.   *Don't send* ***it to him.***

In the negative imperative, the object pronouns immediately precede the verb just as they precede most other verb forms.

26. What is the position of object pronouns in the affirmative imperative?

Sígame.   *Follow* ***me.***

Mándenselo.   *Send* ***it to*** $\left\{ \begin{array}{l} \textbf{\textit{him.}} \\ \textbf{\textit{her.}} \end{array} \right.$

In the affirmative imperative, the object pronouns follow the verb and are joined to it.

The combined VERB + PRONOUN retains its spoken verb stress, and this stress is indicated by a written accent whenever the addition of the pronouns would cause the basic rules for stress to be violated if there were no written accent.

N. *Cambie por pronombres las expresiones en itálica. Después, escriba las frases en forma negativa.*

    Ejemplo   Abra *la puerta.*
                  Ábra**la.** No **la** abra.

1. Traiga *las sillas.*   2. Dígame *los nombres* ahora.   3. Lleve *los regalos a Carlos.*
4. Cómprenos *las sábanas.*   5. Limpie *el coche* esta tarde.   6. Dibújeme *un mapa.*

O. *Traduzca al español las oraciones siguientes, usando el imperativo que corresponde a* <u>usted</u>, *pero sin escribir este pronombre.*

1. Don't keep that box; throw it into the basket.   2. Don't tell me a lie; tell me the truth.   3. Buy some envelopes and send them to us.   4. Bring us that magazine and put in on my desk.   5. Read the article to your father, but don't give it to him.

27. Sometimes pronouns are objects of an infinitive. What is the position of such pronoun objects?

Puedes hacer**lo.** ⎫
Lo puedes hacer. ⎭   *You can do **it.***

Sara quiere traér**melo.** ⎫
Sara **me lo** quiere traer. ⎭   *Sarah wants to bring **it to me.***

El Dr. Ruiz piensa conseguír**selo.** ⎫ *Dr. Ruiz is thinking of getting **it for***
El Dr. Ruiz **se lo** piensa conseguir. ⎭ ***him.***

NOTE   In the last of the above sentences, the **se** is ambiguous in that it does not indicate the gender and number of the pronoun. Thus, in this sentence it could also mean *getting it for her, getting it for them, getting it for himself,* or *getting it for you.*

    When the infinitive follows verbs such as **poder** or **querer**, there are two possible positions for the pronoun objects of the infinitive. They most often follow the infinitive and are joined to it. But they may also precede the first verb.

When the pronouns are joined to the infinitive, the infinitive retains its spoken verb stress, and this stress is indicated by a written accent whenever the addition of the pronouns would cause the basic rules for stress to be violated if there were no written accent.

When there are two object pronouns, they come in the usual order: indirect object—direct object.

Thus, the two possible types of word order are:

VERB + INFINITIVE–OBJECT PRONOUNS

or

OBJECT PRONOUNS + VERB + INFINITIVE

NOTE   In the expression **haber que** + INFINITIVE, the object pronouns are always appended to the infinitive and cannot precede a form of **haber**. Ex: RIGHT: Hay que vender**lo**. WRONG: «Lo hay que vender.»

28. What Is the position of object pronouns governed by an infinitive which is the object of a preposition?

Sin **verla**, no podemos recomendar esta película.

*Without **seeing it**, we can't recommend this film.*

When the infinitive is governed by a preposition, its pronoun objects must follow the infinitive and be joined to it. No other word order is possible.

P. Cambie por pronombres las expresiones en itálica. Si hay dos maneras de escribir la frase, escríbala en las dos formas.

Ejemplo   Quiero ver *a la profesora.*
Quiero ver**la. La** quiero ver.

1. Pienso comprar *aquel coche.*   2. Usted no debe escribir *esa frase.*   3. ¿Juan espera recibir *un cheque*?   4. No pudimos enseñar *la casa al señor Pérez.*   5. Su amiga no sabe hacer *pan.*   6. ¿Quieres traer *el periódico a tu tío*?   7. No puedo salir sin hacer *la cama.*   8. Lavaré los platos antes de escuchar *las noticias.*

Q. Traduzca las oraciones siguientes al español.

1. (*Ud.*) Do you see that frame? I want to hand it to Louis personally.   2. Theresa wanted to give it to me, but she couldn't.   3. (*tú*) These stories are horrible; your father is not going to tell them to her.   4. Since no one wanted to do the work for[1] her, her brother began to do it for[1] her at ten o'clock.

---

[1]Use an indirect object.

29. In progressive constructions with <u>estar</u>, what is the position of the object pronouns?

Estamos mirándo**te.**	
Te estamos mirando.	*We are looking **at you.***

Estoy cortándo**telo.**	
Te lo estoy cortando.	*I am cutting **it for you.***

In progressive constructions with **estar**, there are two possible positions for object pronouns: (a) they may follow the present participle, and in that case they are joined to it; and (b) they may precede the form of **estar.**

When the pronouns are joined to the present participle, the present participle retains its spoken verb stress, and this stress is indicated by a written accent whenever the addition of the pronoun(s) would cause the basic rules for stress to be violated if there were no written accent.

When there are two object pronouns, they come in the usual order: indirect object–direct object.

---

form of **estar** + PRESENT PARTICIPLE of verb–OBJECT PRONOUNS

or

OBJECT PRONOUNS + form of **estar** + PRESENT PARTICIPLE of verb

---

30. When a Spanish sentence uses a present participle in a construction other than in the progressive construction with <u>estar</u>, what is the position of its object pronouns?

No vas a sacar nada contándo**selo.**   *You're not going to gain anything by telling **it to him.***

Gano mucho vendiéndo**selos** a él directamente.	*I earn a great deal by selling **them to him** directly.*

When the present participle is used as an independent complement of a verb, that is, in any construction except the progressive construction, the object pronouns are joined to the present participle, and cannot be placed anywhere else in the sentence.

R. Cambie por pronombres las expresiones en itálica. Si hay dos maneras de escribir la frase, escríbala en las dos formas.

> **Ejemplo**   Estoy estudiando *la lección.*
> Estoy estudiándo**la**. **La** estoy estudiando.

1. Cuando entré en la sala, Carlos estaba dibujando *el mapa.*   2. Los niños seguían hablando *a su tío.*   3. —¿Qué haces con las naranjas? —Estoy pelando *las naranjas.*   4. Estábamos escuchando *a la cocinera.*   5. ¿Están cambiando *los muebles*?   6. El campesino estaba muy contento con sus frutas e iba enseñando *esas frutas a todos.*

S. Traduzca las oraciones siguientes al español.

1. (*Ud.*) We found the novel on the table, and we were reading it when you called.   2. (*Uds.*) Don't worry about[1] the tire; they are already[2] changing it for[3] me.   3. Although we already had heard all their jokes, they kept on[4] telling them to us.   4. When I went to get my suit at the cleaner's, they were pressing it.   5. The boys started to throw stones, and they kept on[4] throwing them until I opened the door.

---

[1]**por**   [2]Place at the beginning of its clause.   [3]Use the indirect object construction.   [4]Use a form of **seguir.**

31. What are the basic rules of accentuation in Spanish?

Yo *deposito* el dinero en el banco.	I *deposit* my money in the bank.
Ella *depositó* el dinero en el banco.	She *deposited* her money in the bank.

| El cajero del banco aceptó mi *depósito.* | The cashier in the bank accepted my *deposit.* |
| ¿El dinero de Luis? Estoy *depositándoselo* en su banco. | Louis' money? I am *depositing it for him* in his bank. |

The *stressed* syllable (sílaba tónica) in Spanish words sometimes carries a *written accent* (tilde), and sometimes does not. To determine when you should include a written accent and when not, follow these easy rules:

Palabras Llanas: Words with stress in *the next to the last syllable. They are not accented* if ending in vowel or in n or s. The majority of Spanish words are *llanas.*

> **Examples**   calma   sabe   toro   estudia   mensaje   coro   tribu
> joven   germen   cantan   hablan   lucen   hablen
> casas   caracteres   locos   bienes   vienes   vuelvas
> *They are accented* if ending in consonants, except in n or s.

> **Examples**   azúcar   mármol   cárcel   carácter   néctar   áspid

Palabras Agudas: Words with stress in *the last syllable. They are not accented* if ending in any consonant except n or s.

> **Examples**   casar   contar   animal   caridad   pared   feraz   veloz
> *They are accented* if ending in vowel or in n or s.

> **Examples**   será   seré   comió   colibrí   cebú   hablará
> serán   serás   comisión   hablaréis   comerán

Palabras Esdrújulas: Words with stress in the *third syllable,* beginning with the last syllable. They are *always* accented.

> **Examples**   último   Cándida   hablándole   ejército   esdrújula   brújula
> azúcares   mármoles   régimen   regímenes   cárceles

Palabras Sobresdrújulas: Words with stress in the *fourth syllable,* beginning with the last syllable. They are *always* accented. Most of the *sobresdrújulas* are verb forms in the *gerund* or in the *imperative.*

> **Examples**   comiéndoselo   digámoselo   afeitándotela   reparémoselas
> tómatelo   trágatelo

T. Ponga los acentos que faltan en el siguiente fragmento. En algunas palabras se ha subrayado la sílaba que lleva la fuerza de la pronunciación (stress).

La familia es una institucion fuerte en las culturas hispanicas. "Es de los nuestros" no es una simple formula hueca (empty*). Es la obligacion de ayudar al familiar que necesita una mano en momentos de necesidad. La familia es prac-ticamente indestructible. Si se rompen unos lazos familiares, por la muerte o por la distancia, se crean otros con parientes que han estado alejados por diversas razones. Asi, un primo, hijo de un tio del cual no teniamos noticias con frecuen-cia, puede ser ahora un pariente cercano que ha venido a vivir en el pueblo an-cestral. Cuando un miembro de la familia esta enfermo o necesita una coloca-cion porque ha quedado desempleado, no le faltara la ayuda temporal para lograr que se levante y se sienta fuerte para enfrentarse con la vida. Muchos de-sastres y tragedias se han evitado en las familias, dandose la mano y el empujon* (big push*) para salir de una calamidad.*

EJERCICIOS DE RECAPITULACIÓN

A. Ahora usted está en el aeropuerto de Caracas y el inspector de aduanas le hace algunas preguntas. Contéstelas afirmativa o negativamente, pero use pronombres para los objetos directo o indirecto.

1. ¿Me va a enseñar *el pasaporte?*   2. ¿A quiénes les trae usted *esos regalos?* ¿A sus primos?   3. ¿Le dio usted *el visado* al inspector de inmigración?   4. ¿Nos va a explicar *el origen de este paquete?*   5. ¿Piensa dejarle *esta cámara* a su hermano en Venezuela?   6. ¿Quiere usted pagarnos ahora *esos impuestos de importación?*

B. Conteste las preguntas siguientes usando la sugerencia que se da entre parén-tesis. Use pronombres en las respuestas para expresar los objetos directos e indirectos. Use la primera persona plural en las respuestas.

1. ¿Cuándo empezaron ustedes el examen? (hace una hora)   2. ¿Dónde le pusieron ustedes las maletas a su tío? (en el cuarto)   3. ¿Cómo llevaron ustedes a Miguel al aeropuerto? (en el coche de Carlos)   4. ¿En qué oficina presentaron ustedes los papeles? (en la de ustedes)   5. ¿A quién le explicaron ustedes los ejercicios? (a ti)

C. Sustituya las palabras inglesas entre paréntesis por sus equivalentes en español.

1. No pueden entrar porque (*it is I*) quien tiene la llave.   2. ¿Qué debemos esperar (*from her*)?   3. —¿Estás enfermo? —(*Yes, I am.*)   4. Consigan (*it for us*) ahora mismo.   5. (*I*) gusta el programa de televisión.

D. Traduzca las oraciones siguientes al español.

1. (*Uds.*) Here are our paintings, but don't hang them yet.   2. (*Uds.*) You doctors work very hard.[1]   3. Helen used to take a walk with me every morning.   4. I couldn't keep that secret. I told it to her.   5. We saw the new bank; it is very modern.   6. (*Ud.*) You can be sure that it's they.   7. (*tú*) Do you see that man? Well, follow him.   8. (*tú*) Watch out, Tom, that dog wants to bite you.   9. (*Ud.*) In order to learn that poem, you must repeat it several times.   10. This is my guitar; I have just bought it from[2] Charles.   11. The stereo? They are fixing it for us.   12. (*Ud.*) Read the whole story; you cannot understand it without reading it completely.

---

[1]*very hard* = **mucho**   [2]Not **de.**

 # PROBLEM WORDS

Enjoy

(a) *enjoy = like, get pleasure from*

Me gusta patinar.   *I enjoy skating.*

¿**Te gustó** el viaje por Europa?   *Did you enjoy your trip to Europe?*

When *enjoy = like* or *get pleasure from*, colloquial Spanish normally uses a construction with **gustar.**

NOTE In more formal language, **gozar (de)** and **disfrutar (de)** may be used. Ex: **Gozamos (de)** ese programa. **Disfruto** patinando. The preposition **de** may be used after **gozar** and **disfrutar** when they are followed by a noun or pronoun. No **de** is used before a present participle.

(b) *enjoy oneself = have a good time*

Me divierto mucho aquí.   *I am enjoying myself a great deal here.*

When *enjoy oneself = have a good time*, it is expressed by the verb **divertirse.**

(c) *enjoy = have as an advantage or benefit*

La señora **disfruta de** buena salud.   *The lady enjoys good health.*

Aquí nadie **goza de** privilegios   *Here no one enjoys special*
  especiales.   *privileges.*

When *enjoy = have as an advantage* or *benefit*, it may be expressed by **gozar de** or **disfrutar de.**

Every

(a) *every* = **cada**

Cada pasajero debe tener su boleto.   *Every passenger must have his ticket.*

When *every* = *each*, it is expressed by **cada** in Spanish.

(b) *every* = **todos los...**

Todos los pasajeros deben tener boletos.   *Every passenger must have tickets.*

Debemos ir a la oficina **todos los días.**   *We have to go to the office every day.*

When *every* = *all the* or *each and every*, it is expressed by **todos los...** or **todas las...** It is especially common in units of time.

(c) How to say *everyone / everybody*

Todos murieron.   *Everyone died.*

Todo el mundo llegó a las dos.   *Everybody arrived at two o'clock.*

Cada cual
Cada uno } tiene que hacer su deber.   *Everyone has to do his duty.*

The pronouns *everyone* and *everybody* may be expressed by the plural pronoun **todos** or the singular expression **todo el mundo.** When stressing each person as an individual, **cada cual** or **cada uno** may be used with a singular verb.

(d) How to say *everything*

Todo está bien.   *Everything is fine.*

Hice **todo** como me dijiste.   *I did everything as you told me to.*

Pon **cada cosa** en su lugar.   *Put everything in its place.*

Most often *everything* is expressed by **todo.** However, if one wishes to stress the idea of *each thing*, then **cada cosa** may be used.

(e) How to say *everything (that)* + CLAUSE

Dígame **todo lo que** oyó.   *Tell me **everything (that)** you
                                                heard.*

The English *everything (that)* + CLAUSE is expressed by **todo lo que** in Spanish.

(f) How to say *every other*

Voy a la ciudad **cada dos meses.**   *I go to the city **every other** month.*

Spanish expresses *every other* by **cada dos.**

NOTE   The same formula is used with other numbers. Ex: **cada tres días** =
every three days/every third day; **cada cinco meses** = *every five months/every
fifth month*

(g) How to say *everywhere*

Por dondequiera ⎫
Por todas partes ⎭ que vas encuentras gatos.   ***Everywhere** you go you
                                                     find cats.*

Había nieve ⎰ **en todas partes.**
            ⎱ **por todas partes.**   *There was snow **everywhere.***
              dondequiera.
              en dondequiera.

The English *everywhere* may be expressed in Spanish by **en todas partes, por
todas partes, dondequiera, en dondequiera**, and **por dondequiera.**

Fail

(a) How to say *to fail to do something*

El chófer **no vio** el semáforo.   *The driver **failed to see** the traffic
                                                signal.*

Spanish normally uses the negative form of the verb to express the idea of
failing to do something.

(b) How to say *not to fail to do something*

No deje usted de usar el cinturón   *Don't fail to wear your seat belt.*
   de seguridad.

To say *Don't fail to do something*, use the negative imperative of **dejar de**
+ INFINITIVE.

(c) How to say *to fail an examination or a course*

$$\left.\begin{array}{l}\textbf{No aprobé en}\\ \textbf{No pasé}\\ \textbf{Salí mal en}\end{array}\right\}\begin{array}{l}\text{el examen de}\\ \text{química.}\end{array}$$ *I failed the chemistry examination.*

$$\text{Mariana}\left\{\begin{array}{l}\textbf{no aprobó en}\\ \textbf{no pasó en}\quad\text{historia.}\\ \textbf{salió mal en}\end{array}\right.$$ *Marianne failed her history course.*

$$\textit{to fail}\left\{\begin{array}{l}\text{an examination}\\ \text{a course}\end{array}\right. = \left\{\begin{array}{l}\textbf{no aprobar}\\ \textbf{no pasar}\\ \textbf{salir mal en}\end{array}\right\}\left\{\begin{array}{l}\text{examination name}\\ \text{course name}\end{array}\right.$$

(d) How to say *to fail someone in an examination or a course*

El profesor Gómez **me suspendió**   *Professor Gomez failed me in*
   en español.   *Spanish.*

When a teacher fails someone in a course or an examination, Spanish normally
uses the verb **suspender**. However, there are many other verbs used to express
this concept.

(e) When *fail* = **fracasar**

El banco **fracasó.**   *The bank failed.*

Después de dos años el matrimonio   *The marriage failed after two years.*
   fracasó.

The English *fail* is expressed by **fracasar** when something has stopped function-
ing because of lack of success.

(f) When *fail* = **fallar**

En medio del viaje el motor **falló.**   *In the middle of the trip the motor*
failed.

Su corazón **falló** y lo llevaron al   *His heart **failed**, and they took him*
hospital.   *to the hospital.*

The verb **fallar** expresses *fail* when something stops functioning in a rather
sudden manner.

A. Sustituya las palabras inglesas entre paréntesis por sus equivalentes en español.

1. El chófer (*failed to turn off*) las luces de su automóvil.   2. La empresa (*will
fail*) por falta de dinero.   3. ¿(*Everybody*) toman café?   4. (*We enjoy*) la música.
5. (*Don't fail to*) arreglar tus cuentas.   6. ¿Qué deben hacer a los profesores que
(*fail*) a los estudiantes que no lo merecen?   7. Por fin, encontramos (*everything
that*) perdimos en la calle.   8. (*I enjoy*) del clima, del sol y del cielo azul de Florida.
9. (*Everyone*) llegó a tiempo.   10. Esos hombres (*enjoy*) muchas ventajas.
11. Vamos al mercado (*every other week*).   12. No puedo hacer (*everything*) al
mismo tiempo.   13. Sylvia (*enjoyed herself*) en la feria.

B. Traduzca estas oraciones al español. Tenga especial cuidado con las palabras
en itálica.

1. Citizens of a free country *enjoy* many rights.   2. If his heart *fails*, give him
oxygen.   3. That boy paints *everything* he sees.   4. I spoke with *every* passenger
on the[1] bus.   5. (*Uds.*) *Did you enjoy yourselves* in Cuba?   6. My boyfriend *failed
to telephone me* this morning.   7. *Everyone* should brush his teeth after *every* meal.
8. How many students *failed* the philosophy course?   9. (*Ud.*) Put *every* magazine
in its place.   10. Mr. Díaz sees the doctor *every other day.*   11. The carpenter
didn't fail to send the bill.   12. (*tú*) *Don't fail to wear* your overcoat.

---

[1]*on the* = **del**

PRÁCTICA DE CONJUGACIÓN

Practique la conjugación de los verbos *cerrar* y *contar*, conjugados en las pági-
nas 458–459.

C H A P T E R **4**

Demonstratives

Las gafas

Inocencio vivía muy lejos del pueblo, en una finca que él mismo trabajaba. Una vez al mes, don Inocencio iba al pueblo a comprar algunas cosas y a cortarse el pelo en la única barbería[1] que había por **aquellos** lugares.

Acostumbraban a ir a **aquel** establecimiento, señores de edad avanzada a
5   leer los periódicos de la capital. A Inocencio le llamaban la atención **aquellos** señores tan respetables con sus gafas leyendo los periódicos.

Un día el buen Inocencio se llenó de valor y le preguntó al barbero[2]:

—¿Qué es **eso** que tienen los señores en la cara?

Éste le respondió:
10   —Son gafas para leer.

Inocencio no preguntó nada más, pensando que **el** que mucho pregunta su ignorancia demuestra. **Ese** mismo día decidió comprarse unas gafas. Después de muchas preguntas directas e indirectas en el café y en la taberna del pueblo, fue al óptico del lugar y le dijo con voz algo temblorosa:
15   —Quiero unas gafas para leer.

—¿Qué tipo de gafas prefiere usted? ¿De oro? —preguntó el óptico.

—Sí, enséñeme **las** de oro.

—¿**Éstas?**

—No, **ésas** que están ahí.

20 Inocencio se las probó, tomó un periódico y dijo:

—Con éstas no leo. Enséñeme aquellas gafas amarillas.

—¿Cuáles? ¿**Ésas** de carey[3]?

—No, **aquéllas** que están allá ...

Inocencio puso las gafas de oro sobre el mostrador[4], tomó **las** de carey y se

25 las probó. Con éstas, como con **aquéllas,** no podía leer. La escena se repitió va-
rias veces. Inocencio no podía leer con ninguna de las gafas que le mostraba el
óptico. **Éste** se impacientó[5] y le preguntó:

—Pero, buen hombre, dígame una cosa, ¿sabe usted leer?

—¿Que si sé leer[6]? ¡Caramba! Si supiera leer, ¿para qué querría yo las

30 gafas?

Cuento popular tradicional español.

---

[1]barbershop (also *peluquería*)   [2]barber   [3]tortoiseshell   [4]counter   [5]became impatient
[6]You're asking me if I can read?

PREGUNTAS

Comprensión. *Complete este resumen del cuento con las palabras que faltan.*

1. Don Inocencio vivía en _____

2. Todos los meses iba al _____

3. Se cortaba el pelo en _____

4. A Inocencio le llamaban la atención _____

5. Inocencio le preguntó al barbero _____

6. Inocencio quiso _____

7. Fue al _____

8. Inocencio le pidió al óptico que le enseñara _____

9. Inocencio no podía _____ porque

_____

A demonstrative is a word that points out persons or things. The English
demonstratives are *this, that, these,* and *those.*

A demonstrative may modify a noun; in that case, it is a demonstrative adjective. Ex: *this* radio, *that* airplane, *those* cars.

A demonstrative may take the place of a noun; in that case, it is a demonstrative pronoun. Ex: This lot is larger than *that* of our neighbor. Do you know *that?*

English distinguishes between an object that is near (*this*) and an object that is more remote (*that*). Spanish makes three degrees of distinction.

I. DEMONSTRATIVE ADJECTIVES

1. What are the forms of the three demonstrative adjectives?

	MASCULINE	FEMININE	
Singular	este	esta	*this*
Plural	estos	estas	*these*
Singular	ese	esa	*that*
Plural	esos	esas	*those*
Singular	aquel	aquella	*that (over there)*
Plural	aquellos	aquellas	*those (over there)*

2. What differences of meaning are conveyed by <u>este</u>, <u>ese</u>, and aquel?

Estas escritoras no son muy feministas.

These writers are not very feminist.

Me gusta **esta** silla, pero prefiero comprar **ese** sillón.

I like this chair, but I prefer to buy that armchair.

Por **aquellos** días andábamos muy ocupados con la declaración de impuestos.

In those days we were very busy with our tax return.

este/esta

The forms of **este** are equivalent to the English *this* and *these*. They refer to persons, animals, objects, or events near the person speaking or closely associated with the speaker in place and/or time. In most cases, sentences with **este** are in the present tense.

ese/esa

The forms of **ese** are equivalent to the English *that* and *those*. They refer to persons, animals, objects, or events near the person spoken to or closely associated with that person in place and/or time. Sentences with **ese** may be either in the present or in the past tense.

The forms of **ese** are also used to bring into the conversation or narration persons, animals, things, or events which are not actually present but that are closely related to the theme of the conversation. Ex: 1. Cuando entramos vimos a Luisa. ¿Puedes creer que **esa** chica no tuvo la cortesía de saludarnos? (*When we came in, we saw Louise. Can you believe that* that *girl didn't have the politeness to greet us?*) 2. La revolución pasaba por uno de **esos** períodos de confusión e inseguridad. (*The revolution was going through one of* those *periods of confusion and uncertainty.*)

aquel/aquella

The forms of **aquel** are equivalent to the English *that* and *those* (that over there, those over there). They refer to persons, animals, objects, or events that are distant from both the speaker and the person spoken to in place and/or time.

The forms of **aquel** are used in statements and short narratives in the past tense. Ex: En **aquella** época no había muchas personas educadas. However, if the narration continues and one refers back to the noun modified by a form of **aquel**, one would then use a form of **ese** to refer to that noun. Ex: En **aquella** época no había muchas personas educadas. A pesar de eso, existía cierta prosperidad económica. Era una de **esas** épocas buenas para la industria y el comercio.

In general, forms of **ese** are used more frequently than forms of **aquel**.

3. Where are the demonstrative adjectives placed in reference to their noun, and how do they agree with their noun?

(See examples in §2)

As limiting adjectives or determiners, demonstrative adjectives are almost always placed before the noun they modify.

The demonstrative adjective agrees with the noun it modifies in gender and number.

A. *Escriba en los espacios en blanco la forma conveniente de este, ese o aquel, según el caso.*

1. Me gusta mucho _____ despacho donde estoy trabajando. 2. _____ plátano, que estoy comiendo, está delicioso. 3. El rey, en _____ época, todavía no tenía

poderes absolutistas.   4. No hagas _____[1] cosas sin mi permiso.   5. Me quedaré aquí, en _____ cuarto, hasta que ellos se vayan de _____ salón.   6. Cuando lleguemos a México, iremos a ver_____[1] montañas de que hablas.   7. ¿De quién es _____ pluma que tengo en la mano?   8. Tráigame _____ cajas verdes que se ven allá.

---

[1]Since the object here is clearly associated with the person spoken to, which demonstrative is used?

B. *Imagínese que usted está mudándose a un nuevo apartamento. Sus amigos vienen a ayudarle y usted les indica qué hacer con las cosas que tienen que mudar. Indique las instrucciones que les daría, poniendo en español los demostrativos que se dan en inglés.*

1. (*This*) vez vamos a tratar de terminar para las cinco de la tarde.   2. (*That*) muchacho que viene por allá en bicicleta nos ayudará también.   3. ¿Quisieras alcanzarme (*those*) cajas que están al lado tuyo?   4. ¿Quieres (*this*) radio?   5. No, pero dame (*that*) televisor que está junto a ti.   6. Por favor, tráeme (*those*) camisas que están allá en el cuarto.   7. Ahora, dame (*that*) almohada que ves allá.   8. ¿Y qué hago con (*these*) revistas?   9. Tíralas en (*that* [*over there*]) cesto.   10. ¿Ves (*that*) foto de mi abuelo que está sobre (*that*) mesa cerca de ti? Ponla en (*this*) caja.

II. DEMONSTRATIVE PRONOUNS

4. Which forms of the demonstrative pronouns resemble the demonstrative adjectives?

	MASCULINE	FEMININE	
Singular	**éste**	**ésta**	*this one*
Plural	**éstos**	**éstas**	*these*
Singular	**ése**	**ésa**	*that one*
Plural	**ésos**	**ésas**	*those*
Singular	**aquél**	**aquélla**	*that one (over there)*
Plural	**aquéllos**	**aquéllas**	*those (over there)*

The forms of the definite demonstrative pronouns are the same as those of the adjectives except that they take a written accent to distinguish them from the adjective forms.

5. What shades of meaning do éste, ése, and aquél represent?

—Me gusta esta casa, pero voy a comprar **ésa.**

*"I like this house, but I am going to buy **that one.**"*

—Mi guitarra es más grande que **aquélla.**

*"My guitar is larger than **that one.**"* (implying the one over there or the one we were talking about)

—**Éstos** son mis hijos. **Éste** es más joven que **ése.**

*"**These** are my sons. **This one** is younger than **that one.**"*

The same differences in meaning are present in the demonstrative pronouns as in the corresponding demonstrative adjectives.

The forms of **éste** are equivalent to the English *this one* and *these.* They refer to objects near the person speaking or closely associated with him or her in place and in recent time.

The forms of **ése** are equivalent to the English *that one* and *those.* They refer to objects near the person spoken to or closely associated with the person addressed when referring to present time.

The forms of **aquél** are equivalent to the English *that one* and *those* (over there). They refer to objects away from both the speaker and the person spoken to, or indicate remoteness in time.

6. How are the definite demonstrative pronouns sometimes used to express *the former* and *the latter* in English?

Por la mañana salimos con Manuel. **Éste**, que no sabía adónde íbamos, se mostró un poco sorprendido.

*In the morning we went out with Manuel. **The latter,** who didn't know where we were going, seemed a bit surprised.*

Bolívar y San Martín son dos héroes de la independencia suramericana. **Éste** era argentino, **aquél**, venezolano.

*Bolivar and San Martin are two heroes of South American independence. **The former** was Venezuelan, **the latter** Argentine.*

Sometimes a form of the demonstrative **éste** refers directly to the nearest antecedent, and in that case it is the equivalent of the English *the latter*.

Sometimes a form of **éste** and a form of **aquél** are used to refer back to two different antecedents. In this case, they are equivalent to the English *the former* and *the latter*. But in Spanish, the form **éste** (*the latter*) is mentioned before the form **aquél** (*the former*). This is contrary to English usage, where *the former* precedes *the latter*. These rules apply mostly to learned or formal style.

C. *Sustituya las palabras inglesas por el equivalente español, usando formas del pronombre demostrativo.*

1. Ese vestido me gusta, pero aún prefiero (*this one*) que tengo puesto.   2. Los planetas y las estrellas son cuerpos celestes. (*The latter*) son como soles independientes; (*the former*) forman parte de un sistema y no tienen luz propia.   3. —¿Cómo se llama ese perro? —¿(*This one*) o (*that one*)?   4. —Aquí tiene dos alfombras. ¿Cuál prefiere? (*This one?*) —No, (*that one*) que está allá.   5. Te recomiendo que no hagas (*that*) nunca.   6. (*This*) es un mapa de Grecia.   7. No me diga (*that*).

D. *Traduzca las siguientes oraciones al español, usando pronombres demostrativos donde se necesiten. No use formas del artículo aunque sea posible.*

1. That is a typewriter.   2. The Ebro and the Tajo are two Spanish rivers. The former[1] empties into the Mediterranean, the latter into the Atlantic.   3. Alejo Carpentier and Julio Cortazar are novelists. The former is from Cuba, the latter from Argentina.   4. Each time that I see the girls of today,[2] I remember those with whom[3] I used to study.   5. This is exactly what I wanted.   6. (*tú*) Choose the flowers that you prefer. These are[4] cheaper than those.   7. What is that?   8. (*Uds.*) Do you see those two ships? This one is English, that one is Spanish.   9. (*tú*) Bring me a blouse like that one.

---

[1]Remember that Spanish uses a different word order in sentences with *the former* and *the latter*.   [2]*of today* = **de hoy día**   [3]**las que** or **quienes**   [4]Use a form of **ser**.

III. NEUTER DEMONSTRATIVE PRONOUNS

7. What are the forms of the neuter demonstrative pronouns?

esto = *this*   **eso** = *that*   **aquello** = *that*

8. How are the neuter demonstrative pronouns used and when?

—¿Qué es **eso?**

*"What is **that?**"*

—No sé. Ni tampoco sé qué pueda
  ser **esto.**

*"I don't know. Nor do I know what
  this can be."*

Julián vino con una cara muy seria.
  Aquello me preocupó.

*Julian arrived with a very gloomy
  face. **That (fact)** worried me.*

The three neuter demonstrative pronouns are used as follows:

esto—refers to something near or connected with the speaker and is equivalent to
    the English *this.*

eso—refers to something near or connected with the person spoken to and is equiva-
    lent to the English *that.*

aquello—refers to something removed from both the speaker and the person spoken
    to and is equivalent to the English *that.*

These forms are used only as pronouns and never take an accent. They refer to an
idea, a situation, a previous statement, or a concept, none of which has gender.

9. When may the neuter demonstratives be used to refer to a noun with gender?

Esto es una computadora.

***This** is a computer.*

Eso es un estéreo.

***That** is a stereo.*

When a Spanish-speaking person says, "This is a(n) . . .," and when the object
has not previously been mentioned, the neuter demonstrative pronoun **esto** or **eso**
may be used.

IV. THE ARTICLE USED AS A DEMONSTRATIVE PRONOUN

10. How is the article used as a demonstrative pronoun?

En esta casa no hay tantos muebles
  como en **la** del profesor.

*In this house there aren't as many
  pieces of furniture as in **the**
  professor's.*

El padre de Nicolás y **el** de Alfredo
murieron hace mucho tiempo.

*Nicolas' father and **Alfred's** died a
long time ago.*

No quiero esas **tarjetas**; quiero **las**
que me enseñaste ayer.

*I don't want those **cards**; I want **the
ones** you showed me yesterday.*

The forms of the definite article are sometimes used as demonstrative pronouns
to avoid the repetition of the noun. They are not necessarily translated by an English
demonstrative. Sometimes they are expressed in English by *the one* or *the ones.*

The article used as a demonstrative is different in meaning from **éste, ése,** and
aquél, which in addition to taking the place of a noun, also indicate its location.
The forms of the article do not indicate location.

In certain sentences, where it is possible but not necessary for a demonstrative
to indicate the location of an object, either forms of **éste, ése,** and **aquél** or forms
of the definite article may be used. Ex: No quiero este cuchillo; quiero **el** (or **ése**)
que me prestaste. En esta farmacia hay menos productos que en **la** (or **ésa**) de
la esquina.

When the article is used as a demonstrative, it is always followed by either **de**
or **que.**

11. English sentences sometimes begin with *The one who . . .* or *Those who . . .* How does Spanish express this construction?

Los que vinieron se quedaron.

Those who came stayed.

El que escribió este artículo no
sabe nada.

*The one who wrote this article
doesn't know anything.*

The English *The one who ..., He who ..., Those who ...,* and so on, are
expressed in Spanish by the definite article used as a demonstrative and followed
by the relative pronoun **que.**

Under no circumstances may the word *one* in English expressions such as *the
one who, the ones that,* and so on, be expressed in Spanish by a form of **uno.**

NOTE   *El que* never takes an accent, even though it may translate "he who". It
is the definite article; the feminine form is *la,* not *ella.*

*E. Escriba en los espacios en blanco las formas convenientes del artículo usado
como demostrativo.*

1. Estos estudiantes son mayores que _____ que vinieron ayer.   2. Las universi-

dades de nuestro país no son tan antiguas como ＿＿＿ de los países europeos.
3. ＿＿＿ que vinieron tarde tuvieron que quedarse después de las clases.
4. —¿Qué cuaderno estás buscando? — ＿＿＿ que perdí ayer. 5. Solamente
fueron a la competencia ＿＿＿ que pasaron el examen físico.

F. Traduzca las siguientes oraciones al español, usando el artículo como demostra-
tivo donde convenga.

1. The buildings of Madrid are higher than those of Ávila. 2. Yes, we have three
cars. My wife's[1] is newer than my son's.[1] Mine is the oldest. 3. (*tú*) I don't want
your books; I want your brother's.[1] 4. Those who go to Mexico for the winter
term speak Spanish every day. 5. Our football team was better than that of the
other school. 6. Those who are yelling are the players.

---

[1]Reword the English. For example: *that of my wife,* etc.

EJERCICIOS DE RECAPITULACIÓN

A. Sustituya las palabras inglesas entre paréntesis por sus equivalentes en español.

1. Por fin fui a hablar con el director del banco. (*The latter*) me autorizó a cobrar
el cheque. 2. Voy a vender (*this*); ya no lo necesito. 3. (*The one*) que lee buenos
libros aprende mucho. 4. No sé dónde puse mis gafas ni (*Robert's*). 5. ¿Por
qué me dices (*that*) ahora? 6. Compré (*these*) tarjetas de Navidad, pero me gustan
más (*those*) que compraste tú. 7. Prefiero la arquitectura de Granada, no (*that*)
de Córdoba. 8. No podremos hacer nada (*this*) semana sino la próxima. 9. No
es que fuera difícil (*that*); es que no quería hacerlo. 10. Llegaremos a las diez de
la noche y a (*those*) horas no habrá habitación en ningún hotel. 11. Me ofreció
otras frutas pero yo seguía queriendo (*those*) que había visto primero. 12. ¿Prefiere
esta máquina o (*that*) que está en el escritorio? 13. Los romanos no disponían en
(*that*) época de medios de transporte rápidos.

B. Sustituya los artículos en itálica por los adjetivos demostrativos que correspon-
den, de acuerdo con el sentido de la oración.

1. No sabemos de dónde viene *el* aire tan frío que nos hace temblar. 2. Es mejor
que lleves *la* corbata que trajiste ayer. 3. *Los* tiempos eran muy malos para invertir
dinero. Ahora, cincuenta años más tarde, son mejores. 4. ¿Ves *las* casas a lo lejos?
Son de García. 5. ¿Son muy buenos *los* libros que leíste? 6. Vi *los* discos en

la tienda y los compré.   7. ¿Conoces *al* hombre que está en la oficina?   8. Ahora te daré *las* cartas; llévalas *al* buzón que está en la esquina.

C. Traduzca las oraciones siguientes al español.

1. Those who came in June had to pay more.   2. To be or not to be, that is the question[1].   3. My sister's fiancé and my cousin's are in the army.   4. I am beginning to understand this.   5. The one who finished first received a prize.   6. Ann and Albert are Americans. The former is from Florida, the latter from California. 7. (*tú*) If you talk about that, you will have problems.   8. I used to joke with those girls.   9. These are my shirts, and those that are over there[2] are Raymond's.

---

[1]cuestión   [2]Spanish expresses *that are over there* by a single word.

PROBLEM WORDS

Feel

(a) *feel = think / believe*

$$\left.\begin{array}{l}\textbf{Creo}\\\textbf{Pienso}\end{array}\right\}$$ que Juanita debe salir.   *I **feel** that Juanita should go out.*

When *feel = think / believe*, Spanish expresses it with a form of **creer** or **pensar.**

(b) *feel* + ADJECTIVE/ADVERB

Me siento bien.   *I feel well.*

Después de la cena **me sentí mal.**   *Right after dinner **I felt bad.***

Ese señor **se siente seguro** de sus creencias.   *That man **feels sure** of his beliefs.*

The English *feel* + ADJECTIVE = **sentirse** + ADJECTIVE/ADVERB in Spanish.

(c) *How do you feel about . . .?*

¿Qué le parece el nuevo gerente?   *How do you feel about the new manager?*

¿Qué les pareció ese asunto a los parientes?   *How did the relatives feel about that matter?*

How do $\left\{\begin{array}{l}you\\they\end{array}\right.$ *feel about . . .?* is expressed by **¿Qué** $\left\{\begin{array}{l}\textbf{te}\\\textbf{le parece...?}\\\textbf{les}\end{array}\right.$

The English subject becomes the Spanish indirect object.

(d) *feel = touch*

Toqué la superficie de la mesa y la encontré lisa.	*I **felt** the surface of the table and found it to be smooth.*
La madre le **tocó** la frente al niño.	*The mother **felt** the child's forehead.*

When *feel = touch*, Spanish uses a form of **tocar.**

NOTE   There are numerous English idiomatic uses of *feel*. Among them are:

Encuentro el aire frío.	*The air **feels** cold.*
La chica **se compadeció de** los pobres inmigrantes.	*The girl **felt for** the poor immigrants.*
Lo sentimos por él.	*We **felt sorry for** him.*
Siento mucho lo que dije.	*I **feel sorry for** what I said.*
Tengo ganas de caminar.	*I **feel like** walking.*
Me molesta este asunto.	*I **feel bad about** this affair.*
Él no sabe **lo que es** estar solo.	*He doesn't know **how it feels** to be alone.*
Lo presiento.	*I **feel it in my bones.***

Fine

(a) *fine = pure, thin, delicate, small*

Compré una sortija de oro **fino.**	*I bought a ring made of **fine** gold.*
No uses ese hilo **fino** para remendar el pantalón.	*Don't use that **fine** thread to mend the pants.*
Me gustan las camisas de lino **fino.**	*I like **fine** linen shirts.*
El coche se hundió en la arena **fina** de la playa.	*The car sank in the **fine** sand of the beach.*

When *fine = pure, thin, delicate, small*, etc., Spanish expresses it by **fino.**

(b) *fine = good, excellent*

Tenemos un $\left\{\begin{array}{l}\textbf{buen}\\\textbf{excelente}\end{array}\right.$ médico ahora.   *Now we have a **fine** doctor.*

Este tiempo es $\left\{\begin{array}{l}\textbf{bueno}\\\textbf{magnífico}\end{array}\right.$ para viajar.   *This weather is **fine** for traveling.*

When *fine = good* or *excellent*, Spanish uses adjectives such as **bueno, excelente,** and **magnífico.**

(c) *fine = subtle*

Eso es una distinción muy **sutil.**   *That is a very **fine** distinction.*

When *fine = subtle*, it is expressed in Spanish by **sutil.**

(d) *fine-looking*

Esa chica es $\left\{\begin{array}{l}\textbf{guapa.}\\\textbf{hermosa.}\\\textbf{bonita.}\\\textbf{bella.}\end{array}\right.$ *That girl is **fine-looking.***

El cuadro es $\left\{\begin{array}{l}\textbf{hermoso.}\\\textbf{bonito.}\\\textbf{bello.}\\\textbf{lindo.}\end{array}\right.$ *The picture is **fine-looking.***

Juan es un chico muy **guapo.**   *John is a very **fine-looking** boy.*

When referring to a man, *fine-looking* = **guapo.** When referring to a woman, adjectives such as **guapa, hermosa, bonita,** and **bella** are used to express the idea. When referring to animals or things, adjectives such as **hermoso, bonito, bello,** or **lindo** may be used.

(e) *fine = in good health*

—¿Cómo estás? —¡**Bien!**   *"How are you?" "**Fine!**"*

Me siento muy **bien.**   *I feel **fine.***

When *fine* refers to the state of one's health, Spanish uses **bien.**

(f) *fine = a penalty for an offense*

Tuve que pagar una **multa** de   *I had to pay a **fine** of three hundred*
trescientas pesetas.   *pesetas.*

When *fine = a penalty for an offense*, it is expressed by **multa.**

(g) *fine* (in an ironic exclamation)

¡Buena cosa es ésa!   *That's a **fine** thing!*

¡Buen amigo tengo yo!   *He's a **fine** friend!*

When *fine* is used in an ironic or sarcastic exclamation to indicate just the opposite of *fine*, it is expressed in Spanish by a form of the adjective **bueno**. In this sense it is normally used in an exclamation, and it often (but not always) comes at the beginning of the exclamation.

Get

(a) *get = obtain*

¿Dónde **conseguiste** ese coche?   *Where **did you get** that car?*

When *get = obtain*, it is most frequently expressed by a form of **conseguir.**

(b) *get = receive*

Luis **recibió** una carta ayer.   ⎫
Le dieron una carta **a** Luis ayer.   ⎬ *Louis **got** a letter yesterday.*

¿**Recibiste** un aumento de sueldo?   ⎫
¿**Te dieron** un aumento de sueldo?   ⎬ *Did you **get** a raise in pay?*

When *get = receive*, Spanish often uses a form of **recibir** or rewords the sentence in such a way as to say in the proper tense: *They give to . . .* as in the above examples. Sometimes, **conseguir** may also be used when *get = receive.*

(c) *get = go and get*

Recoge	
Busca	
Coge	el correo.
Trae	

Get the mail.

Voy a { **recoger** a los niños en la escuela. / **buscar** a los niños en la escuela. / **traer** a los niños de la escuela.

*I am going **to get** the children from school.*

When *get = go and get* (*pick up*), Spanish uses **recoger (en), buscar (en)**, and **traer (de)** with persons and things, and **coger** with things only. In some Spanish American countries, **coger** has a vulgar connotation.

(d) *get = catch* (*a disease*)

María Elena { **cogió** / **agarró** , (un) catarro.   *Mary Helen **got** a cold.*

When *get = catch* (*a disease*), Spanish uses **coger** or **agarrar**. In some Spanish American countries, only **agarrar** is used in this sense.

(e) *get = become*

Gustavo **se enfada** fácilmente.   *Gus **gets angry** easily.*

El año pasado **me interesé** en el karate.   *Last year **I got interested** in karate.*

The English *get* + ADJECTIVE is often expressed by a reflexive verb in Spanish if such a verb exists.

But when *get* + ADJECTIVE is equivalent to *become* + ADJECTIVE, if may also be expressed by **hacerse** + ADJECTIVE, **ponerse** + ADJECTIVE, or **volverse** + ADJECTIVE, depending on the adjective. For a detailed discussion of the problem, see *become* (a), (d), and (e) (pages 17–18).

A. Sustituya las palabras inglesas entre paréntesis por sus equivalentes en español.

1. Ahora (*I feel*) mejor que ayer.   2. Hay una diferencia (*fine*) entre tener poco tiempo y no tener bastante.   3. Eduardo (*got*) todas las enfermedades infantiles antes de cumplir los cinco años.   4. ¿(*How does he feel about*) tu novia?   5. (*Get*)

tu traje de la tintorería.   6. Después de palear nieve durante una hora, (*I got tired*).
7. ¿Venden ustedes alambre (*fine*) en esta tienda?   8. Adán (*felt*) las hojas de esa
planta de cactus.   9. Mi padre (*feels*) que no gana bastante.   10. Ésta es una
comida (*fine*).   11. Mi tío (*feels fine*) en verano.   12. (*I got*) una batería en el
taller de González.   13. (sarcastically) ¡Te metiste en un (*fine*) lío!   14. (*We got*)
la carta en el correo de ayer.   15. Estás insistiendo en aspectos muy (*fine*) y nadie
te entiende.   16. Vamos a (*get*) a Catalina en camino a la reunión.   17. Nuestros
vecinos tienen dos hijos muy (*fine-looking*).   18. ¿Tuviste que pagar (*a fine*) por
exceso de velocidad?

B. *Traduzca estas oraciones al español. Tenga especial cuidado con las palabras
en itálica.*

1. (*Ud.*) If you park here, you will have to pay *a fine*.   2. (*tú*) How do you *feel*?
3. (*tú*) *You will get sick* if you eat too much.   4. I *felt* his hand, but it was cold.
5. Bill *feels* that his wife paid too much for that rug.   6. Where can I *get* a flashlight?
7. (*tú*) A *fine* doctor you have! He never answers the telephone!   8. (*Uds.*) *How
does your boss feel about* the political situation?   9. (*tú*) How many postcards *did
you get* last week?   10. They make objects of *fine* silver in Toledo.   11. Miss
Davalos is a *fine* teacher!   12. (*Ud.*) *Get* the scissors, please.   13. Henry *will get*
a cold if he doesn't put on his coat.   14. Louise is a *fine-looking* girl.   15. My
grandfather *feels fine*.

PRÁCTICA DE CONJUGACIÓN

Practique la conjugación de los verbos *dormir* y *pedir*, conjugados en las páginas
458–459.

C H A P T E R **5**

Interrogatives

El delantal blanco

En esta comedia la señora le propone a su criada invertir sus respectivos papeles: la señora será la empleada y la empleada será la señora. La señora quiere ver **cómo** se ve el mundo, **qué** apariencia tiene la playa cuando se la ve encerrada en un delantal de empleada. La escena se desarrolla en la playa donde están de veraneo con Alvarito, el hijo de la señora.

5

LA SEÑORA: ¡Alvarito! ¡Alvarito! No se vaya[1] tan adentro... puede venir una ola. (a la empleada) **¿Por qué** no fuiste tú?

LA EMPLEADA: **¿Adónde?**

LA SEÑORA: **¿Por qué** me dijiste que yo fuera a vigilar a Alvarito?

10   LA EMPLEADA: Usted lleva el delantal blanco.

LA SEÑORA: Te gusta el juego, **¿ah? ¿Quién** te ha autorizado para que uses mis anteojos?

LA EMPLEADA: **¿Cómo** se ve la playa vestida con un delantal blanco?

LA SEÑORA: Es gracioso. ¿Y tú? **¿Cómo** ves la playa ahora?[2]

15   LA EMPLEADA: Es gracioso.

LA SEÑORA: **¿Dónde** está la gracia?

LA EMPLEADA: En que no hay diferencia.

LA SEÑORA: **¿Cómo?**

LA EMPLEADA: Usted con el delantal blanco es la empleada; yo con este blu-
20   són y los anteojos oscuros soy la señora.

LA SEÑORA: **¿Cómo? ¿Cómo** te atreves a decir eso? Estamos jugando.

LA EMPLEADA: **¿Cuándo?**

LA SEÑORA: Ahora.

LA EMPLEADA: **¿Por qué?**

25   LA SEÑORA: Porque sí.

LA EMPLEADA: Un juego...un juego como el «paco-ladrón[3]». A unos les corres-
                   ponde ser «pacos», a otros «ladrones».

LA SEÑORA: ¡Usted se está insolentando!

LA EMPLEADA: ¡No me grites! ¡La insolente eres tú!

30   LA SEÑORA: **¿Qué** significa eso? ¿Usted me está tuteando?

LA EMPLEADA: ¿Y acaso tú no me tratas de tú?

LA SEÑORA: ¡Basta ya! ¡Se acabó este juego!

LA EMPLEADA: ¡A mí me gusta!

LA SEÑORA: ¡Se acabó!

Sergio Vodanovic (Chile):
«El delantal blanco» (fragmento y adaptación)

---

[1]Normally the formal **usted** form is used with people with whom one is not on an intimate
basis; the familiar **tú** form is used with friends, relatives, servants, and children. But in some
Spanish American countries, the formal **usted** form is used with children in commands.   [2]*How
does the beach look to you now?*   [3]cops and robbers: **paco** = *cop;* **ladrón** = *robber*

Sergio Vodanovic (1926–) nació en Chile. Es un distinguido dramaturgo, perio-
dista, abogado y profesor universitario. Sus comedias contienen elementos de
crítica social y un fuerte componente moral. Entre las obras de mayor éxito con
el público se cuentan *La gente como nosotros, Deja que los perros ladren* y *El
delantal blanco.*

PREGUNTAS

1. ¿Qué le propone la señora a su criada?   2. ¿Qué significa el hecho de llevar
un delantal?   3. ¿Por qué se enojó la señora?   4. Cuando la criada habla a la
señora, ¿usa *tú* o *usted*? ¿Y la señora?   5. ¿A quién le gusta este juego?   6. ¿Por
qué se acabó el juego?

I. INTERROGATIVE ADJECTIVES

An interrogative adjective is one which modifies a noun and asks a question. In English, the interrogative adjectives are *which?* and *what?* The expressions *how much?* and *how many?* are also used as interrogative adjectives.

1. What are the most common Spanish interrogative adjectives (*which, how much*)? How many forms does each have? What about the use of the accent? Where do such adjectives come in reference to their noun?

¿**Qué** zapatos compraste?	*What shoes did you buy?*
¿**Qué** película es la mejor?	*Which film is best?*
¿**Cuántas** personas vinieron?	*How many people came?*

The interrogative adjectives are:

	MASCULINE	FEMININE
Singular	qué	qué
Plural	qué	qué
Singular	cuánto	cuánta
Plural	cuántos	cuántas

The equivalent of the English interrogative adjective *what* or *which* is normally ¿**qué**? It has the same forms in the masculine and feminine, singular and plural. The English *how much, how many* is expressed by ¿**cuánto**?, which has four forms.

Each of these interrogative adjectives takes an accent to distinguish it from the same word used noninterrogatively.

Interrogative adjectives precede their noun and its modifiers.

NOTE 1   One also occasionally finds ¿**cuál**? (masculine and feminine singular) and ¿**cuáles**? (masculine and feminine plural) used as interrogative adjectives. Theoretically, ¿**cuál**? requires more specific information than ¿**qué**?, implying that there are several possible choices previously mentioned and that the person spoken to should make a choice. But as an interrogative adjective, **¿cuál?** is gradually falling into disuse, and it is therefore preferable to use only **¿qué?** in that sense. For instance, it is more common to say **¿Qué** libro prefieres? than **¿Cuál** libro prefieres? **Cuál** is often used, however, when the answer to a previously asked question was either unclear or not heard.

NOTE 2   The English *What color is . . .* is expressed by **¿De qué color es...?** Ex: **¿De qué color es** su alfombra? (***What color** is your carpet?*)

2. How can ¡qué! be used in an exclamation?

¡**Qué** niña **más** simpática!   ***What** a nice little girl!*

¡**Qué** carreteras **tan** malas!   ***What** terrible roads!*

In exclamations, **qué** + NOUN is often used with **más** or **tan** + ADJECTIVE. In such cases, the adjective follows the noun. Such sentences always begin with an inverted exclamation mark and end with an ordinary exclamation mark. Although in this case **qué** is not really an interrogative but rather an exclamatory word, it takes an accent as do interrogative words.

3. How does Spanish express *how much?* and *how many?* as interrogative adjectives?

¿**Cuánto** dinero necesitas?   ***How much** money do you need?*

¿**Cuántas** sillas hay en la sala?   ***How many** chairs are there in the
                                                                              living room?*

The interrogative adjectives **¿cuánto?, ¿cuánta?, ¿cuántos?, ¿cuántas?** are used to express *how much?* and *how many?* with both persons and things.

A. Escriba la pregunta cuya respuesta es la oración dada.

> **Ejemplo**   Respuesta: Necesitas tres dólares para comprarlos.
> Pregunta: ¿Cuánto dinero necesito para comparar los boletos?

1. Prefiero crema.   2. Necesito dos cucharadas de crema.   3. Los libros son de Astronomía.   4. Tengo dos hermanos y tres hermanas.   5. Sólo he ido a Méjico una vez.   6. Me gusta más la ropa de algodón, no la de lana.   7. Tengo catarro.

8. Hablamos tres lenguas en mi casa.   9. A las cinco salen dos trenes para Chicago.
10. El mejor tenor de España es Plácido Domingo.   11. Hay cuatro coches en el garaje.   12. Tienes que comprar el libro de gramática.

II. INTERROGATIVE PRONOUNS

An interrogative pronoun is one which asks a question about an as yet unmentioned person or thing. The English interrogative pronouns are *who?*, *whose?*, *whom?*, *which?*, *what?*, *which one?*

a. Persons

4. Which interrogative pronouns in Spanish normally refer to persons, and when are they used?

¿**Quién** preparó este almuerzo?	*Who prepared this lunch?*
¿**Quiénes** tienen cita con el doctor esta tarde?	*Who (of you) has an appointment with the doctor this afternoon?*
¿Con **quién** fuiste a la piscina ayer?	*With whom did you go to the swimming pool yesterday?*
¿Para **quién** compraste ese perfume?	*For whom did you buy that perfume?*

The common interrogative pronouns referring to persons are ¿**quién?** (singular) and ¿**quiénes?** (plural).

¿**Quién?** and ¿**quiénes?** refer to persons of either gender.

They are used as the subject of the sentence, as the object of a preposition, and as the object of the sentence when they are preceded by the personal **a**.

Notice that there is no plural form of **who** in English. However, the plural form ¿**quiénes?**, when used as the subject of the sentence, is followed by the plural form of the verb.

5. How are ¿quién? and ¿quiénes? used to express an interrogative direct object referring to a person?

¿A quién vio usted ayer?   *Whom did you see yesterday?*

¿A quiénes visitarás en Guayaquil?   *Whom (indicating several persons) will you visit in Guayaquil?*

When ¿quién? and ¿quiénes? are used as the direct object to refer to a person, they are preceded by a personal **a**, as are all definitely known noun objects referring to persons.

6. How does Spanish express the interrogative *Whose . . . ?*

¿De quién es este perro?   *Whose dog is this?*

¿De quiénes son los coches que están delante de nuestra casa?   *Whose cars are those in front of our house?*

Spanish expresses the English *Whose . . . ?* by ¿De quién...? (singular) and ¿De quiénes...? (plural). They are the equivalent of the English *Of whom . . . ?*

¿De quién son estos discos?   *Whose records are these?*

¿De quiénes es esta casa?   *Whose house is this?*

b. Things

7. Which Spanish interrogative pronoun normally refers to things?

Subject	¿**Qué** entró por la ventana?	*What came through the window?*
Object	¿**Qué** tienes en la mano?	*What do you have in your hand?*
Object of a preposition	¿Con **qué** abriste la caja?	*With **what** did you open the box?*

The interrogative pronoun ¿qué? (*what*) is used to refer to things whether it is the subject or object of a preposition.

c. How much?, how many?

8. How are the forms of ¿cuánto? used as pronouns?

Tengo bastante dinero. **¿Cuánto** necesitas?

*I have enough money. **How much** do you need?*

Compré una docena de huevos. **¿Cuántos** quedan en el refrigerador?

*I bought a dozen eggs. **How many** are left in the refrigerator?*

To express *how much?* and *how many?* as pronouns, the following forms are used, whether the expression is the subject or the object of the sentence or the object of a preposition.

	MASCULINE	FEMININE
Singular	¿cuánto?	¿cuánta?
Plural	¿cuántos?	¿cuántas?

B. *Usted y sus amigos van a dar una fiesta para celebrar el fin del semestre. Usted, como organizador, quiere hacer algunas preguntas sobre la fiesta. Sustituya las palabras inglesas entre paréntesis por sus equivalentes en español. ¡Cuidado con la a personal antes del objeto directo!*

1. Aquí está el vino. ¿(*How much*) hace falta para la fiesta?   2. Tengo cuatro botellas de vino. ¿(*How many*) más debemos comprar?   3. ¿(*What*) vamos a darles de comer a los invitados?   4. ¿(*Whom*) invitaremos?   5. ¿(*What*) pondremos en la mesa?   6. ¿(*Who*) vendrán?   7. No tenemos muchos discos con música buena para bailar. ¿(*How many*) vamos a necesitar?   8. ¿(*Whose*) son estas cintas magnetofónicas?   9. ¿Con (*what*) vamos a entretener a los invitados?   10. ¿(*Who*) traerá los vídeos?   11. ¿(*Whom*) tenemos que llamar?   12. ¿(*Whose*) es esta radio?

d. ¿Cuál? vs. ¿Qué?

9. When is a form of ¿cuál? used to ask *Which one?* What are the two forms of ¿cuál?

Había varios inmigrantes en la fábrica. **¿Cuál** no tenía visado?

*There were several immigrants in the factory. **Which one** didn't have a visa?*

¿**Cuáles** de estas novelas encuentras
más interesantes?

*Which (ones) of these novels do
you consider more interesting?*

When *which (one[s])* refers to (a) a definite object already mentioned or to (b) a definite object that is mentioned immediately after the preposition **de,** *which (one[s])* is expressed by

Singular	¿**cuál?**
Plural	¿**cuáles?**

10. When must a form of ¿quién? or ¿qué? be used to express *Which one?*

¿**Quién** mató al bandido, el
campesino o el policía?

*Which one killed the bandit, the
peasant or the police officer?*

¿**Qué** prefieres, manzanas o peras?

*Which do you prefer, apples or
pears?*

When asking a question about someone or something that has not yet been mentioned, *which (one[s])* must be expressed by ¿**Quién...?** or ¿**Quiénes...?** when referring to persons and by ¿**Qué...?** when referring to things. A form of ¿**Cuál?** cannot be used in such cases except when it is immediately followed by **de** + a definite person or object. Ex: ¿**Cuál de** los camareros te sirvió?

C. Prepare algunas preguntas para una encuesta sobre opiniones políticas, traduciendo al español las palabras inglesas entre paréntesis.

1. En estas elecciones hay tres candidatos a la presidencia. ¿*(Which one)* prefiere usted, el conservador, el moderado o el liberal?   2. ¿*(Which of)* los tres candidatos es el más honrado?   3. De los tres candidatos, ¿*(which one)* tiene más experiencia? 4. ¿A *(which one)* ha oído usted hablar más?   5. ¿A *(which)* partido político pertenece usted?

e. ¿Cuál es...? vs. ¿Qué es...?

11. There are two ways of expressing *What is . . .?* and *What are . . .?* in Spanish. When are ¿Cuál es...? and ¿Cuáles son...? used to express *What is . . .?* or *What are . . .?*

¿**Cuál es** la ciudad más grande de
Colombia?

*What is the largest city in
Colombia?*

¿**Cuál es** tu dirección?	***What is*** *your address?*
¿**Cuáles son** las obras más interesantes de Azorín?	***What are*** *the most interesting works of Azorín?*

When *What is . . .?* and *What are . . .?* ask *which* of a number of possibilities, Spanish uses some variation of ¿**Cuál es...?** or ¿**Cuáles son...?**

NOTE   Both ¿**Qué...?** and ¿**Cuál...?** can be used with **es** + NEUTER EXPRESSIONS such as **lo más bueno** and **lo menos malo**. But ¿**Qué...?** is more common: ¿**Qué es lo más difícil?**

12. How does Spanish express *What is . . .?* or *What are . . .?* when asking for a definition?

¿**Qué es** la geografía?	***What is*** *geography?*
¿**Qué es** el amor?	***What is*** *love?*

When *What is . . .?* and *What are . . .?* ask for the definition of a word, Spanish uses ¿**Qué es...?** or ¿**Qué son...?** with that word.

NOTE   The Spanish also say ¿**Qué es geografía?** and ¿**Qué es amor?** The question of the use or omission of the article in such cases is discussed on page 27, §7b. In this lesson, use the article with such words.

D. *Complete estas preguntas de un examen de literatura con el equivalente español de **What** o **Which**.*

1. ¿_____ es un protagonista?   2. ¿_____ son los poetas más famosos de la generación de 1927?   3. ¿_____ es la poesía?   4. ¿_____ es la primera novela de Unamuno?   5. ¿_____ son los poetas modernistas que escribieron en España?

E. *Traduzca al español estas preguntas para un concurso.*

1. What are the three longest rivers of South America?   2. What is the El Dorado?
3. What are the most popular characters in[1] the Latin American novel?   4. What is **la pampa**?   5. What is the capital of Paraguay?

---

[1] **de**

III. INTERROGATIVE ADVERBS

13. What are the common interrogative adverbs? How do they differ from the same adverbs used non–interrogatively?

Allí está la casa **donde** vive el presidente.	*There is the house **where** the president lives.*
¿Dónde vive el presidente?	***Where** does the president live?*
Te lo diré **cuando** venga Julio.	*I will tell you **when** Julio comes.*
¿Cuándo vendrá Norberto?	***When** will Norbert come?*
No me callé **porque** no quise.	*I didn't keep quiet **because** I didn't want to.*
¿Por qué no te callaste?	***Why** didn't you keep quiet?*

The most common Spanish interrogative adverbs are:

Place	**¿dónde?**	*where?*
Time	**¿cuándo?**	*when?*
Manner	**¿cómo?**	*how?*
Cause	**¿por qué?**	*why?*

   The Spanish interrogative adverbs differ from the same adverbs used non–interrogatively in that when they are interrogative, they have an accent on the syllable that has the spoken stress.

14. What is the difference between ¿por qué? and porque?

¿Por qué vendió Lucas su motocicleta a Pedro?	***Why** did Luke sell his motorcycle to Peter?*
Se la vendió **porque** necesitaba dinero.	*He sold it to him **because** he needed money.*

The interrogative **¿por qué?** (*why?*) is written as two separate words and **qué** takes an accent, whereas **porque** (*because*) is written as a single word and has no accent.

F. *Usted acaba de llegar al aeropuerto de una ciudad famosa por su tráfico de drogas. El inspector de inmigración le hace muchas preguntas en inglés a las que usted responde con mucha paciencia. Traduzca al español las preguntas y las respuestas. Use la forma de* <u>usted</u>.

1. Why do you come here every month? Because I like this city very much and because my girlfriend lives here. 2. Why are you carrying so many suitcases? Because I need a lot of clothes when I travel. 3. Why do you say so? Because it is true. 4. Why are you shaking so much? Because you make me feel nervous.

15. What are the Spanish words for *Where . . .?* when it refers to *place in which, place to which, place through which,* and *place from which?*

¿Dónde está José?	*Where is Joe?*
¿Dónde va José? **¿Adónde** va José? }	*Where is Joe going?*
¿Por dónde podemos entrar en ese edificio?	*How (Through where) can we get into that building?*
¿De dónde viene este tren?	*Where does this train come **from**?*

To ask the place in which, **¿dónde?** is always used.

To ask the place to which (direction), either **¿dónde?** or **¿adónde?** may be used in modern colloquial Spanish.

To ask the place through which, Spanish often uses **¿por dónde?** in questions in which English might simply use *how*.

The place from which (*where . . . from*) is expressed by **¿de dónde?**

G. *Escriba preguntas cuyas respuestas sean las palabras en itálica. Use ¿dónde?, ¿adónde?, ¿por dónde? o ¿de dónde? según convenga.*

    Ejemplo   Venimos de Barcelona.
                    ¿De dónde vienen ustedes?

1. Voy *a la botica.*   2. Como *en mi casa.*   3. Esas chicas vienen *de Guatemala.*
4. Las venden *en la librería.*   5. Cuando tengo catarro voy *al dispensario.*
6. Fueron *a Mérida.*   7. Los puse *sobre la mesa.*   8. El carro patrullero entró
por la entrada principal del edificio.   9. Esas fotografías son *de Alicante.*   10. Se
va al centro *por la Avenida de Mayo.*

H. Traduzca estas oraciones al español.

1. (*Uds.*) Where do you go every night?   2. (*tú*) Where have you been?   3. (*Ud.*)
Where did you go to get the key?   4. (*tú*) Where are you coming from now?
5. (*tú*) How[1] did you get into the garage since[2] the door was locked?   6. (*Uds.*)
Where will you move to?   7. (*tú*) Where are you taking me?   8. (*Uds.*) Where
do you have to be at six?   9. Where is Dolores going to show her slides?

---

[1]Use a form of PREPOSITION + **dónde.**   [2]**ya que**

IV. THE INTERROGATIVE SENTENCE

16. What is an interrogative sentence? How is it indicated in written Spanish?

¿Vendió usted el coche?   ¿Quién llama a la puerta?

¿Joaquín no está aquí?   ¿Qué camisa vas a ponerte?

¿Son las dos?   ¿Dónde vive Matilde?

An interrogative sentence is one which asks a question, that is, one which asks
for information of some kind.

In general, there are *yes* and *no* questions, which are indicated in written Spanish
by the inverted question mark at the beginning of the sentence and the ordinary
question mark at the end of the sentence, and questions asking for information,
which begin with an interrogative word. All interrogative sentences have both types
of question marks, and in addition, the interrogative words always have an accent,
which distinguishes them from the word with the same spelling used non-interroga-
tively.

17. What types of word order are used in Spanish *yes* and *no* questions?

Verb + Subject	Subject + Verb
¿**Volvió Paula** ayer?	¿**Paula volvió** ayer?
¿**Conoce Norma** a tu primo?	¿**Norma conoce** a tu primo?
¿**Sale el tren** a las diez?	¿**El tren sale** a las diez?

In a *yes* or *no* question, the most common pattern is

VERB + SUBJECT + REST OF SENTENCE

However, the declarative sentence word order can always be used for a question, provided that the speaker uses a rising interrogative intonation in the spoken language and the writer uses a question mark in the written language.

In impersonal questions, that is, those without a subject, the verb can be preceded only by adverbs of time.

¿Hay que pagar los impuestos ya?   ¿**Ya** hay que pagar los impuestos?

I. Aquí hay frases declarativas. Cambie cada frase a interrogativas de las dos maneras indicadas arriba.

Ejemplo   Carlota dijo eso.
(a) ¿**Carlota dijo eso?**
(b) ¿**Dijo Carlota eso?**

1. Los chicos salieron ayer.   2. Usted va a venir esta noche.   3. Nosotros tenemos que llamar a Ileana en seguida.   4. Ángela trajo las revistas.   5. Los niños se sentaron a mirar la televisión.   6. Santiago pintó la casa el verano pasado.

J. Traduzca cada frase al español, por lo menos de dos maneras distintas.

Ejemplo   Did the truck arrive with the oil?
(a) ¿**Llegó el camión con el petróleo?**
(b) ¿**Llegó con el petróleo el camión?**
(c) ¿**El camión llegó con el petróleo?**

1. Did Frances leave on time?   2. Will our friends receive another invitation?
3. (*Ud.*) Have you seen the new car my uncle bought?   4. (*Uds.*) Are you having

fun?   5. (*Ud.*) May we use your telephone?   6. (*tú*) Did you accept the offer to work there?

18. How does Spanish express the equivalent of the English *isn't he?, don't we?, haven't they?,* and so on?

Félix es muy guapo, **¿verdad?**   *Felix is very good looking, **isn't he?***

Noemí volvió ayer, **¿no?**   *Naomi returned yesterday, **didn't she?***

To ask whether or not a statement is true, Spanish often places **¿verdad?** or **¿no?** after the statement, where English repeats the subject and the negative form of an auxiliary verb.

NOTE   Colloquially, Spanish sometimes follows a statement by **¿no?, ¿ah?, ¿eh?,** and **¿sabes?** to attain the same effect. Ex: Usted ya ha hecho la cama, **¿no?** (You've already made the bed, *haven't you?*) Ex: La chica no quiere hablarte, **¿sabes?** (The girl doesn't want to talk to you, *right?*).

V. INDIRECT QUESTIONS

19. What is an indirect question?

Direct	**Indirect**
¿Vas a venir esta noche?	**Dime si** vas a venir esta noche.
¿Dónde está el teatro?	**No sé** dónde está el teatro.

An indirect question is one which begins with an introductory clause such as some variation of **Dígame..., No sé..., Me gustaría saber..., Pregunté...,** and so on.

20. What is the usual word order of a Spanish indirect question? How does this word order differ from that of an English indirect question?

Direct	Indirect
¿Cuándo escribió Sergio esa comedia? *When did Sergio write that play?*	Me gustaría saber **cuándo escribió Sergio** esa comedia. *I'd like to know when Sergio wrote that play.*
¿Qué hacen los chicos en la biblioteca? *What are the boys doing in the library?*	No sé **qué hacen los chicos** en la biblioteca. *I don't know what the boys are doing in the library.*
¿Dónde está Hilda? *Where is Hilda?*	Preguntaré **dónde está Hilda.** *I'll ask where Hilda is.*

The Spanish indirect question normally retains the same word order as the direct question. That order is

> INTERROGATIVE ADVERB + VERB + SUBJECT

The English indirect question has a word order which is different from that of the direct question. In the direct question, the subject usually comes directly after the interrogative adverb, and the rest of the question follows.

NOTE   In Spanish, when the indirect question begins with **si**, the verb may either precede or follow the subject. Ex: El mecánico pregunta **si la señora pagó** la cuenta. (or) El mecánico pregunta **si pagó** la cuenta **la señora.** (or) El mecánico pregunta **si pagó la señora** la cuenta.

K. Convierta las siguientes preguntas directas en indirectas, usando la expresión que se da entre paréntesis.

    Ejemplo   ¿A qué hora viene su primo? (Nos gustaría saber...)
        Nos gustaría saber a qué hora viene su primo.

1. ¿Cuándo serán las elecciones? (No sabemos...)   2. ¿Dónde trabajan esas chicas? (Dígame...)   3. ¿Qué va a decir su mamá? (Nos gustaría saber...)   4. ¿Cuántas

toronjas ha comprado usted? (Quiero saber...)   5. ¿Con quién debemos tratar ese asunto? (Preguntaré...)   6. ¿Va usted a Toledo mañana? (Díganos si...)

L. Traduzca al español las preguntas indirectas siguientes.

1. (*tú*) Tell me where your sister buys her clothes.   2. I do not know when Margaret will arrive.   3. We would like to know what those men are doing in the kitchen. 4. We know how the rabbit entered the garage.   5. (*Uds.*) Tell us why your brothers do not stay at home.   6. (*Ud.*) I'd like to know if your friends will come tomorrow.

EJERCICIOS DE RECAPITULACIÓN

A. Éstas son algunas preguntas que se le podrían hacer a un cantante famoso. Sustituya la palabra interrogativa en inglés por su equivalente en español.

1. ¿(*How*) llegó usted a hacerse popular?   2. ¿(*Which*) canción fue la primera que logró fama general?   3. ¿(*Who*) le ayudaron a alcanzar el éxito?   4. ¿(*How many*) conciertos daba usted en los primeros años de su carrera?   5. ¿Para (*whom*) trabajaba usted hace cinco años?   6. ¿(*Whom*) escogió usted como miembros de su grupo musical para la temporada[1] de 1991?   7. ¿(*Which*) empresarios lo ayudaron más?   8. ¿(*How much*) cuestan las entradas para el concierto de esta noche? 9. ¿De (*whom*) esperaba usted recibir ayuda en su carrera?   10. ¿(*What*) cantó usted en Málaga?   11. ¿(*Which*) es su canción favorita?   12. ¿(*What*) le gustaría hacer si no fuera cantante?

---

[1]*season*

B. Imagínese que usted llega al aeropuerto de Barajas en Madrid y que ha perdido su pasaporte. Por ese motivo la empleada de Inmigración le hace muchas preguntas. Tradúzcalas al español. Use usted *en las traducciones.*

1. Where were you born?   2. What country are you a citizen of?   3. What is the number of your passport?   4. Why didn't you write down the number of your passport?   5. What is the date of your passport?   6. When does your passport expire?   7. How many persons are traveling with you?   8. Do you want to call (telephone) your consul?   9. From what travel agency did you buy your ticket? 10. How long do you intend to stay in Spain?

C. *Esta vez usted ha perdido sus cheques de viajero. Cuando va a la oficina de la agencia que le vendió los cheques, el agente le hace muchas preguntas. Léalas incluyendo uno de estos interrogativos en los espacios en blanco:* qué, cuál, cómo, quién, dónde, cuándo, por qué, cuánto, cuáles.

1. ¿_____ es su problema?   2. ¿_____ vio usted sus cheques por última vez? ¿Ayer? 3. ¿_____ cree usted que perdió los cheques? ¿En un restaurante?   4. ¿_____ son los números de los cheques perdidos?   5. ¿_____ no tiene usted los números de los cheques perdidos?   6. ¿En _____ banco los compró?   7. ¿En _____ fecha los compró?   8. ¿_____ cheques ya ha cambiado? ¿Seis?   9. ¿_____ podemos comunicarnos con usted?

D. *Escriba preguntas cuyas respuestas sean las palabras o frases en itálica.*

    Ejemplo   1. *Sí,* vivo en ese barrio. (*Ud.*)
              ¿Vive usted en ese barrio?

1. El avión llegó *a las siete.*   2. Este reloj es *de oro.*   3. Ella estudia *con sus amigas.*   4. *No,* no conozco a Carlos Martínez. (*tú*)   5. Mi amigo es *de Guatemala.* (*tú*)   6. Vendrán *esta noche.* (*ellos*)   7. Estoy *bien,* gracias. (*Ud.*)   8. Le di el dinero *a Luisa.* (*tú*)   9. Esa señora se viste *muy mal.*   10. No entré *porque llegué tarde.* (*tú*)

PROBLEM WORDS

Happen

(a) *happen = take place*

Eso $\left\{\begin{array}{l}\textbf{ocurrió}\\\textbf{pasó}\\\textbf{sucedió}\end{array}\right\}$ anoche.   *That* **happened** *last night.*

When *happen = take place* or *occur*, Spanish uses **pasar, ocurrir,** or **suceder.** The verb **pasar** is more informal than **ocurrir** and **suceder.**

(b) *happen = occur by chance*

Por casualidad vi a mi amigo en la tienda.   *I* **happened to** *see my friend in the store.*

Por casualidad el abogado estará aquí mañana.   *It* **happens that** *the lawyer will be here tomorrow.*

¿Encontraste mi maleta **por casualidad?**   *Did you* **happen** *to find my suitcase?*

When *happen = occur by chance*, Spanish may always express this idea by using **por casualidad** with the verb. The same idea is sometimes expressed by **es que, dar la casualidad que,** or **resultar que.**

(c) *How does it happen that . . .?*

¿Cómo es que Jorge no está en clase?   *How does it happen that* George *is not in class?*

How does it happen that . . .? may be expressed by **¿Cómo es que...?** Also possible is **¿Cómo da la casualidad que...?**

(d) *What happened to . . . ?*

¿**Qué le pasó a** Marta? ⎤
¿**Qué pasó con** Marta? ⎦   *What happened to Martha?*

¿**Qué les pasó a** tus zapatos? ⎤
¿**Qué pasó con** tus zapatos? ⎦   *What happened to your shoes?*

Spanish expresses *What happened to . . . ?* either with **pasar** (also **ocurrir** and **suceder**) + INDIRECT OBJECT or with **pasar con** (also **ocurrir con** and **suceder con**). When a noun indirect object is used, the pronoun indirect object must also be used.

Hear

(a) How to say *hear (someone or something)*

Oí voces en el pasillo.   *I heard voices in the hall.*

Oímos a Margarita.   *We heard Margaret.*

Spanish expresses *to hear someone* or *something* by the verb **oír**. Here there is no problem, for Spanish and English usage are the same.

(b) How to say *hear of*

¿**Has oído de** ⎤
¿**Has oído hablar de** ⎦ la muerte del periodista?

Did you hear of the death of the newspaper reporter?

Nunca ⎰ **han oído de** ⎱ Calderón.
          ⎱ **han oído hablar de** ⎰

They have never heard of Calderon.

There are various ways of expressing *hear of* or *hear about*. Among the most frequent are **oír de** and **oír hablar de.**

(c) How to say *hear from*

No tuve noticias de Susana hasta la   *I didn't hear from Susan until last*
   semana pasada.   *week.*

Spanish expresses *to hear from* in various ways. One of the most common is **tener noticias de**, but also frequent are **oír de, oír algo de, saber de**, and **recibir noticias de.**

(d) How to say *hear that*

Oí decir que Antonio se casó.	*I heard that Anthony got married.*

Spanish expresses *to hear that = to find out that* in many ways. Among them are **oír decir que, oír que, saber que** (especially in the preterite), **enterarse que, tener noticias que**, and the equivalent of the English *they tell someone that . . .*

Intend

(a) *intend* = **pensar**

Yo **pensaba** comprar esa silla.	*I intended to buy that chair.*

When *intend = plan to*, forms of **pensar** may be used. At times, **querer** also has the meaning of *intend to* (*plan to*), as well as **tener la intención de** and **proponerse.**

(b) How to say that *something is intended for*

Este edificio $\begin{cases} \textbf{está destinado a} \\ \textbf{es para} \end{cases}$ almacenar.

*This building **is intended for** storage.*

Spanish expresses the idea that *something is intended for* by **estar destinado a** or **ser para.**

A. Sustituya las palabras inglesas entre paréntesis por sus equivalentes en español.

1. Los vecinos (*heard*) ruidos extraños en el jardín.   2. ¿(*What happened to*) esa iglesia?   3. (*I intend to*) decirle toda la verdad a Dolores.   4. Algo (*will happen*) si no arreglas tu motocicleta.   5. (*We heard of*) la boda de Margarita la semana pasada.   6. ¿(*Did you intend to*) asistir a esa reunión?   7. (*I heard from*) mi hijo ayer.   8. Esa pieza de la casa (*was intended for*) cocina.   9. El inspector[1] (*happened to discover*) un defecto en los materiales.   10. (*I heard that*) Rolando

y Clementina se habían divorciado.   11. ¿(*How does it happen that*) usted sabe árabe?   12. (*It happens that*) Jorge firmó el contrato ayer.

---

[1]The word order must be changed to express this idea in Spanish.

B. Traduzca al español. Tenga especial cuidado con las palabras en itálica.

1. (*Ud.*) *How does it happen that* you bought two rugs?   2. (*Uds.*) *Have you heard of* the new invention?   3. When *did* that accident *happen*?   4. That woman says that she *intends to* rent another apartment.   5. (*tú*) When *did* you *hear from* Henry? 6. We *happened to* go to the library.   7. This complaint *is intended for* the people who live upstairs.   8. Many things *happened* during the trip.   9. (*Ud.*) *We hear that* you will retire in August.   10. (*tú*) *What happened to* your friend?   11. We can *hear* our neighbor's radio every night.

PRÁCTICA DE CONJUGACIÓN

Practique la conjugación de los verbos *andar* y *caber*, conjugados en las páginas 458–459 and 460–461.

C H A P T E R **6**

Possessives

Ropa limpia

***Le** besé **la** mano y olía a jabón;*
*yo llevé **la mía** contra el corazón.*

*Le besé **la** mano breve y delicada*
*y la boca **mía** quedó perfumada.*

5   *Muchachita limpia, quien a ti se atreva,*
*que como **tus** manos huela a ropa nueva.*

*Besé **sus** cabellos de crencha[1] ondulada[2];*
¡si también olían a ropa lavada!

*¿A qué linfa[3] llevas **tu** cuerpo y **tu** ropa?*

10   *¿En qué fuente pura **te** lavas **la** cara?*

Muchachita limpia, si eres una copa
llena de agua clara.

Rafael Arévalo Martínez (guatemalteco)
(de *Las Rosas de Engaddi*)

---

[1]*hair on each side of the part*   [2]wavy   [3]water

Rafael Arévalo Martínez (1884–1957) fue un novelista, cuentista y poeta guatemalteco que se destacó por la fina y aguda percepción con que creaba a sus personajes. Su obra más concocida es la novela corta *El hombre que parecía un caballo.*

PREGUNTAS

Comprensión. Complete el siguiente resumen del poema «Ropa limpia» escogiendo un final adecuado, en la columna de la derecha, para cada comienzo de oración que se da en la columna de la izquierda.

1. El poeta le besó	a. olía a ropa lavada.
2. La mano olía a	b. breve y delicada.
3. El poeta llevó	c. con una copa de agua clara.
4. La mano de la muchachita era	d. la mano a la muchachita.
5. La mano del poeta	e. debe oler a ropa limpia.
6. El hombre que se atreva a quererla	f. jabón.
7. El poeta también besó	g. en qué fuente se lava la cara.
8. El pelo también	h. quedó perfumada.
9. El poeta quiere saber	i. su pelo ondulado.
10. El poeta también se pregunta	j. en qué agua lava la ropa.
11. El poeta compara a la muchachita	k. su mano contra el corazón.

I. POSSESSIVE ADJECTIVES

1. What are the common Spanish possessive adjectives?

SINGULAR	PLURAL	
mi	mis	*my*
tu	tus	*your*
		his
		her
su	sus	*your*
		its

SINGULAR		PLURAL		
masculine	feminine	masculine	feminine	
nuestro	nuestra	nuestros	nuestras	*our*
vuestro	vuestra	vuestros	vuestras	*your*
su	su	sus	sus	{ *their* / *your* }

2. With what do these possessive adjectives agree, and where are they placed in relation to their noun?

Mi hermano vive cerca de **tu** casa.	*My brother lives near **your** house.*
A Miguel no le gusta **su** nueva motocicleta.	*Michael doesn't like **his** new motorcycle.*
Señor Machado, ¿tiene usted **nuestros** libros en **su** mesa?	*Mr. Machado, do you have **our** books on **your** table?*
Los chicos llevaron **sus** sellos a **vuestra** casa.	*The boys took **their** stamps to **your** house.*

The possessive adjectives agree in gender and number with the thing possessed. They take their form from the possessor. These common possessive adjectives are placed *before* the noun they modify. This is the normal, unemphatic position for these adjectives.

3. When the same possessive adjective refers to several nouns, how does Spanish usage differ from English usage?

Tus palabras insolentes y **tu** gesto desafiante molestaron mucho al gerente.	***Your** insolent words and defiant air annoyed the manager a great deal.*

In Spanish, the possessive adjective must be repeated before each noun to which it refers, whereas in English the possessive adjective is sometimes repeated, sometimes not.

A. *Aquí aparecen algunas expresiones que se oyen cuando uno está de viaje o está preparándose para viajar. Complete cada expresión con el adjetivo posesivo que corresponda al sujeto de la misma.*

>   **Ejemplo**   ¿Has traído _____ documentos de identidad contigo?
>   **¿Has traído tus documentos de identidad contigo?**

1. Los viajeros puntuales ocupan _____ asientos en seguida.   2. Compré _____ cámara en Málaga.   3. ¿Ustedes van a darle _____ llaves al portero del edificio antes de salir de viaje?   4. Sí, y pondremos _____ joyas en la caja fuerte del banco. 5. ¿Dónde dejaréis a _____ perro?   6. No sabemos. ¿Tú quieres tenerlo en _____ casa? Son unos días, nada más.   7. Ustedes deben tener _____ pasaportes listos. 8. Elena llevará _____ nuevo vestido a Madrid.

B. *Complete estas oraciones sobre las cosas que pueden ocurrir en las vacaciones de verano, traduciendo al español los posesivos dados en inglés.*

1. (*My*) hermano y (*your* [*s.*], informal) prima iban al cine todas las semanas. 2. Recuerden que ustedes dejaron (*your*) perro y (*your*) gato con nosotros.   3. (*My*) amigo Miguel se casó con (*his*) novia en junio.   4. (*Our*) vecina Laura nos cuidó la casa cuando nos fuimos de vacaciones.   5. Margarita fue a ver a (*her*) padres, que viven en San Juan.   6. (*Your*, pl. informal, Sp.) amigos de Santander pasaron unos días en (*your*) casa, ¿verdad?   7. Ellos no se preocupan por (*their*) hijos.

4. What are the different meanings of s<u>u</u> and s<u>us</u>? When is their meaning clear? When is their meaning ambiguous?

¿Trajo usted **su** coche, señor Lago?	*Did you bring **your** car, Mr. Lago?*
Enrique salió con **sus** amigos.	*Henry went out with **his** friends.*
Los Hernández van a dar una fiesta en **su** casa.	*The Hernandez are going to give a party in **their** house.*

The possessive adjectives **su** and **sus** may refer to **usted, él, ella, ustedes, ellos, and ellas.** Thus, they may mean *your, his, her,* and *their.* In a sentence where the subject is clearly expressed or understood, **su** and **sus** normally refer to that subject, and their meaning is not ambiguous. Nor is there any confusion when **su** and **sus** clearly refer to some other antecedent mentioned in a previous sentence. However, if the thing possessed refers to a person other than the subject of the sentence, clarification is often needed.

5. What alternative method may be used when <u>su</u> or <u>sus</u> would be ambiguous?

Ambiguous	Clear
¿Es ésta **su** máquina?	¿Es ésta la máquina **de ella**?
Veo a **sus** hijos desde aquí.	Veo a los hijos **de ustedes** desde aquí.
No quiero comprar **su** coche.	No quiero comprar el coche **de ellos.**

To avoid ambiguity as to the meaning of **su** and **sus**, Spanish has an alternate system which consists of placing **de** + THE PREPOSITIONAL FORM OF THE APPROPRIATE PRONOUN after the noun possessed. The noun is then preceded by the appropriate form of the definite article.

$$
su \; casa = \begin{cases} \textbf{la casa de él} & \textit{his house} \\ \textbf{la casa de ella} & \textit{her house} \\ \textbf{la casa de usted} & \textit{your house} \\ \textbf{la casa de ellos} & \textit{their house} \\ \textbf{la casa de ellas} & \textit{their house} \\ \textbf{la casa de ustedes} & \textit{your house} \end{cases}
$$

NOTE   Forms such as "la casa de mí," "la casa de ti" are incorrect. Under no circumstances can "de mí" be used for **mi** or "de ti" used for **tu**. Also incorrect is the double possessive with **su**. WRONG are "su casa de él," "sus libros de usted." Possible are **la casa de nosotros** for **nuestra casa** and **la casa de vosotros** for **vuestra casa.**

C. En una fiesta los invitados hablan animadamente de todo un poco. Traduzca al español las oraciones siguientes evitando ambigüedades.

1. (*Ud.*) Mary and Samuel came in the same car. Have you seen her keys?   2. His car was in the shop; that's why they came in her car.   3. (*tú*) Have you met Mr. and Mrs. Menéndez? Her brother is a doctor who works in the hospital.   4. (*Ud.*) I find your guests very interesting.   5. (*Uds.*) Your dog and cat are very cute.

6. What are the emphatic forms of the possessive adjective?

| SINGULAR | | PLURAL | | MOST FREQUENT |
masculine	feminine	masculine	feminine	ENGLISH EQUIVALENT
mío	mía	míos	mías	*my*
tuyo	tuya	tuyos	tuyas	*your*
suyo	suya	suyos	suyas	*his, her, its, your*
nuestro	nuestra	nuestros	nuestras	*our*
vuestro	vuestra	vuestros	vuestras	*your*
suyo	suya	suyos	suyas	*their, your*

7. When are the emphatic forms used, and where do they come in relation to their noun?

Quiero las fotos **mías** ahora mismo.	*I want **my** snapshots right away.*
No nos interesan los problemas **suyos.**	*We are not interested in **your** problems.*
¡Hijo **mío**! ¿Dónde has estado?	***My** son, where have you been?*
Padre **nuestro,** que estás en los cielos...	***Our** Father who art in Heaven . . .*
Querido amigo **mío:** Acabo de recibir tu carta.	***My** dear friend: I have just received your letter.*
Un hermano **nuestro** logró entrar en esa universidad.	*A brother **of ours** succeeded in entering that university.*

The stressed forms of the possessive adjective are less commonly used than the unstressed forms. They are occasionally used when the speaker wishes to emphasize the possessive adjective, often in the first person in direct address, always when the thing possessed is modified by an indefinite article or an indefinite adjective. These stressed forms follow their noun and thus acquire greater emphasis.

NOTE   The stressed form of the Spanish possessive adjective is used in a certain number of set expressions in which English uses *from* + PRONOUN. In such cases the noun possessed is never modified by the definite article. The following examples will illustrate: Recibí carta **suya.** (I received a letter *from him.*) Tuvimos noticias **tuyas.** (We received news *from you.*) Tuvo respuesta

mía. (He received an answer *from me.*) ¿Tuviste permiso **nuestro?** (Did you have permission *from us?*)

D. *Traduzca las frases siguientes al español, usando la forma enfática del adjetivo posesivo.*

1. (*tú*) *Your* jokes are better than those we heard over there.   2. (*Uds.*) *My* dear parents, you are wrong.   3. A friend *of his* arrived this morning.   4. They found some papers *of ours* on the desk.   5. Where is Dolores? *Her* letters never get[1] here.   6. *My* goodness! What happened?

---

[1]Use a form of **llegar.**

II. INDICATING POSSESSION WITH PARTS OF THE BODY AND ARTICLES OF CLOTHING

8. How, in general, does Spanish express possession with nouns denoting parts of the body?

Catalina bajó **los ojos.**	*Catherine lowered **her eyes.***
Alicia levantó **sus grandes ojos azules.**	*Alice raised **her big blue eyes.***
Rodolfo perdió **los dientes** en un accidente.	*Rudolph lost **his teeth** in an accident.*
Me duele la cabeza.	***My head is aching.***
Tus manos tienen muchos callos.	***Your hands** have a lot of calluses.*

In Spanish, the definite article is often used with nouns denoting parts of the body where English would use a possessive adjective. However, Spanish normally employs a possessive adjective with parts of the body (a) if ambiguity would result from using the article; (b) usually if the part of the body is modified; (c) if the part of the body is the subject of the sentence.

9. How is possession indicated in Spanish when the subject of the sentence performs an action with a part of his body?

Juan levantó **la mano.**   *John raised **his hand.***

Elena volvió **la cabeza** y me miró.   *Helen turned **her head** and looked at me.*

When the subject of the sentence performs an action *with* a part of his body, in Spanish that part of the body is normally modified by the definite article where English would use a possessive adjective.

> SUBJECT + VERB + DEFINITE ARTICLE + part of body

E. Cosas que pasan en la clase. Traduzca al español estas cosas que pueden ocurrir en una clase aburrida.

1. Nobody raised his hand.   2. Mario finally opened his eyes.   3. Louise moved her foot because she was bored.   4. Laura opened her mouth but didn't say anything.
5. The teacher shook his head.

10. How is possession indicated in Spanish when the subject of the sentence performs an action on some part of his body?

Gloria **se** lavaba **la cara** todas las mañanas antes de desayunar.   *Gloria washed **her face** every morning before breakfast.*

Me rompí **la pierna.**   *I broke **my leg.***

When an action is performed by the subject of the sentence *on* some part of his body, in Spanish that part of the body is modified by the definite article where English would use a possessive adjective. Spanish also requires that a reflexive pronoun be used with the verb.

> SUBJECT + REFLEXIVE PRONOUN + VERB + DEFINITE ARTICLE + part of body

NOTE   This reflexive pronoun is the indirect object of the sentence.

F. Traduzca al español las frases siguientes.

1. I rubbed my back.   2. Charles broke his arm yesterday.   3. Do these girls brush their hair?   4. I cut my finger this evening.   5. (*tú*) Wash your face.   6. We will shave our beards[1] tomorrow.

---

[1]Spanish uses the singular form in such cases.

11. How is possession expressed in Spanish when the subject of the sentence performs an action on a part of someone else's body?

Carlota **le** lavará **la cara**.   *Carlota will wash **his face**.*

El peluquero **nos** corta **el pelo** cada dos semanas.   *The barber cuts **our hair** every other week.*

When the subject of the sentence performs an action on *someone else's* body, that part of the body is modified by the definite article where English would use a possessive adjective, and an indirect object pronoun is used with the verb to indicate on whose body the action is being performed.

> INDIRECT
> SUBJECT + OBJECT + VERB + DEFINITE ARTICLE + part of body
> PRONOUN

G. Cosas que pasan en el consultorio del médico. Traduzca al español estas oraciones sobre cosas que pueden oírse en un consultorio médico.

1. (*tú*) Did the doctor put drops in your eyes?   2. (*Ud.*) Who bandaged[1] your arm?
3. His nurse wiped his face.   4. (*Ud.*) Don't touch my head.   5. The child's father always asks for more medication[2].   6. A cat scratched[3] my hand.

---

[1]Use a form of **vendar**.   [2]**medicina**   [3]Use a form of **arañar**.

12. When a part of the body modified by a possessive adjective is the subject of the English sentence whose verb is a form of *to be*, how does Spanish usually express this construction?

Tus ojos son azules.
Tienes **los ojos azules.** } *Your eyes are blue.*

Su pelo es rubio.
Tiene el **pelo rubio.** } *His hair is blond.*

In Spanish a part of the body which functions as the subject of the sentence whose verb is a form of **ser** may be modified by a possessive adjective. But more frequently, one finds

$$\begin{array}{c} \text{form of} \\ \textbf{tener} \end{array} + \begin{array}{c} \text{DEFINITE} \\ \text{ARTICLE} \end{array} + \text{part of body}$$

13. How does Spanish express the English possessive adjectives in sentences with *hurt* and *ache*?

Me **duelen** los pies. | *My feet **hurt.***

¿Te **duele** la cabeza? | { *Does your head **hurt**?* *Do you have a head**ache**?*

A Raúl le **duele** el estómago. | { *Raul's stomach **hurts.** Raul has a stomach**ache.***

Nos **duele** la garganta. | { *Our throats **hurt.** We **have sore** throats.*

A los chicos les **duelen** las piernas. | { The children's legs are ***hurting.*** ***The children have achy** legs.*

To express the English *hurt* or *ache* with a part of the body, Spanish uses:

$$\begin{array}{c} \text{INDIRECT} \\ \text{OBJECT} \\ \text{PRONOUN} \end{array} + \begin{array}{c} \text{form of} \\ \textbf{doler} \end{array} + \begin{array}{c} \text{DEFINITE} \\ \text{ARTICLE} \end{array} + \text{part of body}$$

H. Traduzca las frases siguientes al español.

1. His eyes are brown.   2. Her skin is soft.   3. (*tú*) Your fingers are long, aren't they?   4. I have a toothache.   5. (*Ud.*) Do your eyes hurt?   6. Does George have a sore throat?   7. Our feet hurt.   8. His hair is very short.

14. How does Spanish differ from English in expressing possession with nouns indicating articles of clothing?

Metí el dinero en **el bolsillo**.	*I put the money in **my** pocket.*
Al entrar en la sala, Ricardo se quitó **el sombrero**.	*On entering the room, Richard took off **his hat.***
Me puse **los zapatos**.	*I put on **my shoes.***
Encontré **mis calcetines** en el cajón.	*I found **my socks** in the drawer.*
Su camisa está en la mesa.	***His shirt** is on the table.*

If the article of clothing is the subject of the sentence or if it is not being worn by the subject of the sentence, it is modified by a possessive adjective as in English. But if the article of clothing is being worn by the person concerned and is not the subject of the sentence, Spanish tends to use the definite article where English uses a possessive adjective.

NOTE   A personal indirect object pronoun is used in sentences where the article of clothing is the direct object of the sentence. In the above examples, **el bolsillo** is not the direct object of the sentence; therefore, there is no personal indirect object pronoun. But **el sombrero** and **los zapatos** are the direct objects of the sentence; therefore, there is also a personal indirect object pronoun.

I. Traduzca al español.

1. My pants are torn.   2. We took off our[1] shoes in order to rest.   3. (*tú*) Where is your shirt?   4. I tore my[1] socks on a fence.   5. He washed his shirt every evening.   6. (*tú*) Put your[1] handkerchief in your pocket.

---

[1]Remember that Spanish uses a reflexive indirect object pronoun in this type of sentence.

III. POSSESSIVE PRONOUNS

15. What are the possessive pronouns?

SINGULAR		PLURAL		
masculine	feminine	masculine	feminine	
(el) mío	(la) mía	(los) míos	(las) mías	*mine*
(el) tuyo	(la) tuya	(los) tuyos	(las) tuyas	*yours*
(el) suyo	(la) suya	(los) suyos	(las) suyas	*his, hers, yours*
(el) nuestro	(la) nuestra	(los) nuestros	(las) nuestras	*ours*
(el) vuestro	(la) vuestra	(los) vuestros	(las) vuestras	*yours*
(el) suyo	(la) suya	(los) suyos	(las) suyas	*theirs, yours*

The forms of the possessive pronouns are the same as the stressed forms of the possessive adjectives except that the article is commonly, although not always, used with the possessive pronouns.

16. How are the possessive pronouns used, and with what do they agree?

Creo que tus hijos no están en la misma escuela que **los nuestros.**

*I think your sons are not in the same school as **ours.***

Su coche está en el garaje; **el mío** está delante de la puerta.

*His car is in the garage; **mine** is in front of the door.*

Si crees que nuestros discos son buenos, deberías oír **los suyos.**

*If you think our records are good, you should hear **theirs.***

Possessive pronouns take the place of nouns modified by a possessive adjective. They agree in gender and number with the object possessed. They are commonly used with a form of the definite article.

El veterinario le ha puesto una vacuna a tu perro, pero no le ha puesto ninguna **al nuestro.**

*The veterinarian gave a "shot" to your dog, but he didn't give anything **to ours.***

The forms of the article used with possessive pronouns contract with **a** and **de.**

NOTE   The masculine singular form of the possessive pronoun is used with the neuter **lo** to indicate an idea encompassing everything that is in the possession of the person indicated by the pronoun. Ex: No quiero que toquen **lo mío.** (I don't want them to touch *my things [what belongs to me].*) **Lo nuestro** está a la disposición de todos. (*What we have* is at the disposal of everyone.)

J. Sustituya los posesivos en inglés, dados entre paréntesis, por posesivos en español.

1. Éstos son tus libros. ¿Dónde están (*mine*)?   2. Mi hija ya está casada. (*Hers*) está soltera todavía.   3. (*tú*) Los casetes de Carlos y (*yours*) están fuera.   4. Como mi profesor no estaba, hablé con (*his*) esta mañana.   5. (*Ud.*) No le di la llave de mi hermano sino (*yours*).

17. What are the different meanings of el suyo? When is its meaning clear and when is it ambiguous?

—Señor Rodríguez, nuestro avión está en la pista. **El suyo** no ha llegado.

*"Mr. Rodriguez, our plane is on the runway. **Yours** has not arrived."*

Mi cocina es muy pequeña. **La de ella** es más grande y **la de ustedes** es enorme.

*My kitchen is very small. **Hers** is larger, and **yours** is enormous.*

Forms of **el suyo** may refer to **él, ella, usted, ellos, ellas,** and **ustedes**. It may mean *his, hers, theirs,* or *yours*. When the person to whom the form of **el suyo** refers has been previously mentioned and its meaning is therefore perfectly clear, a form of **el suyo** may be used. When there is any doubt, the form of the demonstrative **el + de +** THE PREPOSITIONAL FORM OF THE PRONOUN is used.

$$
\text{el suyo} = \begin{cases} \text{el de él} \\ \text{el de ella} \\ \text{el de usted} \\ \text{el de ellos} \\ \text{el de ellas} \\ \text{el de ustedes} \end{cases}
$$

These compound forms (**el de él, la de ellos,** and the like) may always be used instead of forms of **el suyo** even when there is no ambiguity.

Ex:

Yo pagué por esta calculadora menos de lo que Cecilia pagó por $\begin{cases} \textbf{la suya.} \\ \textbf{la de ella.} \end{cases}$

*I paid less for this calculator than Cecilia paid for **hers**.*

18. When a possessive adjective and a possessive pronoun in the third person are used in the same sentence, to what part of the sentence do they refer?

La chica insistió en tomar **su** abrigo, no **el de usted.**

*The girl insisted on taking **her** coat, not **yours**.*

El muchacho guardó **sus** cigarrillos y fumó **los de ella.**

*The boy kept **his** cigarettes and smoked **hers**.*

When two possessives which are third person in form are used in the same sentence, the first one normally refers to the subject of the sentence and a form of the possessive adjective **su** is used, whereas the second is a form of the demonstrative **el + de +** THE PREPOSITIONAL FORM OF THE PRONOUN.

K. Traduzca al español las frases siguientes.

1. (*Ud.*) I wanted to see your watch and not hers.   2. (*tú*) We sold your house, not theirs.   3. (*Ud.*) Mr. García, my suitcase is in the hall. Yours is already in the car.   4. Mrs. Pérez took care of her children and his while he was at the football game.   5. (*tú*) Did George find your keys? No, he found his (own).

19. A form of the definite article is normally used with possessive pronouns. When may the possessive pronoun be used without a definite article?

—¿De quién es este perro?

"Whose dog is this?"

—Es $\begin{cases} \textbf{mío.} \\ \textbf{el mío.} \end{cases}$

*"It's **mine**."*

Esas maletas son $\left\{\begin{array}{l}\textbf{nuestras.}\\ \textbf{las nuestras.}\end{array}\right.$ *Those suitcases are **ours**.*

After a form of **ser,** the definite article may be used or omitted before the possessive pronoun, but it is more frequently omitted.

20. What forms of the possessive pronoun are used with ser to avoid ambiguity in the suyo forms?

Este lápiz es (**el**) **suyo.** =

Este lápiz es $\left\{\begin{array}{l}\textbf{de usted.}\\ \textbf{de él.}\\ \textbf{de ella.}\\ \textbf{de ustedes.}\\ \textbf{de ellos.}\\ \textbf{de ellas.}\end{array}\right.$ *This pencil is* $\left\{\begin{array}{l}\textit{yours.}\\ \textit{his.}\\ \textit{hers.}\\ \textit{yours.}\\ \textit{theirs. (m.)}\\ \textit{theirs. (f.)}\end{array}\right.$

In order to avoid ambiguity, **de** + THE PREPOSITIONAL FORM OF THE PRONOUN is used instead of a form of **el suyo** unless the meaning is absolutely clear.

L. Traduzca al español las frases siguientes.

1. That motorcycle is mine.   2. (*tú*) Are those groceries yours or hers?   3. This property is not theirs.   4. The house is mine, but the furniture is his.   5. That car is hers.   6. (*Ud.*) Is that suitcase yours, or is it theirs?

EJERCICIOS DE RECAPITULACIÓN

A. Complete cada oración con el equivalente español de la palabra inglesa dada entre paréntesis.

1. (*Ud.*) Un tío (*of yours*) vino a verme.   2. —Por favor, déme (*her*) pasaporte. —¿Cuál? ¿(*His*)? —No, (*hers*).   3. Regresaremos con (*our*) amigos.   4. Marta se secó (*her*) manos con (*my*) toalla.   5. (*tú*) A Rolando se le perdió (*his*) bicicleta; por eso quiere (*yours*).   6. (*Ud.*) —¿De quién es este tablero de ajedrez? —(*Mine*) y (*yours*) si lo necesita.   7. (*Ud.*) Tome (*your*) coche y no toque (*his*).   8. (*tú*) ¿Tienes (*your*) zapatos sucios?   9. (*Uds.*) (*My*) televisor no es tan caro como (*yours*), ni como (*theirs*).   10. (*tú*) Éste es todo el dinero que tenemos: (*yours*) y (*mine*).

B. Traduzca las frases siguientes al español. Use la forma enfática cuando el posesivo aparezca en itálica.[1]

1. (*tú*) Who cut your hair?   2. My intentions are good.   3. (*tú*) Close your eyes.
4. (*tú*) Wear *your* blue jeans[2], and don't touch *my* blue jeans.   5. Her eyes are very beautiful.   6. (*Ud.*) I regret it, sir, but *your* case is not the same as theirs.
7. I don't want to wear his topcoat.   8. (*Ud.*) "Can I use this ballpoint pen?" "Sure, it's yours."   9. Louis raised his hand three times.   10. I always dry my hair with a hair dryer.   11. (*Ud.*) Your way of saying things is very strange.

---

[1]Use the emphatic form when the possessive is italicized.   [2]**vaqueros** (*m. pl.*)

PROBLEM WORDS

Introduce

How to say *introduce a person*

El presidente de la reunión   *The chairman of the meeting*
   presentó al senador.   ***introduced** the senator.*

Spanish uses **presentar** (not "introducir") to express the idea of introducing a person. The person introduced is a direct object and therefore is preceded by the personal **a** when the verb has only one object.

However, this personal **a** is omitted if the person introduced is followed by an indirect object with **a**. Ex: Le presenté **mi tía** a Rosa. (I introduced *my aunt* to Rose.)

Keep

(a) *keep* = **quedarse con**

Quédate con el martillo hasta   ***Keep** the hammer until tomorrow.*
   mañana.

The verb *keep* is often expressed by **quedarse con** when the idea of having something in one's possession temporarily or permanently is emphasized as opposed to parting with it.

(b) *keep* = **guardar**

Guárdame el martillo.   ***Keep** the hammer **for me.***

Guardamos el coche en el garaje.   ***We keep** the car in the garage.*

When *keep* means *to hold* or *to put away for safekeeping*, it is usually expressed by **guardar.** But with an animal or a person, *cuidar* is used.

Cuidaré del gato hasta mañana.   *I'll **keep** the cat until tomorrow.*

(c) *keep on* + PRESENT PARTICIPLE = **seguir** + PRESENT PARTICIPLE

El orador **siguió hablando.**   *The orator **kept on speaking.***

The English *keep on* + PRESENT PARTICIPLE is expressed in Spanish by **seguir** + PRESENT PARTICIPLE. It could also be expressed by **continuar** + PRESENT PARTICIPLE, but this is less common and less colloquial.

(d) *keep from* + PRESENT PARTICIPLE = $\left\{\begin{array}{l}\textbf{impedir} \\ \textbf{no dejar}\end{array}\right.$ + INFINITIVE

Esta lluvia $\left\{\begin{array}{l}\text{me } \textbf{impidió} \\ \textbf{no } \text{me } \textbf{dejó}\end{array}\right.$ **salir.**   *This rain **kept** me **from going out.***

The English *keep from* + PRESENT PARTICIPLE is expressed in Spanish by a form of **impedir** or **no dejar** + INFINITIVE.

NOTE   The verbs **impedir** and **no dejar** may also be followed by **que** + SUBJUNCTIVE. Ex: La policía **impidió (no dejó) que** los estudiantes **salieran en manifestación.** (The police *kept* the students *from demonstrating.*)

Knock

How to say *a knock at the door*

Alguien **tocó a la puerta.**
Tocaron a la puerta.   *There was a **knock at the door.**[1]*

Orlando oyó $\left\{\begin{array}{l}\textbf{tocar} \\ \textbf{llamar}\end{array}\right.$ **a la puerta.**   *Orlando heard a **knock at the door.***

The most frequent way of expressing *a knock at the door* is by using the verbal expression **tocar a la puerta.** *To hear a knock at the door* is **oír tocar** (or **llamar**) **a la puerta** or **sentir tocar** (or **llamar**) **a la puerta.**

---

[1]*There ... door.* Spanish expresses this English concept by entirely different constructions. The English *There was* is not contained in them and must not be translated word for word.

A. Sustituya las palabras inglesas entre paréntesis por sus equivalentes en español.

1. (*I kept on writing*) mientras el señor Valle estaba en el cuarto.   2. De repente (*we heard a knock*) a la puerta.   3. ¿Quién (*introduced*) al conferenciante? 4. ¿Quieres (*keep*) ese perro?   5. (*I keep*) los recibos en mi archivo.

B. Traduzca estas oraciones al español. Tenga especial cuidado con las palabras en itálica.

1. (*Uds.*) Keep on walking.   2. (*tú*)[1] My work *keeps* me *from* visiting you. 3. While we were eating, *there was a knock at the door*.   4. (*Ud.*) *Keep* the change. 5. We *keep* the handkerchiefs in that drawer.   6. Simon *introduced* his friend to a very charming young lady.   7. (*Ud.*) Where do you *keep* the soap?

---

[1]Use the infinitive construction in this sentence.

PRÁCTICA DE CONJUGACIÓN

Practique la conjugación de los verbos *caer* y *conducir*, conjugados en las páginas 460–461.

CHAPTER 7

Adjectives

El extraño caso de la asesina fumadora

Extracto del reportaje que, bajo este titulo, fue publicado el dia 18 de septiembre de 1982 en la revista **especializada** *El Criminal,* número 356, II época.

(De **nuestro** reportero Paco Mancebo.)

Los vecinos de la **popular** calle de la Reina de esta capital continúan **conmocionados** por el **extraño** y **salvaje** suceso ocurrido el **pasado** viernes[1] día 16 en la finca **sita**[2] en el número 17 de la **citada** calle.[3] Los acontecimientos se desarrollaron hacia las seis y media de la tarde del viernes. Don Antonio Ortiz, de 49
5 años de edad, **soltero,** de profesión funcionario de ministerio, se encontraba en su casa, en el **cuarto** piso de la **mencionada** finca.[4] Los vecinos aseguran que don Antonio fue siempre un hombre **callado** y **educado** que nunca dio lugar[5] a escándalos, antes al contrario,[6] cosa muy de estimar[7] en un soltero. Una vecina nos dijo: «Parecía un cura o algo así.» **Otros** inquilinos coincidieron en que era
10 un poco **misterioso,** porque nunca se le veía con nadie. *El Criminal* ha podido saber que don Antonio iba a contraer matrimonio[8] en breve con una **bella** y **honrada** joven, a la que nos ha sido **imposible** localizar.

La tarde de autos[9] don Antonio se encontraba en su casa cuando sonó el tim-

bre de la puerta. Poco imaginaba el **infortunado** que en el descansillo[10] le espe-
raba la asesina. Isabel López, de 46 años, más **conocida** con el alias de «La Be-
lla», cantante de boleros[11] en un club **nocturno** cercano al barrio chino, actual-
mente **detenida** por la **eficaz** acción de los inspectores de Policía del Grupo de
Homicidios.

Poco sabemos de los **primeros** momentos: parece que la mujer y la víctima
se conocían, porque la asesina entró en la casa sin encontrar resistencia. Pero la
discusión debió empezar en seguida, porque olvidaron cerrar la puerta. Esto, y
los gritos que se oían, alarmaron a doña MPG, vecina de la víctima, quien salió
de la suya[12] y pudo seguir los acontecimientos desde el descansillo, a través de
una rendija. «No intervine», nos confió doña MPG, quien no quiere que publi-
quemos su nombre,[13] «porque creí que la cosa no llegaría a tanto[14] y también por
susto».[15] Doña MPG se halló ante un hecho que no pudo por menos que con-
mover su ánimo.[16] Cuando ella llegó, la homicida sujetaba a don Antonio por las
solapas.[17] La susodicha[18] era **más alta** y **mucho más corpulenta** que el infortu-
nado, de modo que le podía,[19] lo que demuestra que no siempre el sexo **débil** es
el **débil,** sobre todo cuando nos encontramos con una energúmena[20] como La Be-
lla, sin principios **morales** y capaz de todo tipo de ensañamiento.[21] La mujerona
zarandeaba[22] a la víctima insultándole a **grandes** gritos: parecía estar fuera de sí,
y de su boca **soez**[23] sólo salían maldiciones llenas de rabia. La Bella tiró a la víc-
tima al suelo y entonces, como en un rapto de locura,[24] comenzó a destrozar toda
la casa. Don Antonio intentaba impedírselo, pero sus fuerzas eran **insuficientes.**
Las lámparas, las sillas, el contenido de los cajones y de los armarios: todo lo
arrasó la **bestial** homicida.[25] El desdichado cayó de rodillas sobre un montón de
papeles rotos y parece que se puso a llorar.[26] La Bella cogió un cajón de fras-
quitos que aún no había roto. «No, no, eso no, por favor», imploraba la víctima,
pero sus súplicas no conmovieron a la homicida, quien, sin mostrar piedad **al-
guna,**[27] empezó a abrir los frascos y a vaciar el contenido de los mismos sobre el
suelo. Debían ser perfumes, porque, según nos dijo doña MPG, el olor llegaba
hasta la puerta. La víctima se tapaba la nariz[28] y sollozaba[29] amargamente. De sú-
bito[30] don Antonio intentó huir, y entonces se entabló un forcejeo entre los dos.[31]
Con el calor del afrontamiento cayeron ambos al suelo, y la homicida se las arre-
gló para sentarse sobre él,[32] dejándole **atrapado.**[33] Primero le volcó sobre la ca-
beza[34] los frascos que aún no había vaciado,[35] y después sacó un paquete de ciga-
rrillos de su bolsillo y, dando muestras de un comportamiento verdaderamente
anormal,[36] se fumó toda la cajetilla encendiendo los pitillos de tres en tres[37] y
echando **grandes** bocanadas de humo[38] sobre la cara de la víctima, quien gritaba
«no puedo más, no puedo más», aparentando **grandes** sufrimientos. Entonces, se
ve que en un descuido, la víctima logró escurrirse de debajo[39] de la asesina fuma-
dora, y se puso en pie intentando una huida **desesperada.** Pero su destino era **fa-
tal** y la mujer le atrapó antes de que llegara a la puerta. Dando pruebas de una
fuerza **enorme,** La Bella le cogió en brazos. Y en un abrir y cerrar de ojos, sin

más aviso, la **sanguinaria** mujerzuela[40] se dirigió con él a cuestas[41] hacia la ventana y tiró[42] al desdichado a la calle desde el **cuarto** piso.

Rosa Montero
Fragmento de *Te trataré como a una reina*

---

[1]the strange and savage event that took place last Friday   [2]in the building located   [3]in the abovementioned street   [4]of the abovementioned building   [5]never gave reason for   [6]on the contrary   [7]something to be appreciated   [8]he was going to marry   [9]the day of the crime   [10]in the landing   [11]a bolero singer (*bolero,* popular song)   [12]left her own house   [13]she has requested that her name be withheld   [14]would not be so bad   [15]and also for fear   [16]to move her feelings   [17]was holding him by his lapels   [18]the aforesaid   [19]so that she was succeeding in beating him   [20]mad woman   [21]all sorts of cruelty   [22]was knocking him about   [23]vulgar mouth   [24]in an attack of insanity   [25]the beastly murderess   [26]began to cry   [27]without showing any pity whatsoever   [28]he was covering his nose   [29]was sobbing   [30]suddenly   [31]the two of them began to struggle   [32]she managed to sit on top of him   [33]trapping him   [34]emptied on his head   [35]the bottles she had not yet emptied   [36]giving evidence of an abnormal behavior   [37]lighting the cigaretts in groups of three   [38]expelling big puffs of smoke   [39]he managed to slip away from under her body   [40]bloodthirstly loose woman   [41]on her back   [42]threw him

---

Rosa Montero (1951–) es una de las escritoras jóvenes que han adquirido una merecida reputación en las letras hispanas por la riqueza de su producción e impecable estilo. Es periodista además de novelista. Sus crónicas han venido apareciendo regularmente en *El país* de Madrid. La selección incluida aquí pertenece a su novela *Te trataré como a una reina,* publicada por Seix y Barral en su colección Biblioteca Breve. Además ha publicado con éxito otras novelas entre las cuales citamos *Crónica del desamor* y *Amado amo.*

PREGUNTAS

Comprensión. *Escoja la respuesta correcta a cada pregunta dentro de las que se dan.*

1. ¿Dónde ocurrió el suceso que se narra?
   a. En una finca rural cerca de la ciudad.
   b. En un edificio de la calle de La Reina.
   c. En la redacción de la revista *El Criminal.*
2. ¿Cómo era la víctima, don Antonio Ortiz?
   a. Era un hombre callado y educado.
   b. Era un hombre misterioso, fuerte y de mala reputación.
   c. Era cura o algo parecido.

3. ¿Cómo era la asesina, Isabel López?
   a. Era una mujer muy bella e infortunada.
   b. Era una mujer muy callada y trabajadora.
   c. Era una mujerona alta y muy fuerte, con un vocabulario vulgar.

4. ¿Dónde estaba don Antonio?
   a. Estaba en su casa, cuando sonó el timbre de la puerta.
   b. Estaba en el descansillo de la escalera.
   c. Estaba en su trabajo.

5. ¿Cómo entró en la casa La Bella?
   a. Entró sujetando a don Antonio por las solapas.
   b. Entró sin encontrar resistencia.
   c. Entró con una llave que tenía.

6. ¿Qué hizo La Bella cuando entró?
   a. Empezó a hablar con la vecina que estaba en el descansillo.
   b. Empezó en seguida a discutir con don Antonio.
   c. Se sentó y saludó a don Antonio.

7. ¿Qué hizo la vecina doña MPG?
   a. Salió de su casa y se puso a oír la discusión.
   b. Trató de intervenir en la discusión.
   c. Llamó a la policía.

8. ¿Qué hizo La Bella con don Antonio?
   a. Le pegó brutalmente y lo tiró a la calle desde el cuarto piso.
   b. Le rompió los muebles y los frascos de perfume y se fue.
   c. Lo insultó y le pegó hasta que don Antonio empezó a llorar.

9. ¿Quién detuvo a Isabel La Bella?
   a. Los vecinos la detuvieron y la llevaron a la estación.
   b. La señora MPG, vecina de don Antonio.
   c. Los inspectores de Policía del Grupo de Homicidios.

An adjective is a word that expresses a *quality* or a *limit* of a noun. If it expresses a *quality,* the adjective is called a *descriptive* or *qualifying* adjective: a *small* child; the *difficult* examination, the *expensive* gifts. If it expresses a *limit* in the *quantity, possession, place,* or *indefiniteness* of the noun, the adjective is called a *limiting* adjective: two (*numeral*) children; *several* (*indefinite*) games; *our* (*possessive*) town; *these* (*demonstrative*) policies.

The descriptive or qualifying function of the adjective also appears in:

a. the adjective phrase: a house with *a red roof;*
   the man of *many faces;* and

b. the adjective clause: This is the man *whose daughter is a chemist.*
I bought the house *that you liked.*

In this chapter we are going to study the descriptive adjective as a single word. The *adjective clause* will be taken up in Chapter 12.

I. THE FORMATION AND AGREEMENT OF ADJECTIVES

English adjectives have one form only. Spanish adjectives often have four distinct forms: masculine singular, feminine singular, masculine plural, feminine plural.

Adjectives Whose Masculine Form Ends in -o

1. How do adjectives whose masculine singular form ends in -o form their feminine and their plural?

	MASCULINE	FEMININE
Singular	pequeño	pequeña
Plural	pequeños	pequeñas

Adjectives whose masculine singular form ends in **-o** have a feminine form in **-a**. The plural is formed by adding **-s** to each singular form.

Adjectives with Only One Ending for their Masculine and Feminine Forms

2. What other endings are used in the formation of adjectives?

	MASCULINE	FEMININE
Singular	útil	útil
Plural	útiles	útiles
Singular	cortés	cortés
Plural	corteses	corteses

	MASCULINE	FEMININE
Singular	interesante	interesante
Plural	interesantes	interesantes
Singular	hipócrita	hipócrita
Plural	hipócritas	hipócritas
Singular	cursi	cursi
Plural	cursis	cursis
Singular	audaz	audaz
Plural	audaces	audaces
Singular	feliz	feliz
Plural	felices	felices
Singular	mejor	mejor
Plural	mejores	mejores

Most adjectives that end in letters other than **-o** for the masculine and **-a** for the feminine have the same form for both genders. Their plural is formed by adding **-s** to the singular if it ends in a vowel, and **-es** to the singular if it ends in a consonant. If it ends in **-z**, this consonant must be changed to **-c** to form the plural.

3. What endings other than -o and -a are used in adjectives of nationality?

	MASCULINE	FEMININE
Singular	azteca	azteca
Plural	aztecas	aztecas
Singular	israelita	israelita
Plural	israelitas	israelitas
Singular	marroquí	marroquí
Plural	marroquíes	marroquíes
Singular	hindú	hindú
Plural	hindúes	hindúes
Singular	bonaerense	bonaerense
Plural	bonaerenses	bonaerenses
Singular	inglés	inglesa
Plural	ingleses	inglesas
Singular	alemán	alemana
Plural	alemanes	alemanas
Singular	andaluz	andaluza
Plural	andaluces	andaluzas

There are several endings for adjectives of nationality that do not follow the regular masculine (**-o**) and feminine (**-a**). They are:

-a and -as	for both masculine and feminine;
-í and -íes	for both masculine and feminine;
-ú and -úes	for both masculine and feminine;
-e and -es	for both masculine and feminine;
-és and -eses	for masculine;
-esa and -esas	for feminine;
-án and -anes	for masculine;
-ana and -anas	for feminine;
-uz and -uces	for masculine;
-uza and -uzas	for feminine.

Adjectives Ending in -án, -ón, -or, and -ote

4. How do adjectives whose masculine singular ends in -án, -ón, -or, and -ote form their feminine and plural?

	MASCULINE	FEMININE
Singular	holgazán	holgazana
Plural	holgazanes	holgazanas
Singular	preguntón	preguntona
Plural	preguntones	preguntonas
Singular	hablador	habladora
Plural	habladores	habladoras
Singular	grandote	grandota
Plural	grandotes	grandotas

Like adjectives of nationality, adjectives ending in **-án, -ón, -or**, and **-ote** add **-a** to the last consonant of the masculine singular to form the feminine singular. The masculine plural is formed by adding **-es** to the masculine singular (**-s** if the masculine singular ends in a vowel); the feminine plural adds **-s** to the feminine singular.

5. How does an adjective agree with its noun?

Estos **vinos** <u>importados</u> son muy <u>caros.</u>

*These **imported** wines are very expensive.*

An adjective agrees with the noun it modifies in gender and number. This is true whether the adjective precedes its noun or follows it directly and also when it is used in the predicate after a form of **ser** or **estar.**

6. When an adjective describes two or more nouns, one of which is masculine and the other feminine, what gender is the adjective?

El **profesor** y la **alumna chilenos**   *The **Chilean teacher** and **pupil***
  solicitaron el visado.   *applied for the visa.*

When an adjective describes two or more nouns of different genders, the adjective is masculine plural.

A. Complete este cuento sustituyendo los adjetivos entre paréntesis por sus formas correctas.

Juan Peña tenía doce años bien (cumplido) cuando recibió una (certera) pedrada en la boca que le partió uno de los dientes (delantero). Ese día empieza la edad (dorado) de Juan Peña, muchacho poco (inteligente) y muy (holgazán) y (peleón).

Con la punta de la lengua, Juan tocaba sin cesar el diente (roto); el cuerpo (inmóvil), la mirada (vago), sin pensar. Así, de niño (alborotador) y (pendenciero) se volvió (callado) y (tranquilo).

Los padres de Juan, (cansado) de escuchar quejas, estaban ahora (estupefacto) y (angustiado) con la transformación (súbito) del niño. Juan no hablaba. Sólo se tocaba el diente (aserrado) sin pensar.

Llamaron al médico (grave) y (panzudo), y . . . procedió al (sorprendente) diagnóstico: (bueno) pulso, mofletes (sanguíneo), (excelente) apetito:

—Señora, su hijo está (mejor) que una manzana. Estamos en presencia de un caso (fenomenal). Su hijo sufre del mal de pensar; en una palabra, su hijo es un filósofo (precoz) y como todos los sabios (precoz) sufre de pensamientos (profundo).

Parientes y amigos se hicieron eco de la (sabio) opinión del doctor, (acogido) con júbilo (indecible) por los padres de Juan. Pronto en el (pequeño) pueblo, se citó el caso (admirable) del "niño (prodigio)". Creció Juan Peña en medio de libros (abierto) ante sus ojos (negro), pero que no leía, (distraído) por la tarea de su lengua (ocupado) en tocar la (pequeño) sierra del diente (roto), sin pensar.

Pasaron meses y años, y Juan Peña fue diputado, académico, ministro, y estaba a punto de ser (coronado) Presidente de la República, cuando la apoplejía lo sorprendió acariciándose el diente (roto) con la punta de la lengua.

(Versión libre y abreviada de un cuento original de
Pedro Emilio Coll, titulado "El diente roto".)

Pedro Emilio Coll, (1872–1947), Venezuela. Es autor de varios libros de ensayos y narraciones breves. El cuento abreviado aquí es una narración ejemplar aplicable a muchos políticos de cualquier tiempo.

II. THE APOCOPATION OF ADJECTIVES

7. What is meant by apocopation?

Es un café muy **bueno.**   Es un **buen** café.

Vino Samuel en un momento muy   Vino Samuel en un **mal** momento.
   malo.

Hoy es un día muy **grande** para ti.   Hoy es un **gran** día para ti.

Apocopation is the shortening of a word by dropping certain letters from the end of it.

8. Which adjectives drop their final -o when they precede a masculine singular noun or adjective?

Entire Form	Apocopated Form	Entire Form	Apocopated Form
alguno	algún	primero	primer
ninguno	ningún	tercero	tercer
bueno	buen	postrero	postrer
malo	mal		

The above adjectives drop their final **-o** before a masculine singular noun whether they precede it immediately or whether there is an intervening adjective. Ex: Le compró esta cartera a **algún gitano.** Le compró esta cartera a **algún pobre gitano.**

9. What happens to these adjectives when they precede a feminine singular noun or adjective or when they precede a plural noun of either gender?

No lo haré de **ninguna manera.**   I won't do it *at all.*

Los **primeros días** no hicimos   *The **first days** we didn't do*
nada.   *anything.*

Este ingeniero tiene **buenas ideas.**   *This engineer has **good** ideas.*

Adjectives which apocopate in the masculine singular use their complete form in the feminine singular and in the plural of either gender even when they precede their noun.

10. Is there apocopation where these adjectives follow their noun?

Quiero poner un **cuadro bueno** en   *I want to hang a **good painting** on*
esta pared.   *this wall.*

Mañana hay que leer el **capítulo**   *Tomorrow we must read **Chapter***
primero.   ***One.***

Adjectives which apocopate in the masculine singular when they precede their nouns always use the complete form when they follow their nouns.

B. Sustituya los adjetivos entre paréntesis por sus formas correctas, teniendo en cuenta la posibilidad del apócope.

1. El campesino me dijo que le habían traído un tractor (malo). 2. Es peor que el (primero) que le trajeron hace (alguno) semanas. 3. Los (malo) tractores no dan (bueno) servicio. 4. En esta hacienda no hay (ninguno) laguna. 5. El equipo de regadío[1] llegó al (tercero) mes después de pedirlo. 6. Las tierras (malo) no producen frutos (bueno). 7. Empezaremos a sembrar las nuevas semillas desde el

(primero) día de la primavera.   8. No sé si queda (alguno) caballo en el establo.
9. Tuvimos la (malo) suerte de que llovió mucho.

---

[1]*sprinkler*

C. *Imagínese que usted hace un viaje por barco y que lleva un diario de las cosas que piensa y que le pasan. Complete las siguientes líneas del diario sustituyendo los adjetivos entre paréntesis por sus formas correctas, teniendo en cuenta la posibilidad del apócope.*

1. Pensé que aquel día era un (bueno) día para viajar.   2. Me gustan las (primero) ideas que se me ocurren y por eso fui a la agencia de viajes.   3. Mi amigo Ernesto me dijo que siempre tendrían (alguno) cabina disponible para un pasajero de última hora.   4. (alguno) veces mi esposa Alicia y yo salimos de viaje así, sin muchos preparativos.   5. El cumpleaños de mi esposa nos dio una (bueno) excusa para no trabajar y tomar el barco.   6. Pensé que no iba a quedar (ninguno) pasaje, pero el empleado me dijo que todavía tenían varios camarotes disponibles.   7. (Alguno) camarotes eran muy estrechos e incómodos, pero el nuestro era bastante (bueno).
8. El día que salimos hacía (malo) tiempo en la costa.   9. Al (tercero) día de navegación llegamos a la (primero) isla que íbamos a visitar.

D. *Traduzca al español las frases siguientes, teniendo en cuenta la posibilidad del apócope en las palabras en itálica.*

1. (*Ud.*) *Some* day you'll understand my situation.   2. The *first* airplanes arrived at eight o'clock.   3. We can't go *any* afternoon.   4. (*Ud.*) Please give me volume *3*[1].   5. There are *some* people[2] who cannot attend the meeting.   6. The mailman brought us *bad* news.   7. (*tú*) This is the *third* time that I am saying it to you.
8. I sold *some* furniture the day before yesterday.   9. Roland is a *good* boy.
10. *No* employee can finish his work.   11. Tonight I am going to begin to write my *first* poem.

---

[1]Use a form of the ordinal. However, the cardinal would also be correct here.   [2]**personas**

11. Under what conditions is <u>grande</u> apocopated to <u>gran</u>?

Simón Bolívar es un <u>**gran** hombre.</u>   Gabriel es un <u>**chico grande.**</u>

París no es solamente una **ciudad grande** sino también una **gran ciudad.**	Hay muchos **edificios grandes** en Nueva York.
¿Conoce usted a los **grandes autores** de la literatura española?	Hablamos sobre las **grandes hazañas** de los exploradores.

The adjective **grande** is normally apocopated to **gran** before a singular noun of either gender. It is not shortened when it follows its noun, and it is never shortened in the plural.

Note that when it precedes its noun, **grande** means *great*; when it follows its noun, it generally means *big*.

12. When is ciento apocopated to cien?

¿Tiene este hombre **cien años?**	¿Tiene este hombre **ciento cuatro años?**
Esta ciudad tiene **cien mil habitantes.**	Esta ciudad tiene **doscientos mil habitantes** y aquélla tiene más de **ciento cincuenta mil** habitantes.

a. The numeral **ciento** becomes **cien**
   1. when it is used immediately before a noun of either gender
   2. when it is used before a number larger than itself (**cien mil, cien millones**)
b. The full form of **ciento** is used
   1. in multiples of a hundred (**doscientos, trescientas diez,** etc.)
   2. in all numbers between 101 and 199 (**ciento quince, ciento noventa**)

NOTE   The numeral **ciento** has a feminine form that is used with numerals between 200 and 1,000,000 when modifying feminine nouns. Ex: doscient**as** cincuenta pesetas; cuatrocient**as** noventa y seis alumn**as**; quinient**as** mil acciones; seiscient**as** treinta y ocho mil libr**as**.

13. When is santo apocopated to san?

San Agustín	**Santo** Tomás	**Santa** Teresa
San Pablo	**Santo** Domingo	**Santa** María

The masculine singular **santo** becomes **san** before masculine singular names of saints, except those beginning with **Do-** and **To-**, which are preceded by **santo.**

The feminine **santa** is never apocopated, and the masculine form **santo** is never apocopated when not used with a proper name.

14. When does the indefinite adjective cualquiera become cualquier?

Toma **cualquier libro**, no mires tanto.	*Take **any** book, and don't look so much.*
Ve a la librería y cómprame **un libro cualquiera.**	*Go to the bookstore and buy me **any book whatever.***
Cualquier respuesta es buena para ti.	*Any answer is good enough for you.*
Para mi, **una respuesta cualquiera** no es suficiente.	*For **me any answer** is not enough.*

The indefinite adjective **cualquiera** becomes **cualquier** before any singular noun.

NOTE   The plural of **cualquiera** is **cualesquiera,** but it is seldom used as an adjective.

E. *Sustituya los adjetivos entre paréntesis por sus formas correctas, teniendo en cuenta la posibilidad del apócope.*

1. Toma (cualquiera) máquina de escribir y copia la carta.   2. Prefiero copiarla en la procesadora de textos[1] (grande).   3. —¿Qué día es hoy? —Hoy es el 21 de junio, día de (Santo) Juan.   4. Llegaron (ciento) docenas de disquetes[2] para que no te quejes.   5. En menos de una semana usaremos (400) disquetes.   6. Aquí está el programa para el concierto de la academia de música (Santo) Cecilia. Cópialo en la copiadora nueva.   7. No me traigas (cualquier) manual; quiero el de instrucciones.   8. Lo necesito para copiar los documentos del concierto de (Santo) Donato. 9. Nos pagarán (300) pesos a la semana por ese trabajo.

---

[1] **procesadora de textos** *word processor*   [2] **disquetes** *diskettes*

F. *Traduzca al español las frases siguientes, teniendo en cuenta la posibilidad del apócope en las palabras en itálica.*

1. *Any* person can understand that.   2. Gregory is a very *big* boy.   3. Dr.[1] Ramírez

was working in the *Saint* Raphael[2] Hospital.   4. The lives of *great* men and women[3] inspire others.   5. "When can I come?" "*Any* day."   6. *Large* houses are difficult to[4] sell.   7. Virginia is a *great* girl!   8. The *six hundred* workers of that factory received a Christmas bonus for the[5] *first* time.   9. Tomorrow we will visit the *great* libraries of Madrid.   10. The church of *Saint* Rose is in this neighborhood. 11. (*Ud.*) I've told you more than *a hundred* times that we can't leave before one o'clock.

---

[1]Use the definite article with *Dr.*   [2]Place after *Hospital.*   [3]Use the definite article with *men.*   [4]**de**   [5]Omit in translation.

III. THE COMPARISON OF ADJECTIVES

There are three degrees of intensity in the meaning of an adjective in Spanish and in English:

positive expresses the actual meaning of the adjective as it appears in the dictionary:

Manuel es **trabajador.**   *Manuel is **industrious.***

comparative expresses the meaning in comparison with another noun, which it could have *more, less,* or *equal* amount of intensity:

Manuel está **más enfermo que** su hermano.

*Manuel is **sicker than** his brother.*

Manuel parece **menos inteligente que** su hermana.

*Manuel looks **less intelligent than** his sister.*

Manuel se quedó **tan sorprendido como** su primo.

*Manuel was **as surprised as** his cousin.*

superlative expresses the meaning in relation to the group to which the noun belongs or the meaning in absolute and highest terms.

Manuel aparenta ser **el alumno más estudioso de** la clase.

*Manuel appears to be **the most studious student in** the class.*

Manuel es **el alumno menos trabajador de** la clase.	*Manuel is **the least industrious pupil in** the class.*
Manuel está **muy trabajador.**	*Manuel is **very industrious** (nowadays).*

NOTE   Note that in addition to **ser,** other verbs can be used to construct these comparisons: **estar, parecer, quedarse, aparentar ser,** and, in some areas of the Spanish speaking world, **lucir.**

15. How are the Spanish adjectives compared?

The degree of intensity of an adjective can be compared in two different nouns. For example, Gloria and Felipe can be compared in the degree they are *tall:*

Gloria es **más alta que** Felipe.   *Gloria is **taller than** Felipe.*
(Comparative degree expressing superiority.)

Felipe parece **menos alto que** Gloria.   *Felipe looks **less tall than** Gloria.*
(Comparative degree expressing inferiority.)

Felipe luce **tan alto como** Gloria.   *Felipe looks **as tall as** Gloria.*
(Comparative degree expressing equality.)

The comparative degree is formed by placing **más** (more), **menos** (less), or **tan** (as) before the positive form of the adjective. After the adjective the conjunction **que** is used in the expression of superiority and inferiority, and for the expression of equality, the conjunction **como** is used. The adjective changes in form according to the gender and number of the noun it modifies.

	más		que
COMPARATIVE	menos	+ ADJECTIVE +	que
	tan		como

16. How is the relative superlative formed?

The relative superlative of an adjective expresses the *maximum* or the *minimum* degree of intensity of an adjective in *relation to the group to which it belongs.* For example, Gloria is a student; her group is her class. We could refer to her quality of being intelligent in these two forms:

Gloria es **la** (alumna) **más**
    inteligente de la clase.

Gloria is **the most intelligent**
    (pupil) **in** the class.

Gloria es **la** (alumna) **menos**
    inteligente de la clase.

Gloria is **the least intelligent**
    (pupil) **in** the class.

The relative superlative degree is formed according to the following formula; notice "*de*" equals "in" here:

SUPERLATIVE: DEFINITE ARTICLE + (NOUN) + $\genfrac{}{}{0pt}{}{más}{menos}$ + ADJECTIVE + de + GROUP

NOTE 1   The noun is in parentheses to indicate that it is optional. You can say Gloria es **la más inteligente** de la clase.

NOTE 2   The group is not optional. It is either expressed or understood.

NOTE 3   The superlative form of the adjective usually follows its noun, but certain adjectives occasionally precede the noun in the superlative. The following examples will indicate the word order used in such cases.
    Ex: Los expedicionarios ascendieron hasta **las más altas cumbres de** los Andes. Se jubiló **el más condecorado general del** ejército. No estudiaremos **los menos conocidos escritores** románticos. Notice that all superlative forms of adjectives may follow their nouns, and that they rarely precede their nouns when used in the relative superlative form.

17. How is the absolute superlative formed?

The absolute superlative expresses the *maximum* degree of intensity of an adjective applied to a noun without any relation to a group.

Gloria parece **inteligentísima.**

*Gloria looks **very intelligent.***

Gloria es **extremadamente**
    inteligente.

*Gloria is **extremely intelligent.***

The absolute superlative is formed by:

a. adding the suffix *-ísimo* to the appropriate ending of the adjective: bueno = buenísimo; malo = malísimo; feo = feísimo
b. by using one of the following adverbs before the adjective: *muy, extremadamente, sumamente, extraordinariamente.*

G. *Use los datos que se dan para construir oraciones en las que se comparen los adjetivos.*

> **Ejemplo**   Adjetivo: religioso
> Nombres: Alfredo y Luis
> Inferioridad e igualdad.
> **Alfredo parece menos religioso que Luis.**
> **Alfredo es tan religioso como Luis.**

1. Adjetivo: iluminado   Nombres: la sala y el comedor. Superioridad e inferioridad.
2. Adjetivo: poderoso   Nombres: Gran Bretaña y Francia. Igualdad y superioridad.
3. Adjetivo: agradable   Nombres: mi prima y mi tía. Inferioridad y superioridad.
4. Adjetivo: estúpido   Nombres: el actor y el director. Igualdad y superioridad.

18. Which adjectives have regular as well as irregular forms for comparison?

Comparative Forms

Tomás es **mejor** en matemáticas **que** Raúl.

*Tom is **better** in mathematics **than** Raúl.*

Tomás es **más bueno** en matemáticas **que** Raúl.

*Tom is **better** in mathematics **than** Raul.*

Este coche esta **peor que** el mío.

*This car is **worse than** mine.*

Este coche es **más malo que** el mío.

*This car is **worse than** mine.*

Esos muchachos parecen **mayores que** aquéllos.

*Those children look **older than** those (over there).*

Esos muchachos parecen **más grandes que** aquéllos.

*Those children look **older/taller than** those (over there).*

Mi hermano **mayor** se llama Gonzalo.

*My **older** brother's name is Gonzalo.*

¡Cuida a tu hermano **menor**!

*Take care of your **younger** brother!*

Superlative Forms

El jabón Titina es el **mejor** jabón
del mercado.

*Titina soap is the **best** soap in the market.*

Titina es el jabón **mejor** del
mercado.

*Titina soap is **the best** soap in the market.*

The adjectives **bueno, malo, grande,** and **pequeño** have two forms in the comparative and the superlative. For the most part, they are interchangeable and follow the rules that govern the position of adjectives in general (see pages 156–157).

POSITIVE	COMPARATIVE	SUPERLATIVE
bueno	mejor	el mejor
	más bueno	el más bueno
malo	peor	el peor
	más malo	el más malo
grande	mayor[1]	el mayor
	más grande	el más grande
pequeño	menor	el menor
	más pequeño	el más pequeño

[1]The comparative *mayor* means both *greater* and *older*. When *mayor* and *menor* refer to age, they always follow the noun they modify.

IV. COMPARISON WITH NUMBERS, NOUNS, AND VERBS

19. How are the sentences comparing quantities formed?

a. Este señor tiene **más de
doscientos mil** dólares.

*This man has **more than two
hundred thousand** dollars.*

When *more than* is followed by a numeral, it is expressed by **más de** in affirmative sentences.

b. Mi amigo Leo tiene **menos de cuatro años** de servicio en la compañía.

*My friend Leo has **less than four years** of service in the company.*

When *less than* is followed by a numeral, it is expressed by **menos de** in affirmative sentences.

c. **No** compré **más que ocho libras** de azúcar.

*I did **not** buy **more than eight pounds** of sugar. (I **bought only** . . .)*

The negative *not more than* (meaning *only*) is usually expressed by **no...más que.**

d. Su casa **no** tiene **más de cuatro** habitaciones.

*His house has **no more than four** (four at the most) rooms.*

The expression **no...más de +** A NUMERAL implies that there is, at the most, the quantity indicated by the numeral, no more, but possibly less.

20. How are the sentences comparing amounts of nouns formed?

Yo tengo **más libros que** tú.

*I have **more books than** you.*

Hilda compró **menos ropa que** Sara.

*Hilda bought **less clothing than** Sara.*

¿Encontraste **tantos cupones como** Pepe?

*Did you find **as many coupons as** Joe?*

Comparing the amount of nouns between two persons or things is expressed according to this formula:

		más + NOUN + que		
		menos + NOUN + que		
SUBJECT + VERB +		tanto + NOUN + como	+ ANOTHER PERSON	
		tanta + NOUN + como		
		tantos + NOUN + como		
		tantas + NOUN + como		
Elena	tiene	más	paciencia	que	tú.
Elena	tiene	menos	paciencia	que	tú.
Elena	tiene	tanta	paciencia	como	tú.
Elena	tiene	tanto	dinero	como	tú.
Elena	tiene	tantas	primas	como	tú.
Elena	tiene	tantos	problemas	como	tú.

21. How are the sentences comparing verbal actions formed?

Yo **corro más que** tú.	*I run more than* you.
Yo **leo menos que** tú.	*I read less than* you.
Yo **leo tanto como** tú.	*I read as much as* you.

Comparing verbal actions between two persons or things is expressed according to this formula:

SUBJECT + VERB +   más que   + ANOTHER PERSON
                           menos que
                           tanto como

I. Use los números que se dan para construir oraciones donde se haga una comparación.

    Ejemplo   doscientos: Tengo más de doscientos dólares; tengo cuatrocientos cincuenta.

1. quince   2. treinta y tres   3. cincuenta y cinco   4. ciento veintitrés

J. Use los nombres que se dan para construir oraciones donde se haga una comparación. Use además la palabra que se da entre paréntesis.

    Ejemplo   camisas (tanto) Compré tantas camisas como José.

1. crema (más)   2. oportunidades (menos)   3. calor (tanto)   4. parras (tanto)
5. interés (menos)

K. Use los verbos que se dan para construir oraciones donde se haga una comparación. Use además la palabra que se da entre paréntesis.

    Ejemplo   estudiar (menos) Rosario estudia menos que Rafael.

1. limpiar (tanto)   2. pensar (menos)   3. descansar (más)   4. caminar (tanto)
5. beber (menos)

V. OTHER USES OF *THAN*

22. How is *than* expressed when the comparative is followed by a clause which is compared with the entire idea of the first clause?

La boda fue menos costosa **de lo que** se había dicho.	*The wedding was less expensive **than** they had said.*

When the comparative is followed by a clause with an inflected verb, and the comparison is with the entire idea of the preceding clause, *than* is expressed by **de lo que.**

NOTE There is a tendency to use only **que** in some of these constructions in colloquial Spanish.

23. How is *than* expressed when the comparative is followed by a clause which refers to a particular noun?

Gastas más **dinero del que ganas.**	*You spend more **money than you** earn.*
Trabajas menos **horas de las que** debes.	*You work fewer **hours than you** should.*

When the comparative is followed by a clause which refers to a particular noun in the previous clause, *than* is expressed by **del que, de la que, de los que,** or **de las que,** depending on the gender and number of the noun.

L. Sustituya las palabras inglesas que aparecen en estas oraciones por sus equivalentes en español.

1. Me gustaría que fueras el alumno más destacado (*in*) tu clase. 2. Roberto siempre saca mejores notas (*than*) tú. 3. No sé cómo podrás competir contra el alumno más aventajado (*in the*) clase de matemáticas. 4. Las notas de Roberto son más altas (*than*) me dijiste. 5. El maestro dijo que hay más (*than*) veinte

alumnos en tu clase.   6. Estudia más horas (*than*) estudias ahora.   7. En esta clase no hay más (*than*) dieciséis alumnos.   8. Siempre traes más libros (*than*) vas a usar. 9. Debes saber más (*than*) sabes.   10. Cuando entré en la sala de conferencia no había más (*than*) tres personas y me fui.

M. Sustituya las palabras inglesas entre paréntesis por sus equivalentes españoles.

1. Los colores de este cuadro son (*as*) brillantes (*as*) los de ése.   2. Paquito siempre come (*as much*) carne (*as*) su hermano mayor.   3. Nuestro equipo jugó (*as*) bien (*as*) el de ustedes.   4. Ofelia gana (*as much as*) su marido.   5. Debes venir (*as*) temprano (*as*) los otros.   6. Este año se vendieron (*as many*) automóviles (*as*) el año pasado.

N. Traduzca al español las oraciones siguientes.

1. Popular records are cheaper than classical records.   2. More than twenty trucks arrived without food.   3. I bought the flashiest tie in the shop.   4. Martha didn't lose more than two pounds last week.   5. (*tú*) My bicycle is as solid as yours. 6. Are European cars better than American cars?   7. I have more work than I can do.   8. Those napkins are dirtier than I thought.   9. The bridge is[1] safer now than formerly.   10. Mercedes is the youngest girl in our group.   11. Our chairs are less expensive than Martin said.   12. We bought fewer pajamas than we needed. 13. Are women more talkative than men?   14. My neighbor is friendlier than I imagined.   15. The best pictures in the gallery were not for sale.[2]   16. Clothing is as expensive now as last year, or even more expensive.

---

[1]Use a form of **estar.**   [2]*to be for sale* = **estar a la venta**

VI. THE POSITION OF ADJECTIVES

In English, adjectives precede their noun. Ex: a *pleasant* day, an *outstanding* feat.

24. What is the normal position of a descriptive adjective in Spanish?

Aquí está el **restaurante italiano**.   *Here is the **Italian restaurant**.*

Tengo varias **sábanas rosadas.**   *I have several **pink sheets.***

In Spanish, descriptive adjectives normally follow their noun. They distinguish the object from others of its kind. Adjectives of nationality, religion, color, and past participles almost always follow their noun.

NOTE   This word order refers to ordinary spoken and written Spanish. In poetry and rhetorical prose, such descriptive adjectives may precede their noun.

25. Under what conditions are descriptive adjectives sometimes placed before their noun?

Es un **excelente libro.**   *It is an **excellent book.***

Usted tiene una **magnífica oportunidad** para ayudar a su cuñado.   *You have a **wonderful** opportunity to help your brother-in-law.*

La joven sufrió un **terrible accidente.**   *The young lady had a **terrible accident.***

Many descriptive adjectives may precede their noun for stylistic effect. In such cases, the adjective, which usually indicates a quality inherent in the noun, adorns it rather than distinguishes it from other objects of its kind.

26. What is the meaning of cierto, diferente, grande, mismo, nuevo, pobre, propio, puro, semejante, simple, and triste when they precede their noun? When they follow their noun?

Me preocupa **cierta noticia** que oí ayer.   *A **certain** piece of news that I heard yesterday worries me.*

Me dio la **noticia cierta** de la llegada del barco.   *He gave me **definite information** about the arrival of the boat.*

En esta casa hay **diferentes entradas.**   *In this house there are **several entrances.***

Los invitados entraron por **entradas diferentes.**   *The guests entered through **different entrances.***

Mi padre es un **gran hombre.**   *My father is a **great man.***

Mi padre es un **hombre grande.**   *My father is a __tall__ (**or** __big__) **man.**

Todas las semanas salgo con la   *Every week I go out with the __same__*
   misma chica.   *   __girl.__*
El **jefe mismo** hizo el trabajo.   *The __boss himself__ did the work.*

Ayer vimos su **nueva motocicleta.**   *Yesterday we saw his __new (latest)__*
   __motorcycle.__

Ayer vimos su **motocicleta nueva.**   *Yesterday we saw his __(brand) new__*
   __motorcycle.__

El **pobre hombre** perdió a su hijo   *The __poor (unfortunate) man__ lost*
   en un accidente.   *   his son in an accident.*
Es un **hombre pobre;** no tiene con   *__He is a poor (poverty-stricken)__*
   qué comprarse ropa.   *   __man;__ he doesn't have anything to*
   buy clothes with.

Me llevó Miguel hasta mi **propia**   *Michael took me up to __my own__*
   casa.   *   __house.__*
Es un **salón propio** para reuniones.   *It is a __hall suitable__ for meetings.*

Lo que dices es **puro cuento.**   *What you say is a __sheer invention.__*
Mi anillo es de **oro puro.**   *My ring is of __pure gold.__*

No me digas **semejantes cosas.**   *Don't tell me __such things.__*
Víctor compró un **coche semejante.**   *Victor bought a __similar car.__*

Un **simple empleado** no puede   *A __mere employee__ cannot make*
   tomar esas decisiones.   *   those decisions.*
Un **empleado simple** no puede   *A __stupid (simple-minded) employee__*
   tomar esas decisiones.   *   cannot make those decisions.*

Vive de un **triste sueldo** de   *He lives on the __meager wage__ of a*
   inspector municipal.   *   municipal inspector.*
Elena es una **mujer triste.**   *Helen is a __sad woman.__*

Meaning When Preceding Noun	Adjective	Meaning When Following Noun
certain (one of many)	**cierto**	*certain (sure)*
different (various)	**diferente**	*different (unlike)*
great	**grande**	*large, big*

Meaning When Preceding Noun	Adjective	Meaning When Following Noun
same	**mismo**	*-self*
new (different, the latest)	**nuevo**	*(brand) new*
poor (unfortunate)	**pobre**	*poor (not rich)*
own	**propio**	*characteristic of* (**de**), *suitable for* (**para**)
sheer	**puro**	*pure*
such	**semejante**	*similar*
mere, slight	**simple**	*simple-minded, stupid*
meager, wretched, paltry, sorry (all in the figurative sense)	**triste**	*sad*

27. What is the position of limiting adjectives in Spanish?

Mi casa está en el pueblo.

Esta maestra enseña muy bien.

Tengo **dos caballos** en el establo.

Cualquier vecino te puede ayudar.

Muchas personas saben ya **su secreto.**

Cardinal numerals and demonstrative, interrogative, possessive, and indefinite adjectives regularly precede their noun.

Ordinal numerals usually precede their noun but may follow it.

O. Traduzca estas oraciones al español. Preste atención a la posición del adjetivo.

1. Several cities were destroyed by a *terrible*[1] hurricane.   2. (*Ud.*) Bring me the secret documents.   3. The poor (unfortunate) man was alone in the park.   4. (*Uds.*) You can find the *true* story of the conquest of Mexico in an *excellent* book by Bernal Díaz.   5. We must choose at least two candidates.   6. (*tú*) Listen to her *wise* words.   7. (*Ud.*) Do you prefer that small chair?   8. Monica likes to go out with tall men.   9. The *unstable* condition of the country worries me.

---

[1]Adjectives used to adorn their noun for stylistic effect, as described in §25, are italicized in this exercise and the following one.

P. Traduzca al español. Preste atención a la posición del adjetivo.

1. Those interesting letters are in the third drawer.   2. I went to see that English film.   3. There are different ways to solve that problem.   4. The *tall* towers of the

Gothic cathedral could be seen in the distance.   5. In my own house? Impossible!
6. Mr. Pasos made a decided mistake when he came home drunk.   7. (*Uds.*) Have
you seen my new carpet?   8. That pastor has a certain charm.   9. (*Uds.*) Your
red curtains go well with the white walls of the living room.   10. The surgeon
performed a *delicate* operation.

EJERCICIOS DE RECAPITULACIÓN

A. *Complete las oraciones siguientes con las palabras adecuadas (*más, de, que,
   etc.).

1. Tomás es _____ viejo _____ lo que parece.   2. Ayer salieron para Ma-
drid _____ _____ veinte aviones. Salieron treinta, por lo menos.   3. El artista _____
notable _____ aquel año fue Andrés Segovia. Todo el mundo hablaba de él.   4. Senti-
mos que no haya _____ _____ tres boletos para la función. Sólo quedaban tres
cuando llegamos a la taquilla.   5. Esos programas de televisión son _____ medio-
cres _____ el que vimos la semana pasada. No me gustaron nada.   6. Hay tres
actrices _____ _____ las que necesito. Sólo quiero cinco y aquí hay ocho.   7. María
tiene _____ paciencia _____ su hermana. Las dos son muy tolerantes y amables.
8. No tengo _____ _____ una hermana: Gloria. Elena no es mi hermana.   9. Quiero
leer algo, no importa lo que sea. Dame _____ libro.

B. *Traduzca las oraciones siguientes al español.*

1. Mrs. Prieto doesn't have any desire to[1] learn to drive.   2. There are different
ways of interpreting this poem.   3. Someday we will hear a good concert.
4. When I have a slight[2] headache, I don't take aspirin.   5. Yesterday we studied
the Spanish poets of the Golden Age.   6. Even[3] the doctor will not know what to
do.   7. We have a great need for[4] his services.   8. In the convent of St. Francis
there is a magnificent organ.   9. There are three hundred pages in the book, and
I still have a hundred pages to read.

---

[1]**de**   [2]**simple**   [3]Express *even* by the adjective **mismo.**   [4]**de**

C. *Usted está hablando con una amiga sobre personas que conocen mutuamente
   y dicen alguna cualidad de cada persona que mencionan. Traduzca al español
   las cosas que dicen.*

1. Susan doesn't get along with anybody; her own father wasn't present at her
wedding.   2. Our Spanish professor is an[1] expert in Mexican literature.   3. Scoff-

ing friends[2] like Rafael create great difficulties.   4. Poor Mario[2] stayed out all night because he had lost his keys.   5. Julia is extremely sensitive.   6. No one likes a weeping person like Estela.   7. Carmen was the first woman to[3] wear such a blouse.   8. In our office we now have a more capable secretary than the one we used to have.

---

[1]Omit in translation.   [2]Use the article with this noun.   [3]**en** + INFINITIVE

PROBLEM WORDS

Know

Spanish has two verbs to express *know:* **saber** and **conocer.** In some cases only one of these verbs may be used to express certain ideas; in others either verb is used, but with a different shade of meaning.

(a) When *know = be acquainted with a person or thing*

Conocemos a los primos de Jorge.	*We **know** George's cousins.*
¿Conoces Granada?	*Do you **know** Granada?*
No vayas por ese camino, porque no lo **conoces.**	*Don't take that road, because **you** don't **know** it.*

When *know a person or a place = be acquainted with*, Spanish uses a form of **conocer.**

(b) When *know = meet, become acquainted with, get to know*

Quiero **conocer** a esa rubia. *I want to* $\begin{cases} meet \ldots \\ become\ acquainted\ with\ that\ blonde. \\ get\ to\ know \ldots \end{cases}$

The expressions *get to know, become acquainted with,* or *meet,* used in that sense, are expressed by **conocer.**

(c) When *know = know from memory*

El profesor **sabe** los nombres de todos los alumnos.	*The teacher **knows** the names of all the pupils.*

Use **saber** when *know = know from memory.*

(d) When *know = know from study*

No **sé** la lección hoy.	*I don't **know** the lesson today.*

¿Sabe usted todas las palabras del vocabulario?	***Do** you **know** all the words in the vocabulary?*

Use **saber** when *know = know (by heart) from study.*

(e) How to say *know how to*

Mi hijo ya **sabe** nadar.	*My son already **knows how to** swim.*
¿Sabe usted cocinar?	***Can you** cook?*

The verb **saber** + INFINITIVE often means *know how to.* In English *know how to* is often expressed by *can.*

(f) When *know = be aware of*

No **sabemos** lo que pasó.	***We** don't **know** what happened.*
¿Sabes dónde puse el paraguas?	***Do you know** where I put the umbrella?*

Use **saber** when *know = be aware of.*

(g) When *know = be familiar with something*

Conozco esa canción pero no la **sé** (no **sé** las palabras).	*I **know (am acquainted with)** that song, but **I** don't **know** it by heart (**I** don't **know** the words).*
¿Conoces las obras de Calderón?	***Do you know (Are you acquainted with)** the works of Calderon?*

Often **conocer** indicates a familiarity with something but not a word-for-word knowledge of it.

(h) When *know* is used with a language

Esa chica **sabe** español.	*That girl **knows** Spanish (i.e., **she knows how to speak it**).*
Esa chica **conoce** el español muy bien.	*That girl **knows** Spanish very well (i.e., **she has an intimate knowledge of it**).*

When **saber** is used with a language, it means to have the skill of speaking and understanding it. When **conocer** is used with a language, it means to have a profound knowledge of it.

Last

(a) *last = the very last*

Consiguieron los boletos en el **último** minuto.	*They got the tickets at the **last** minute.*
Éstos son los **últimos** sellos que tengo.	*These are the **last** stamps I have.*

When *last = the very last,* Spanish uses a form of **último.**

(b) When *last* is used with a unit of time in a sentence in a past tense

El miércoles **pasado** fui al mercado.	*Last Wednesday I went to market.*
No veo a Jaime desde el año **pasado.**	*I haven't seen James since **last** year.*

When *last* is used with a unit of time in an English sentence in a past tense, and when it does not have the meaning of *the very last*, it is expressed by a form of **pasado.**

(c) How to say *last night* or *last evening*

Anoche me acosté temprano.	*Last night I went to bed early.*

The English *last night* or *last evening* is expressed by **anoche.**

Late

(a) When *late = not early*

Es **tarde.**	*It is **late**.*
Llegaremos **tarde** por la mañana.	*We will arrive **late** in the morning.*

When *late = not early*, it is expressed by **tarde** in Spanish.

CAUTION   To express *It is late*, it would be incorrect to say "Está tarde." In an impersonal expression, always use **ser** with **tarde.**

(b) When *late = not on time*

El presidente llegó $\begin{cases} \textbf{tarde.} \\ \textbf{con retraso.} \end{cases}$ *The president was **late**.*

No llegues **tarde.**   *Don't be **late**.*

El tren $\begin{cases} \textbf{está retrasado.} \\ \textbf{tiene retraso.} \\ \textbf{se atrasó.} \\ \textbf{se retrasó.} \end{cases}$ *The train **is late**.*

When *late = not on time*, the English *be late* must be expressed by some verb other than **ser + tarde.** Among these are **llegar tarde, llegar con retraso, estar retrasado**, and **tener retraso.**

A. Sustituya las palabras inglesas entre paréntesis por sus equivalentes en español.

1. Ernesto acabó esa novela (*last week*).   2. El señor Velázquez es viajante; (*he knows*) a mucha gente.   3. Salimos del cine, porque era muy (*late*).   4. (*I got to know*) a Ricardo durante la guerra.   5. Carmen (*knows how to*) tocar el piano. 6. (*Last night*) nos quedamos en casa.   7. (*I don't know*) por qué esa gente compra aquí.   8. El avión (*was late*).   9. Todos los jóvenes (*know*) las canciones de aquel compositor.   10. Compré el (*last*) biftec que tenían.   11. Para (*know*) bien una lengua, uno debe vivir en el país donde se habla.   12. (*We used to know*) los nombres de todas esas plantas tropicales.

B. Traduzca al español. Tenga especial cuidado con las palabras en itálica.

1. We *know* the ideas of that philosopher.   2. It rained *last night*.   3. (*Uds.*) Where *did you get to know* that banker?   4. *I don't know how* to fix a car.   5. *Last month* we went to Mexico.   6. Is the bus *late?*   7. *We don't know* who killed the bandit.   8. These are the *last* flowers from the garden.   9. (*Ud.*) If you have spent a year in Spain, you must *know* the country.   10. (*tú*) Whom *do you know* in that house?   11. Who *knows* the dates of the Mexican revolution?   12. (*tú*) *Don't you know* where Susan lives?

PRÁCTICA DE CONJUGACIÓN

Practique la conjugación de los verbos *conocer* y *construir*, conjugados en las páginas 460–461.

C H A P T E R **8**

Uses of Tenses in General

Un paseo por la tierra de los anamitas
Los cuatro ciegos

Cuentan un cuento de cuatro hindúes ciegos, de allá del Indostán de Asia, que **eran** ciegos desde el nacer, y **querían saber** cómo era un elefante. "**Vamos, dijo** uno, adonde el elefante manso de la casa del rajá,[1] que **es** príncipe generoso, y nos **dejará saber** cómo **es.**" Y a casa del príncipe se **fueron,** con su turbante[2]
5   blanco y su manto[3] blanco; y **oyeron** en el camino **rugir**[4] a la pantera y **graznar**[5] al faisán de color de oro, que **es** como un pavo con dos plumas[6] muy largas en la cola; y **durmieron** de noche en las ruinas de piedra de la famosa Jehanabad, donde **hubo** antes mucho comercio y poder; y **pasaron** por sobre un torrente **colgándose** mano a mano de una cuerda, que **estaba** a los dos lados levantada sobre
10   una horquilla,[7] como la cuerda floja[8] en que **bailan** los gimnastas en los circos; y un carretero[9] de buen corazón les **dijo** que se **subieran** en su carreta,[10] porque su buey giboso[11] de astas cortas[12] **era** un buey bonazo, que **debió** ser algo así como abuelo en otra vida, y no se **enojaba** porque se le **subieran** los hombres encima, sino que **miraba** a los caminantes como **convidándoles** a entrar en el carro. Y
15   así **llegaron** los cuatro ciegos al palacio del rajá, que **era** por fuera como un cas-

tillo, y por dentro como una caja de piedras preciosas, lleno todo de cojines y de colgaduras,[13] y el techo bordado,[14] y las paredes con florones de esmeraldas y zafiros, y las sillas de marfil,[15] y el trono del rajá de marfil y de oro. "**Venimos,** señor rajá, a que nos **deje ver** con nuestras manos, que son los ojos de los po-
20   bres ciegos, cómo **es** de figura un elefante manso." "Los ciegos **son** santos", **dijo** el rajá, "los hombres que **desean saber son** santos: los hombres **deben apren-** **derlo** todo por sí mismos, y no **creer** sin **preguntar,** ni **hablar** sin **entender,** ni **pensar** como esclavos lo que les **mandan pensar** otros: **vayan** los cuatro ciegos a **ver** con sus manos el elefante manso." **Echaron a correr** los cuatro, como si
25   les **hubiera vuelto** de repente la vista: uno **cayó** de nariz sobre las gradas[16] del trono del rajá: otro **dio** tan recio[17] contra la pared que se **cayó** sentado, viendo si se le **había ido** en el coscorrón[18] algún retazo de cabeza:[19] los otros dos, con los brazos abiertos, se **quedaron** de repente abrazados. El secretario del rajá los **llevó** adonde el elefante manso **estaba, comiéndose** su ración de treinta y nueve
30   tortas de arroz y quince de maíz, en una fuente de plata con el pie de ébano; y cada ciego se **echó,** cuando el secretario **dijo** "¿ahora!", encima del elefante, que **era** de los pequeños y regordetes:[20] uno se le **abrazó** por una pata: el otro se le **prendió**[21] a la trompa, y **subía** en el aire y **bajaba,** sin **quererla** soltar: el otro le **sujetaba**[22] la cola: otro **tenía** agarrada un asa de la fuente del arroz[23] y el maíz.
35   "Ya **sé**", **decía** el de la pata: "el elefante **es** alto y redondo, como una torre que se **mueve.**" "¡No **es** verdad!", **decía** el de la trompa: "el elefante **es** largo, y **acaba** en pico,[24] como un embudo de carne.[25]" "¡Falso y muy falso," **decía** el de la cola: "el elefante **es** como un badajo de campana!"[26]" "Todos se **equivocan,** todos; el elefante es de figura de anillo, y no **se mueve**", **decía** el del asa de la
40   fuente. Y así **son** los hombres, que cada uno **cree** que sólo lo que él **piensa** y **ve** **es** la verdad, y **dice** en verso y en prosa que no se **debe creer** sino lo que él **cree,** lo mismo que los cuatro ciegos del elefante, cuando lo que se **ha de hacer es estudiar** con cariño[27] lo que los hombres **han pensado** y **hecho,** y eso **da** un gusto grande, que **es ver** que todos los hombres **tienen** las mismas penas, y la
45   historia igual, y el mismo amor, y que el mundo **es** un templo hermoso, donde **ca-** **ben** en paz los hombres todos de la tierra, porque todos **han querido conocer** la verdad, y **han escrito** en sus libros que **es** útil **ser** bueno, y **han padecido** y **pe-** **leado**[28] por **ser** libres, libres en su tierra, libres en el pensamiento.

José Martí Pérez
(fragmento de *La edad de oro*)

---

[1]the rajah's palace [2]turban [3]cloak [4]roar [5]squawk [6]feathers [7]fork [8]tightrope [9]cart driver [10]he told them to climb on his cart [11]hunchback ox [12]short horns [13]all full of pillows and hangings [14]the roof embroidered [15]the walls with rosettes made of emeralds and sapphires and the chairs of ivory [16]steps [17]hit so strongly [18]blow in the head [19]a piece of his head [20]tubby [21]he grasped [22]he was holding [23]a handle of the rice bowl

[24]it ends as a beak   [25]like a meat funnel   [26]a clapper of a bell   [27]study with love   [28]have suffered and fought

José Martí Pérez (1852–1895) revolucionario, poeta, prosista y periodista cubano. Sus *Versos sencillos* y sus *Versos libres* lo sitúan como precursor del movimiento modernista en la poesía hispanoamericana. Escribió profusamente en toda forma de expresión literaria. "Un paseo por la tierra de los anamitas", de donde se ha extraído el cuento de los cuatro ciegos y el elefante, apareció en *La edad de oro,* una revista infantil que constituye uno de los primeros ensayos en español, de crear un género literario para los jóvenes hispanoamericanos.

PREGUNTAS

Comprensión. Escriba al lado de cada uno de los personajes una oración breve que describa lo que hizo o dijo en el cuento.

1. Ciego 1: _____
2. Ciego 2: _____
3. Ciego 3: _____
4. Ciego 4: _____
5. Rajá: _____
6. Carretero: _____

Si está experimentando dificultades para hallar la frase adecuada, escójala dentro de este grupo, pero, ¡cuidado! hay algunas oraciones que no dicen nada sobre el cuento...

1. Durmió en las ruinas del palacio del rajá.
2. Les dijo que se subieran en su carreta.
3. Eran de Jehanabad e iban al Indostán de Asia.
4. Dijo que el elefante era como un anillo y no se movía.
5. Dijo que el elefante era como un embudo de carne.

6. Dijo que el elefante era como un cojín de zafiros y esmeraldas.
7. Dijo que el elefante era como un badajo de campana.
8. Dijo que el elefante era alto y redondo como una torre.
9. Les permitío tocar el elefante.

Ahora escriba una o dos oraciones resumiendo la enseñanza moral de este cuento oriental.

I. THE PRESENT

1. What use of the simple present tense is exactly the same in English and in Spanish?

Yo **trabajo** todos los días.   *I work every day.*

El sol **se levanta** por la mañana.   *The sun rises in the morning.*

In both Spanish and English, the simple present tense is used to state what is true in the present or what is universally true.

2. How does Spanish express the English present progressive, that is, the present in *-ing*?

—¿Qué **haces?**   *"What are you doing?"*

—**Estudio** las tablas de los nuevos impuestos.   *"I am studying the new tax tables."*

—¿Qué **está leyendo** Alfredo?   *"What is Alfred reading?"*

Spanish may express the English present progressive either by the simple present of the Spanish verb or by the present of **estar** + PRESENT PARTICIPLE.

To indicate what is going on, English *must* use a form of the present of *to be* + PRESENT PARTICIPLE with most verbs.

NOTE 1   The present participles of **estar, ir, venir, andar**, and to a lesser extent other verbs of motion are not used with **estar** to express the English progressive when it indicates what is going on. RIGHT: **Voy al trabajo.** WRONG:

"Estoy yendo al trabajo." However, if one wants to describe what is customarily going on, **estar** + PRESENT PARTICIPLE may be used. Ex: En estos días de frío **estoy yendo** a la oficina en el coche.

NOTE 2   With expressions of obligation or assurance that an action is about to take place, Spanish must use the simple present tense rather than the progressive form. Ex: *I am working **tomorrow.*** (**Trabajo** mañana.) *We are sending* you a free sample. (Le **mandamos** una muestra gratis.) *They are promising* to ***finish on time.*** (**Prometen** acabar a tiempo.)

3. In what other tenses is this progressive form with <u>estar</u> used?

Future Progressive

¡Mañana **estaré nadando** en las aguas de Acapulco!

*Tomorrow **I will be swimming** in the water at Acapulco!*

Imperfect Progressive

Todos **estábamos cenando** cuando tocaron a la puerta.

*We **were** all **having supper** when there was a knock at the door.*

Preterite Progressive

Estuve leyendo toda la noche.

I was reading the whole night long.

Present Perfect Progressive

En estos días, **he estado ayudando** a mi tío.

*I **have been helping** my uncle during these last few days.*

Pluperfect Progressive

Habíamos estado asistiendo a clases con el hijo del presidente.

*We **had been attending** classes with the president's son.*

The progressive tenses with **estar** are most commonly used in the present and imperfect but are also sometimes found in the future, preterite, and perfect tenses.

A. *Conteste estas preguntas de la forma más breve que pueda, pero usando en cada respuesta una forma verbal del presente simple o del progresivo, si es posible.*

> **Ejemplo**   ¿Dónde vive usted ahora?
> **Vivo en la calle Primera, número 16.**
> **Ahora estoy viviendo en la calle Primera, número 16.**

1. ¿Dónde estudia usted?   2. ¿Dónde viven sus padres?   3. ¿Desde cuándo no ve usted a sus padres?   4. ¿En qué trabajan sus padres?   5. ¿Cuándo tiene usted sus vacaciones?   6. ¿Dónde pasa usted las vacaciones?   7. ¿Qué hace usted ahora además de estudiar?   8. ¿Qué trabajo le gusta más?   9. ¿Cuándo le mandan dinero sus padres?   10. ¿A quién le escribe usted todas las semanas?

B. *Conteste estas preguntas de la forma más breve que pueda usando una forma del progresivo en el tiempo que le corresponda.*

> **Ejemplo**   ¿Qué hacía usted anoche cuando sonó el disparo? ¿Dormir?
> **Sí, estaba durmiendo.**

1. ¿Qué libro leyó anoche? ¿*El fantasma de la ópera*?   2. ¿Qué hará usted mañana? ¿Nadar?   3. ¿Dónde ha trabajado usted recientemente? ¿En el centro?   4. ¿Qué había hecho usted la noche del 24 de diciembre? ¿Bailar?   5. ¿Dónde comía usted cuando lo llamaron por teléfono? ¿En el comedor?   6. ¿Qué hizo usted el sábado? ¿Pasear?

4. When may the Spanish present tense express a future idea?

Mañana **voy** al pueblo de mi padre.	*Tomorrow **I go** (**will go**) to my father's town.*
En septiembre **entro** en la universidad.	*In September **I enter** (**will enter**) the university.*

The Spanish present is sometimes used to express the future when some other word in the sentence indicates the idea of future.

NOTE   In such cases, either the future or **ir a** + INFINITIVE may also be used. Ex: Mañana **voy a ir** al pueblo de mis padres. = Mañana **iré** al pueblo de mis padres. Esta tarde María **va a lavar** la ropa. = Esta tarde María **lavará** la ropa. Students should observe this use of the present for the future but should avoid abusing it.

II. THE FUTURE

5. What is the principal function of the Spanish future?

El año que viene **compraré** un   *Next year **I will buy** a new car.*
nuevo coche.

In general, the future indicates a future action in Spanish as in English.

6. How can the verb ir be used to express a future action in Spanish?

Voy a encender la luz ahora   *I will **turn on** the light right now.*
mismo.

In Spanish, **ir a** + INFINITIVE may be used for the future, just as a form of *be going to* + VERB sometimes expresses the future in English. In certain cases of an immediate future, Spanish prefers **ir a** + INFINITIVE where English might use the future.

NOTE   English sometimes uses an apparent future where Spanish uses the present or a form of **querer** (*to be willing*). Ex: **¿Dejo** esto aquí? (***Shall I leave** this here?*) **¿Quieres traerme** una silla? (***Will you bring me** a chair?*) No **quieren prestarnos** el dinero. (***They will** not [*are not **willing to**] lend us the money.*)

C. *La fiesta de Navidad se acerca y usted está diciendo quién hará qué en la familia. Escriba cada frase primero con el verbo en la forma del futuro y después con la forma de ir a + INFINITIVO, como en el ejemplo.*

Ejemplo   Mi papá (cambiar) las bombillas del patio.
　　　　　　(a) **Mi papá cambiará las bombillas del patio.**
　　　　　　(b) **Mi papá va a cambiar las bombillas del patio.**

1. Todos nosotros (arreglar) el arbolito de Navidad.   2. Mi mamá (encender) las luces del arbolito.   3. Yo (envolver) los regalos.   4. Tú (hacer) el papel de Santa

Claus[1].   5. Todos (poner) los adornos sobre las mesas.   6. A medianoche todos nosotros (ir) a la iglesia.

---

[1]The American name *Santa Claus* and the tradition of having Santa Claus bring the children gifts are gradually being adopted by more and more Spanish-speaking countries.

III. THE CONDITIONAL

7. What does the conditional indicate?

Yo **iría** a Europa si tuviera dinero.   *I would go to Europe if I had money.*

Patricio **saldría** esta noche, pero tiene que trabajar.   *Patrick would go out tonight, but he has to work.*

El señor Vives **vendría**.   *Mr. Vives would come.*

The conditional is used to state something that would happen—with the implication that its happening depends on something else. This something else may be expressed by a **si** clause, which is usually in the imperfect subjunctive; by a **pero** clause, which is in the indicative; or it may be used alone, with the implication that something would happen, were something else true.

8. How and when does the conditional indicate future action?

Future	Conditional
Sabemos que **vendrás**.	**Sabíamos** que **vendrías**.
*We **know** that **you will come**.*	*We **knew** that **you would come**.*
La señora **dice** que **comprará** la casa.	La señora **dijo** que **compraría** la casa.
*The lady **says she will buy** the house.*	*The lady **said she would buy** the house.*

The conditional is used to express a future action in a subordinate (**que**) clause when the action of the main clause is in the past.

9. When does English use *would* to express a past action? How does Spanish express the same type of past action?

Cuando era niño, **pasaba** horas
  leyendo.

*When I was a child, **I would spend**
  hours reading.*

English uses *would* in the sense of *used to* to express a customary action in the past. Spanish uses the imperfect to express this idea. See page 199, §5.

10. English often uses *would* + verb as a polite way of asking for something. How does Spanish express the same concept?

¿Quiere
¿Quisiera } usted té?

Would you like some tea?

¿**Quiere** usted **abrir** la ventana, por
  favor?

*Would you please open the
  window?*

Quisiera salir a las cuatro.
Me gustaría salir a las cuatro. }

*I would like to leave at four
  o'clock.*

In English, especially in requests and in questions, *would* or *would like* is a polite way of asking for something. Spanish expresses this concept most frequently by the present indicative or imperfect subjunctive of **querer** or in some cases by the conditional of **gustar.**

D. *Imagínese que usted ha terminado sus estudios y ha conseguido un empleo magnífico. Traduzca al español las cosas que haría y las que no haría.*

1. I said that I would not work any more at the fast-food restaurant[1].   2. Now I would like to buy a new car.   3. I would ask for a loan at the bank where I work, but I don't know what they would think of me.   4. My supervisor would help me, but I am not so sure of his influence.   5. Would they check my credit?   6. In a few months I would marry Margaret/Bob but she/he is not so[2] sure.   7. Would she/he prefer me[3] or her/his old flame[4]?   8. I would talk to her/him, but I am afraid of her/his answer.   9. What things I would tell her/him!

---

[1]*fast-food restaurant* = **restaurante de servicio rápido**   [2]*so* = **tan**   [3]Use **me...a mí**   [4]*old flame* = **viejo amor**

IV. THE PERFECT

11. How is the perfect tense linked with the present tense?

He visto a Ana en el pasillo ahora mismo.

*I **have** just **seen** Anna in the hall.*

—¿Ya comiste?

"Have you already eaten?"

—No, todavía no **he comido.**

*"No, **I haven't eaten** yet."*

Hemos sumado las columnas varias veces y todavía no **hemos descubierto** el error.

*We **have added** the columns several times and **we haven't discovered** the mistake yet.*

The perfect tense is used to indicate that an action has been completed at some given time before the present and often that this action has some relationship with what is happening in the present. The time which elapsed between the perfect action and the present is not fixed—it could be just a few minutes, but it could be hours or even days away from the present. When deciding whether to use the preterite or the perfect construction, everything depends on how close to the present the completed action is perceived or sensed to be. Ex: Hace cinco minutos que **he visto** a la secretaria. (*I saw the secretary five minutes ago.*) **Han traído** la correspondencia hace un momento. (*They brought the mail a little while ago.*)

12. How is the perfect used to sum up past actions, bringing them up to the present?

Siempre **has hecho** lo que **te ha dado la gana.**

*You **have** always **done** whatever you pleased.*

En toda su vida Cristóbal no **ha ganado** ni un centavo.

*Chris **hasn't** ever **earned** a cent in his whole life.*

The perfect is used to sum up all past actions, remote as well as recent, so as to bring them up to the present. This function cannot be performed by the preterite.

An adverb like **siempre, nunca,** (*always, never*) or an adverbial phrase such as **en toda mi vida** (*in all my life*) is used in this construction.

NOTE   The use of the perfect in past narration is taken up on pages 205–207.

E. *Usted tiene una conversación franca con su jefe sobre las razones por las cuales usted debe recibir un aumento de sueldo. Traduzca al español las razones por las que usted cree merecer este aumento.*

1. I haven't had a raise in[1] pay for two years.   2. (*Ud.*) But up to now, haven't you received only good reports about my work in the office?   3. The president of the company has often told me that he was satisfied with what I have been doing. 4. Our customers have never said anything bad[2] about me, have they?   5. It is true that I have not been paying my contribution to the flower fund.[3]   6. If I have not paid it, it is because I just put it off.[4]   7. Haven't I been one of the most punctual employees in[1] this company?

---

[1]**de**   [2]*anything bad* = **nada malo**   [3]**fondo para las flores**   [4]**lo he dejado para luego**

V. THE PLUPERFECT

13. What is the basic use of the pluperfect?

Olga ya **había salido** cuando Paulina llegó.	*Olga **had** already **left** when Pauline arrived.*
Había empezado a llover cuando Sofía decidió salir.	*It **had begun** to rain when Sophia decided to go out.*

The pluperfect indicates a past action which took place before the beginning of another past action.

NOTE   Up to the twentieth century, literary Spanish used the preterite perfect with conjunctions of time such as **apenas, cuando, así que, después (de) que, luego que**, etc., to indicate an action which took place immediately before another action when this second action was expressed by the preterite. In English the preterite perfect would be expressed by the pluperfect. Ex: **Así que hubimos**

visto la película, nos marchamos. (*As soon as we had seen the film, we went away.*) Me levanté y me fui **luego que** le **hube dicho** todo lo que quería decirle. (*I got up and left as soon as I had told him all that I wanted to tell him*). **Tan pronto como hubieron recogido** la mesa, las sirvientas se fueron a la cocina. (*As soon as they had cleared the table, the waitresses went to the kitchen.*) Nowadays, the preterite perfect is rarely used. Instead, either the preterite or the pluperfect is used in such sentences.

F. *Usted acaba de pasar un invierno muy malo y le cuenta a un amigo algunas cosas que ocurrieron.*

1. Since September the newspapers had been predicting a very bad winter.   2. I had been waiting for a call from my niece Dolores.   3. I had warned[1] her of the road conditions.   4. It had been snowing the whole night and the cars couldn't get through.[2]   5. Dolores had assured me that she wouldn't go out.

---

[1]*warn* = **advertir**   [2]*get through* = **pasar**

VI. THE FUTURE PERFECT

14. In what use do the English and Spanish future perfect coincide?

A las tres **habré recibido** la respuesta.

I will have received the reply by three o'clock.

The future perfect indicates an action which will have been completed before a given time in the future.

G. *Manuel se graduará el 15 de junio. Éstas son algunas de las cosas que habrá logrado para esa fecha. Complete las oraciones, sustituyendo las palabras inglesas entre paréntesis por sus equivalentes en español.*

1. Para ese día Manuel (*will have made*[1]) una decisión sobre su futuro.   2. (*He will have finished*) todos los exámenes para el 8 de junio.   3. Sus familiares y

amigos (*will have received*) las invitaciones para el primero de junio.   4. Antes del 15 de junio Manuel (*will have applied for*[2]) empleo en varias compañías de electrónica.

---

[1]*make a decision* = **tomar una decisión**   [2]*apply for* = **solicitar**

VII. THE CONDITIONAL PERFECT

15. How does the conditional perfect indicate what could have happened?

Yo **habría ido** a Europa si hubiese (hubiera) tenido dinero.	*I would have gone to Europe if I had had money.*
Rolando **habría comprado** una casa, pero su mujer se oponía.	*Roland would have bought a house, but his wife was against it.*
El señor Maceo **habría venido.**	*Mr. Maceo would have come.*

The conditional perfect is used to state that something would have happened—with the implication that (a) it did not happen, or (b) its happening depended on something which in fact was not the case. This something else may be expressed by a **si** clause, which is usually in the pluperfect subjunctive; by a **pero** clause, which is in the appropriate tense of the indicative; or it may simply be an implication which is not expressed in words.

H. *Usted no hizo algunas cosas y da excusas. Complete las excusas, sustituyendo las palabras inglesas entre paréntesis por sus equivalentes en español.*

1. —¿Por qué no invitaste a Luis a tu fiesta? —Lo (*would have invited*) pero no sabía que estaba en la ciudad.   2. —¿Por qué no ayudaste a tu primo? —Quería ayudarlo y lo (*would have helped*) pero no estaba en su casa cuando lo llamé. 3. ¡Qué comida más mala! —La comida (*would have been*) mejor si el horno fuera más moderno.   4. —¿Fueron ustedes al teatro por fin? —No, no pudimos ir. (*We would have gone*), pero el motor del coche se nos descompuso al salir del garaje.

VIII. *HACER* + EXPRESSIONS OF TIME

16. When is the present tense used in Spanish to express an action that would be expressed by the perfect in English?

Hace tres años **que trabajo** en este restaurante.	*I **have been working** in this restaurant **for** three years (and am still working).*
Ese señor aburrido **está hablando desde hace** dos horas.	*That boring man **has been talking for** two hours (and is still talking).*
Las cartas **están** aquí **desde** el viernes.	*The letters **have been** here **since** Friday (and are still here).*

When an action began in the past and is still continuing in the present, Spanish generally uses the present (either simple or progressive) with **desde, desde hace,** or **hace...que**. English generally uses the progressive form of the perfect to express the same concept.

17. When is <u>desde</u> used in such constructions?

Llueve **desde** ayer.	*It **has been raining since** yesterday (and is still raining).*

When **desde** is followed by a definite point of time—such as a definite year, a definite day, or a definite part of the given time unit—it conserves its literal meaning *since*. This **desde** + A DEFINITE POINT OF TIME may come before or after the verb.

18. When is <u>desde hace</u> used in such constructions?

Aprendemos español **desde hace** dos años.	*We **have been learning** Spanish **for** two years (and are still learning).*

Miro la televisión **desde hace** una hora.

I have been watching television for an hour (and am still watching it).

The expression **desde hace** (rendered in English by *for*) usually comes after the verb and is followed by a statement of the extent of time involved. It indicates an action which started in the past and is still going on.

19. When hace...que is used to express the English *for* in such constructions, where does it usually come in the sentence?

Hace un mes **que estoy** en Málaga.

I have been in Malaga for a month (and still am).

Hace diez minutos **que** Esteban **habla** con su padre.

Stephen has been talking with his father for ten minutes (and still is).

The expression **hace...que** (rendered in English by *for*) usually comes at the beginning of the sentence. The space of time is stated between **hace** and **que**. Like **desde hace,** it also indicates an action which started in the past and is still going on.

NOTE   In sentences with the time expressions **desde, desde hace,** and **hace...que,** it is also possible to use the perfect. Ex: **Ha llovido desde** ayer. (*It has been raining since yesterday.*) No **he visto** a María **desde** el martes. (*I haven't seen Mary since Tuesday.*)

I. En este ejercicio usted va a imaginar que mantiene correspondencia con una joven de Argentina. En la primera carta usted le cuenta cómo es su casa y habla de algunas de sus actividades. Traduzca al español las frases siguientes que son parte de su carta.

1. Our house has several windows facing[1] a beautiful meadow.   2. Right now we are painting it.   3. In fact, we have been painting it for two weeks.   4. I am sending you a picture of my room.   5. We have been living here for many years. 6. Our grandmother often visits us.   7. But we haven't seen our grandfather for a month.   8. It has been raining for several days.   9. We have been shut up[2] in the house since yesterday.   10. My sister and I are going to a movie tonight.

---

[1]*facing* = **que dan a**   [2]*be shut up* = **estar encerrado**

20. What are the Spanish constructions used when English uses
PRETERITE + EXPRESSION OF TIME + *ago?*

Vi a tu hermano **hace diez minutos.**

I *saw your brother **ten minutes ago.***

Hace cinco años que él **vino** a América.

*Five years **ago** he **came** to America.*

When the verb of the English sentence is in the preterite and the time expression is followed by *ago*, Spanish uses the present of **hacer** to indicate the time elapsed from the day of the action to the *present* in the following combinations:

(a) PRETERITE + **hace** + TIME EXPRESSION
(b) **hace** + TIME EXPRESSION + **que** + PRETERITE

J. Exprese los siguientes aniversarios suponiendo que se celebran hoy.

Ejemplo   terminar los estudios de la secundaria: tres años.
(Hoy) hace tres años que terminé los estudios de la secundaria.

1. empezar a trabajar en (lugar): dos semanas.   2. salir con Luisita: tres sábados.
3. casarse mis padres: veinticuatro años.   4. llegar a Madrid: cinco meses.   5. alistarse en el ejército: seis semanas.

21. What tense may Spanish use to express an English pluperfect when an action was begun at a certain time in the past and continued up to another point in the past?

Hacía una hora **que escribíamos** cuando el profesor entró.

*We **had been writing for** an hour when the teacher came in.*

No **recibíamos** su señal de radio **desde hacía** tres horas y eso nos preocupaba.

*We **had** not **received** his radio signal **for** three hours, and that worried us.*

The imperfect may be used with **hacía...que, desde hacía,** and **desde que** (which are equivalent to *for* or *since* in English) to express an action which began in the remote past and continued up to a given time in the past when something else took place or when it is implied that something else took place. English generally uses the pluperfect progressive to express this concept.

K. Escriba en el pasado estas expresiones dadas en el presente.

Ejemplo   Hace cuatro horas que hago estas tareas.
        Hacía cuatro horas que hacía estas tareas.

1. Hace dos meses que no veo a Luisita.   2. Compramos la ropa en "Los Precios Fijos" desde hace mucho tiempo.   3. —¿Desde cuándo no van ustedes a un concierto de "rock"? —No vamos a ningún concierto desde hace un año.   4. Hace cuatro meses que Miguel no viene a vernos.   5. Trabajo en esa fábrica de uranio desde hace seis meses.   6. Hace cuatro días que como carne y no vegetales.   7. Daniel dice que conoce a Fidel López desde hace diez años.   8. Insisten en que hace veinte años que ese señor es presidente de la compañía.

22. What are the Spanish constructions used when English uses
PLUPERFECT + EXPRESSION OF TIME + *ago?*

Había visto a tu hermano **hacía diez minutos.**	*I had seen your brother **ten minutes ago.***
Hacía cinco años que él **había venido** a América.	*Five years ago he **had come** to America.*

When the verb of the English sentence is in the pluperfect and the time expression is followed by *ago*, Spanish uses the imperfect of **hacer** to indicate the time elapsed from the day of the action to a point in the past in the following combinations:

(a) PLUPERFECT + **hacía** + TIME EXPRESSION
(b) **hacía** + TIME EXPRESSION + **que** + PLUPERFECT

L. Traduzca al español.

1. We had seen the museum two weeks ago when he invited us to go with him.
2. Ten years ago I had accepted a position in that company.   3. My brother had graduated from that college less than a week when he met the girl who will become his wife.   4. Two years ago Teresa had gone to Spain as a member of the Secret Service.

IX. THE EXPRESSION OF PROBABILITY WITH VERB FORMS

The expression of probability can be done in English and Spanish by using the adverb **probablemente** *(PROBABLY)* + a sentence without any further change:

Probablemente ella está enferma y por eso no está aquí.

Probably she is sick, and because of that she is not here.

However, in Spanish it is very common to express the probability by using a specific verb form. The student is advised not to disregard the following sections as a grammatical curiosity and is urged to make an effort and grasp the context in which the verbal probability meaning takes place.

23. How is the future sometimes used in Spanish to indicate probability in the present?

—¿Dónde está Daniel?

"Where is Daniel?"

—**Estará jugando** a las barajas con Ramón.

"He $\left\{ \begin{array}{l} \textbf{\textit{must be}} \\ \textbf{\textit{is probably}} \end{array} \right.$ *playing cards with Raymond."*

The Spanish future sometimes indicates probability in the present. In such cases, English would use *probably* + PRESENT OF VERB or the auxiliary verb *must* + VERB. This use is possible only in contexts such as a sequence of a question and an answer, or followed by expressions of doubt such as **No sé,** or by an explanation introduced by **por eso...** Ex: Lucía saldrá con Ricardo todas las noches, por eso está contenta. (*Lucia is probably going out with Richard every night. That's why she is happy.*)

NOTE   In questions, the future sometimes expresses wonderment. Ex: —¿Quién **llamará** a estas horas? (*"Who can be calling at this time?"* or *"I wonder who is calling at this time?"*)

M. Traduzca al inglés las oraciones siguientes, prestando especial atención a las palabras en itálica.

1. Alicia no vino a la clase hoy. *Estará* enferma.   2. El perro *tendrá* hambre; por eso ladra tanto.   3. María *querrá* mucho a José, y por eso no les hace caso a ustedes.   4. Nadie contesta el teléfono nunca; la familia *saldrá* todos los días.

24. How is the future perfect used to indicate probability?

—¿Quién hizo este trabajo?

"Who did this work?"

—No sé. Lo **habrá hecho** Federico.

*"I don't know. Frederick **must have done** it." (Frederick **probably did** it.)*

Teresa no quiere comer. **Habrá comido** ya.	*Theresa doesn't want to eat. She* **has probably** *already* **eaten.**

The future perfect is used to indicate probability in the recent past. In English this idea is expressed by *must have* + PAST PARTICIPLE or *probably* + PAST OR PERFECT TENSE, depending on the context.

NOTE   The future perfect is sometimes used to express surprise in interrogative sentences that refer to the recent past. Ex: ¿Quién **habrá llamado** anoche a las doce? (*Who* **could have called** *last night at midnight?*)

N. Traduzca al inglés las oraciones siguientes, prestando especial atención a las palabras en itálica.

1. Esos chicos *habrán hablado* con David.   2. No sé lo que *habrá dicho* la señora sobre ese asunto.   3. —¿Qué camino *habrá tomado* Ricardo? —*Habrá tomado* el camino más corto, porque no le gusta perder tiempo.   4. —¿Quién te mandó esas flores tan bonitas? —No sé, me las *habrá mandado* mi novio.   5. ¿Quién *habrá dejado* la puerta abierta?

25. How is the conditional sometimes used in Spanish to express probability in the past?

—¿Quién **llamaría** anoche a las doce?	*"Who* **could have called** *last night at midnight?*
—**Sería** Agustín.	*"It* **must have been** *Gus."*
—¿Viste a Alejandro en el teatro?	*"Did you see Alex at the theater?"*
—No, no lo vi.	*"No, I didn't see him."*
—**Estaría** enfermo y por eso no fue.	*"He* **must have been** *sick (**probably** he **was sick**) and that's why he didn't go."*

In appropriate contexts, the Spanish conditional is sometimes used to express probability in the past. English often expresses this idea by *probably* + PAST TENSE or by *must have* + PAST PARTICIPLE.

O. *Traduzca al inglés las oraciones siguientes, prestando especial atención a las palabras en itálica.*

1. —¿Adónde fue tu padre? —*Iría* a la oficina como siempre.   2. —¿Con quién bailó Rosa? —*Bailaría* con su novio.   3. —¿Qué hizo Beatriz anoche? —*Acabaría* la novela que leía.   4. —¿Quién *abriría* la puerta del garaje esta mañana? —La *abriría* Miguel.

26. How is the conditional perfect used in Spanish to express a probability with *could have* or *must have*?

Al entrar en el cine, estaba muy nervioso. ¿Me **habrían visto?**

On entering the movie, I was very nervous. **Could they have seen me?**

In appropriate contexts, the Spanish conditional perfect sometimes expresses a probability in the remote past. English often uses *could have* or *must have* or *probably* + PLUPERFECT to express the same idea.

P. *Traduzca al inglés las oraciones siguientes, prestando especial atención a las palabras en itálica.*

1. Paula *habría trabajado* al sol toda la tarde y por eso le dolía la cabeza.   2. Nuestros primos todavía no habían llegado. ¿*Habrían tenido* un accidente?   3. El jefe le *habría dicho* a Rolando que no podía seguir trabajando y por eso renunció.

EJERCICIOS DE RECAPITULACIÓN

A. *Sustituya las palabras inglesas entre paréntesis por sus equivalentes en español.*

1. Nuestros amigos (*arrive*) a Europa pasado mañana.   2. (*We have learned*) mucho en esta clase.   3. Cuando (*they were*) estudiantes, mis amigos (*would spend*) horas discutiendo de política.   4. Ya (*we had bought*) el auto cuando heredamos el de mi tío.   5. (*Ud.*) ¿(*Do you work*) para ganar dinero o porque le gusta?   6. (*We would open*) la puerta, pero no tenemos llave.   7. ¿Quién (*will cut*) la yerba este verano?   8. (*I had not seen*) a ese chico y quería saber qué (*he was doing*).   9. Ayer (*I was swimming*) en Málaga y hoy (*I am beginning*) mis estudios en Oviedo.   10. ¿Desde cuándo (*has Charles been playing*) al fútbol?   11. Sus primos querían saber si nosotros les (*would lend*) el coche.   12. Nuestros amigos (*will have paid*) la cuenta cuando lleguemos.   13. (*We would have gone out*), pero (*it was raining*).

B. *Escriba la forma verbal que tenga sentido para cada oración. Use el mismo verbo de la oración modelo.*

Ejemplo   Rita *sale* cuando tiene dinero.
Rita **habría salido** si hubiera tenido dinero.
Rita **saldrá** de aquí la semana que viene.
Rita **había salido** ya cuando tú llamaste.

1. Los empleados *vuelven* a la oficina a las tres. (a) Los empleados _____ a la oficina pero el jefe no quiere. (b) Los empleados ya _____ a la oficina cuando llegue el jefe. (c) Los empleados _____ a la oficina ya; acabo de verlos entrar.   2. Yo lo *hago* porque quiero. (a) Yo lo _____ pero no tengo tiempo. (b) Yo ya lo _____, por eso pude salir. (c) Yo ya lo _____ cuando tú llegues.   3. Esas profesoras *tenían* muchos alumnos antes. (a) Esas profesoras _____ muchos alumnos ahora. (b) Esas profesoras _____ muchos alumnos el año próximo. (c) Esas profesoras _____ muchos alumnos antes y ahora.   4. ¿Tú *has visto* esas películas? (a) ¿Tú _____ esas películas más tarde? (b) ¿Tú ya _____ esas películas varias veces? (c) ¿Tú ya _____ esas películas cuando te hablé de ellas?

C. *Carta a un amigo lejano. Usted le escribe a un amigo y le cuenta algunas cosas que pasan en el barrio donde vive. Traduzca al español las frases que forman parte de la carta. Use la forma* tú *para* you.

1. I had hoped to write you sooner, but I have been very busy for a month.   2. We would have telephoned you, but that costs too much.   3. Our neighbor's daughter gets married in June. (*three ways*)   4. We have been planning to go to her wedding for a long time, but probably we will not be in town that day.   5. I would like to describe the economic conditions in this part of the country.   6. There is a lot of unemployment, and this really creates problems.   7. We have several friends who have not worked since the beginning of the year.   8. They would have moved to another state, but their families want to stay here.   9. They have often told us how unhappy they are.   10. One of them asked me if I would lend him some money.   11. But I told him that that[1] would be impossible because I am buying a car.   12. By the end of this month, I will have paid just half of what[2] I owe.   13. I am writing this letter while the children are sleeping.   14. Ten years ago (today) I was in Mérida.   15. We had traveled through China, two years ago (then).

---

[1]Omit this second *that* in translation.   [2]**lo que**

D. *Traduzca al inglés las oraciones siguientes, prestando especial atención a las palabras en itálica.*

1. No veo a Teresa; *estará* en la biblioteca.   2. *¿Habrán dejado* al perro dentro

de la casa?   3. Bárbara *habría salido* porque no contestaba el teléfono.   4. Mi hermana no fue a la oficina hoy; *iría* de compras.   5. Alberto y sus amigos *se habrán quedado* en el pueblo.   6. ¿Quién *se comería* el pan?   7. Miguel no *sabrá* lo que pasó y por eso está haciendo tantas preguntas.   8. Estuvimos buscando la sortija de mi tía y no la encontramos. ¿La *habría dejado* en la mesa del restaurante?

PROBLEM WORDS

Leave

(a) *leave* = **salir**

Salimos de la casa a las ocho.	*We **left** the house at eight o'clock.*
No **saldremos** para Méjico hasta el 15 de noviembre.	*We **won't leave** for Mexico until November 15.*
Salga por la puerta de atrás.	***Leave** by the back door.*

When *leave* means *to go away* or *to go out*, it may be expressed by **salir**. When it is followed by the place from which one leaves, Spanish uses **salir de.**

(b) *leave* = **irse**

Me voy.	*I'm leaving.*
Nos vamos esta noche.	*We're leaving this evening.*
¿**Te vas de** este lugar?	*Are you leaving this place?*

Spanish uses **irse** especially when *leave* is not followed by a place. However, it is often used also when *leave* is followed by a place. To express the place from which one leaves, **irse** is followed by the preposition **de.**

(c) *leave* = **marcharse**

¿Cuándo **se marcha usted?**	*When **are you leaving?***
Nos marchamos esta noche.	*We're leaving this evening.*

Especially in Spain, the verb **marcharse** is used when *leave* is not followed by a place; however, it, too, may be followed by a place. Ex: **Me marcho** para Costa Rica. **Nos marchamos** de Guatemala mañana.

(d) How to say *leave a place more or less permanently*

Dejé
Abandoné } mi país a los dieciocho años.   *I left my homeland at the age of eighteen.*
Salí de

When *leave a place* carries with it the implication of *leaving the place more or less permanently*, Spanish uses **dejar, abandonar**, or **salir de** + PLACE.

(e) *leave* = **dejar**

Dejé a Mariana en el teatro.	*I left Marianne at the theatre.*
¿Dónde **dejaste** el coche?	*Where **did you leave** the car?*
Deja las ventanas abiertas.	***Leave** the windows open.*
Si estás muy cansado, puedes **dejar** la pintura para mañana.	*If you are very tired, you can **leave** the painting for tomorrow.*
Cuando José murió, **dejó** una fortuna a sus hijos.	*When Joe died, **he left** a fortune to his sons.*

In general, *leave someone* or *something* (when it is not a place) may be expressed by a form of **dejar.**

NOTE   When *leave* is used in the sense of leaving a person permanently and abandoning him, either **dejar** or **abandonar** may be used.

El señor Bravo { **dejó** / **abandonó** } a su mujer.   *Mr. Bravo **left** his wife.*

Long

(a) *long* = **largo**

Usted tiene una mesa muy **larga.**   *You have a very **long** table.*

The Spanish word for *long* is **largo**. Note that **largo** does not mean "large."

(b) How to say *How long...?* (referring to time)

¿Cuánto tiempo viviste en Bogotá?   *How long did you live in Bogota?*

As an expression of time, *How long...?* is expressed by **¿Cuánto tiempo...?** Special constructions are used when an action begun in the past continues into the present. Ex: **¿Cuánto tiempo hace** que vives en Bolivia? (***How long** have you been living in Bolivia?*) (See pages 179–180, §§16–19.)

(c) How to say *for a long time*

Estuve en la consulta del médico $\left\{\begin{array}{l} \textbf{por} \\ \textbf{durante} \end{array}\right.$ **mucho tiempo.**

*I was in the doctor's office **for a long time.***

Spanish expresses *for a long time* by $\left\{\begin{array}{l} \textbf{por} \\ \textbf{durante} \end{array}\right.$ **mucho tiempo.**

NOTE   In such sentences, just as English can say simply *a long time* (omitting *for*), Spanish can say **mucho tiempo** (omitting **por** or **durante**).

(d) How to say *as long as* (referring to time)

Mientras trabajemos, ganaremos dinero.	*As **long as** we work, we will earn money.*
Mientras José vivía en Barcelona, pasaba los domingos en la playa.	*As **long as** Joe lived in Barcelona, he would spend Sundays on the beach.*

The English *as long as* (referring to time) may be expressed in Spanish by **mientras**, the basic meaning of which is *while*. When the following independent clause is in the future, **mientras** is followed by the present subjunctive. When both clauses are in the past, they are followed by the appropriate forms of some past tense of the indicative.

(e) How to say that *something is so long*

Esta habitación **tiene cuatro metros de largo.**   *This room **is four meters long.***

The English *to be so many* + UNIT OF MEASURE + *long* is expressed in Spanish by **tener tantos** + UNIT OF MEASURE + **de largo.**

Look

(a) *look = seem, appear*

¿Qué te **parece** eso?	*How **does** that **look** to you?*
El jardinero **parecía** cansado.	*The gardener **looked** tired.*

When *look = seem, appear*, Spanish expresses it by a form of **parecer.** Note especially: **¿Qué le parece eso?** (*How does that look to you* [*him/her*]?)

(b) *look = (not) be becoming*

Ese abrigo **te queda bien.**	*That coat **looks good on you.***
No te pongas ese vestido porque **te queda mal.**	*Don't put on that dress because **you don't look good in it.***

When *look = (not) be becoming*, Spanish uses a construction with **quedar.** Ex: **Le queda bien.** (*It looks good on him.*) **Le queda mal.** (*It looks bad on him.*)

(c) *look at = **mirar***

No me **mires** así.	*Don't **look at** me like that.*
Miramos las sillas en la tienda.	*We **looked at** the chairs in the store.*

The English *look at = **mirar.*** No preposition follows **mirar** except when the direct object is a definite person. In that case, a <u>personal</u> **a** precedes the object, but this **a** is not a part of the verb **mirar.** Ex: Luisa **miró** a su madre. (Louise *looked at* her mother.)

NOTE   *watch television* = **mirar la televisión;** *look up* = **mirar para arriba;** *look up at the stars* = **mirar hacia las estrellas;** *look up in the dictionary* = **buscar en el diccionario.**

(d) When *look at = consider*

¡Vamos a $\begin{cases} \textbf{considerar} \\ \textbf{estudiar} \end{cases}$ estos hechos!   *Let's look* $\begin{cases} at \\ into \end{cases}$ *these facts!*

When *look at* or *look into* is the equivalent of *consider* or *study*, Spanish may use **considerar** or **estudiar.**

(e) *look after = take care of*

¿Quién **cuida** a su madre?   *Who **looks after** his mother?*

¿Puede usted **cuidarme** el   *Can you **look after** my apartment*
apartamento mientras estoy en   *while I am in Mexico?*
Méjico?

When *look after = take care of*, Spanish uses a form of **cuidar.** This **cuidar** is followed by a personal **a** when the object is a person.

(f) *look for = **buscar***

Busqué mis llaves en el cajón.   *I **looked for** my keys in the drawer.*

Spanish expresses *look for* by **buscar.** No preposition follows **buscar** except the personal **a** when the object is a definite person. Ex: **Busco** a mi amigo. (*I am looking for* my friend.)

NOTE   The verb **buscar** is also used for *look up* in the sense of looking up something in a reference book or looking up a person. Ex: Podemos **buscar** esas palabras en el diccionario. (*We can **look up** those words in the dictionary.*)

(g) *look forward to = **esperar con placer***

Espero con placer mi visita a   *I am **looking forward to** my visit to*
Sevilla.   *Seville.*

Spanish often expresses *look forward to* (*something pleasant*) by **esperar con placer.**

(h) How to say *Look out!*

¡Cuidado!
¡Tenga cuidado! $\Big\}$ *Look out!*

Tenga cuidado con los trenes.   *Look out for the trains.*

Alone, *Look out!* is usually expressed by **¡Cuidado!** In a sentence, *look out for something =* **tener cuidado con.**

(i) *look over* = **examinar, mirar**

El inspector de aduanas $\left\{ \begin{array}{l} \textbf{examinó} \\ \textbf{miró} \end{array} \right.$ mi pasaporte.

*The customs inspector **looked over** my passport.*

The English *look over* may be expressed by **examinar** or **mirar.**

A. *Sustituya las palabras inglesas entre paréntesis por sus equivalentes en español.*

1. (*I looked for*) el cuaderno, pero no pude encontrarlo.   2. Los camiones (*left*) a las diez.   3. ¿(*How long*) estuviste en Panamá?   4. Usted (*look*) aburrido.   5. (*tú*) (*Look out for*) el tráfico.   6. Ese terreno (*is a mile long*).   7. ¿Dónde está Emilio? (*He left*).   8. (*As long as*) Norberto estudie, recibirá buenas calificaciones. 9. ¡Vamos a (*look at*) la situación desde otro punto de vista!   10. Mucha gente (*left*) Rusia en 1917.   11. ¿Quién (*is looking after*) los intereses de la viuda? 12. El pobre estuvo inconsciente (*for a long time*).   13. Saúl (*left*) su trabajo ayer y se fue de caza.   14. Los niños (*were looking at*) un elefante en el jardín zoológico. 15. Ese hombre tiene las piernas (*long*).   16. (*We are looking forward to*) nuestras vacaciones.   17. Esta tarde (*I looked at*) varios documentos.   18. Mi hermana (*looked over*) las informaciones que le había mandado el Ministerio de Turismo.

B. *Traduzca al español. Tenga especial cuidado con las palabras en itálica.*

1. At what time *did* the train *leave* Quito?   2. The lawyer *looked over* my brother's will.   3. *As long as* we were in South America, we used to speak Spanish.   4. Vincent *is looking for* his jacket.   5. *We're leaving.*   6. My friend was in the hospital *for a long time.*   7. There comes a car. *Look out!*   8. My parents *left* Sweden when I was two years old.   9. Virginia *looks good* in that blouse.[1]   10. (*Ud.*) *Are you looking forward to* next winter?   11. *I left* the books on the desk.   12. Our living room is *four meters long.*   13. Someone will have to *look after* the dog. 14. What a *long* street!   15. That suit *doesn't look good* on Bill.[1]   16. (*Uds.*) *How long* will your nephew be in the city?   17. (*tú*) *How does* that idea *look to you?*[1]

---

[1]Spanish uses a different construction for this sentence.

PRÁCTICA DE CONJUGACIÓN

Practique la conjugación de los verbos *dar* y *decir*, conjugados en las páginas 460–461.

C H A P T E R 9
The Use of Past Tenses
in Narration

El niño al que se le *murió* el amigo

Una mañana **se levantó** y **fue** a buscar al amigo, al otro lado de la valla[1]. Pero el amigo no **estaba**, y, cuando **volvió**, le **dijo** la madre: «El amigo **se murió**. Niño, no pienses más en él y busca otros para jugar.» El niño **se sentó** en el quicio[2] de la puerta, con la cara entre las manos y los codos en las rodillas[3]. «Él volverá», **pensó**. Porque no **podía** ser que allí estuviesen las canicas[4], el camión y la pistola de hojalata[5], y el reloj aquel que ya no **andaba**[6] y el amigo no viniese a buscarlos. **Vino** la noche, con una estrella muy grande, y el niño no **quería** entrar a cenar. «Entra niño, que llega el frío», **dijo** la madre. Pero, en lugar de entrar, el niño **se levantó** del quicio[7] y **se fue** en busca[8] del amigo, con las canicas, el camión, la pistola de hojalata y el reloj que ya no **andaba.** Al llegar a la cerca[9], la voz del amigo no le **llamó**, ni le **oyó** en el árbol, ni en el pozo[10]. **Pasó** buscándole toda la noche. Y **fue** una larga noche casi blanca, que le **llenó** de polvo el traje y los zapatos[11]. Cuando **llegó** el sol, el niño, que **tenía** sueño y sed, **estiró**[12] los brazos y **pensó**: «Qué tontos y pequeños son esos juguetes[13]. Y ese reloj que no anda, no sirve para nada.»[14] Lo **tiró** todo al pozo y **volvió** a la casa, con mucha hambre. La madre le **abrió** la puerta, y dijo: «Cuánto ha crecido[15] este niño, Dios mío, cuánto ha crecido.» Y le **compró** un traje de hombre[16], porque el que **llevaba** le **venía** muy corto[17].

Ana María Matute, Los niños tontos, Ediciones Destino, Barcelona.

---

[1]fence [2]frame [3]his elbows, his knees [4]marbles [5]tin [6]that was not working [7]stood up from the frame [8]went looking for [9]fence [10]well [11]his suit and his shoes [12]stretched [13]toys [14]it is good for nothing [15]has grown up [16]a men's suit [17]was rather short

---

Ana María Matute (1926–) novelista y prosista española que se dio a conocer en la década de los 60 por su original selección de temas novelescos. Es autora de varias novelas esenciales para entender el movimiento literario español desde los años cincuenta al presente. Entre su producción más conocida están *Los Abel, La torre vigía* y *El río*.

COMPRENSIÓN

Complete el siguiente resumen del cuento, escogiendo para cada espacio en blanco una palabra apropiada.

El niño fue a _____ con su amigo, pero no lo _____ porque estaba _____ . El niño no quería creer que su _____ estuviera muerto y tomando las _____ , el _____ , la _____ y el _____ con que acostumbraban _____ , fue a buscarlo. Estuvo _____ toda la noche y, naturalmente no lo _____ . Por la _____ se dio cuenta de la realidad de la _____ y tiró todos los juguetes al _____ . La madre le _____ la puerta y notó que había crecido _____ y que necesitaba _____ .

I. THE PRETERITE

1. What are the two most common Spanish past tenses used in narration?

Cuando el emperador de la China **murió** en su vasto   *died*
lecho, en lo más profundo del palacio imperial, nadie **se**
enteró. Todos estaban demasiado ocupados en obedecer   *found out*
sus órdenes. El único que lo **supo fue** el Primer Ministro,   *learned (of it) / was*
5 hombre ambicioso que aspiraba al trono. No **dijo** nada   *said*
y **ocultó** el cadáver. **Transcurrió** un año, de increíble   *hid / passed*
prosperidad para el imperio. Hasta que, por fin, el Primer
Ministro **mostró** al pueblo el esqueleto del emperador.   *showed*
    —¿Veis? —**dijo**—. Durante un año un muerto **se**   *said*
10 **sentó** en el trono. Y quien realmente **gobernó fui** yo.   *sat / governed / was*
Merezco ser emperador.
    El pueblo, complacido, lo **sentó** en el trono y luego   *seated*
lo **mató**, para que fuese tan perfecto como su antecesor   *killed*
y la prosperidad del imperio continuase.

Marco Denevi (Argentina)
«El emperador de la China»

The two most common past tenses used in narration are the preterite and
the imperfect.

2. In the previous passage, the preterites are in boldface. What sort of actions do they indicate?

The preterite expresses a series of successive actions, one happening after the other.
    Notice the successive actions, expressed by the following preterites from the
previous passage: **murió... se enteró... supo... dijo... ocultó... transcurrió... mos-
tró... dijo... se sentó... gobernó... sentó... mató.**
    The preterite sometimes simply states a fact as in the previous passage: **fue
... fui.**

When an action takes place within a definitely stated limited time—that is, when the beginning and/or end of an action is indicated or implied—such an action is in the preterite. In the previous passage, note: Durante un año un muerto **se sentó** en el trono.

A. *Escriba en el pasado los infinitivos de la siguiente narración. Explique qué clase de acción expresan los verbos dados: (1) acciones sucesivas, (2) simples hechos en el pasado, (3) acciones limitadas en el tiempo.*

El presidente de Productos Nucleares, S.A., un señor de distinguida barba blanca, (1. entrar) en su despacho del piso quince. (2. cerrar) la puerta y (3. asegurarse) de que estaba bien cerrada. (4. abrir) el maletín. (5. sacar) una bolsa plástica. (6. meter) la mano dentro de la bolsa y (7. sacar) un papalote[1] con los colores de la bandera de su país. (8. abrir) una de las ventanas y (9. empezar) a empinar[2] el papalote con una sonrisa de infantil satisfacción.

---

[1]kite   [2]fly (a kite)

B. *Traduzca al español las frases siguientes. ¿Qué expresión ayuda a determinar en cada oración el tiempo que debe usarse?*

1. It *rained* all night.   2. I *worked* for[1] an hour before going to bed.   3. Alfonso XIII *was* the grandfather of Juan Carlos I, the present king of Spain.   4. Steve *cut down* the tree in less than two hours.   5. The carnival[2] *lasted* five days.

---

[1]**por**   [2]**el carnaval**

II. THE IMPERFECT

3. In what tense are the italicized verbs in the passage that follows? What sort of actions do these verbs indicate?

Los dos viajeros **bebían** el último trago[1] de vino, de pie   *were drinking*
al lado de la hoguera[2]. La brisa fría de la mañana **hacía**   *was making tremble*
temblar ligeramente las alas[3] de sus anchos sombreros
de fieltro[4]. El fuego **palidecía** ya bajo la luz indecisa y   *was becoming pale*
5   blanquecina[5] de la aurora; *se esclarecían* vagamente los   *were becoming clear*

extremos del ancho patio, y *se **trazaban*** sobre las sombras   *were emerging*
del fondo las pesadas columnas de barro[6] que ***sostenían***   *were supporting*
el techo de paja y cañas[7].

Atados a una argolla[8] de hierro fija en una de las
10   columnas, dos caballos completamente enjaezados[9]
esperaban, con la cabeza baja, masticando con dificultad   *were waiting*
largas briznas de hierba[10]. Al lado del muro, un joven
indio en cuclillas[11], con una bolsa llena de maíz en una
mano, ***hacía saltar*** hasta su boca los granos amari-   *was making jump*
15   llentos[12].

Cuando los viajeros *se. **disponían*** a partir, otros dos   *were getting ready*
indios **se presentaron** en el enorme portón[13] rústico. **Le-**   *appeared*
vantaron una de las gruesas vigas[14] que, incrustadas[15] en   *lifted*
los muros, ***cerraban*** el paso y **penetraron** en el vasto   *were blocking / came into*
20   patio.

Ricardo Jaimes Freyre (Bolivia):
«En las montañas» (fragmento)

---

[1]*gulp*   [2]*bonfire*   [3]*brims*   [4]*felt*   [5]*whitish*   [6]*clay*   [7]*reeds*   [8]*ring*   [9]*harnessed*   [10]*blades of grass*   [11]*squatting*   [12]*yellowish*   [13]*large door*   [14]*beams*   [15]*inlaid*

The italicized verbs, which are in the imperfect, describe what was going on. Most of them may be expressed in English by a progressive past (*was* or *were* + *-ing* form of the verb). All of them continue their state or action through the passage. They tell us what was happening, not what did happen.

4. In what tense are the verbs in *boldface* of the third paragraph of the previous passage? How do they differ in function from the italicized verbs?

The verbs in **boldface** are in the preterite. They interrupt the description of what was going on and show three actions that took place and that advanced the plot. The action of each of these verbs begins and ends with the sentence.

C. Escriba en el pasado los verbos de la siguiente descripción.

(1. hacer) dos horas que Ricardo (2. leer) las notas que (3. tener) sobre las lecciones de química. Se (4. ir) a examinar esa tarde. A Ricardo no le (5. gustar) nada la química, pero (6. tener) que pasarla con buenas calificaciones. (7. ser) un requisito para ingresar en la carrera de medicina, como (8. exigir) su padre, médico pediatra que (9. ejercer) en el Hospital Infantil de la capital.

D. *Traduzca al español el párrafo siguiente. Explique oralmente el tiempo usado en cada forma verbal.*

When (1. *I woke up*) this morning, (2. *it was raining*). The sky (3. *was*) gray and overcast. (4. *It was cold*[1]) in the room. (5. *I got up*) from the bed, (6. *turned on/lit*) the lamp and (7. *dressed*) in order to go to work. (8. *I looked*) out[2] of the window. (9. *There were*) many cars in the street. (10. *They weren't moving*) rapidly because of the rain. Soon[3] the telephone (11. *rang*). A trembling voice (12. *asked*): "Is Charles there[4]?"

---

[1]Use a form of **hacer frío.**   [2]**por**   [3]**de pronto**   [4]Omit in translation.

5. What is the function of the italicized Imperfects in the following passage?

A las once *se daba* Geografía. *Era* una hora remansada[1], limpia, en que el sol *empezaba* a colarse[2] en los ojos de algún niño, inquietándole. Todos *miraban* al encerado[3], *tenían* su cuaderno abierto sobre la mesa y *copiaban* en él el texto y mapa que Benito, el que *dibujaba* mejor, *iba poniendo* en la pizarra con tizas de colores.

    Ésta *era* la hora en que don Luis, que apenas *fumaba,* *sacaba* un cigarrillo hecho y, rápido, como si esperara algo en contra, lo *encendía* y *se ponía* a echar humo[4]. *Se separaba* un poco de la mesa, *cruzaba* las piernas y ya *fumaba* despacio, mirando, como si pensara en otra cosa, al encerado, a la clase o a la ventana.

used to be given / used to be
used to begin
used to look
used to have / used to copy
used to draw
used to put
used to be / used to smoke
used to take out
used to light / used to begin
used to draw away / used to cross / used to smoke

Medardo Fraile (España):
«La cabezota» (fragmento)

---

[1]*quiet*   [2]*seep into*   [3]*blackboard*   [4]**echar humo** = *puff smoke*

NOTE   The translation of the customary imperfects of the previous passage has been expressed by *used to* for the sake of uniformity. But often *would* + VERB would be more common. Thus, the following translations are also good: *would be given, was, would begin, would look, would have, would copy, drew, would put, was, smoked, would take out, would light, would begin, would draw away, would cross, would smoke.*

    Habitual or customary past actions, repeated at given intervals, are expressed by the imperfect. In English, such actions are usually expressed by *used to* + VERB or *would* + VERB.

E. *Escriba en español las formas verbales dadas en inglés. Diga qué tipo de acción expresa cada forma verbal.*

Todas las mañanas (1. *we had*) la misma rutina. Nos (2. *would wake up*) la campanada[1] de las seis de la mañana indicándonos que (3. *we ought*) prepararnos para el desayuno en el comedor común de la escuela. Diez minutos antes de las siete, ya (4. *we were*) sentados en nuestros asientos. El capellán (5. *would say*) la oración acostumbrada que (6. *we would listen*) con ansiedad por empezar a tomar el primer alimento del día que (7. *it used to be*) tan escaso como los otros.

---

[1]stroke of a bell

6. When are the verbs describing mental attitudes in the imperfect and when in the preterite?

Aquella Navidad fue alegre para un pobre: Andrés, que no tenía trabajo desde el otoño.

    Atravesaba el parque, al anochecer, cuando vio, en el suelo, una moneda que reflejaba la luz fría de la luna.

5   De pronto, **creyó** que era una moneda de plata; al cogerla,   *he thought*
sorprendido por el peso, **cambió** de opinión: «Es una   *he changed (his mind)*
medalla, desprendida[1] de alguna cadena», **pensó.** Hacía   *he thought*
mucho tiempo que no tenía en sus manos una moneda
de oro, y por eso había olvidado cómo eran. Hasta que,
10   al salir del parque, pudo examinarla en la claridad, **se**
convenció de que, realmente, era una moneda de oro.   *he was convinced*

    Palpándola[2], Andrés *comprendía* por qué los avaros[3]   *understood*
amontonan[4] tesoros, para acariciarlos[5] en la soledad. ¡Era
tan agradable su contacto!

Francisco Monterde (México):
«*Una moneda de oro*» (fragmento)

---

[1]*fallen*   [2]*touching it*   [3]*misers*   [4]*accumulate*   [5]*cherish* (lit. *caress*) *them*

Imperfect	Preterite
Yo **sabía** que Ricardo se había casado.	Al llegar a Torreón, **supe** que Ricardo se había casado.
I knew that Richard had gotten married.	*On arriving at Torreon, I learned (found out) that Richard had gotten married.*

Felipe **creía** que su padre lo
regañaría al llegar a casa.
*Philip **thought** that his father would
scold him when he arrived home.*

Cuando Felipe vio a su padre hablar
con el maestro, **creyó** que lo
regañaría al llegar a casa.
*When Philip saw his father talking
with the teacher, **he thought** that
he would scold him when he
arrived home.*

María **pensaba** que ya había
visitado la catedral.
*Mary **thought** that she had already
visited the cathedral.*

De repente, María **pensó** que
todavía no había visitado la
catedral.
*Suddenly **it occurred to** Mary that
she had not yet visited the
cathedral.*

Todos **comprendían** la explicación
del profesor.
*Everyone **understood** the teacher's
explanation.*

En cuanto hizo diseños en la
pizarra, todos **comprendieron** la
explicación de la profesora.
*As soon as she made sketches on
the board, everyone **understood**
the teacher's explanation.*

The imperfect describes a state of mind not specifically limited in time. The preterite often indicates a change in the state of mind.

*F. Ponga en el imperfecto o en el pretérito los infinitivos dados entre paréntesis.
Explique oralmente las razones para seleccionar uno u otro tiempo.*

1. El alcalde (saber) que esta intersección era peligrosa, porque ya había habido varios accidentes allí.   2. De pronto, sus padres (comprender) por qué lloraba el niño.   3. Todos los habitantes del país (creer) que el gobernador era un hombre honrado.   4. Antes Federico (pensar) que todos se burlaban de él.   5. Jacinto nunca (comprender) por qué tenía que acostarse a las ocho.   6. De repente Lázaro (darse) cuenta que había olvidado la llave del coche.   7. Al ver a Héctor entrar por la puerta tan contento (*yo*) (creer) que había encontrado el dinero perdido. 8. Me gustaba ir a ese restaurante; (saber) que allí servían una paella deliciosa. 9. Cuando vi a mi hermana salir con la cara tan pálida, yo (darse) cuenta de que algo terrible le había pasado.   10. Al sentir el ruido, todos (creer) que el neumático había explotado.   11. Al recibir la cuenta, Aida (pensar) que no iba a tener dinero para pagarla.

III. THE PRETERITE VS. THE IMPERFECT

7. How can one summarize the reasons for the uses of the preterite and the imperfect in the following narrative?

En la sala de profesores *estábamos comentando* las rarezas de Céspedes, el nuevo colega, cuando alguien, desde la ventana, nos **avisó** que ya *venía* por el jardín.
    we were commenting on

informed / he was coming

    Nos callamos, con las caras atentas. **Se abrió** la puerta
5 y por un instante la luz plateada de la tarde **flameó** sobre los hombros de Céspedes.
we became silent / opened
shone

    Saludó con una inclinación de cabeza y **fue** a firmar. Entonces **vimos** que *levantaba* dos manos erizadas de espinas[1]...
he greeted / went
we saw / he was raising

10   **Trazó** un garabato[2] y sin mirar a nadie **salió** rápidamente.
he traced / he left

    Días más tarde **se** nos **apareció** en medio de la sala, sin darnos tiempo a interrumpir nuestra conversación. **Se acercó** al escritorio y al tomar el lapicero[3] **mostró** las
15 manos inflamadas por las ampollas[4] del fuego.
he appeared

he approached / he showed

    Otro día—ya los profesores nos habíamos acostumbrado a vigilárselas—se las **vimos** mordidas[5], desgarradas[6]. **Firmó** como[7] **pudo** y **se fue.**
we saw
he signed / he could / he left

    Céspedes *era* como el viento: si le *hablábamos se* nos
20 *iba* con la voz[8].
was / we would speak
he would fade away

    Pasó una semana. **Supimos** que no había dado clases. Nadie *sabía* dónde *estaba*. En su casa no había dormido.
went by / we learned
knew / he was found

    En las primeras horas de la mañana del sábado una
25 alumna lo **encontró** tendido entre los rododendros[9] del jardín. *Estaba* muerto, sin manos.
found
he was

Enrique Anderson Imbert (Argentina):
«*Las manos*» (fragmento)

---

[1]*bristling with thorns*   [2]*scrawl (i.e., he scrawled his signature)*   [3]*mechanical pencil*   [4]*blisters*   [5]*bitten*   [6]*ripped*   [7]*as well as*   [8]*he would fade away along with our voices*   [9]*rhododendrons*

By asking yourself the following questions about the verbs of the previous passage, you may see more clearly the distinction between the preterite and the imperfect:

The Preterite

(a) Does the action advance the narrative even in the slightest degree? In that case, use the preterite rather than the imperfect. Ex: **avisó... nos callamos... se abrió... saludó... fue... vimos... trazó... salió... se apareció... se acercó... mostró... vimos... firmó... se fue... pasó... encontró.**

(b) Is the action limited in time in any way whatever? In that case, use the preterite rather than the imperfect. Even if the action takes place over twenty years or twenty centuries, if the time is limited, do not use the imperfect. Ex: ... por un instante la luz plateada de la tarde **flameó... Pasó** una semana.

(c) Does the action state a past fact which does not set a background? Then use the preterite rather than the imperfect. Ex: **Firmó** como **pudo** y **se fue.**

(d) Does the action indicate a change in mental state? Then use the preterite rather than the imperfect. Ex: **Supimos** (*we learned, we found out*) que no había dado clases.

(e) Does the reflexive form of a Spanish verb correspond to the English *become* + ADJECTIVE? Then use the preterite. Ex: **Nos callamos...** (*We became silent . . .*)

The Imperfect

(a) Does the action merely supply a background for the plot by describing a state? Then use the imperfect. Ex: Céspedes **era** como el viento. **Estaba** muerto, sin manos.

(b) Is it a continuing action which is interrupted by another action? In that case, put the continuing action in the imperfect. Ex: ...**estábamos comentando...** cuando alguien... nos **avisó...** (*. . . we were commenting . . . when someone . . . informed us . . .*)

(c) Is it a past action expressed by *was/were* + *-ing* form of the verb? Then use the imperfect. Ex: ...ya **venía** por el jardín (*. . . now he was coming* through the garden); Entonces vimos que **levantaba** dos manos... (Then we saw that *he was raising* two hands . . .)

(d) Is it a customary action, repeated regularly, which would be expressed in English by *would/used to* + VERB? Then use the imperfect. Ex: Si le **hablábamos se** nos **iba** con la voz. (*If we would speak with him, he would fade away along with our voices.*)

(e) Is it a verb which indicates a state of mind rather than a change of state of mind? Then use the imperfect. Ex: Nadie **sabía** dónde estaba. (*Nobody* **knew** *where he was.*)

G. *Use el imperfecto o el pretérito con los verbos indicados y explique oralmente las razones para seleccionar uno u otro tiempo. Esta narración está en primera persona singular*[1].

El tren (1. llegar) a la estación con una hora de retraso. Yo (2. saber) que este expreso (3. llegar) siempre tarde y por eso no (4. preocuparse). (5. pensar) que mis amigos también lo (6. saber), y no (7. tener) motivo para angustiarme. (8. tomar) la maleta y (9. bajar) a encontrarme con ellos. (10. sorprenderse) al descubrir que no (11. haber) caras conocidas entre la multitud que (12. agolparse[2]) en el andén[3]. De repente (13. recordar) que en la última carta que les había escrito, les había dicho que (14. ir) el martes y hoy... (15. ser) lunes.

---

[1]This means that when there is no other subject, **yo** (understood) will be the subject of the verb. [2]*swarm* [3]*platform* (of the station)

H. *Traduzca el cuento siguiente al español, teniendo en cuenta especialmente los verbos en el pasado.*

It was only nine o'clock at night, but the streets of the city were already almost deserted. There wasn't much reason[1] to[2] be in that part of the city after the stores and offices closed[3].

But Julio wasn't like other people, and that night he decided[4] to take a walk through the downtown district[5].

First, he entered a little restaurant not far from where he worked and ordered[6] a malted milk. He drank it, left the restaurant, and continued his walk.

By then[7], the streets were completely deserted, and Julio breathed the night[8] air with satisfaction.

After a few minutes, he suddenly realized[9] that someone was following him. He sped up his pace[10], for he thought that it was a robber.

Finally, Julio decided[4] to confront his pursuer and find out[11] what he wanted from him. He discovered that it was a young man about eighteen years old[12]. When he caught up with[13] Julio, the latter prepared[14] to defend himself.

The imagined robber approached. In his hand he had a key case. Addressing Julio in a friendly voice, he said to him:

"Sir, I believe you left this on the counter."

Julio felt [15] very relieved and was so dumbfounded that he could scarcely find words to thank the youth.

---

[1]**motivos** (pl.)   [2]**para**   [3]This indicates a customary action.   [4]Use a form of **decidir +** INFINI-
TIVE.   [5]*downtown district* = **centro**   [6]Use a form of **pedir.**   [7]*by then* = **a esas horas**
[8]**nocturno**   [9]*realize that* = **darse cuenta de que**   [10]*speed up one's pace* = **apresurar el
paso**   [11]*find out* = **averiguar**   [12]*about 18 years old* = **de unos dieciocho años**   [13]*catch up
with* = **alcanzar**   [14]*prepare to* = **prepararse a**   [15]Use a form of **sentirse.**

IV. THE PERFECT

8. Under what circumstances may the perfect replace the preterite?

—Dice Angustias que te **he quitado** un pañuelo de encaje[1]   *I took away (from you)*
que tenías...

    Sentí que me ponía estúpidamente encarnada[2], como
si me hubieran acusado de algo. Una oleada[3] de calor.
5 Un chorro[4] de sangre hirviente en las mejillas, en las
orejas, en las venas del cuello...

    —¡Yo no hablo sin pruebas!—**dijo** Angustias con el
índice extendido hacia Gloria—. Hay quien te **ha visto**   *saw (you)*
sacar de casa ese pañuelo para venderlo. Precisamente
10 es lo único valioso[5] que tenía la sobrina en su maleta y
no me negarás que no es la primera vez que revuelves[6]
esa maleta para quitar de ella algo. Dos veces te **he**   *I caught (you)*
descubierto ya usando la ropa interior de Andrea.

    Esto era efectivamente cierto. Una desagradable cos-
15 tumbre de Gloria, sucia y desastrada[7] en todo y sin dema-
siados escrúpulos para la propiedad ajena[8].

    —Pero eso de que me **haya quitado** el pañuelo no es   *she took away (from me)*
verdad—**dije** oprimida por una angustia infantil.

    —¿Ves? ¡Bruja indecente! Más valdría que tuvieras
20 vergüenza en tus asuntos y que no te metieras en los de
los demás.

    Éste era Juan, naturalmente.

    —¿No es verdad? ¿No es verdad que te **han robado** tu   *they robbed (your)*
pañuelo de la primera comunión?...¿Dónde está entonces?

25   Porque esta misma mañana *he estado viendo* yo tu maleta   *I looked into*
y allí no hay nada.

—Lo *he regalado*—**dije** conteniendo los latidos[9] de   *I gave (it) away*
mi corazón.—Se lo *he regalado* a una persona.   *I gave (it) away*

Tía Angustias **vino** tan de prisa hacia mí, que **cerré**
30   los ojos con un gesto instintivo, como si tratara de abofe-
tearme[10]. **Se quedó** tan cerca, que su aliento me mo-
lestaba.

—Dime a quién se lo *has dado*, ¡en seguida! ¿A tu   *you gave (it)*
novio? ¿Tienes novio?
35   **Moví** la cabeza en sentido negativo.

Carmen Laforet (España):
Nada (fragmento)

---

[1]*lace* [2]*I was blushing stupidly* [3]*wave* [4]*spurt* [5]*only good thing* [6]*turn upside down* [7]*shabby* [8]*someone else's property* [9]*beating* (lit. *beats*) [10]*slap me*

In conversation, the perfect tense is often used instead of the preterite. This use of the perfect is especially common in Spain, but it is also found to some extent in other Spanish-speaking countries.

NOTE   In the previous passage, notice that the perfect replaces the preterite only in the conversational passages—not in the narrative passages.

9. When and to what extent is the perfect tense used in narration?

Entrando en la dehesa[1] de los Caballos, Platero *ha comen-*
zado a cojear[2]. Me *he echado* al suelo.   *began / I bent down*

—Pero, hombre, ¿qué te pasa?

Platero *ha dejado* la mano derecha un poco levantada,   *left*
5   mostrando la ranilla[3], sin fuerza y sin peso, sin tocar casi
con el casco la arena ardiente del camino.

Con una solicitud mayor, sin duda, que la del viejo
Darbón, su médico, le *he doblado* la mano y le *he mirado*   *I bent (his front leg) /*
la ranilla[3] roja. Una púa[4] larga y verde de naranjo sano está   *I looked at*
10   clavada en ella como un redondo puñalillo[5] de esmeralda.
Estremecido[6] del dolor de Platero, *he tirado* de la púa;   *I pulled out*
y *me* lo *he llevado* al pobre al arroyo[7] de los lirios[8]   *I took (him with me)*
amarillos, para que el agua corriente le lama[9], con su
larga lengua pura, la heridilla[10].

15   Después, **hemos seguido** hacia la mar blanca, yo de-   *we continued*
lante, él detrás, cojeando todavía y dándome suaves topa-
das[11] en la espalda...

Juan Ramón Jiménez (España):
«*La púa*» (fragmento de *Platero y yo*)

---

[1]*pasture* [2]*limp*   [3]*hoof* [4]*thorn* [5]*small knife* [6]*shaking* [7]*brook* [8]*lilies* [9]*lick* [10]*little
wound*   [11]*tapping me tenderly*

In some lyric prose, the author uses the perfect in places where the preterite
would normally be used. This is for stylistic effect. The perfect involves the reader
more than the preterite; the perfect has a personal touch, whereas the preterite tends
to be detached.

*I. Vuelva a escribir el párrafo siguiente sustituyendo los pretéritos en itálica por per-
fectos.*

Ayer *volvió* mi hermano de Colombia. *Estuvo* allá un año. *Trabajó* de voluntario
en varios proyectos y tiene muchos cuentos interesantes de lo que le *pasó* allí. Me
dijo que se sentía cansado pero que estaba muy contento de volver a casa. *Trajo*
varios recuerdos de Bogotá y Medellín pero todavía no los *vi*.

EJERCICIOS DE RECAPITULACIÓN

*A. Seleccione la forma verbal que corresponde en cada caso. Tenga en cuenta que
se trata de una narración en el pasado.*

(He llegado—Llegaba) trade a mi trabajo hoy. (Ha habido—Había) mucho
tráfico y mi autobús se (ha retrasado—retrasaba). Cuando (entré—entraba) en la
oficina, el jefe me (ha mirado—miraba) de arriba abajo y me (ha dicho—decía)
que no (he podido—podía) seguir viniendo tarde si (he quierido—quería) con-
servar mi puesto. No (he podido—podía) explicarle que esta tardanza se (ha de-
bido—debía) a un simple problema de tráfico y que yo no (tuve—tenía) la culpa.
Le (he prometido—prometía) que no (fui—iba) a llegar tarde otra vez ... esta
semana.

B. Exprese en el pasado el siguiente fragmento de la novela Cecilia Valdés *de
Cirilo Villaverde.*

El estudiante se (1. dirige) hacia la Plaza Vieja por la calle de San Ignacio.
En la esquina de la [calle] de Sol, (2. tropieza[1]) con otros dos estudiantes que

(3. esperan) su llegada. Uno no (4. es) desconocido, pues lo (5. ha visto) en la calle San José. (6. Es) Diego Meneses. (7. Es) el otro de figura menos galana y esbelta, de hombros bastante levantados, entre los cuales (8. lleva) una cabeza redonda y chica. Leonardo lo (9. saluda) con una fuerte palmada y le (10. da) el nombre de Pancho.

---

[1]bump into

PROBLEM WORDS

Marry

(a) How to say *to get married*

Nuestro primo **se casó** el año
pasado.

*Our cousin **got married** last year.*

Spanish expresses *to get married* by **casarse.**

(b) How to say *to marry someone* or *to get married to someone*

Pablo **se casó con** una chica muy
hermosa.

*Paul **married** a very beautiful
young lady.*

Spanish expresses *to marry someone* by **casarse con alguien.**

(c) How to say *to be married*

¿Está usted casado?   *Are you married?*

Rosario[1] está casada con Rafael.   *Rosario is married to Raphael.*

¿Es usted casado?   *Are you a married man? (Is that
                                     your civil status?)*

---

[1]Although it ends in **-o,** Rosario is a woman's name.

Both **ser** and **estar** may be used with **casado** (*married*).

To indicate that someone is married rather than single, Spanish normally uses **estar casado.** Here, **casado** is simply an adjective describing a condition. The verb **estar** is generally used with **casado,** and the student is advised to use it.

The expression **ser casado** indicates a married person and also the civil status of a person. It is used mainly in questions.

(d) How to say *to marry someone to someone else*

Ese hombre **casó a** todas sus hijas
en cinco años.

*That man **married off** all his
daughters within five years.*

El cura **casó a** Martín y **a** Juanita
ayer.

*The priest **married** Martin and
Juanita yesterday.*

Spanish expresses *to marry someone to someone else* by **casar +** <u>personal</u> **a.**

Miss

(a) When *miss = feel the absence of*

¿Usted **extraña (echa de menos)** su
antiguo apartamento?

*Do you **miss** your old apartment?*

Los niños **extrañan (echan de
menos)** a su madre.

*The children **miss** their mother.*

Spanish may use the verb **extrañar** or the expression **echar de menos** when
miss = feel the absence of.

(b) When *miss = fail to get, fail to take advantage of, fail to attend*

El señor García **perdió** el tren.

*Mr. Garcia **missed** the train.*

Perdimos (se nos escapó) la
oportunidad de conocer al famoso
cantante.

***We missed** the opportunity to meet
the famous singer.*

Yo **perdí (falté a)** la clase ayer.

*I **missed** class yesterday.*

When *miss = fail to get, fail to take advantage of,* or *fail to attend,* Spanish
may use a form of the verb **perder.** Note the alternate ways in the preceding
examples of expressing *to miss an opportunity* and *to miss class.*

(c) How to express *something is missing.*

Se me perdió
Me falta } la cartera.

*My wallet **is missing.***

$$\left.\begin{array}{l}\textbf{¿Se te perdió} \\ \textbf{¿Te falta}\end{array}\right\} \text{algo?}$$ *Are you missing something?*

Falta algo en esta familia.   *Something is missing in this family.*

When a sentence expresses the idea that something is missing because of loss or robbery, Spanish may use a form of **faltar** or **perderse** with the special constructions explained on pages 353, 356, and 385.

Next

(a) How to say *next* (*week, month, year*) + FUTURE TENSE

$$\text{La semana} \left\{\begin{array}{l}\textbf{próxima} \\ \textbf{entrante} \ \text{volverán.} \\ \textbf{que viene}\end{array}\right.$$ *Next week they'll return.*

When *next* is used to modify a unit of time such as *week, month,* or *year* + the future tense, *next* is expressed by the appropriate form of **próximo, entrante,** or **que viene.**

(b) How to say *the next* (*day, morning, night,* and so on) + PAST TENSE

La semana **siguiente** estuvo llena de   *The **next** week was full of surprises.*
sorpresas.

When *next* is used with a unit of time such as *day, morning, night, week, month,* or *year* + A PAST TENSE, and when this unit is the subject of the sentence, *next* is expressed by **siguiente.** In such sentences, English could use *following* as well as *next.* But Spanish cannot use **próximo** in such cases.

(c) How to say (*on*) *the next* (*day, morning,* and so on) + PAST TENSE

A la noche siguiente Pedro no   *The **next night** Peter did not come.*
vino.

Al día siguiente fuimos al Prado.   *The **next day** we went to the Prado.*

The next + A UNIT OF TIME (such as *day, morning,* and so on) + A PAST TENSE is expressed by **a** + UNIT OF TIME + **siguiente** + PAST TENSE. In English, *on* is optional, but in Spanish **a** must be used with the definite article.

NOTE   In the sentence in (**b**), the phrase with *next* is the subject of the sentence. In the sentences in (**c**), the phrase with *next* is not the subject—it is an adverbial phrase of time. When the phrase with *next* is the subject of the sentence, Spanish does not use **a**. When it is an adverbial phrase of time, Spanish does use **a** + ARTICLE.

(d) How to say (*the*) *next time*

¡Anímate! **La próxima vez** será   *Cheer up!* ***Next time*** *will be better.*
mejor.

A la vez siguiente perdí veinte   ***The next time*** *I lost twenty dollars.*
dólares.

With the FUTURE, *next time* is expressed by **la próxima vez.** With a PAST TENSE, *the next time* is expressed by **a la siguiente vez** or **a la vez siguiente.**

(e) How to say *next to*

Me senté **junto a** la puerta.   *I sat **next to** the door.*

When *next to* = *close to*, Spanish may use **junto a.** The same concept may be expressed by **al lado de** and **cerca de.**

A. Sustituya las palabras inglesas entre paréntesis por sus equivalentes en español.

1. (*The next day*) estaba nublado.   2. Luis y Elvia (*got married*) el año pasado.
3. (*I miss*) la comida de mi madre.   4. (*Next time*) haremos otra cosa.   5. Cuando llegué a casa, noté que (*was missing*) el televisor.   6. El señor Muñoz (*married*) una mujer muy inteligente.   7. ¿Ves a Laura? ¿Quién está sentado (*next to*) ella?
8. (*Uds.*) (*Don't miss*) la oportunidad de visitar ese museo.   9. Ese joven (*is not married*); es soltero.   10. (*The next week*) vi a mi novio tres veces.   11. El nuevo pastor (*married*) a dos parejas.   12. (*Next month*) iremos a Florida.

B. Traduzca al español. Tenga especial cuidado con las palabras en itálica.

1. That student *misses* class every week.   2. (*tú*) "*Is* your nephew *married?*" "Yes, he is *married* and has three children."   3. *The next day* we stayed home.   4. (*Ud.*) You *will miss* your old friends.   5. (*tú*) When *did you get married?*   6. Professor Nervo's office is *next to* the door.   7. The judge *married* several couples *the next day.*   8. (*Ud.*) *Is* your bicycle *missing?*   9. *The next week* brought good news to the travelers.   10. Miss Lopez *married* a widower with six children.   11. (*Ud.*) You were at the airport on time; how could you *have missed* that plane?   12. *Next year* we are going to *get married.*

PRÁCTICA DE CONJUGACIÓN

Practique la conjugación de los verbos *estar* y *haber*, conjugados en las páginas 462–463.

C H A P T E R **10**

Ser and *Estar*

Las manzanas y el fuego del otoño

Cuando vi a los cuatro niños rondando la cerca[1], decidí que **serían** mis amigos, tal vez los únicos que tuviera en el pueblo. **Eran** dos varoncitos[2] y dos niñas e iban desde los cinco a los diez años.

—¿Quieren ayudarme a encender el fuego[3] y a recoger manzanas? —les pre-
5   gunté. Y enseguida entraron muy contentos y frente a ellos encendí la primera
brazada de leña[4] de este otoño.

Nos dedicamos luego a desenterrar bulbos en el jardín y a poner en hilera[5]
las macetas.

—Mañana las pintaremos de rojo —propuse. Y así quedó convenido el tra-
10   bajo y la compañía para el día siguiente.

La noche me **fue** hostil en aquella casa todavía extraña, con sus alrededores
demasiado silenciosos. Yo **estaba** acostumbrada al ruido de la ciudad, a su continua
demanda de atención y el **estar** sola me había parecido siempre un acto voluntario.

Me asomé[6] dos o tres veces a la ventana sin que pudiera preguntarme:
15   —¿Por qué le gustará a la gente la velocidad, o el ruido o saber algo de los de-
más? —Allí no podía sentirme diferente, todos me habían demostrado reserva,
salvo esos niños.

Pensé que por ellos me daría cuenta[7] del paso del tiempo, los niños cambian continuamente, de pronto se ven más altos o se les oscurece el cabello o les falta
20   un diente[8] o han aprendido algo nuevo.

A la tarde siguiente, a la misma hora, aparecieron los cuatro, pero enseguida noté que no **eran** los mismos. Sorprendida, los vi dirigirse a las macetas, el más grandecito había ya levantado el bote de pintura roja.

—¿**Son** ustedes algo de los niños que vinieron ayer? Me miraron con sus
25   nuevos ojos y uno dijo:

—**Somos** nosotros mismos. Ella se llama Alicia, éste Juan, aquella chiquita Didí y yo, Marcial, para servirle.

—Sí, los nombres pueden **ser** iguales —pensé— pero de ninguna manera **son** ellos.
30   Como mi pregunta había causado una especie de estupor traté de distraerlos[9] cambiando el plan de trabajo y diciéndoles que después de encender el fuego recogeríamos manzanas.

Las llamas iluminaron sus facciones,[10] tal vez **fueran** niños más dóciles, pero no tenían el encanto de los otros. Cuando les ofrecí chocolate lo hice un poco for-
35   zadamente, la más chiquita no **era** tan graciosa ni el llamado Juan se veía tan inteligente y sensible como el primero.

Les señalé[11] un pequeño carrito que había encontrado en el garaje, lo llevarían al huerto y pondrían allí las manzanas que hallaran en el suelo.

Mi voz sonaba en falso, de vez en cuando miraba las casas próximas espe-
40   rando que mis primeros amigos se asomaran a verme, aunque **fuera** de lejos. Pero no se veía a nadie y cuando empezó el crepúsculo me dirigí al fondo. Los niños jugaban al escondite[12], sus voces se oían de pronto en un sitio como en otro, hasta entre el follaje de algún manzano.

—**Es** tarde ya, tienen que volver a sus casas.
45   Se reunieron a mi alrededor al punto, su alegría había desaparecido, no pensaban desobedecer ni siquiera conquistarme con un mimo, sus caras **eran** espectantes y lejanas.

Me dieron las gracias y abandonaron el carrito lleno de manzanas. Cuando **estaban** algo lejos de la cerca les grité:
50   —Vuelvan ustedes mismos, mañana. ¿Entienden?

Movieron la cabeza afirmativamente y echaron a correr[13] y observé que se distribuyeron en las próximas casas cuyas luces **estaban** ya encendidas.

Al crecer la noche[14] me rodearon esos niños y los del día anterior. Ubicaba uno en un rincón de la cocina y otro cerca de la chimenea, dos o tres en los pel-
55   daños de la escalera, a mi lado, a mis pies, todos mirándome.

Eran ocho, la casa resultaba pequeña pero igual me movía de aquí para allá, aunque una mano regordeta quisiera detenerme. —Ah, la niñita del primer día. Ninguna como aquella.

Al ir a acostarme la coloqué a mi lado.

60   A la tercera tarde no aguanté la impaciencia[15], quería que vinieran todos, que no tuvieran temor de **ser** muchos y recurrieran de nuevo a la misma estratagema.

Los vi aparecer tomados de la mano en la calle polvorienta donde todavía cegaba el sol[16]. **Eran** otra vez cuatro. Un rubio desteñido, a su lado una niña con
65   capota azul, después un negrito zanquilargo[17] y finalmente una pequeña, delgadita y fea con anteojos redondos.

Todos me saludaron.

—Buenas tardes, señora.

Y se dispusieron a entrar en el huerto llevándose de paso[18] el carrito vacío
70   que **estaba** en el porche.

—Oigan, —les grité—. ¿Quiénes **son** ustedes?

Los cuatro se detuvieron y me miraron con otros nuevos ojos.

—Esta se llama Alicia, éste Juan, la más chiquita, Didí, y yo, señora, me llamo Marcial, para servirla.

75   —Yo sé todos los nombres, pero no **son** ustedes los que vinieron ayer. **Eran** otros que yo recuerdo muy bien.

—Oh, sí, señora, **somos** los mismos, vivimos aquí cerca . . .

Los miré uno por uno. Así que todos los chicos del pueblo se turnaban[19] para venir . . . ¿Hasta cuando duraría eso y quién lo habría tramado[20]?

80   —Pues yo no quiero que vengan más. Esta **es** la última vez que les permito la entrada a mi casa.

Caminaron cabizbajos arrastrando el carrito y yo me senté con el corazón palpitante; al rato no pude menos que volver a observar sus nuevos gestos, sus nuevas miradas, sus nuevas voces.

85   —No los mires más, tonta —me dije—, te llenarás de caras, de manos, de pies conmovedores. No podrás dar un paso sin tropezar con ellos, no podrás tragar un bocado[21] sin preguntarte si también ellos comen.

Así **fue,** a la hora de la merienda, corté demasiadas rebanadas de pan y llené un plato hondo de mermelada[22]. Hacía rato que los oía perseguirse y tirarse de
90   los árboles como gatos monteses. La niñita de anteojos[23] lloraba.

—¿Qué pasa ahí?

La de capota azul me la trajo a rastras[24].

—Quiere correr con nosotros y no hace más que tropezar y caerse[25].

Tuve que secar sus anteojos, frotarlos bien, lavarle la cara. Sentada sobre la
95   mesa de la cocina resultaba más flaquita y pálida. No se parecía en nada a la primera Didí. Pero tomaba su tazón de leche y mordía su rebanada de pan de la misma manera. Llamé a los demás que **estaban** agitados y alegres, traían sólo cuatro manzanas en el carrito aunque también un buen hervidero de lombrices en un tarro[26].

100   Trataba de no mirarlos mucho, de que no me quedaran sus facciones, pero
era imposible no retener cierta forma de mejillas, el color de unos cabellos albo-
rotados, la delgadez extrema de unas piernas morenas[27].

Cuando **estuvieron** satisfechos me sonrieron.

—¡Marcial! —llamé.

105   El rubio desteñido **estuvo** enseguida atento.

—¿Quieren volver mañana?

—Vendremos todas las tardes como siempre. La ayudaremos a encender el
fuego y recogeremos las manzanas.

Le di un beso a la niñita de anteojos que seguía comiendo ensimismada[28] y

110   acompañé a todos hasta el portón y los vi entrar en cualquiera de las silenciosas
e iluminadas casas.

Las llamas se volvieron apacibles, la ceniza iba cubriendo el gran leño de
rubíes, alrededor mío **estaban** las doce criaturas mirándome, supe así que habría
muchas más en adelante, con todos los dones y con todos los infortunios y lle-

115   narían mi casa y mi vida, ahora y más allá del otoño.

María de Monserrat,

En Antología del cuento uruguayo *VI.*

---

[1]going around the fence   [2]two little boys   [3]to light the fire   [4]an armful of firewood   [5]in a
line   [6]I leaned out   [7]I would realize   [8]a tooth is missing   [9]I tried to amuse them   [10]faces
[11]I pointed out to   [12]hide-and-seek   [13]they began to run   [14]When the night advanced/grew
[15]impatience   [16]where still the sun was blinding   [17]longlegged   [18]in passing   [19]were taking
turns   [20]who would have plotted it?   [21]a mouthful (of food)   [22]a deep dish of jam   [23]The
little girl with eyeglasses   [24]dragged her to me   [25]she does nothing but stumble and fall
[26]jar   [27]the extreme thinness of dark legs   [28]absorbed

---

María de Monserrat (1915–) es una autora uruguaya que ha publicado varias
colecciones de cuentos, entre las cuales se destacan *Tres relatos* (1942), *Cuentos
mínimos* (1953) y *Los lugares* (1965). Su estilo conciso, elegante y dinámico,
unido a la enigmática presentación de sus personajes la colocan entre las me-
jores narradoras de Uruguay.

COMPRENSIÓN

*A continuación se da un resumen del cuento en varias oraciones incompletas que
deben terminarse escogiendo uno de los tres finales que se dan para cada una.
Después lea las oraciones completas para reforzar, con este resumen, el sentido
del cuento.*

1. La protagonista principal del cuento es la narradora, quien es
   a. una mujer muy rica que vivía en la ciudad y pasaba las vacaciones en un pueblo de campo.
   b. una señora que vivía sola, quizás jubilada, que había vivido en la ciudad y no le gustaban ni el ruido ni la velocidad.
   c. es la dueña de la casa que está preparándola para venderla.
2. El primer día de estar en la casa
   a. vio a unos niños que querían jugar con los bulbos del jardín.
   b. vio a unos niños parados en la cerca y los invitó a comer manzanas.
   c. vio a unos niños andando junto a la cerca y los invitó a encender el fuego y a recoger manzanas.
3. El segundo día, por la tarde, volvieron los cuatro niños
   a. pero la señora notó que no eran los mismos niños.
   b. con otros amigos que se llamaban Alicia, Juan, Didí y Marcial.
   c. preparados para ir a pasear con la señora.
4. Los niños se intranquilizaron con la confusión de la señora,
   a. y ésta los calmó con una taza de chocolate.
   b. y ésta los distrajo enseñándoles unos dibujos.
   c. y ésta los distrajo cambiando el plan de trabajo.
5. Esa noche, la señora se imaginó que
   a. estaba rodeada por ocho niños, los del primer día y los del segundo.
   b. los niños no querían volver a ayudarla, porque ella los había confundido.
   c. estaba otra vez sola en medio del ruido y la velocidad de la ciudad.
6. A la tercera tarde, la señora quería que vinieran todos
   a. los niños del barrio para jugar con el fuego y las manzanas.
   b. los que habían venido el primer y el segundo día, los ocho niños.
   c. cogidos de la mano: eran doce niños.
7. Sin embargo, eran solamente
   a. ocho niños, con las mismas ganas de jugar y trabajar.
   b. los amigos de los niños que querían recoger leña.
   c. cuatro, como las tardes anteriores.
8. La señora volvió a preguntarles
   a. cómo se llamaban.
   b. quiénes eran.
   c. si querían tomar chocolate.
9. Pero los niños le aseguraron a la señora que
   a. eran los hermanos de los que habían venido antes.
   b. eran los mismos y que vivían allí cerca.
   c. volverían con sus amigos al día siguiente.
10. La señora se impacientó y les dijo a los niños que
    a. eran muchos y que no quería verlos más.
    b. no vinieran más a su casa.

    c. trajeran manzanas para la merienda.

11. A pesar de lo que les dijo a los niños, la señora
    a. les dio una merienda muy buena, atendió a la niñita y le preguntó al mayor, a Marcial, si querían volver al día siguiente.
    b. siguió jugando con ellos en el jardín.
    c. les tenía miedo, porque ahora eran doce niños que corrían y comían muchas rebanadas de pan con mermelada.

12. Los niños prometieron, a través de Marcial,
    a. no volver más a jugar ni a ayudar a la señora con el fuego ni las manzanas.
    b. apagar el fuego y pintar los ladrillos.
    c. venir todas las tardes a ayudarla a encender el fuego y a recoger las manzanas.

In English there is only one verb *to be*. In Spanish, two verbs, **ser** and **estar**, express the English *to be*. They cannot be used interchangeably. Every native speaker of Spanish, educated or uneducated, knows from early childhood when to use **ser** and when to use **estar**. As a general rule, **ser** answers the questions *what, who*, and *whose;* **estar** answers the questions *how* and *where*.

In general, **ser** indicates an inherent characteristic, **estar** a condition which may change. However, it is necessary to examine a number of categories and specific cases in order to know how to use these two verbs accurately.

I. *SER* + NOUN OR PRONOUN

1. Which Spanish verb is always used to express *to be* + NOUN?

El señor Pérez **es** un hombre honrado.	*Mr. Perez **is** an honest man.*
—¿Quién **era**? —**Era** el dentista.	*"Who **was it**?" "**It was** the dentist."*
Aquellos edificios **son** fábricas.	*Those buildings **are** factories.*
¿**Es** usted demócrata?	*Are you a democrat?*

To tell what someone or something is, a form of the verb **ser** is always used with predicate nouns.

2. Which Spanish verb is used to express *to be* + PRONOUN?

La casa **es** mía.   *The house **is** mine.*

Las sábanas **son** doce.   *There **are** twelve sheets.*

A form of the verb **ser** is always used before a pronoun.

NOTE   When an adjective really performs the function of a pronoun, as is the case in the last example above, a form of **ser** is also used.

3. How is *it is* + PERSONAL PRONOUN expressed in Spanish?

Es ella.   *It's she. (**It is** she.)*

Somos nosotros.   *It's we. (**It is** we.)*

The English *it is* + PERSONAL PRONOUN is expressed by a form of **ser** in Spanish. Note that in such cases, the Spanish verb **ser** agrees in person and number with the subject pronoun, that the subject pronoun always follows the verb, and that the English *it* is not expressed.

NOTE   The English expression *It is for* . . . is rendered in Spanish by **Es para** . . . Ex: **Es para** toda la vida.

A. *Traduzca al español estas oraciones relacionadas con la vida estudiantil. Preste atención especial a las formas en itálica del verbo to be.*

1. When we *were* students, we went out every night.   2. Mr. Gomez, the chemistry teacher, *was* a great professor.   3. Robert *used to be* Alicia's boyfriend, but now her boyfriend *is* Michael.   4. When we started with Mr. Gomez, our ignorance in chemistry *was* monumental.   5. We didn't even know that water *is* a chemical compound.   6. Whenever we had a question, it *was* he who would give us a convincing answer.   7. I *would* soon *be* an[1] engineer if I studied more.   8. (*Uds.*) *Are* you the new representatives of the student body?   9. *Is* it she who wants *to be* an actress?   10. (*tú*) Do you remember my cousin? Well, he *is* now the principal of a public school.   11. My sister Antonia *will be* the principal character in[2] the play.   12. Now I *am* the treasurer of the Spanish club.   13. (*tú*) *Are* those the books you have to read for that course?

---

[1]In Spanish unmodified professions do not take an indefinite article after forms of **ser**.   [2]Do not use **en**.

II. *SER* AND *ESTAR* + ADJECTIVE

4. Which Spanish equivalent of *to be* is used with an adjective that expresses an attribute or an inherent quality?

Los parques de la capital **son** muy hermosos.	*The parks of the capital **are** very beautiful.*
Todos los edificios de aquella avenida **serán** muy altos, según el proyecto.	*All the buildings on that avenue **will be** very tall, according to the project.*

To indicate an attribute or an inherent quality not likely to change of a person or thing, a form of the verb **ser** is used with a following adjective. The adjective answers the question *what kind?*

5. Which Spanish equivalent of *to be* is used with an adjective that expresses a condition which is subject to change?

Por dejar todo para mañana, Martín **está** muy ocupado hoy.	*Because he leaves everything for tomorrow, Martin **is** very busy today.*
Anita **estuvo** enferma durante un mes.	*Anita **was** sick for a month.*
Desde el 1° de diciembre aquel edificio **está** vacío.	*Since the first of December that building **has been** empty.*

To indicate a condition of a person or thing which is subject to change, a form of the verb **estar** is used. The adjective answers the question *in what condition?*

NOTE 1   The adjectives **rico, pobre, joven**, and **viejo** are normally used with forms of **ser**. However, they may sometimes be found with forms of **estar**, in which case the form of **estar** often means *looks* rather than *is*, or at times *becomes*.

NOTE 2   The adjective **feliz** is most often used with **ser**, whereas **contento** and **satisfecho** are used with **estar.**

NOTE 3   The adjective **casado** is used with both **ser** and **estar** in common speech. (See pages 209 and 210).

NOTE 4   The adjective **muerto** is always used with **estar**. (See page 227, §13.)

6. How do ser and estar differ in meaning when used with the same adjective?

Esa situación **es** muy molesta.	*That affair is very annoying.*
Doña Bárbara **está** muy molesta.	*Barbara is very uncomfortable.*
Mi tío **es** callado.	*My uncle is close-mouthed.*
Hoy Pepito **está** callado.	*Today Joe is silent.*
Este chico **es** limpio.	*This boy is (a) clean (person).*
Este chico **está** muy limpio.	*This boy is very clean.*
¡Qué listo **es** su padre!	*How clever your father is!*
¿**Está** lista su mujer?	*Is his wife ready?*

Because of the fact that **ser** + ADJECTIVE expresses an inherent quality and **estar** + ADJECTIVE expresses a changeable condition, a number of adjectives can be used with either, but the meaning is different. Among these adjectives are:

	ser	estar
abierto	*frank*	*open*
aburrido	*boring*	*bored*
alegre	*lighthearted*	*happy*
alto	*tall, high*	*in a high position*
amable	*kind* (by nature)	*kind* (for the time being)
bajo	*short, low*	*in a low position*
bueno	*good* (character)	*in good health, well*
callado	*close-mouthed, taciturn*	*silent*
cerrado	*narrow-minded*	*closed*
cierto	*true*	*sure*
interesado	*selfish*	*interested*
limpio	*well-groomed, clean*	*clean*
listo	*clever*	*ready*
loco	*silly, crazy* (by nature)	*frantic*

	ser	estar
malo	*bad* (character)	*sick, in poor health*
molesto	*annoying*	*bothered, uncomfortable*
nuevo	*newly made*	*unused*
preparado	*cultivated, learned*	*prepared, ready*
seguro	*safe, reliable*	*assured, confident, protected*
simpático	*likable, personable*	*likable, personable*
	(by nature)	(for the time being)
triste	*dull, deplorable*	*sad, gloomy*
verde	*green* (by nature)	*green* (not ripe)
vivo	*lively, keen, alert*	*alive*

NOTE   English adjectives ending in *-ing* cannot be expressed in Spanish by the gerundive form ending in **-ndo.** Ex: *exasperating* = **exasperante;** *charming* = **encantador;** *gratifying* = **grato.**

B. *¿Cómo son sus amigos? Aquí hay varias oraciones que podrían usarse para decir cómo son algunas personas. Complete cada oración con la forma conveniente del presente de _ser_ o _estar_, según el caso.*

1. Yo _____ muy contento con mi suerte porque no _____ ambicioso.   2. Alfonso _____ muy bueno con sus hijos.   3. Tus ojos _____ verdes como los de tu padre.   4. Manolo _____ muy listo; sabe siempre qué hacer.   5. Mi hermana Claudia _____ muy callada y reservada; nunca dice nada a nadie.   6. Me gusta platicar con Daniel porque siempre _____ muy agradable.   7. Yo _____ bastante alto; mido ciento ochenta centímetros.   8. Generalmente mi prima Sofía _____ muy alegre pero ahora _____ triste porque su novio _____ en el ejército.

C. *Llene los espacios en blanco con la forma conveniente del presente de _ser_ o _estar_, según el caso.*

1. Las puertas del colegio _____ abiertas. Ciérrelas.   2. Si Luis _____ borracho, es porque se tomó un litro de vino.   3. En estos días Luisa _____ muy ocupada con su trabajo y no tiene tiempo para nada.   4. Pasamos el día trabajando en la oficina y nuestro perro _____ muy solo en casa.   5. Aquellos cazadores _____ muy crueles. Cazan por el gusto de matar y ver sufrir a los animales.   6. Las chicas siempre _____ listas cuando viene el taxi a recogerlas.   7. Este producto _____ superior; su calidad no tiene rival.   8. El baile _____ muy alegre con la presencia de tantos jóvenes.

D. *Escriba oraciones usando los pares de palabras dados, más la forma correspon-diente del presente de* ser *o* estar *y los artículos necesarios.*

Ejemplo   clase/vacía
La clase está vacía.

1. edificios/altos   2. estudiantes/inteligentes   3. Roberto/ocupado   4. señora/contenta   5. chica/callada (*es decir, no quiere hablar*)   6. María/lista (*es decir, siempre recibe buenas notas*)   7. niños/enfermos   8. empleado/interesado (*egoísta*)   9. médico/preparado (*para la operación*)   10. eso/cierto (*es decir, verdad*)

E. *Aquí tiene algunas expresiones que se dicen cuando viajamos. Complételas con la forma apropiada de* ser *o* estar.

1. ¿_____ lleno el tanque de gasolina?   2. ¿Por qué bostezas? ¿_____ aburrido o tienes sueño?   3. Yo _____ muy cansado. Debe _____ el tiempo.   4. Nuestro coche _____ azul, no verde.   5. Este cruce _____ muy peligroso.   6. El coche _____ limpio porque acabo de lavarlo.   7. ¿Tú _____ listo ya? ¡Nos vamos! 8. Los niños _____ muy intranquilos.   9. Ese chofer _____ muy enfadado.

III. *SER* AND *ESTAR* + *DE* + NOUN

7. When are forms of ser followed by de + NOUN?

Estos viajeros **son de** Venezuela.	*These travelers **are from** Venezuela.*
Aquella bolsa **es de** la señora Álvarez.	*That purse **is** Mrs. Alvarez's.*
¿**Es** su mesa **de** madera?	*Is your table made out **of** wood?*
Mi reloj **es de** oro.	*My watch **is** gold.*

Forms of **ser** are used with phrases beginning with **de** to indicate *origin*, *ownership*, and *material*.

8. When are the forms of estar followed by de + NOUN?

Mi primo **está de** médico en ese
hospital.

*My cousin is **at present (acting as)**
a doctor in that hospital.*

When forms of **estar** are followed by phrases beginning with **de**, this **de** is equivalent to the English *as* or *acting as*.

F. *Usted le escribe a una amiga de la infancia sobre las personas que conocían cuando usted y ella vivían en el mismo barrio de la ciudad. Complete las líneas de la carta imaginaria con la forma apropiada del presente de ser o estar.*

1. La casa donde vivías _____ del señor Ramírez.   2. El hijo de Ramírez _____ de abogado en la Compañía de Electricidad.   3. ¿Te acuerdas de Luisito? Pues bien, este año _____ marinero en la marina mercante. ¿Qué hará el año que viene? 4. Todos los nuevos comerciantes de la calle Águila _____ de España.   5. La nueva iglesia _____ de piedra y mármol.   6. ¡La pobre Paulina! ¡Tan rica que era, y ahora _____ de sirvienta en casa de los Gómez Mena!

G. *Traduzca estas oraciones al español, usando formas de ser o estar exclusivamente para expresar el verbo de la oración, cualquiera que sea[1].*

1. At that time[2] Laura was working[3] as a waitress in a restaurant.   2. The artificial flowers are made[3] out of silk.   3. I am from California.   4. Tom is acting[3] as a bodyguard for the[4] president of the company.   5. The bicycle is her brother's but the doll is hers.   6. Martha is working[3] as a cashier in that store.

---

[1]**Traduzca... sea.** Translate these sentences into Spanish, using only forms of **ser** or **estar** to express the verb of the sentence, no matter what it is.   [2]**en aquella época**   [3]Express this verb by a form of **ser** or **estar**.   [4]*for the* = **del**

IV. *SER* AND *ESTAR* TO INDICATE PLACE

9. When is estar used to indicate place?

La iglesia **está** cerca del
ayuntamiento.

*The church **is** near the city hall.*

Mis padres **estuvieron** en México.   *My parents **were** in Mexico.*

The verb **estar** is used to indicate the place or location of persons or things.

10. When is ser used to indicate place?

La fiesta **será** aquí.   *The party **will be** here.*

La boda **fue** en la iglesia de Santo   *The wedding **was** in the Church of*
Tomás.   *St. Thomas.*

The verb **ser** is used to indicate place or location when it is a question of an event taking place.

NOTE   However, note the following example:

—¿Adónde vamos?
—A la iglesia. (*pausa*)
—¿Dónde **es?**
—Mira... **es** allí.

It is common in Spanish to use **ser** to indicate place. However, **ser** is usually followed by an adverb of place and the subject of the sentence is omitted. In this case, **ser** is used to refer to things, such as buildings, not to persons.

H. Sustituya los tiempos indicados entre paréntesis por la forma conveniente de ser o estar en estas oraciones relacionadas con la boda de una amiga suya.

1. La boda (*futuro*) en la iglesia donde (*futuro*) todos los invitados y familiares.
2. Voy a poner estas invitaciones donde (*presente*) las otras.   3. Aquí (*presente*) las direcciones de los amigos del novio que (*imperfecto*) perdidas.   4. La ceremonia civil (*futuro*) en el despacho del notario.   5. Los novios (*pretérito*) mucho tiempo en la iglesia para ensayar[1].   6. Los padres de la novia insisten en que la fiesta de la boda (*presente del subjuntivo*) en su casa de campo.   7. Pero el novio preferiría que no (*imperfecto del subjuntivo*) allí sino en la residencia de la ciudad.

---

[1]*rehearse*

*I. Traduzca al español estas oraciones relacionadas con estudios en el extranjero. Preste atención a las formas del verbo **to be**.*

1. I was in Spain five semesters and this is why I speak Spanish fluently[1].   2. Mercedes says that next year she will be in the University of Granada.   3. I have already been in several Spanish cities.   4. Two years ago I could not be considered a native speaker.   5. My graduation ceremony was very interesting.   6. It was in a nineteenth-century auditorium.   7. The diploma was in Latin.   8. I don't know where it is now.   9. I wish I were in Madrid now.

---

[1]con soltura

V. *ESTAR* + PRESENT PARTICIPLE

11. How are the progressive tenses formed in Spanish?

Gonzalo **estaba reparando** la radio cuando llegaron los invitados.	*Gonzalo **was repairing** the radio when the guests arrived.*
Estoy afeitándome.	*I am shaving.*

Forms of **estar** + PRESENT PARTICIPLE constitute the progressive tenses in Spanish. The progressive form of any tense may be formed thus, but the progressive form is used more often in the present and imperfect than in any other tenses.

NOTE   The progressive forms are fairly common in Spanish, but they are not used as frequently as in English. The English present progressive *must* be used with most verbs to indicate an action which is going on, whereas in Spanish the simple present may also be used to convey that idea. For instance, the English *What are you writing?* may be expressed either by **¿Qué escribes?** or **¿Qué estás escribiendo?**

J. ¿Qué estaban haciendo usted y su amigo cuando ocurrió el terremoto? Lea estas oraciones traduciendo al español las expresiones dadas en inglés entre paréntesis. Use formas de estar + gerundio.

1. En ese momento Armando (*was packing*[1]) sus maletas.   2. ¿Qué (*was doing*) Leo?   3. Toda la mañana yo (*was measuring*) el terreno donde pensaba construir

mi casa.   4. Mis amigos (*were having a good time*[2]) en el café.   5. La tierra (*was trembling*[3]) más de dos minutos.

---

[1]Use a form of **preparar.**   [2]Use a form of **divertirse.**   [3]Use a form of **temblar.**

VI. *SER* AND *ESTAR* + PAST PARTICIPLE

12. What is the function of ser + PAST PARTICIPLE in Spanish?

La casa **fue destruida** por el fuego.	*The house **was destroyed** by fire.*
Los ganadores de la carrera **serán premiados** con medallas de oro.	*The winners of the race **will be rewarded** with gold medals.*

Normally, the passive voice is formed by **ser** + PAST PARTICIPLE. (See pages 372–378.) This combination indicates that something or someone is acted upon.

13. What is the function of estar + PAST PARTICIPLE in Spanish?

La profesora **está** muy bien **preparada.**	*The teacher **is** very well **prepared.***
El gato **está muerto.**	*The cat **is dead.***

The combination of **estar** + PAST PARTICIPLE indicates a state or condition, as a result of an action.

14. What change of meaning results when the past participle of the same verb is used with both ser and estar?

ser	estar
La puerta **será abierta** por el portero.	A las siete la puerta **estará abierta.**
*The door **will be opened** by the janitor.*	*At seven o'clock the door **will be open.***

Esta carta **fue escrita** ayer.   Ahora la carta **está escrita.**
*This letter **was written** yesterday.*   *Now the letter **is written.***

In each case the sentences on the left, consisting of **ser** + PAST PARTICIPLE, indicate an action, whereas the sentences on the right, consisting of **estar** + PAST PARTICIPLE, indicate a state or condition which has come about as the result of some previous action.

K. Sustituya los tiempos indicados entre paréntesis por la forma conveniente de ser o estar.

1. Ayer a las cinco las cortinas (*imperfect*) terminadas.   2. El testigo (*pluperfect*) llevado ante el juez en contra de su voluntad.   3. Si trabajamos ocho horas diarias, este trabajo (*future perfect*) concluido antes de la fecha señalada.   4. Varias muchachas (*imperfect*) sentadas en la sala de espera.   5. No me gustan estas puertas porque (*present*) pintadas de blanco y azul.   6. Las noticias que llegaban del frente (*imperfect*) leídas con avidez.   7. Las sillas que ustedes pidieron ya (*present*) hechas.

*L. Traduzca al español estas oraciones relacionadas con actividades propias de la casa. Preste atención a las formas del verbo **to be**.*

1. The coupons were found in the kitchen when my father arrived with the newspaper.   2. The salad was already prepared when the guests arrived.   3. (*Ud.*) The vacuum cleaner is fixed; now you can use it.   4. The windows were opened to increase the ventilation.   5. Our plumbing problems[1] are already solved.   6. The bill will be presented to the owner of the house.

---

[1]**problemas de cañerías**

VII. MISCELLANEOUS USES OF *SER* AND *ESTAR*

15. What Spanish verb is used before the INFINITIVE to express the English *to be*?

Lo importante **es** llegar a tiempo.   *The important thing **is to arrive** on time.*

¡Esto sí **es** <u>correr</u>!   *This **is** really **running**!*

When used in the predicate after forms of *to be*, the Spanish infinitive is considered a noun, and therefore it is always used with forms of **ser.**

Although this construction is not used as frequently in English, it is very common to find **ser** + INFINITIVE in Spanish. "Saber leer es saber andar; saber escribir es saber ascender." José Martí (1852–1895) Cuba.

16. How is the English *it is* + EXPRESSIONS OF TIME or SEASON, and its equivalent in other tenses expressed in Spanish?

Era verano en Australia.   *It **was** summer in Australia.*

Es de noche.   *It **is** night.*

Será tarde.   *It **will** be late.*

Son las ocho y media.   *It **is** half past eight.*

Impersonal expressions indicating time of day, season, or year are expressed by forms of **ser** in Spanish. The impersonal *it* is never expressed in such sentences.

17. What Spanish impersonal expression is used to express the English *the fact is*?

Es que no quiero ir.   *The fact is (that) I don't want to go.*

The English *the fact is* may be expressed by the Spanish **es que.**

18. How are the forms of <u>estar</u> used with <u>por</u> + INFINITIVE?

Cuando llegamos al nuevo edificio, las cerraduras **estaban por** ponerse todavía.   *When we arrived at the new building, the locks **were not on** yet.*

The combination **estar por** + INFINITIVE = *not yet (done).*

NOTE   When the subject of **estar por** + INFINITIVE is a person, it may mean *to be in favor of*. Ex: **Estoy por** quedarme aquí. (*I am in favor of remaining here*.) However, this construction is infrequent.

19. How are the forms of estar used with para + INFINITIVE?

Siento mucho haber llegado en el momento en que ustedes **estaban para** salir.

*I regret very much that I arrived just when you **were about to** leave.*

The combination **estar para** + INFINITIVE = *to be about to*.

M. Sustituya los tiempos indicados entre paréntesis por la forma conveniente de ser o estar.

1. (*imperfect*) de madrugada cuando salimos de la casa.   2. Lo importante (*present*) estar alerta.   3. —Bueno, señores, (*present*) hora de empezar.   4. (*imperfect*) la época de la cosecha.   5. El trabajo (*present*) por hacer y ya (*present*) las doce.
6. Nosotros (*imperfect*) para irnos cuando llegó la policía.

N. Traduzca al español. Preste atención a las formas del verbo to be.

1. It will be late when we arrive[1].   2. The fact is[2] that I am very tired.   3. Now it's winter in Argentina because it's summer here, isn't it?   4. We were about to sit down at the table when Martha arrived with her children.   5. (*tú*) Get up! It's already a quarter after nine.   6. To say such things about[3] the man is to slander him.   7. The chicken is[2] not yet roasted.

---

[1]Use the present subjunctive.   [2]Use an idiomatic expression.   [3]**de**

EJERCICIOS DE RECAPITULACIÓN

A. Traduzca las oraciones siguientes al español. Preste atención a las formas del verbo to be.

1. (*Ud.*) Is your mother sick?   2. Spanish is very easy, but Russian is hard.
3. Those bananas are from Cuba, aren't they?   4. Gold is a precious metal.
5. The housewives are worried about[1] the rising prices.   6. Marcelo is in Bogotá as a chauffeur.   7. The dance will be in the hotel.   8. It is spring in Chile now.
9. I don't know where the cat is, but I think he is in the garden.

---

[1]**con**

B. Traduzca las oraciones siguientes al español. Preste atención a las formas del verbo **to be.**

1. The fact is[1] that the bank is closed.   2. Breathing[2] is not living[2].   3. "Who is in front of the library?" "It's we."   4. The washing machine was repaired last week, but now it's broken again.   5. I was having lunch when the mail carrier arrived.   6. This shirt is not very clean, and since Patrick is a very particular person, he did not want to put it on.   7. My sister is not ordinarily a nurse, but she is now in Barcelona as a nurse during my father's illness.   8. (*tú*) Are those shoes yours?

---

[1]Use an idiomatic expression.   [2]Use the infinitive form in Spanish.

C. He aquí algunos comentarios sobre cosas que pasan en su lugar de empleo. Tradúzcalos al español.

1. At present I am a computer specialist[1] for the Gas Company[2].   2. My boss is very nice[3] to[4] me.   3. He is from Caracas, although he now lives in Chicago.   4. Last year he was promoted to the position of supervisor.   5. A month ago I was very sad because I hadn't received an increase in salary.   6. But now I am about to get an increase and a promotion.   7. I have been working too much recently.   8. The fact is that I am exhausted.

---

[1]**especialista en computadoras**   [2]**Compañía del Gas**   [3]**bueno**   [4]**con**

D. Traduzca las oraciones siguientes al español. Preste atención a las formas del verbo **to be.**

1. These books are theirs.   2. The wall was washed when I came in.   3. "Who is in the living room?" "It's she, I'm sure."   4. The water in that lake is very cold, and today it is colder than ever[1].   5. That insect is a fly.   6. The afternoon was very gloomy because the sky was gray.   7. Her stockings are torn.   8. Where is the meeting?   9. It is still early.   10. To travel is to learn.   11. (*Uds.*) Are you from Ecuador, and are you here as tourists?

---

[1]*than ever* = **que nunca**

E. Seleccione las palabras que mejor completen cada oración dentro de los tres grupos que se ofrecen entre paréntesis.

1. Llegamos anoche y ahora estamos (altos—inspectores—aquí).   2. Yo no estoy

(inteligente—listo—triste) para salir. 3. ¿Ustedes estaban (en la sala—médicos—nuevos) cuando vino Alberto? 4. Esas estudiantes estuvieron (secretarias de la asociación—estudiando toda la noche—jóvenes). 5. La graduación fue (de la escuela—en el teatro—abierta) el lunes pasado. 6. Este joven es (de mecánico—hermano—amable); siempre nos ayuda con el coche. 7. La fiesta fue (preparando—preparada—a preparar) por el comité. 8. Tú estabas para (acostarte—agradable—el sol) cuando entró Ricardo y no pudiste hacerlo, ¿verdad? 9. Las alumnas son (enfermas—preocupadas—muchas) y no tenemos suficientes sillas. 10. Las ventanas estaban (destruidas por el viento todos los años—rotas desde el año 67—abiertas por el conserje).

 # PROBLEM WORDS

Only

(a) When *only* is an adjective

Es la **única** camisa que traje
  conmigo.

*This is the **only** shirt I brought
  along.*

When *only* is an adjective, it is usually expressed by **único,** placed before its noun.

Alberto es **hijo único.**

*Albert is **an only child.***

But in expressions such as *an only child,* **único** follows its noun.

(b) When *only* is an adverb

Juan vendió $\left\{\begin{array}{l}\textbf{nada más que}\\ \textbf{no más que}\\ \textbf{sólo}\\ \textbf{solamente}\end{array}\right.$ dos coches esta semana.

*John sold **only** two cars this week.*

La tienda está abierta $\left\{\begin{array}{l}\textbf{nada más que}\\ \textbf{no más que}\\ \textbf{sólo}\\ \textbf{solamente}\end{array}\right.$ hasta las cinco.

*The store is open **only** until five o'clock.*

When *only* is an adverb, it may be expressed by **sólo (solo), solamente, no más que,** or **nada más que.** Formerly, **solo** as an adverb was written **sólo.** Today that accent is optional.

(c) *only too = very*

Estaba **muy** contenta de ayudarnos.   *She was **only too** glad to help us.*

The combination *only too* + a positive quality, meaning *very,* is usually expressed by **muy** in Spanish. But *to be only too willing to* is usually expressed by **tener muchas ganas de: No tengo muchas ganas de hablar ahora.**

(d) *if only*

¡Ojalá (que)
¡Si al menos } tuviéramos bastante dinero!
¡Si

If only we had enough money!

The expression *if only* may be expressed by **¡Ojalá (que)... !, ¡Si al menos... !,** or **¡Si... !** Each of these is followed by the imperfect or the pluperfect subjunctive.

(e) When *only = but*

Haz lo que quieras, **pero** no vayas   *Do what you please, **only** don't*
    demasiado rápido.   *speed.*

When *only* means *but,* it is expressed by **pero** in Spanish.

Paper

(a) When *paper = material*

Ya no tenemos más **papel.**   *We don't have any more **paper.***

El **papel** está muy caro estos días.   ***Paper** is very expensive these days.*

When it is a material, *paper* is expressed by **papel.**

NOTE   Spanish uses **papel higiénico** for *toilet paper.*

(b) How to say *a piece of paper*

Dame **una hoja (de papel).**   *Give me **a sheet of paper.***

Spanish expresses *a sheet of paper* by **una hoja (de papel).** One can always say **una hoja de papel,** but in colloquial speech one normally says simply **una hoja.**

CAUTION   Do not say **pedazo de papel**. That expression indicates a small fragment of paper torn from a sheet of paper.

(c) When *paper = newspaper*

Vi eso en **el periódico.**   *I saw that in **the paper.***

Spanish expresses *paper* (meaning *newspaper*) by **periódico.**

(d) When *paper = classroom exercise*

Entreguen $\left.\begin{array}{l}\textbf{los trabajos}\\ \textbf{los ejercicios}\\ \textbf{las tareas}\\ \textbf{los papeles}\end{array}\right\}$ al final de la clase.

*Hand in your **papers** at the end of the hour.*

Various words are used to express *paper(s)* when it means *classroom exercise.* Among these are **los trabajos, los ejercicios, las tareas,** and **los papeles.**

(e) When *paper = classroom report*

Tenemos que preparar tres **trabajos**   *We have to prepare three **papers***
  para ese curso.   *for that course.*

When *paper = classroom report* (such as *a term paper*), Spanish may use **un trabajo.**

People

(a) When *people* may be expressed by either **gente** or **personas**

Había $\left\{\begin{array}{l}\text{muchas } \textbf{personas}\\ \text{mucha } \textbf{gente}\end{array}\right.$ en la calle.

*There were many **people** on the street.*

Esta **gente** no sabe $\left.\begin{array}{l}\\ \end{array}\right\}$ ahorrar.   *These **people** don't know how to save.*
Estas **personas** no saben

In many cases when *people* is used in the sense of *persons,* either **gente** or **personas** may be used to express the idea. More colloquial is **gente,** whereas **personas** is used in a more polite style. Note that **gente** is generally used in the singular, whereas **personas** is plural.

(b) When *people* is expressed only by **gente**

¿Qué diría **la gente?**	*What would **people** say?*
No le gusta a **la gente** trabajar los domingos.	***People** don't like to work Sundays.*

When *people* is taken in a very general sense, it is expressed by **la gente** only.

(c) When *people* is expressed only by **personas**

Había varias **personas** en el jardín.	*There were several **people** in the garden.*
Seis **personas** murieron en el accidente.	*Six **people** were killed in the accident.*

When *people* is modified by a number or a limiting adjective such as *a few, some, several,* and *many,* Spanish uses only **personas.**

(d) When *people* = **el pueblo**

El pueblo inglés tiene características especiales.	*The English **people** have special traits.*

When *people* is used in the sense of *a nation* or *a national group,* it is expressed by **el pueblo.**

Place

(a) When *place* may be expressed by **lugar** or **sitio**

No pongas la ropa en cualquier $\begin{cases} \textbf{lugar} \\ \textbf{sitio.} \end{cases}$

*Don't put the clothes in just any **place.***

¿Hay $\left\{\begin{array}{l}\textbf{lugar}\\\textbf{sitio}\end{array}\right.$ en la mesa para estas flores?

*Is there **a place** on the table for these flowers?*

When *place* indicates the space that could be occupied by something or someone, Spanish uses **lugar** or **sitio.** However, **lugar** is used more frequently.

(b) When *place* is expressed only by **lugar**

Salimos del **lugar** a las ocho.	*We left the **place** at eight o'clock.*
No hay **lugar** como mi pueblo.	*There is no **place** like my hometown.*
Mi primo ocupa un **lugar** muy importante en la compañía.	*My cousin has a very important **place** in the company.*
En primer **lugar,** la chica no vino a la clase.	*In the first **place,** the girl didn't come to class.*

When *place* indicates a particular point or spot or rank—that is, a well-defined place—Spanish uses **lugar.**

(c) When *place* indicates *a space* or *a seat for a person*

No hay **asiento** en este avión.	*There is no **place** in this airplane.*

When *place* indicates *a space* or *a seat for a person* in a building such as a theater, or in a conveyance, **asiento** may be used, but equally correct are **lugar, espacio, plaza, puesto,** and **sitio.**

(d) When *place = job*

Conseguí un **trabajo** en el gobierno.	*I got **a place** with the government.*

When *place = job,* it may be expressed by **un trabajo** or **un puesto,** especially in colloquial language. In a more formal language **colocación** or **plaza** may be used.

A. Sustituya las palabras inglesas entre paréntesis por sus equivalentes en español.

1. Rosa es mi (*only*) hermana.   2. No vimos (*many people*) en la tienda.   3. Usé ochenta (*pieces of paper*) para escribir ese trabajo.   4. ¿Tienen ustedes (*a place*)

para nosotros en su coche?   5. (*People*) tiene la tendencia a criticar el gobierno. 6. Ya son las ocho y todavía no he tenido tiempo para leer (*the paper*).   7. El señor Sánchez busca (*a place*) en esa fábrica.   8. ¿Entregaron sus (*papers*) todos los alumnos?   9. En segundo (*place*) no podemos pagarnos ese viaje.   10. ¿Cuántos (*papers*) tuviste que escribir para ese curso?   11. Cuatro (*people*) se enfermaron por haber comido ese pescado.   12. ¿Qué clase de (*place*) es Mérida?   13. ¿Cuánto (*paper*) tenemos?   14. (*The American people*) elige a su presidente cada cuatro años.   15. Tengo (*only*) cuatro discos.

B. *Traduzca al español. Tenga especial cuidado con las palabras en itálica.*

1. There are no *places* in that bus.   2. (*tú*) *If only* you would work!   3. Those *people* want everything.   4. They have a *place* in that store for Bill.   5. There is *paper* in that drawer.   6. Granada is a very interesting *place*.   7. On seeing the accident, the *people* came running.   8. I need *a piece of paper* to write a letter. 9. There are too many *people* in that boat.   10. (*Ud.*) Do you have a *place* for my car in your garage?   11. The French *people* consume a great deal of wine.   12. (*tú*) Did you write a *paper* on[1] Cervantes?   13. Every morning at seven a boy brings us the *paper*.   14. We would help you, *only* we don't have time.

---

[1]**sobre**

PRÁCTICA DE CONJUGACIÓN

Practique la conjugación de los verbos *hacer* e *ir*, conjugados en las páginas 462–463.

C H A P T E R **11**

Adverbs

La Cuesta de las Comadres[1]

Los difuntos[2] Torricos **siempre** fueron buenos amigos míos. Tal vez en Za-
potlán **no** los quisieran; pero lo que es de mí **siempre** fueron buenos amigos[3],
hasta tantito antes de morirse[4]. Ahora eso de que los quisieran[5] en Zapotlán **no**
tenía ninguna importancia, porque **tampoco** a mí me querían **allí**, y tengo enten-
dido que a **nadie** de los que vivíamos en la Cuesta de las Comadres nos pudie-
ron ver con buenos ojos los de Zapotlán. Esto era desde viejos tiempos.

Por otra parte, en la Cuesta de las Comadres, los Torricos **no** la llevaban
bien con todo el mundo[6]. **Seguido** había desavenencias[7]. Y si no es **mucho**
decir, ellos eran **allí** los dueños de las tierras y de las casas que estaban **encima** de la
tierra, con todo y que[8], cuando el reparto[9], la mayor parte de la Cuesta de las
Comadres nos había tocado por igual[10] a los sesenta que **allí** vivíamos, y a ellos,
a los Torricos, **nada** más que un pedazo de monte con una mezcalera **nada**
más[11], **donde** estaban desperdigadas **casi** todas las casas[12]. A pesar de todo esto,
la Cuesta de las Comadres era de los Torricos. El coamil[13] que yo trabajaba era
también de ellos: de Odilón y Remigio Torrico, y la docena y media de lomas[14]
verdes que se venían **allá abajo** eran **juntamente** de ellos. No había por qué ave-
riguar nada. Todo mundo sabía que **así** era.

Sin embargo, de aquellos días a esta parte, la Cuesta de las Comadres se había ido deshabitando[15]. De tiempo en tiempo, alguien se iba; atravesaba el

20   guardaganado **donde** está el palo alto[16], y desaparecía entre los encinos[17] y no volvía a aparecer **ya nunca.** Se iban, eso era todo.

Y yo **también** hubiera ido de buena gana a asomarme a ver qué había[18] tan atrás del monte[19] que **no** dejaba volver a nadie; pero me gustaba el terrenito[20] de la Cuesta, y **además** era un buen amigo de los Torricos.

Juan Rulfo
(fragmento del original)

---

[1]The Hill of the Godmothers   [2]deceased   [3]but they were good friends of mine   [4]until just before they died   [5]but whether they were liked or not   [6]didn't get along with everybody [7]Frequently there were troubles   [8]in spite of the fact that   [9]when the land was distributed [10]had corresponded equally   [11]a tract of woodland with only clumps of maguey (a plant) [12]where almost all the houses were scattered   [13]a tract of tilled land   [14]hills   [15]had become less and less populated   [16]crossed the cattle fence near the tall tree   [17]oaks   [18]I would gladly have gone to see what was   [19]behind the woodland   [20]the little plot of land

---

Juan Rulfo (1918–1986), novelista y cuentista mexicano que se destacó por el carácter angustiosamente trágico de los personajes creados por él para sus novelas y cuentos. Su estilo es uno de los más sencillos y pulidos escritos en idioma español. Su *Pedro Páramo* y *El llano en llamas* son dos clásicos, cuya lectura es obligada para comprender la esencia de los años turbulentos de este siglo que termina.

PREGUNTAS

1. ¿De quién era amigo el narrador?   2. ¿A quiénes no querían los vecinos de Zapotlán?   3. ¿Qué relaciones tenían los Torricos con los vecinos de la Cuesta? 4. ¿Quiénes eran dueños de las tierras y las casas de la Cuesta?   5. ¿Cómo había sido distribuida la tierra de la Cuesta?   6. ¿Qué terminaron por hacer los vecinos de la Cuesta?

An adverb is a word which modifies a verb, an adjective, or another adverb. Ex: John answered *quickly.* We are reading a *very* interesting book. Joan drove *too rapidly.*

I. THE FORMATION AND COMPARISON OF ADVERBS

1. Many adverbs, such as <u>aquí</u> and <u>ayer</u> are independent words. Some adverbs, however, are based on adjectives. How are such adverbs usually formed from adjectives?

Adjective	Adverb	Adjective	Adverb
silencioso	silencio**samente**	estúpido	estúpida**mente**
brillante	brillante**mente**	hábil	hábil**mente**
cortés	cortés**mente**	alegre	alegre**mente**

Many adverbs are formed from adjectives by adding **-mente** to the adjective. If the adjective has different masculine and feminine forms, the **-mente** is added to the feminine form. Otherwise, it is simply added to the common form.

NOTE   If the adjective has an accent mark, the adverb retains the written accent on the same word.

A. *Forme adverbios con los adjetivos siguientes.*

1. puntual 2. tranquilo 3. débil 4. eterno 5. admirable 6. ligero 7. último 8. personal

2. When two or more adverbs normally ending in <u>-mente</u> would be used in the same construction to modify the <u>same</u> verb, what is done to prevent the repetition of several <u>-mente</u> forms?

Mercedes guardó las fotos **rápida y cuidadosamente.**

Mercedes put the photos away rapidly and carefully.

> Roberto se expresó **clara, concisa y**   *Robert expressed himself **clearly,***
> **elegantemente.**   *concisely, and elegantly.*

When two or more adverbs ending in **-mente** would be used together to modify the same verb, the **-mente** termination is used only with the last adverb. Any preceding adverb is expressed by the form of the adjective to which **-mente** would be added to form an adverb. Therefore, if the masculine form of the adjective ends in **-o**, the feminine form in **-a** would be used.

NOTE   Spanish avoids a proliferation of adverbs in **-mente** in the same sentence. When a sentence contains several verbs which would normally be modified by an adverb in **-mente**, only one of the adverbs will end in **-mente**. An adverb equivalent must be found for the other adverbs, and this equivalent is often made up of **con** or **de** + NOUN. Ex: Manuel llegó **apresuradamente**, pidió la comida **con insolencia** (insolentemente) y la comió **de un modo salvaje** (salvajemente).

B. *Después de un día muy ocupado usted habla con su amiga y le cuenta cómo ocurrieron algunas cosas. Complete sus pensamientos con las formas adverbiales de los adjetivos dados entre paréntesis. Evite el uso excesivo de adverbios terminados en -mente.*

1. El profesor de literatura habló (elocuente y profundo) de la obra de Azorín.
2. Ese tema es (básico y esencial) el mismo que tuvimos que estudiar en otro curso el año pasado.   3. Después de la clase me encontré con Diana, que caminaba por la plaza (rápido y nervioso).   4. Le pregunté qué le pasaba. Hablaba (incoherente).
5. Le dije que se expresara (claro y preciso).   6. Entonces empezó a hablar (directo y conciso).   7. Después de escucharla (paciente y pensativo), le di algunas recomendaciones.   8. Me dijo adiós (agradecido).

3. Sometimes a pure adjective form is used as an adverb. In that case, when does it agree, and with what?

> Las chicas cantaron **claro.**   *The girls sang **clearly.***

> La anunciadora habló **rápido.**   *The radio announcer spoke **rapidly.***

When an adjective used as an adverb has no function except to modify the verb, the masculine singular form of the adjective is used.

| La señora viene **contenta.** | *The lady comes joyously.* |
| Cecilia y Gabriel viven **felices.** | *Cecilia and Gabriel live happily.* |

Some adjectives modify the verb of a sentence to a certain extent but without losing their primary function as adjectives—that is, they also modify the noun subject. Such words (partly adjectives, partly adverbs) agree with the noun they modify, which is normally the subject of the sentence.

4. How are adverbs compared?

Me levanté **más temprano** que usted.	*I got up earlier than you.*
Silvia habla **menos discretamente** que su hermano.	*Sylvia talks less discreetly than her brother.*
Elena comprende **tan fácilmente** como los otros.	*Helen understands as easily as the others.*

Like adjectives, adverbs are compared by placing **más, menos,** or **tan** before the positive form of the word compared. The adverb **bien** has an irregular comparative in **mejor** and the adverb **mal,** an irregular comparative in **peor.**

NOTE 1   As in the case of the comparison of adjectives (pages 155–156, §§22–23), when the comparative of an adverb is followed by a clause, it is connected to the clause by **de lo que.** Ex: Jaime piensa más rápidamente **de lo que** habla. (James thinks more rapidly *than* he speaks.)

NOTE 2   As in the case of adjectives, an adverb may be intensified by the addition of the superlative suffix **-ísimo.** This suffix always ends in **-o** when added to an adverb. Ex: Margarita trabaja **despacísimo.** The diminutive suffix **-ito** is also very common. Note that the diminutive suffix ends exactly as the basic form of the adverb: lejos: **lejitos;** cerca: **cerquita.** Ex: La iglesia está **lejitos.** No está **cerquita.**

5. How does Spanish express the English *the more . . . the more* and *the less . . . the less*?

| **Cuanto más** trabaja, **más** gana. | *The more he works, the more he earns.* |

Cuanto menos aprendo, **menos** sé.   *The less I learn, the less I know.*

Cuanto más rápido conduce mi   *The faster my father drives, the*
padre, **más** lo regaña mi madre.   *more my mother scolds him.*

Cuanto más corto es el cuento,   *The shorter the story is, the less*
menos interesante me parece.   *interesting I find it.*

The English *the more . . . the more* may be expressed in several ways in Spanish. Perhaps most common is the form given above: **cuanto más... más...** In formal speech, one may find **cuanto más... tanto más...** (**Cuanto más** trabaja, **tanto más** gana). Especially in Spanish American familiar speech, one finds **mientras más... más...** (**Mientras más** trabaja, **más** gana).

The less . . . the less . . . follows the same patterns with **menos.** Combinations of *the more . . . the less . . .,* and so on, would be expressed by the same pattern with **más** and **menos.**

In this construction, the subject of each clause comes at the end of the clause. Notice this in each of the above examples.

C. Traduzca estas oraciones al español.

1. (*tú*) Speak more softly.   2. The wind is blowing harder[1] than yesterday. 3. (*Uds.*) Henry drives more carefully than you think.   4. The more Julio[2] eats, the more he sleeps.   5. The less those men[2] work, the less they earn.   6. (*Ud.*) We left the house more easily than you believe.   7. The more beautiful the paintings[2] are, the more they cost.   8. The more difficult the problem[2] is, the more time I spend solving it.

---

[1]Use a form of **fuerte.**   [2]Where does the subject of this clause come? See the above examples.

6. What is the meaning of the common Spanish adverbs of place aquí, acá, ahí, allí, and allá?

aquí   means *here, in this place, in the place where I am.* Ex: Estoy **aquí** desde las dos. (*I've been **here** since two o'clock.*)

acá   means *here* but is, in general, less precise and less used than **aquí.**

Compare: Ramón vino **por aquí.**
*Raymond came **this way.***

Ramón vino **por acá.**
*Raymond came **more or less this way.***

ahí   means *there, in that place, in the place where you are.* It also indicates
motion toward that place, that is, a place close to both the speaker and the
person spoken to. Ex: Voy para **ahí** ahora mismo. (*I'm going **there** [where
you are] right now.*)
But **ahí** can also indicate a vague place, any place whatever. Ex: Bernardo
anda **por ahí** diciendo tonterías. (*Bernard goes **around** saying foolish things.*)

allí   means *there, in* or *to that place*—namely, a place distant from both the
speaker and the person spoken to. Ex: La casa está **allí** en aquella esquina.
(*The house is **there**, on that corner.*) Vienen por **allí**. (***There** they come.*)

allá   means *there, in* or *at that place*, a place distant from both the speaker and
the person spoken to, and a place farther away than **allí**. It often means *over
there.* Ex: Encontrarás el río **allá**, después de llegar a la curva del camino.
(*You'll find the river **over there**, beyond the curve in the road.*)

D. Escriba en español las palabras inglesas en itálica.

1. —¿Dónde pusiste el reloj? —Creo que lo puse (*here*), cerca de esta mesa, pero
no estoy seguro.   2. —¿Dónde estás? —Estoy (*here*), en el comedor.   3. Puse el
abrigo (*there*), donde estás tú.   4. Los expedicionarios venían de la selva tropical.
(*There*) habían descubierto algunas tribus primitivas.   5. En 1942 vivíamos en la
casa del centro. (*There*) teníamos una criada y un cocinero admirables.   6. No te
puedo dar nada de lo que tengo (*here*), porque lo necesito.   7. Los chicos que
trabajaban (*there*) eran amigos de mi prima Norma.   8. Si te sientas (*there—where
you are*), podrás leer con tranquilidad.   9. Cuando llegues (*over there*) a lo alto
de la montaña, verás el hermoso valle.   10. —¿Has visto mis gafas? —Están
(*there*), frente a tus narices.   11. ¡Eh, muchachos! ¡Vengan (*here*) ahora mismo!
12. Encontré los papeles (*here*), en mi propia mesa.   13. No sé por dónde Raúl
llegó hasta mí, pero fue por (*here, more or less*).   14. Felipe, ven (*here*).

II. NEGATIVES

7. How does Spanish make a declarative sentence negative?

Mi gato come mucho.   Mi gato **no** come mucho.

He visto a Ricardo.   **No** he visto a Ricardo.

Adela se lo dijo a todos.   Adela **no** se lo dijo a todos.

In Spanish, a declarative sentence is made negative by placing **no** before the verb. If the verb is in a compound tense, the **no** precedes the auxiliary. When pronoun objects precede the verb, **no** is placed before the pronoun objects.

8. How does Spanish make an interrogative sentence negative?

¿Come mucho su gato?   **¿No** come mucho su gato?

¿Has visto a Vicente?   **¿No** has visto a Vicente?

¿Se lo dijo a todos Adela?   **¿No** se lo dijo a todos Adela?

¿Te ha prestado su coche tu tío?   **¿No** te ha prestado su coche tu tío?

In negative interrogative sentences, **no** usually comes at the beginning of the sentence.

NOTE 1   The negative **no** likewise precedes infinitives, gerunds, and participles. Ex: Espero **no encontrar** a este ladrón de nuevo. (*I hope not to meet this thief again.*) **No sabiendo** la verdad, sufres menos. (*Not knowing the truth, you suffer less.*) Ponga los libros **no usados** en el rincón. (*Put the unused books in the corner.*)

NOTE 2   The negative **no** may be used like **¿verdad?** to ask whether something is true. In that case, it is placed in the same position as **¿verdad?**—that is, at the end of the sentence. Ex: La máquina está rota, **¿no?** (*The machine is broken, isn't it?*) Enrique salió con Paulina, **¿no?** (*Henry went out with Pauline, didn't he?*) See page 108, §18.

NOTE 3   There are other cases in which **no** performs a special function, and in such cases it comes at the point in the sentence that is logical for the meaning. Ex: Te dije que **no.** (*I told you no*) ¿Fuiste al baile o **no?** (*Did you go to the dance or not?*) Mariana terminó su trabajo pero Luisa todavía **no.** (*Marianne finished her work, but Louisa hasn't yet.*)—¿Estás cansado? **—No.** (*"Are you tired?" "No."*)

E. Conteste negativamente estas preguntas.

1. ¿Son de Argentina esas muchachas?   2. ¿Vas a venir mañana?   3. ¿Te pusiste el abrigo anoche?   4. ¿Sabes lo que le pasó a Miguel?   5. ¿Les compraste los juguetes a tus sobrinos?   6. ¿Conocían ustedes al empleado del teatro?

9. What other negative words are commonly used in Spanish?

nada	*nothing*	ninguno	*no, no one*
nadie	*no one*	nunca	*never*
ni	*nor, not . . . or*	jamás	*never*
ni...ni	*neither . . . nor*	tampoco	*neither, not . . . either*

NOTE   As an adjective, **ningun(o)** is discussed on pages 143–144, §§7–8. But **ninguno** may also be used as a pronoun, in which case it means *no one*.

10. Sometimes <u>no</u>, placed before the verb of the sentence, is required to complete the meaning of the negative words in §9, sometimes not. Under what circumstances is <u>no</u> required and when not?

Ningún barco salió ayer para España.
No salió **ningún** barco ayer para España. } *No boat left for Spain yesterday.*

Nadie viene.
No viene **nadie.** } *No one is coming.*

Nada tiene esa familia.
No tiene **nada** esa familia. } *That family does not have anything.*

In Spanish, if a negative word other than **no** follows the verb, it requires a **no** before the verb to complete its meaning. But if the negative word precedes the verb, **no** is not used.

NOTE 1   Note the extraordinary flexibility of Spanish word order. In the above examples, the subject may either precede or follow its verb.

NOTE 2   If one of the negative words other than **no** precedes the verb and the other follows, **no** is not used. Ex: **Nadie** dice **nada.** Don Antonio **nunca** habla con **ningún** vecino suyo.

NOTE 3   The personal **a** is used before **nadie** and **ninguno** when they are the direct object: **No vi a ninguno.**

11. Does one use <u>no</u> when negative words are used in a sentence or a clause without a verb?

—¿Qué has visto en la tienda?	*"What did you see in the store?"*
—**Nada.**	*"Nothing."*
—¿Cuántos hijos tiene don Alonso?	*"How many sons does don Alonso*
—**Ninguno.**	*have?"*
	"None."
—¿Cuándo irás a Sevilla?	*"When will you go to Seville?"*
—**Nunca.**	*"Never."*
—Hablaré con este señor y con **nadie más.**	*"I'll talk with this man and with **no one else.**"*
—El dependiente le pidió el dinero pero **nada más.**	*"The clerk asked him for the money but **nothing else.**"*

When these negative words are used in a sentence or a clause without a verb, **no** is not used.

F. *Traduzca las siguientes oraciones al español. Primero escriba la oración usando <u>no</u> y después sin usar <u>no</u>.*

   Ejemplo My watch is never slow.
   (a) Mi reloj **no** está atrasado **nunca.**
   (b) Mi reloj **nunca** está atrasado.

1. Louise never wrote that letter.   2. Nobody came last night.   3. I don't see anything.   4. No one drinks tea.   5. We didn't say anything either.   6. The girls had never visited Gloria.   7. Nothing works[1] in this factory.   8. No one can understand that joke.   9. I don't play football either.   10. I didn't see anybody in the theater.

---

[1]Don't use a form of **trabajar.**

G. *Usted se siente un poco agresivo hoy y contesta negativamente todas las preguntas que le hacen. Traduzca al español las preguntas y respuestas siguientes. Use <u>usted</u> para traducir you.*

1. "When are you going to lend me your car?" "Never!"   2. "Who is knocking at the door?" "No one."   3. "John is not ready to receive guests. What about[1] you?"

"Neither am I. Don't bother me."   4. "What are you going to do for us?" "Only what[2] is absolutely necessary . . . nothing more!"   5. "What did you do this morning?" "Nothing."   6. "Lucy doesn't want to stay for[3] the party. How about[1] you?" "Neither do I."

---

[1]*what about?* and *how about?* = **y**   [2]**lo que**   [3]**para**

12. How are the English *nowhere* and *not at all* expressed in Spanish?

No voy **a ninguna parte.**	*I'm **not** going **anywhere.***
No vi a Raquel **por ninguna parte.**	*I did **not** see Rachel **anywhere.***
El niño **no** quiere comer **de ninguna manera.**	*The child does **not** want to eat **at all.***
No aceptaremos ese pretexto **de ningún modo.**	*We will **not** accept that excuse **at all.***

The English *nowhere* or *not anywhere* is expressed by PREPOSITION + **ninguna parte**, and the English *not at all* by both **de ningún modo** and **de ninguna manera**.

13. Which forms of <u>ninguno</u> are used as pronouns, and how are they used?

Tengo muchas amigas, pero **ninguna** me quiere.	*I have many girlfriends, but **none** (of them) loves me.*
—¿Conoces a los hermanos de Pablo?	*"Do you know Paul's brothers?"*
—**No** conozco a **ninguno.**	*"I do **not** know **any of them.**"*

The pronoun **ninguno** has the singular forms **ninguno** (*m.*) and **ninguna** (*f.*). The plural forms of **ninguno**—either as a pronoun or an adjective—are rarely used, and in some Spanish-speaking countries, not at all.

As a pronoun, **ninguno** and **ninguna** mean *none, not any, not any one, not one of them.*

NOTE 1   As an adjective, the singular forms of **ninguno** mean *no* or *not any*. For a discussion of the apocopation of the adjective **ninguno**, see pages 143–144, §§7–8.

NOTE 2   When the adjective **ninguno** is used in a construction with **sin, no** is not used before the verb. Ex: Juan Antonio viene **sin ningún dinero.** (*John Anthony comes **without any money.***)

14. The English *never* is expressed in Spanish by <u>nunca</u> and <u>jamás</u>. When is each used?

Ese avión **nunca** llegó al aeropuerto.	*That airplane **never** arrived at the airport.*
Nunca más habló Dolores con su hermano.	*Dolores **never** spoke with her brother **again**.*
No he pintado las paredes del sótano **nunca.**	*I have **never** painted the basement walls.*
No volvió **jamás** a ver a su novia.	*He **never again** saw his fiancée.*
Jamás lo sabrás.	*You'll **absolutely never** know it.*

The English *never* is normally expressed by **nunca** and *never again* by **nunca más.** In modern Spanish, **jamás** is a learned form used mainly in literature. In the spoken language, it is seldom used except to give great emphasis to *never.* In that case, it is sometimes the equivalent of the English *absolutely never.* **¡Nunca jamás!** is a reinforced and emphatic negation, equivalent to *never again!*

15. How is <u>ni</u> used in Spanish?

Queremos bailar y cantar	**No** queremos bailar **ni** cantar.
We want to dance and sing.	*We do **not** want to dance **nor** sing.*
Víctor no trajo el dinero, y Tomás no compró los boletos.	Víctor **no** trajo el dinero, **ni** Tomás compró los boletos.
Victor did not bring the money, and Tom did not buy the tickets.	*Victor did **not** bring the money **nor** did Tom buy the tickets.*

The negative **ni** (*nor*) is often the negative equivalent of **y.** It may connect words or clauses.

NOTE   Consider the following types of sentences where English could use *either . . . or* and Spanish uses **ni.** Ex: El pobre hombre se pasó cuatro días en el desierto sin pan **ni** agua. (*The poor man spent four days in the desert without **either** bread **or** water.*) No es posible subir a la cumbre de esa montaña **ni** llegar a la mitad de ella. (*It is impossible **either** to climb to the top of that mountain **or** [even] to get to its midpoint.*)

16. How is ni used to mean *not even*?

Nadie le había hablado así, **ni** su propia madre se hubiera atrevido.

No one had spoken to him in that way; not even his own mother would have dared to.

No quiero ver a Andrés **ni** en pintura.

I can't stand even looking at a picture of Andrew.

Sometimes **ni** + NOUN or PREPOSITIONAL PHRASE reinforces a previous negative sentence, generally establishing a limit or an extremely negative attitude on the part of the speaker.

No quiero hablar con Lorenzo, **ni** quiero **siquiera** verlo.

I don't want to talk with Larry—I don't even want to see him.

Nunca escribes, **ni siquiera** en Navidad.

You never write, not even at Christmas.

To make the negative *not even* still stronger, **ni (...) siquiera** may be used.

17. How does Spanish express the concept *neither . . . nor?*

No tenemos **ni** discos compactos **ni** cintas.

We have neither compact disks nor tapes.

Ni mi madre **ni** mi hermana fueron a la boda de mi sobrina.

Neither my mother nor my sister went to my niece's wedding.

The construction **ni...ni**, placed before the words to which **ni** refers, may be used to express the English *neither . . . nor*.

18. How does Spanish express *not . . . either* when it is the negative of *also*?

Oscar va a ir a la fiesta. Yo **también.**
Oscar is going to go to the party. Me too. / So am I.

Oscar **no** va a ir a la fiesta. **Tampoco** yo. / Yo **tampoco.** / **Ni** yo **tampoco.**
*Oscar is **not** going to go to the party. **Neither** am I. / Me **neither.***

El camarero sabía su nombre **también.**

{ El camarero **tampoco** sabía su nombre.
El camarero **no** sabía su nombre **tampoco.**

*The waiter knew his name **too/also.***

{ *The waiter didn't know his name **either.***
Neither did the waiter know his name.

The negative adverb **tampoco** is equivalent to the English *neither* or *not . . . either* when they are the negative of *also*. When **tampoco** is used in a sentence with a verb, it either precedes the verb or, if it is used after the verb, **no** or some other negative word must precede the verb.

H. Traduzca estas oraciones al español, usando ni cuando sea apropiado.

1. I don't want to see him at all.   2. He was so angry with her that he didn't even say good-bye to her when he left.   3. No other house had so many conveniences.
4. That will never happen again.   5. We didn't see any policemen in the street.
6. I don't even have time to take a bath.   7. (*tú*) I have never seen your grandmother.
8. Ernest went out without any overcoat.   9. We didn't see Pauline anywhere.
10. We didn't like to travel by plane nor by bus either.   11. Ben doesn't ever write a letter to his brother.   12. We didn't buy any newspaper yesterday.   13. (*tú*) Never swim in that river.

III. THE USE OF *SÍ* FOR EMPHASIS

19. What function does s<u>í</u> have other than expressing *yes*?

Mi madre **sí** sabe contar cuentos.
*My mother **really does** know how to tell stories.*

Yo **sí** le mandé el dinero al tesorero.

*I **did** send the money to the treasurer.*

Yo **sí** soy americano.

*I **certainly am** American.*

To emphasize an affirmative statement or to state it emphatically, **sí** may be placed before the verb and its object pronouns if there are any. In English, such emphasis is expressed by voice intonation, by the use of the emphatic form *do,* and at times by words such as *really* or *certainly,* or *too.*

I. Traduzca al español las oraciones siguientes, expresando las palabras en itálica con sí.

1. I *will* be there.   2. Richard *did* stay home last night.   3. He *does* go out from time to time.   4. (*Ud.*) You *are* a good cook.   5. (*tú*) We *did* see you on the street.

IV. *YA*

The meaning of the adverb **ya** varies according to the tense of the verb with which it is used. It also has special meanings when used alone.

20. What does ya mean when used with past tenses?

Ya vi esa película y por eso no quiero volver a verla.

*I have **already** seen that film, and for that reason I don't want to see it again.*

With past tenses, **ya** means *already.*

21. What does ya mean when used with the present tense?

Ya es hora de salir.

Now it's time to leave.

Ya vienen los invitados.

*The guests are **already** coming.*

Ya me estás cansando con tus tonterías.

*You **do** make me tired with your foolishness!*

With the present tense, **ya** often means *now;* it sometimes means *already,* but at times it simply adds an emphatic tone to the statement, which is difficult to express in English.

22. What does ya mean when used with the future?

—¿Cuándo vamos a ver las fotos?   *"When are we going to see the snapshots?"*

—**Ya** las veremos.   *"We'll see them* $\begin{cases} later." \\ soon." \end{cases}$

With the future, **ya** often means *later* or *soon.*

—Creo que no podemos convencerla.   *"I don't think that we can convince her."*

—**Ya** lo veremos.   *"We'll see."*

With the future, **ya** sometimes merely emphasizes a statement and is expressed in English with an inflection or tone of voice.

23. What is the meaning of ya no?

Mi mamá **ya no** quiere que me lleves al centro.   *My mother doesn't want you to take me downtown anymore.*

The combination **ya no** means *no longer* or *not . . . anymore.*

24. What is the meaning of ya que?

Ya que saben lo que pasó, no les diré nada más.   ***Since*** $\big\}$ *they know what*
    Now that $\big\}$ *happened, I won't*

    tell them anything more.

The combination **ya que,** which is the equivalent of **como,** means *now that* or *since.* **Ya que** is not an adverb: it's a conjunction.

25. What does ya mean when it is used alone?

—¿Tienes el dinero?	*"Do you have the money?"*
—Ya.	*"Yes, **I do.**"*
—¡Ven! La comida está servida.	*"Come. The dinner is on the table."*
—Ya.	***"Yes, I'm coming."***
—¿Terminaste el trabajo?	*"Did you finish the work?"*
—Ya.	***"Yes, I did."***

When **ya** is used alone in an affirmative response to a previous sentence spoken by someone else, it is equivalent to the English, *Yes, I do,* or *Yes, I am,* and similar expressions. This **ya** is normally used only in informal spoken Spanish.

J. *Traduzca al español las oraciones siguientes, usando ya para las palabras en itálica.*

1. (*tú*) "Did you find the money?" *"Yes."*   2. (*Ud.*) "When will you tell me your secret?" "I'll tell it to you *later*."   3. *Now* we know the truth.   4. Maurice *no longer* goes out with Laura.   5. (*tú*) *Now that* you have time, can you take me to church?   6. John has *already* written the article.   7. (*tú*) Don't worry. The things that you asked for will come *later*.   8. *Now* it is too late to go back home.   9. "Did the mailman come?" *"Yes."*   10. We *already* knew that Tom was going to get married in July.   11. (*Ud.*) Have you *already* eaten?   12. (*Uds.*) Don't you go to the theater *anymore?*   13. *Now* that we live so near, we can visit each other more often.

EJERCICIOS DE RECAPITULACIÓN

A. *Cambie a negativas las oraciones siguientes. Use tantas palabras negativas como sea posible y correcto.*

1. Había alguien en la casa y entré.   2. Siempre debes hacer algo en tales casos.   3. Somos italianos.   4. Los ladrones volverán a la casa de alguna manera.   5. Sacarás algo de Adolfo.   6. Nicolás trabaja y estudia.   7. ¿Ya han comido los niños?   8. ¿Encontraste la medicina en algún lugar?   9. He visitado a Mercedes porque quise y porque hasta me invitó.   10. ¿Alguien te dijo algo ayer?

B. Traduzca estas oraciones al español.

1. We went away satisfied.   2. The earthquake shook the city violently.   3. Our maid cleans the house rapidly and carefully.   4. (*Ud.*) The more money you have, the more you want.   5. Now the sun comes out later than last month.   6. The sweeter the wine is, the more I like it.   7. I didn't say anything either because I didn't know what to say.   8. I have neither salt nor pepper in the house.   9. No noise was heard[1] anywhere.   10. He didn't bring anything for any of his sons. 11. (*tú*) "With whom did you go out last night?" "With no one."   12. (*Uds.*) "Will you return to the village again?" "Never."   13. I don't have any books here now. I left them all over there.

---

[1]Use the preterite of the reflexive form of **oír.**

C. Lea toda la oración en español, traduciendo las palabras inglesas dadas entre paréntesis.

1. (*Now*) está empezando a llover.   2. —¿Le diste los trajes al señor Montes? —(*Yes*)   3. Ayer yo (*did understand*) la explicación.   4. (*Already*) ha llegado el avión.   5. (*We do come*) aquí todas las noches.   6. Ella trabaja (*quietly and efficiently*).   7. (*They really had done*) una investigación seria y completa.   8. (*She certainly is*) muy ocupada con su casa y su trabajo.

D. Traduzca al español.

1. Now that you are twenty-one, you really can assume those responsibilities. 2. We have already visited Disney World.   3. No one really understands anything here.   4. You did do that foolishness.   5. Since you are ready, let's go.   6. I do not want to go there anymore.   7. I did stay here, not there, right?   8. I shall not see any student at that time.

PROBLEM WORDS

Play

(a) How to say *play a musical instrument* or *play a record*

Lucía **toca** el piano.	*Lucy **plays** the piano.*
La orquesta **tocó** la Novena Sinfonía de Beethoven.	*The orchestra **played** Beethoven's Ninth Symphony.*
¿Quieres que yo **ponga** un disco?	*Do you want me to **play** a record?*

Spanish expresses *play an instrument* or *play a piece of music* by a form of **tocar**, but *play a record* is expressed with the verb **poner**.

(b) How to say *play a game*

¿**Juega** usted al tenis?	***Do** you **play** tennis?*
Esta noche nuestro equipo **jugará** contra el equipo de Victoria.	*Tonight our team **will play** (against) the team from Victoria.*

Spanish expresses *play a game* with a form of **jugar.** When the game is mentioned, it is normally preceded by **a** + DEFINITE ARTICLE. In colloquial speech this **a** + DEFINITE ARTICLE is sometimes omitted.

Rather

(a) How to say *rather than* + NOUN

Preferiría una revista { **más que** / **mejor que** / **en lugar de** } un periódico.

*I would like a magazine **rather than** a newspaper.*

Spanish expresses *rather than* + NOUN by **más que, mejor que,** or **en lugar de** + NOUN. In more learned language, **más bien que** may also be used.

(b) How to say VERB + *rather than* + VERB

Trabaje usted **en vez de (en lugar**   *Work **rather than** sleep.*
    de) dormir.

When *rather than* is preceded and followed by a verb, it may be expressed by **en vez de** or **en lugar de** + INFINITIVE.

(c) How to say *rather* + $\begin{cases} \text{ADJECTIVE} \\ \text{ADVERB} \end{cases}$

María Luisa está **bastante cansada**   *Mary Louise is **rather tired** tonight.*
    esta noche.

When *rather* modifies an adjective or an adverb, Spanish normally expresses it by **bastante.**

(d) How to say *I would rather*

Me gustaría más $\left.\right\}$ quedarme   *I would rather stay here.*
Preferiría   aquí.

Spanish expresses the idea of *I would rather* + VERB by the conditional of either **gustar más** or **preferir** + INFINITIVE.

Nos gustaría más comer **que**   *We would rather **eat** than **sleep.***
    dormir.

Preferiríamos comer $\left\{\begin{array}{l} \textbf{en lugar de} \\ \textbf{en vez de} \quad \text{dormir.} \\ \textbf{a} \end{array}\right.$

*We would rather **eat** than **sleep.***

The English *I would rather* + VERB + *than* + VERB may be expressed by the conditional of (1) **gustar más** + INFINITIVE + **que** + INFINITIVE or (2) **preferir** + INFINITIVE + **en lugar de, en vez de,** or **a** + INFINITIVE.

Realize

(a) *realize = be aware of*

Me di cuenta (de) que la mujer   *I realized that the woman was very*
  estaba muy enferma.   *sick.*

When *realize* means *be aware of*, it is expressed by a form of **darse cuenta (de) que.**

(b) *realize = make real or attain*

Miguel **realizó** sus ideales antes de   *Michael realized his ideals before*
  morir.   *his death.*

When *realize* means *make real* or *attain*, it is expressed by a form of **realizar.**

(c) *realize = make a profit*

El señor Bravo $\begin{cases} \textbf{logró} \\ \textbf{obtuvo} \text{ una buena ganancia en sus inversiones.} \\ \textbf{realizó} \end{cases}$

Mr. Bravo realized a good profit on his investment.

When *realize* means *make a profit*, it may be expressed by a form of **lograr, obtener,** or **realizar,** the MATERIAL PROFIT REALIZED

Return

(a) *return = come back* or *go back*

$\left.\begin{array}{l} \textbf{Regrese} \\ \textbf{Vuelva} \end{array}\right\}$ inmediatamente.   ***Return (come back)*** *at once.*

¿Cuándo vas a $\begin{cases} \textbf{regresar} \\ \textbf{volver} \end{cases}$ a México?   *When are you going **to return (go back)** to Mexico?*

When *return = come* or *go back*, Spanish uses **regresar** or **volver.** There is no difference in meaning between these two verbs. Nor does Spanish distinguish between *come back* and *go back*.

(b) *return = give back*

José me **devolvió** el dinero.   *Joe **returned** the money to me.*

¿**Devolviste** el libro a la biblioteca?   ***Did you return** the book to the library?*

When *return = give back,* Spanish uses a form of the verb **devolver.**

A. *Sustituya las palabras inglesas entre paréntesis por sus equivalentes en español.*

1. Hace (*rather*) frío esta mañana.   2. No olvides (*return*) esa llave.   3. Sergio (*plays*) la trompeta.   4. (*tú*) (*Would you rather*) escuchar las noticias?   5. (*Would Carlota rather cook than*) coser?   6. Capablanca empezó a (*play chess*) a los cinco años.   7. Rita (*realized*) una ganancia enorme en ese negocio.   8. (*We would rather not*) estar en un país donde hay terremotos.   9. (*Ud.*) ¿Cuándo (*will you return*) de Inglaterra?   10. Virginia está (*rather*) enferma.   11. A nuestros amigos les gusta viajar (*rather than*) quedarse en casa.   12. Manuel (*didn't realize*) que su coche tenía una llanta desinflada.

B. *Traduzca al español. Tenga especial cuidado con las palabras en itálica.*

1. My nephew reads *rather than* going to bed.   2. I lent Diane my car, and she *hasn't returned* it.   3. (*Ud.*) What instrument *does* your brother *play?*   4. I am going to *return* to the university when I have[1] some money.   5. (*tú*) Don't you *realize* that what you are saying is nonsense?   6. Mark would like meat *rather than* fish.   7. In Spain they *don't play* baseball.   8. We went out last night *rather than* staying in the motel.   9. Children like television *rather than* radio.   10. (*Ud.*) With your help I'll be able to *realize* my ambitions.

---

[1]What mode does Spanish use here? See page 308, §§25 and 26.

PRÁCTICA DE CONJUGACIÓN

Practique la conjugación de los verbos *leer* y *oír*, conjugados en las páginas 462–463.

CHAPTER **12**

The Indicative, the Subjunctive, and the Infinitive in Noun Clauses

Del segundo diario de Colón

Cuando Cristóbal Colón se hizo a la mar[1] en busca de la India, en 1492, ignoraba que habría de descubrir un Nuevo Mundo y cambiar el curso de la historia. Pero lo hizo, de modo que debemos aceptarlo.

Durante su viaje a través del Atlántico, Colón se vio asediado[2] por numerosos problemas y frente a nuevas experiencias. A lo largo de la travesía[3] llevó dos diarios, uno para la reina Isabel y el otro para sí mismo, donde dejó constancia de sus reflexiones privadas. El siguiente es un pasaje del segundo de esos diarios:

Viernes 3 de agosto de 1492

Hoy zarpamos[4] de Palos, España, rumbo a la India. Tenemos tres navíos magníficos, la *Niña,* la *Pinta* y la *Santa María.* Si bien son barcos excelentes, **hubiera deseado** que el Rey me **hubiese permitido** bautizar a la *Pinta* con el nombre de "Rana alegre". Una y otra vez discutí esto con Su Alteza, casi hasta irme a las manos[5] con él. Finalmente accedí. No tenía alternativa. Ese buey miserable. Sin embargo, cada vez que diga la *Pinta,* estaré pensando en secreto en la "Rana alegre".

* * *

Domingo 16 de septiembre de 1492

Mientras estábamos en las Islas Canarias reparando el timón de la Pinta, da-
ñado poco después de haber salido del puerto (y posiblemente en forma delibe-
rada), tuvimos tres presagios alarmantes[6]. Primero, presenciamos la erupción de
un volcán cerca de Tenerife. Luego vimos caer al mar, cerca nuestro, un enorme
meteorito ardiente. Por último, lo peor de todo, el trasero de los pantalones[7] del
capitán Mario Pinzón se rasgó[8] y el capitán anduvo así entre la tripulación por es-
pacio de tres horas antes de descubrir lo ocurrido[9].

Pero, ¿qué significa todo esto? ¿Debemos poner término al viaje? ¿Debemos
regresar a puerto y zarpar de nuevo?

¿Debemos arrojar al mar[10] los pantalones del capitán Pinzón? Tendré que
pensar en esto.

*   *   *

Miércoles 19 de septiembre de 1492

Los tripulantes de los tres navíos protestan. Es porque no trajimos suficiente
pimienta para la travesía. El Rey solamente permitió una barrica[11] por navío. En-
cargué a mi cocinero personal que **elabore** un sustituto para la pimienta. Debe
apresurarse.

*   *   *

Sábado 22 de septiembre de 1492

Rodrigo de Escobedo, secretario de la flota, se ha pasado el día haciendo
muecas[12] porque no trajo suficiente ropa interior. Solamente puede reprocharse a
sí mismo[13] por esto. Le dije que **trajera** un juego extra[14] pero no me hizo caso.

*   *   *

Sábado 29 de septiembre de 1492

Esta tarde nos atacó un espeso enjambre de peces voladores[15] que zumbaron
incansablemente en torno nuestro, golpeando a cuanto marinero no se **agachara**[16]
y cayendo sobre el puente, donde muchos hombres los pisaron, resbalaron y se
vinieron al suelo.

¿Se trata de otro presagio?

Hice que **tiraran** los pantalones del capitán Pinzón al mar.

*   *   *

Domingo 7 de octubre de 1492

Estoy fuera de mí. Las tripulaciones protestan continuamente por la falta de
pimienta y ahora tratan deliberadamente de agotar mi paciencia[17] para que **em-
prenda** el regreso. Siempre hay alguien afirmando que ha visto tierra. Ayer eran
nubes borrascosas[18], antes había sido un gran manto de algas[19] y antes una ban-
dada de pájaros. Esta mañana fue una pestaña en el lente del catalejo[20]. Tierra es
tierra, les he dicho. Si no saben qué es, deben mantener los ojos cerrados.

* * *

Miércoles 10 de octubre de 1492

Las tripulaciones no tienen sosiego[21]. Quieren regresar pero no dejaré que lo **hagan.** Sé muy bien qué los tiene alterados. La pimienta. Lo que **fuera** sola-
55 mente una molestia se ha convertido en una obsesión que los consume. Les ata-
can las náuseas[22] cada vez que se les sirve la comida sin pimienta. Arrojaron el
almuerzo por las portañolas[23] y ataron a los cocineros a los mástiles[24] durante va-
rias horas porque la comida no tenía pimienta. El próximo seré yo.

* * *

Jueves 11 de octubre de 1492

60 ¡Alabado sea Dios! Se avistó tierra[25] por el oeste. Debemos dirigirnos a ella
de inmediato. La tripulación de la *Niña* inició una huelga de hambre[26] y el ejem-
plo puede extenderse a los otros navíos. No hay pimienta y ahora estamos es-
casos de sal.

* * *

Viernes 12 de octubre de 1492

65 ¡Es un milagro! Hay tierra. Abordamos el bote del navío[27] y desembarcamos
en esta pequeña isla que, según nos enteramos, los habitantes llaman Guanahaní
pero yo bauticé San Salvador en honor de Nuestro Señor. Temblaba durante la
ceremonia de toma de posesión de la tierra en nombre de Espana porque debía
hablar a los nativos. Finalmente, pude hablar a mi primer indio.

70 Me acerqué a él, lo abracé en toda su desnudez[28] y le dije, jadeante: "Pi-
mienta, ¿tiene un poco de pimienta?" Se limitó a sacudir la cabeza. En sus ojos
se pintó la decepción. El también quería pimienta. De todas maneras, buscamos.
No había pimienta en esa isla.

Cuando las partidas de exploradores volvieron con la noticia de que esta es-
75 pecia no existía allí, no me quedó más que hincarme y ponerme a llorar[29].

Clyde James Aragón
Reproducido de la revista *Américas,* volumen 44, número 4, 1992

---

[1]put to sea [2]he found himself besieged [3]along the crossing (of the sea) [4]sailed out [5]had a fistfight [6]alarming omen [7]the seat of the trousers [8]was ripped [9]before discovering what has happened [10]throw to sea [11]cask [12]making faces [13]he can blame only himself [14]an extra change (of underwear) [15]a swarm of flying fish [16]hitting every sailor who would not bend over [17]exhaust my patience [18]storm clouds [19]algae cloak [20]an eyelash on the lens of the telescope [21]peace [22]they are afflicted by nauseas [23]they threw their lunch through the portholes [24]tied the cooks to the masts [25]land was seen [26]began a hunger strike [27]we boarded the ship's boat [28]I embraced him in all his nakedness [29]I could do nothing but kneel and cry

Clyde James Aragón es un periodista mexicano-americano que ha escrito cuentos humorísticos. Reside en la actualidad en el estado de Nuevo México.

COMPRENSIÓN

A continuación se dan catorce afirmaciones tomadas del cuento *Del segundo diario de Colón*. Algunas de estas afirmaciones están basadas en realidades históricas. Otras son pura invención humorística del autor.

Basándose en sus conocimientos de la historia de Colón, escriba en el espacio en blanco que hay al final de cada afirmación las letras HIST en las afirmaciones basadas en hechos históricos y HUM en las puras invenciones humorísticas del autor.

1. Cristóbal Colón inició su viaje de exploración en 1492. _____
2. Colón no sabía que iba a descubrir un Nuevo Mundo. _____
3. Colón escribió dos diarios durante su viaje. _____
4. Colón creía que iba rumbo a la India. _____
5. El Rey le prohibió bautizar uno de los barcos con el nombre de "Rana alegre". _____
6. El Rey y Colón casi se fueron a las manos. _____
7. El trasero de los pantalones del capitán Mario Pinzón se rasgó y anduvo así durante tres horas. _____
8. Durante el primer viaje de Colón hubo una rebelión entre los marineros de los barcos. _____
9. Rodrigo de Escobedo estába molesto porque no había traído suficiente ropa interior para el viaje. _____
10. En la tarde del sábado 29 de septiembre los barcos fueron atacados por un enjambre de peces voladores. _____
11. Colón ordenó tirar al mar los pantalones de Pinzón. _____
12. Los marineros casi se amotinaban porque querían llegar a tierra y descansar del viaje. _____
13. El 12 de octubre de 1492 los expedicionarios llegaron a la isla de Guanahaní que Colón bautizó con el nombre de San Salvador. _____
14. En la isla no había pimienta. _____

I. GENERAL CONCEPTS

1. Why must there be both an indicative and a subjunctive mode?

People recognize the need to express ideas in two entirely different realms of thought. On the one hand, there is the objective world of reality for expressing what is, what was, and what will be. On the other hand, there is the realm of all areas other than those of objective fact, such as hypothetical concepts, desired or preferred actions, commanding, expressing ideas contrary to fact, and expressing doubts or beliefs.

Although both Spanish and English have the capabilities for expressing the world of reality and that of unreality, Spanish specifically designates the verb forms of the subjunctive mode to express the world of unreality. English, on the other hand, must borrow verb forms from other uses to express the subjunctive.

2. What is the nature of the indicative, and what is the nature of the subjunctive?

Yo **estoy** en Madrid y gano dinero.
I am in Madrid, and I earn money.

Si yo **estuviera** en Madrid, ganaría dinero.
If I were in Madrid, I would earn money.

Concha **trabaja** mucho.
Concha works a great deal.

Deseo que Concha **trabaje** mucho.
I want Concha to work a great deal.

Juan **viene** en seguida.
John is coming right away.

Es preciso que Juan **venga** en seguida.
It is necessary that John come right away.

El chico **habla** español.
The boy speaks Spanish.

Sugiero que el chico **hable** español.
I suggest that the boy speak Spanish.

The *indicative* deals with objective facts that are taking place, that will take place, or that took place.

The *subjunctive* expresses, among other things, hypothetical states or actions, or feelings of the speaker either toward facts or toward hypothetical states or actions.

NOTE   Usually, the subjunctive is used in a dependent clause beginning with **que.**

3. Sometimes the Spanish subjunctive is expressed by an English subjunctive. But in what other ways does English express a Spanish subjunctive?

Quiero que usted **trabaje.**

I want you to work.

Me gustaría que **vinieras.**

I would like you to come.

Les **dijo** que **se sentaran.**

He told them to sit down.

Desapruebo que lo **hagan.**

I disapprove of their doing it.

Roberto **entró** sin que yo lo **viera.**

Robert entered without my seeing him.

At times, a Spanish subjunctive is expressed by a corresponding English subjunctive (see the examples in §2), but in many other cases, a Spanish subjunctive is expressed by an English infinitive construction, by a phrase containing a gerund, or by some other type of construction (see the examples in §3).

NOTE   To an extent, it is possible in certain kinds of sentences to show that a Spanish subjunctive is uniformly expressed by a certain type of non-subjunctive English construction. Such cases will be taken up later in the chapter.

4. What are the tenses of the subjunctive?

Present	Imperfect	Perfect	Pluperfect
hable	hablara	haya hablado	hubiera hablado
hables	hablaras	hayas hablado	hubieras hablado
hable	hablara	haya hablado	hubiera hablado
hablemos	habláramos	hayamos hablado	hubiéramos hablado
habléis	hablarais	hayáis hablado	hubierais hablado
hablen	hablaran	hayan hablado	hubieran hablado

The four tenses of the subjunctive used in present-day Spanish are the present, imperfect, perfect, and pluperfect.

In addition to the **-ra** form shown, the imperfect and pluperfect subjunctive have an **-se** form (hablase, hablases, hablase...). In most (but not all) cases, either form may be used. In Spanish America, the **-ra** forms are used more frequently, whereas in Spain one finds both the **-ra** and the **-se** forms.

II. THE INDICATIVE, THE SUBJUNCTIVE, AND THE INFINITIVE IN NOUN CLAUSES

5. What is a Noun Clause?

a. **Esa chica** es sabia.   *That girl is wise.*

Es sabio **que vengan temprano.**   *It is wise **for you (all) to come early.***

Que vengan temprano es sabio.

b. Prefiero **ese automóvil.**   *I prefer **that car.***

Prefiero **que digas la verdad.**   *I prefer **that you tell the truth.***

c. Sé **la dirección de su casa.**   *I know **her home address.***

Sé **que ella te quiere.**   *I know **that she loves you.***

The noun clause is a dependent clause that functions as a noun and can replace a noun in a sentence, occupying its designated slot.

In example a, **esa chica** is a noun phrase. It occupies the slot of the subject. . . . **vengan temprano** is occupying the same slot because it is a noun, a noun clause indicating what is wise.

In example b, **ese automóvil** is a noun phrase. It occupies the slot of the direct object. . . . **digas la verdad** is occupying the same slot because it is a noun, a noun clause indicating what my preference is.

In example c, **la dirección de su casa** is a noun phrase occupying the slot of the direct object. ...**ella te quiere** occupies the same slot because it is functioning as a noun, a noun clause indicating what I know. Notice that the noun clause is introduced by the conjunction **que** in the three examples.

The noun clauses are dependent of a main sentence which must have a specific verb, with a specific lexical meaning, that is, a dictionary meaning. For most of this chapter, these specific verbs are listed under each titled section.

The Subjunctive After *Ser* + Adjective + *Que*
(THE SO-CALLED IMPERSONAL EXPRESSIONS)

6. When is the indicative and when is the subjunctive used after expressions beginning with a form of <u>ser</u> + ADJECTIVE?

Indicative	Subjunctive
Es seguro que mañana **lloverá.**	**Es posible** que mañana **llueva.**
Es verdad que **haces** todo el trabajo.	**Es bueno** que **hagas** todo el trabajo.

Expressions beginning with **es** + ADJECTIVE (the Spanish equivalent of *It is* + ADJECTIVE), are followed by the subjunctive in the **que** clause when the speaker states an opinion about a hypothetical state or action instead of stating a fact.

When such expressions insist on a fact or on the certainty of a fact, they are followed by the indicative.

Among the *It is* + ADJECTIVE expressions followed by the indicative are:	Among the *It is* + ADJECTIVE expressions followed by the subjunctive are:	
Es cierto	Es bueno	Es natural
Es claro	Es conveniente	Es necesario
Es evidente	Es hora	Es posible
Es verdad	Es importante	Es preciso
Es un hecho	Es imposible	Es preferible
Es una realidad	Es interesante	Es probable
	Es justo	Es raro

NOTE 1   When the expressions in the left-hand column are used in the negative, they usually take the subjunctive in the **que** clause.

NOTE 2   the subjunctive is replaced by the infinitive in constructions with **ser** + ADJECTIVE EXPRESSING OPINION, when there is no subject in the subordinate clause:

Es bueno que **tú digas** eso de ella.	*It is nice for **you to say** that about her.*
Es bueno **decir** eso de ella.	*It is nice **to say** that about her.*
Es preciso que **ellos sepan** la verdad.	*It is necessary for **them to know** the truth.*
Es preciso **saber** la verdad.	*It is necessary **to know** the truth.*

A. *Sustituya los infinitivos entre paréntesis por la forma conveniente del verbo.*

1. Es bueno que tú no (llevar) ese vestido a la fiesta.   2. Es claro que yo (tener) razón.   3. Es preciso que usted (empezar) estas cartas ahora.   4. Es cierto que los chicos (participar) en las competencias deportivas mañana.

In the above examples and exercises, wherever a subjunctive is necessary, it is a present subjunctive. But if the main clause of a sentence is in a past tense or in the conditional, the present subjunctive cannot normally be used.

Subjunctive after Verbs of Emotion

7. Why are verbs and expressions of emotion followed by the subjunctive?

Me alegro (de) que usted **se case.**	*I am glad that you **are getting married.***
Me alegro (de) que usted **se haya casado.**	*I am glad that you **have gotten married.***
Regina **siente** que su novio se **vaya** al ejército.	*Regina **regrets** that her boyfriend **goes** into the army.*
Regina **siente** que su novio se **haya ido** al ejército.	*Regina **regrets** that her boyfriend **has gone** into the army.*

Verbs of feeling and emotion are followed by the subjunctive in a **que** or *noun* clause, since it is not the action of the **que** clause that is stressed but rather the reaction of the subject of the sentence toward that action.

In the previous examples the verb of emotion in the main sentence is in the present tense, and the verb of the noun clause is in the present or in the present perfect, which points out to a basic rule for the sequence of tenses: PRESENT in the MAIN SENTENCE = PRESENT or PRESENT PERFECT in the NOUN CLAUSE. See Part III, §§11–13, pages 276–279, for more details on sequence of tenses.

B. Traduzca al español.

1. (*Ud.*) I am glad that you are continuing[1] to work with your uncle.   2. The merchants are sorry that the government has imposed these restrictions.   3. My mother is glad that I am studying sciences.   4. I am pleased[2] that Eve has been able to go to the dance.   5. It surprises me that your son is so quiet.   6. It bothers me that it is so hot.   7. Are you afraid that it is thundering[3]?   8. Alberto is pleased that his son has chosen this college.   9. I am sorry you got (have gotten) sick yesterday.   10. It bothers you that Ulises has said that about you?

---

[1]Use a form of **seguir trabajando.**   [2]**Me agrada**   [3]**tronando**

The Subjunctive after Verbs of Hoping, Wishing, and Volition

8. Specifically what types of verbs are followed by the subjunctive because they express the desire of the speaker as to a given action?

Quiero que mis hijos **sepan** hablar español.	wishing	*I **want** my sons **to know** **how** to speak Spanish.*
Esperaba que mis amigos no **salieran** sin mí.	hoping	*I **hoped** that my friends **wouldn't leave** without me.*
El guardia **mandó** que el chófer **parara** el coche.	commanding	*The policeman **ordered** the driver **to stop** the car.*
Pediremos que el dueño **ponga** un nuevo baño en nuestro piso.	requesting	*We **will ask** the owner **to put** a new bathroom in our apartment.*
¿Quién **impidió** que la gente **saliera** por esta puerta?	preventing	*Who **kept** the people **from leaving** by this door?*
Os **aconsejo** que no **vayáis** a ese barrio.	advising	*I **advise** you not **to go** to that part of town.*

El carpintero **sugirió** que **compráramos** aquella madera.	suggesting	*The carpenter **suggested** that **we buy** that lumber.*
La señora nos **invitó** a que **entráramos.**	inviting	*The lady **invited** us **to enter.***
Insistí en que **cerraran** la puerta porque entraba mucho aire.	insisting	*I **insisted** on **their shutting** the door because a lot of air was coming in.*
Exijo que nos **den** más tiempo para acabar.	demanding	*I **demand** that **they give** us more time to finish.*
¡Ojalá que **llueva!**	wishing	*I **wish** that **it would rain.***
¡Ojalá que **hubiéramos comprado** aquel coche!	wishing	*I **wish** that **we had bought** that car.*

The subjunctive is used in noun clauses after verbs of *wishing, hoping, commanding, requesting, permitting, forbidding, preventing, advising, persuading, suggesting, inviting, insisting, compelling,* and the like, all of which express the desire of the subject of the main clause toward the action in the **que** clause.

NOTE   From the above translations, note that in English, verbs of wishing are followed by the INFINITIVE and that many other verbs of this type may be followed either by a clause beginning with *that* or by a gerundive construction.

With verbs of hoping, wishing, and the like, the sequence of tenses in the main clause and the noun clause follows the basic rule explained in §7 (pages 269–270). For more details see Part III, pages 276–279.

C. Traduzca estas expresiones de deseos, sugerencias y prohibiciones al español[1].

1. (*Uds.*) The law forbids your smoking in the subway.   2. (*tú*) Nothing prevents your making this trip.   3. My mother would like[2] us to take off our shoes before coming into the house.   4. (*Ud.*) I advise you to arrive at the ticket office[3] very early.   5. Our friends suggested that we spend two days in the amusement park. 6. (*Ud.*) Will you allow Paco to sell his bicycle?   7. (*tú*) I want you to stay home this evening.   8. (*Ud.*) We prefer that you say nothing to Louis.   9. (*tú*) Who permitted you to return so late?   10. Our host insisted that we drink wine with the meal.   11. The police officer told the thieves to put up their hands.   12. The

owner of the building did not want us to have animals in the apartment.   13. Susan hopes it won't rain.

---

[1]All these sentences should be expressed with **que +** SUBJUNCTIVE. It will be necessary to rephrase many of them, as you can see from examining the Spanish sentences and their English equivalents on page 266, §3.   [2]Use a construction with **gustar.**   [3]*ticket office* = **taquilla**

9. Which kind of verbs may be followed by either the subjunctive or an infinitive construction, regardless of what the subject of the subordinate clause is?

Te **aconsejo que dejes** el país en
    seguida.
Te **aconsejo dejar** el país en
    seguida.

*I advise you to leave the country
    immediately.*

¿**Dejaste que** los niños **comieran**
    todos esos caramelos?
¿**Dejaste** a los niños **comer** todos
    esos caramelos?

*Did you let the children eat all
    that candy?*

Haremos que pinte nuestro cuarto.
Le **haremos pintar** nuestro cuarto.

We will have him paint our room.

El muro **impidió que** los
    prisioneros se **escaparan.**
El muro **impidió** a los prisioneros
    escaparse.

*The wall prevented the prisoners
    from escaping.*

El jefe **mandó** a su secretaria **que
    escribiese** todas las cartas antes
    de irse.
El jefe **mandó** a su secretaria
    escribir todas las cartas antes de
    irse.

*The boss ordered his secretary to
    write all the letters before
    leaving.*

La ley **prohibe que** la gente **posea**
    armas.
La ley **prohibe** a la gente **poseer**
    armas.

*The law prohibits people from
    owning arms.*

Either the subjunctive construction in a **que** clause or the infinitive with an indirect object may be used after the verbs **aconsejar, dejar, hacer, impedir, mandar, permitir,** and **prohibir.**

D. *Traduzca cada una de las frases siguientes, primero con el subjuntivo, después con el infinitivo.*

Ejemplo   The child allowed his friend to play with the ball.
(a) **El niño dejó que su amigo jugara con la pelota.**
(b) **El niño dejó a su amigo jugar con la pelota.**

1. Who prevented him from visiting his friends?   2. My grandfather advised me to sign the contract.   3. (*Ud.*) Will you permit us to come before eight in the morning?   4. What law forbids us from going[1] eighty kilometers per hour on this road?   5. I ordered Laura to turn off the lights.

---

[1]Use a form of **andar.**

The Subjunctive after Verbs of Knowing, Believing, and Doubting

10. When are verbs of knowing, believing, and doubting followed by the indicative and when by the subjunctive?

(a) **creer, pensar**

Creo que Miguel **vendrá** mañana.	*I believe that Michael **will come** tomorrow.*
Creo que Miguel **venga** mañana.	*I believe that Michael **may come** tomorrow.*
Creo que Miguel **viene** hoy.	*I believe that Michael **is coming** today.*
Creo que Miguel **venga** hoy.	*I believe that Michael **may come** today.*

In the present tense, affirmative verbs of believing are usually followed by the indicative, but occasionally they are followed by the subjunctive to indicate considerable doubt in the mind of the speaker.

No creo que Antonio $\begin{cases} \textbf{llegue} \\ \textbf{llega} \end{cases}$ a tiempo hoy.

*I **don't think** Tony **will arrive** on time today.*

No creo que Antonio $\begin{cases} \textbf{haya llegado} \\ \textbf{ha llegado} \end{cases}$ todavía.

*I **don't think** that Tony **has arrived** yet.*

Often negative verbs of believing are followed by the subjunctive, but especially in case of a known fact or action, the indicative sometimes follows.

¿**Crees** que la luna $\begin{cases} \textbf{esté} \\ \textbf{está} \end{cases}$ tan lejos?   ***Do you think** that the moon **is** so far away?*

In interrogative sentences, verbs of believing take the subjunctive when the speaker has doubts as to the veracity of the statement, and the indicative when he is willing to accept the statement as true.

(b) saber, decir

Sé que usted **habla** árabe.
*I **know** that you **speak** Arabic.*

No saben que Daniel $\begin{cases} \textbf{tiene} \\ \textbf{tenga} \end{cases}$ los documentos necesarios.

***They do not know** that Daniel **has** the necessary documents.*

Tu padre **dice** que **puedes** acompañarme.
*Your father **says** that **you can** accompany me.*

Tu padre **no dice** que el señor García $\begin{cases} \textbf{sea} \\ \textbf{es} \end{cases}$ rico.

*Your father **does not say** that Mr. Garcia **is** rich.*

Verbs of knowing and saying, such as **saber, decir,** and the like, are always followed by the indicative when they are used affirmatively; when they are used negatively, they are usually followed by the subjunctive.

(c) dudar

Dudo que David **haya comprado** un nuevo estéreo.

*I doubt that David **has bought** a new stereo.*

Dudamos que tu novia **se case** contigo.

*We **doubt** that your fiancée **will marry** you.*

No dudo que usted $\left\{\begin{array}{l}\textbf{sabe}\\\textbf{sepa}\end{array}\right.$ varias lenguas.

*I **do not doubt** that you **know** several languages.*

In affirmative sentences, the subjunctive normally follows the verb **dudar.** In negative sentences, **dudar** is generally followed by the indicative. However, it is possible to find speakers using the subjunctive with **no dudo** because they have some doubts about what they are saying.

E. *Complete libremente las respuestas que se dan a las preguntas. Use el subjuntivo o el indicativo según convenga al sentido total de la pregunta-respuesta. Si hay dos respuestas posibles, escríbalas y explique la diferencia que hay entre ambas.*

Ejemplo   ¿Van a vender la casa tus parientes?

Si, creo que <u>la van a vender / vendan</u> porque necesitan el dinero.

Explicación   a. **la van a vender** es posible porque expresa una certidumbre en el sujeto (yo).

b. **vendan** es posible porque expresa una duda o incertidumbre en el sujeto (yo).

1. ¿Van a Santiago tus amigos?
   No sé, pero dudo que _____ porque no tienen tiempo.
   Explicación
2. ¿Manuel habla inglés?
   Sí, creo que lo _____ . Sus hermanos también lo _____ .
   Explicación
3. ¿Crees que llueva esta tarde?
   Sí, me parece que _____ esta tarde.
   Explicación
4. ¿Volverás a esa tienda otra vez?
   No sé. No puedo afirmar que _____ ni que no _____ porque eso depende de mi esposa.
   Explicación

5. ¿Necesitan ustedes más tiempo para hacer el trabajo?

Dudamos que lo _____ . Ya casi hemos terminado.

Explicación

6. ¿Por qué no está Mercedes? ¿Estará enferma?

No creo que _____ enferma porque la vi hace cinco minutos en la biblioteca.

Explicación

7. ¿Crees que a Tomás le gusta trabajar en esa oficina?

Sí, creo que le _____ porque siempre está hablando de lo que hace allí.

Explicación

8. ¿Sabes cuándo se gradúa Ricardo?

¿Ricardo? Con lo poco que estudia creo que no se _____ nunca.

Explicación

III. THE SEQUENCES OF TENSES IN NOUN CLAUSES

11. When the main clause is in the present or future, which two tenses are used in the que clause?

Es importante que usted **venga.**	*It is important* that you **come.**
Será importante que usted **venga.**	*It will be important* that you **come.**
Es importante que usted **haya venido.**	*It is important* that you **have come.**
Es preciso que usted **se case.**	*It is necessary* that you **get married.**
Será difícil que usted **se case.**	*It will be difficult* for you to **get married.**
Es bueno que usted **se haya casado.**	*It is good* that you **got married.**

When the main clause is in the present or future, the subordinate clause is in the present or perfect subjunctive.

12. When the main clause is in a past tense or in the conditional, in which two tenses is the que clause?

Fue ⎱
Era ⎰ importante que usted **viniera**.

It was important that you **came**.

Fue ⎱
Era ⎰ importante que usted **hubiera venido**.

It was important that you **had come**.

Sería importante que usted **viniera**.

It would be important that you ⎰ *should come.*
                                  ⎱ *come.*

If the main clause is in a past tense or in the conditional and the action of the **que** clause took place at the same time as or after the action of the main clause, the **que** clause is in the imperfect subjunctive.

Fue ⎫
Era ⎬ importante que usted **hubiera venido**.
Sería ⎭

It was important that you **had come**.

If the main clause is in a past tense or in the conditional and the action of the **que** clause took place before the action of the main clause, the **que** clause is in the pluperfect subjunctive.

F. Sustituya los infinitivos entre paréntesis por la forma conveniente del verbo.

1. Era posible que Violeta no (saber) nada del accidente.   2. Era natural que Felipe (salir) con Carina en aquella época.   3. Era evidente que aquel funcionario no (hacer) nada nunca.   4. Era importante que la enferma no (comer) demasiado. 5. Sería preferible que los turistas (hablar) la lengua del país donde viajan.

G. Responda a las siguientes preguntas afirmativamente usando las expresiones que se dan, como en el ejemplo. No repita el sujeto. Use pronombres para expresar los objetos directos e indirectos cuando se pueda.

Ejemplo   ¿Roberto va a aceptar ese trabajo? (Sí, es mejor que...)
               Sí, es mejor que lo acepte.

1. ¿Carlos viene tarde todos los días? (Sí, es malo que...)   2. ¿El invierno de este año es muy malo aquí? (Sí, es verdad que...)   3. ¿Sofía sabía la verdad? (Sí, era probable que...)   4. ¿Ustedes tienen bastante tiempo? (Sí, hombre, es claro que...) 5. ¿Comemos ahora mismo? (Sí, sería mejor que...)   6. ¿El dependiente te había dado el paquete? (Sí, era verdad que...)   7. ¿Se cambia el aceite cada 10.000 kilómetros? (Sí, es importante que...)   8. ¿Miguel ha dicho algo del accidente a su padre? (Sí, es bueno que...)   9. ¿El cartero volverá mañana? (Sí, es probable que...)

13. What is the sequence of tenses when the verb of the main sentence is other than <u>ser</u> + ADJECTIVE?

(a) With verbs of emotion

Me **gusta** que **seas** honrado.   *I like you to be* honest.

Me **gustaba** que **dijeras** esas cosas.   *I liked* for *you to say* those things.

With verbs of emotion the sequence of tenses between the main clause and the noun clause follows the same principles as those explained in §§11–12 (pages 276–277). However, other sequences are possible due to the meanings of verbs of emotion.

(b) With verbs of hoping, wishing, and volition

Queremos que **pagues** tus cuentas.   *We want you to pay* your debts.

Queríamos que **pagaras** tus   *We wanted you to pay* your debts.
cuentas.

With verbs of hoping, wishing, and volition the sequence of tenses between the main clause and the noun clause follows the same principles as those explained in §§11–12 (pages 276–277). These principles can be summarized by stating that the present in the main clause goes with the present in the noun clause and the past goes with the past.

(c) With verbs of knowing, believing, and doubting, the sequence of tenses in the main clause and the noun clause has more possibilities than with other noun clauses, as may be seen in the following examples:

Creo que Miguel viene esta noche
                    vendrá esta noche
                    venía los viernes

vino ayer
venga esta noche
haya oído ese canción.

H. Sustituya las palabras en inglés entre paréntesis por sus equivalentes en español.

1. No creo que Lupe (*is*) enfermera.   2. Los habitantes de esa ciudad piensan que (*they are paying*) mucho por el servicio de agua.   3. El campesino no cree que (*it will rain*) mañana.   4. El señor dijo que su traje (*is*) de lana pura.   5. No dudo que mis amigos (*will support me*) en todas las reuniones de la asociación.   6. ¿Creen tus amigos que (*they should*) rechazar la nueva oferta de trabajo?

I. ¿Cómo expresa usted duda o seguridad? Complete las siguientes oraciones con la forma verbal más adecuada del infinitivo que se da entre paréntesis, de acuerdo con el sentido de toda la oración.

1. Dudo que el mensajero (traerme) el paquete que espero con tanta ansiedad. 2. ¿Cree usted que yo le (poder) hacer eso a usted? ¡Ni soñando[1]!   3. Me parece que el auto (necesitar) aceite y lubricación: suena muy mal[2].   4. Sé que ese conjunto musical (estar) en la ciudad el domingo porque lo leí en el periódico.   5. Dudamos que (haber) una lavadora de platos en esa casa: no tienen agua corriente[3] todavía. 6. Los jóvenes de esa clase no creen que (ser) necesario prestar servicio militar. 7. Nadie quiere creer quo yo (triunfar) en esta empresa.   8. Creo que tú (entender) lo que yo digo, porque veo cómo te brillan los ojos.

---

[1]Not even in my wildest dreams   [2]it sounds very bad   [3]running water

IV. THE SUBJUNCTIVE VS. THE INFINITIVE

14. When does Spanish use an infinitive construction rather than the subjunctive in a dependent clause?

Infinitive Construction	**Subjunctive Construction**
Sient**o** no **poder** ir con usted.	Sient**o** que **Jaime** no **pueda** ir con usted.
I regret that I cannot go with you.	*I regret that James cannot go with you.*

El niño tenía miedo de **haber hecho** un error.
The child was afraid that __he had__ made a mistake.

El niño tenía miedo de que **su tío hubiera hecho** un error.
The child was afraid that __his uncle__ had made a mistake.

Compré la maleta para **llevar**la conmigo.
I bought the suitcase so that __I__ might take it with me.

Compré la maleta para que **tú** la **llevaras** contigo.
I bought the suitcase so that __you__ might take it with you.

Prepararé la cena antes de **leer** el periódico.
I will get supper before __I read__ the newspaper.

Prepararé la cena antes de que **leas** el periódico.
I will get supper before __you read__ the newspaper.

Lamento **haber perdido** mi abrigo.
I am sorry __I lost__ my coat.

Lamento que **hayas perdido** tu abrigo.
I am sorry that __you have lost__ your coat.

When the subject of the subordinate clause would be the same as the subject of the main clause in English, Spanish tends to use the infinitive construction instead of the **que** clause + SUBJUNCTIVE.

J. Traduzca al español las frases siguientes.

1. I hope I can come early.   2. We are glad that we were in Spain.   3. (*tú*) Raúl is surprised[1] that he has not received a letter from you.   4. They do not believe that they can be here at six o'clock.   5. The boys wished that they had more money. 6. (*Ud.*) You will work in order that you may go to Europe.   7. Mary telephoned us before she went to bed.

---

[1]Use a form of **sorprenderse de.**

K. Traduzca al español las oraciones siguientes.

1. (*tú*) I prefer to eat at six. I prefer that you eat at six.   2. We would be glad[1] to visit the museum. We would like[1] to have our friends visit the museum.   3. The doctor insisted on[2] talking with the members of the family[3]. The doctor insisted

that[4] I talk with the members of the family.   4. We have asked[5] to work in another office. We have asked that the secretary work in another office.   5. (*Uds.*) It frightens me to be alone on the beach. It frightens me that you are alone on the beach.   6. Patrick did it without knowing why. Patrick did it without our knowing why.

---

[1]Use a form of **alegrarse.**   [2]**en**   [3]*members of the family* = **familiares**   [4]**en que**   [5]Use a form of **pedir.**

EJERCICIOS DE RECAPITULACIÓN

A. *Imagine que usted y su hermana alquilan un apartamento para compartir los gastos de casa y comida. Ustedes se ponen de acuerdo sobre las cosas que les gustan, lo que prefieren, etc. Exprese estas ideas sustituyendo los infinitivos entre paréntesis por la forma correspondiente del verbo cuando sea necesario.*

1. A mí me gusta que el apartamento (estar) limpio y ordenado.   2. Es preciso que nosotros (mirar) otros apartamentos.   3. Espero que no (subir) el precio de aquel apartamento.   4. Prefiero que tú (dormir) en la habitación pequeña.   5. ¿Es verdad que las tiendas del barrio (ser) muy caras?   6. Era imposible que nosotros (ahorrar) dinero viviendo en dos apartamentos.   7. ¿Es cierto que el dueño de este edificio (tener) otro edificio cerca del centro?   8. El encargado[1] de los apartamentos insistió en que las fiestas (ser) tranquilas.   9. Espero que nos (instalar) la electricidad y el gas pronto.

---

[2]manager

B. *Hablando de salud y enfermedades, traduzca estas oraciones al español. Preste atención especial al modo del verbo.*

1. It is true that the doctor does not have office hours[1] today.   2. (*tú*) He said that you had given me my medicine.   3. (*tú*) I am surprised that you have not taken it yourself.   4. I doubt that anyone will catch a cold[2] playing tennis.   5. It is important for me to see a good cardiologist.   6. My doctor insists that I go to the specialist recommended by him.   7. (*Ud.*) It is probable that this diet is appropriate for you. 8. My doctor forbade me to drink coffee or tea.

---

[1]*does not have office hours* = **no tener consulta**   [2]*catch a cold* = **resfriarse**

C. *Complete las siguientes series de pregunta-respuesta con la forma verbal que*
   le corresponda a la respuesta. (En algunas respuestas hay varias posibilidades.)

Ejemplo   ¿Qué quieres que haga yo en este caso? ¿Callarme la boca?
              Sí, quiero que te _____calles_____ la boca.

1. ¿Crees que debo hablar con el gerente de la firma?
   Sí, sería una buena idea que (tú) _____ con él.
2. ¿Qué te habían pedido tus padres? ¿Venir para Navidades?
   No, no me habían pedido que _____ para Navidades.
3. ¿Quién les había impedido a ustedes volver a la discoteca?
   El dueño nos había impedido que _____ .
4. ¿Qué afirmaba ayer tan arrogantemente don Juan?
   Afirmaba que _____ .
5. ¿Por qué estabas tan sorprendido?
   Porque mi novia quería que yo no _____ con Gloria.
6. ¿Qué esperabas de mí?
   Esperaba que tú _____ la comida del restaurante a casa porque yo
   no había podido preparar nada.
7. ¿Qué sabes de ese señor?
   Sé poco, pero sé que _____ .
8. ¿Por qué le hacías tantas preguntas al pobre niño?
   Porque yo dudaba que él _____ la tarea de aritmética.

PROBLEM WORDS

Ride

(a) When *a ride* = **un paseo**

Vamos a **dar un paseo en automóvil.**

*We are **going for a car ride.***

El **paseo a caballo** estuvo muy bueno.

*We had a good **horseback ride.***

When *a ride* is a fairly short trip, often for pleasure, Spanish normally uses **paseo.** It often expresses *take a ride* by **dar un paseo.**

(b) How to express the idea of *needing a ride* or *giving someone a ride*

Necesito que **alguien me lleve.**

*I need **a ride.***

¿Puedes **llevarme** hasta el centro?

*Will you **give me a ride** downtown?*

Puedo **llevarte.**

*I can **give you a ride.***

To express the idea of *needing a ride* or *giving someone a ride,* no special noun is used in standard Spanish. These ideas are expressed with the verb **llevar.** The above examples will illustrate how the Spanish sentence must be worded in order to express these ideas with **llevar.**

(c) When the verb *ride* includes in its meaning the mode of transportation

Fui en auto con mi vecino hasta su casa.

*I **rode** with my neighbor as far as his house.*

Íbamos en coche juntos todos los días al trabajo.

*We **rode** to work together every day.*

English often uses the verb *ride* without indicating the mode of transportation. Spanish normally uses **ir en coche, ir en tren, ir a caballo, ir en bicicleta,** and the like, thus indicating the mode of transportation.

Right

(a) When *right = correct, proper*

El juez hizo la decisión $\begin{cases} \textbf{justa.} \\ \textbf{correcta.} \\ \textbf{apropiada.} \end{cases}$ *The judge made the **right** decision.*

Elena siempre hace $\begin{cases} \textbf{lo justo.} \\ \textbf{lo correcto.} \\ \textbf{lo apropiado.} \end{cases}$ *Helen always does **the right** thing.*

When *right,* as opposed to *wrong,* means *correct* or *proper,* Spanish may use the adjectives **justo, correcto,** or **apropiado.** It expresses *the right thing* by **lo justo, lo correcto,** or **lo apropiado.**

(b) When *right = favorable*

Iremos si el tiempo es $\begin{cases} \textbf{bueno.} \\ \textbf{favorable.} \end{cases}$ *We'll go if the weather is **right**.*

When *right = favorable,* Spanish expresses it by **bueno** or **favorable.**

(c) How to say *all right*

¿Estás **bien?**   *Are you **all right?***

$\left.\begin{array}{l} \textbf{Bien,} \\ \textbf{Bueno,} \\ \textbf{Vale,} \end{array}\right\}$ pero regresa pronto.   ***All right,** but come back soon.*

The expression *all right* is often expressed by **bien** and sometimes by **bueno.**

(d) How to say *a person is right*

María **tiene razón.**   *Mary is **right**.*

To say that *a person is right,* use a form of the idiom **tener razón.**
To say that *a person is wrong,* use either a form of **no tener razón** or **estar equivocado.**

(e) When *right* is the opposite of *left*

Levante la mano **derecha.**	*Raise your **right** hand.*
Mi casa está **a la derecha** de la iglesia.	*My house is **to the right** of the church.*

When *right* is the opposite of *left,* the adjective **derecho** is used; *to the right* = **a la derecha.**

NOTE   As an adjective, **derecho** also means *straight.* Ex: un camino **derecho** (a *straight* road), una línea muy **derecha** (a very *straight* linc), los pinos **derechos** (the *straight* pines).

CAUTION   Do not confuse the adjective **derecho,** meaning *right* or *straight,* with the adverb **derecho,** used after verbs to mean *straight ahead.* Ex: Siga **derecho.** (Go *straight ahead*).

(f) When *right* is an adverb

Tu abrigo está **aquí mismo.**	*Your coat is **right here.***
Dime **ahora mismo** lo que quieres.	*Tell me **right now** what you want.*

As an adverb, *right* may be expressed by **mismo.**

(g) When *right* = *power* or *privilege*

¿Quién tiene **el derecho** de votar?	*Who has **the right** to vote?*

When *right* is a noun meaning *power* or *privilege,* it is expressed by **el derecho.**

NOTE   As a noun, **el derecho** also means *law* (study of law and law in an abstract sense). Ex: Ernesto estudia **derecho.** (Ernest is studying *law.*)

Room

(a) How to say *a room* in a hotel, hospital, and the like

No pude conseguir **una habitación** (**un cuarto**) en la clínica.	*I couldn't get **a room** in the hospital.*

A *room* in a hotel, a hospital, or other places where rooms are rented out is a **cuarto** or **habitación.**

NOTE   *roommate* = **compañero de cuarto**

(b) How to express *room* without indicating the type of room

¿Cuántas **piezas** tiene tu   How many **rooms** are there in your
    apartamento?   apartment?

The general word for *room* is **pieza.**

(c) How to indicate particular types of rooms in a house

sala	*living room*	**cuarto**	*bedroom*
sala de estar		**habitación**	
comedor	*dining room*	**baño**	*bathroom*
cocina	*kitchen*		

There are special words for *bedroom* in the various Spanish-speaking countries: **alcoba, dormitorio, recámara** (Mexico).

The word *toilet* is expressed by **el retrete** or **el servicio** in Spain, by **el excusado** in Mexico.

(d) How to indicate other types of rooms

salón	*large room for a meeting*	**local**	*room in a commercial or an office building*
aula	*classroom*	**consulta**	*doctor's office, room in a medical center*
clase			

In Mexico and other Spanish American countries, the *doctor's office* is called **el consultorio.**

(e) When *room* = *space*

—¿Tienes { **lugar** / **espacio** en tu maleta? / **sitio** }   *"Do you have any **room** in your suitcase?"*

—No hay $\left\{\begin{array}{l}\textbf{lugar}\\ \textbf{espacio} \text{ para más.}\\ \textbf{sitio}\end{array}\right.$ *"There isn't **room** for anything more."*

—¿Quieres hacerme **sitio?**   *"Would you make **room** for me?"*

When *room = space,* Spanish uses **sitio, espacio,** or **lugar.** To express *to make room,* **hacer sitio** is most frequently used.

A. *Sustituya las palabras inglesas entre paréntesis por sus equivalentes en español.*

1. ¿Qué (*rights*) tienen los niños?   2. Miguel (*took a ride*) en motocicleta esta mañana.   3. ¿Cuál es el tiempo (*right*) para plantar semillas?   4. Prefiero un apartamento con (*several rooms*).   5. El cliente siempre (*is right*).   6. —¿Puede usted (*give me a ride*) hasta la compañía telefónica?   7. —(*All right*), venga conmigo. 8. Esta mañana (*I rode*) con el jefe al trabajo.   9. La víctima perdió la pierna (*right*) en el accidente.   10. Juanito, haz tu tarea (*right now*).   11. Una persona delgada no ocupa mucho (*room*).   12. Hay diez (*classrooms*) en el segundo piso. 13. Ésa no es la forma[1] (*right*) de abrir esa caja.   14. Quiero una casa con (*a living room, a dining room, a bathroom, a kitchen*) y dos (*bedrooms*).   15. Ya no hay más (*room*) en el ascensor.

---

[1]*way*

B. *Traduzca al español. Tenga especial cuidado con las palabras en itálica.*

1. (*Ud.*) You *are wrong.* Mrs. Agüero is not that young.   2. (*tú*) Where is your *classroom?*   3. My umbrella is *right there* in the corner[1].   4. (*Uds.*) In your state, do you have *the right* to[2] vote at the age of eighteen[3]?   5. (*Ud.*) How many *rooms* are there in your house?   6. (*tú*) Do you want to *take a ride* in my new car? 7. Lola did *the right thing* to[4] stay home.   8. Albert writes with his[5] *right* hand. 9. (*Ud.*) Do you have a *room* to[6] rent?   10. If the weather is *right,* I'll leave for El Salvador tomorrow.   11. (*Ud.*) With whom *do you ride* to school?   12. My mother was *all right* when I left this morning.   13. (*Uds.*) Do you have *room* for another person in your car?   14. Does Bertha need *a ride* this evening?

---

[1]**el .rincón**   [2]**de**   [3]**a los dieciocho años**   [4]**al**   [5]**la**   [6]**para**

PRÁCTICA DE CONJUGACIÓN

Practique la conjugación de los verbos *poder* y *poner,* conjugados en las páginas 464–465.

C H A P T E R **13**

The Subjunctive and the Indicative in Adjective and Adverbial Clauses

Una carta a Dios

La casa —única en todo el valle— estaba subida[1] en uno de esos cerros trun-
cados[2] **que, a manera de pirámides rudimentarias, dejaron algunas tribus al
continuar sus peregrinaciones.** En los campos cultivados, entre las matas[3] de
maíz, estaba el frijol con su florecilla[4] morada[5], promesa inequívoca de una
5   buena cosecha, **cuyos dueños esperaban con ansiedad.**

Lo único **que estaba haciendo falta a la tierra era una lluvia,** cuando
menos un fuerte aguacero[6], de esos **que forman charcos[7] entre los surcos[8].**

Durante la mañana, Lencho —conocedor de campo, apegado[9] a las viejas cos-
tumbres y creyente a puño cerrado[10]— no había hecho más que examinar el cielo
10   por el rumbo del noreste.

—Ahora sí que se viene el agua, vieja.

Y la vieja, **que preparaba la comida,** le respondió:

—Dios lo quiera[11].

Los muchachos más grandes limpiaban de hierba la siembra[12], *mientras que*
15   *los más pequeños correteaban[13] cerca de la casa.*

Fue en el curso de la comida cuando, *como lo había asegurado Lencho*,
comenzaron a caer gruesas gotas de lluvia.

—Hagan de cuenta[14], muchachos —exclamaba el hombre—, que no son gotas de agua **las que están cayendo:** son monedas nuevas: las gotas grandes son
20   de a diez[15] y las gotas chicas son de a cinco...

Pero, de pronto, comenzó a soplar un fuerte viento y con las gotas de agua comenzaron a caer granizos[16] tan grandes como bellotas[17].

—Esto sí que está muy malo —exclamaba mortificado el hombre— ojalá que pase pronto...

25   No pasó pronto. Durante una hora, el granizo apedreó[18] la casa, la huerta, el monte, y todo el valle. El campo estaba tan blanco que parecía una salina[19]. Los árboles, deshojados[20]. El maíz, hecho pedazos. El frijol, sin una flor. Lencho, con el alma llena de tribulaciones. Pasada la tormenta, en medio de los surcos, decía a sus hijos:

30   —El granizo no ha dejado nada: ni una sola mata de maíz dará una mazorca[21], ni una mata de frijol dará una vaina[22]...

La noche fue de lamentaciones:

—¡Todo nuestro trabajo, perdido!

—¡Y ni a quién acudir[23]!

35   Pero muy en el fondo espiritual de cuantos convivían bajo aquella casa solitaria en mitad del valle, había una esperanza: la ayuda de Dios.

Y *mientras llegaba el amanecer,* Lencho pensó mucho en **lo que había visto en la iglesia del pueblo los domingos.**

Lencho era hombre rudo y él mismo solía decir que el campo embrutece[24],
40   pero no lo era tanto que no supiera escribir. Ya con la luz del día y aprovechando la circunstancia de que era domingo, *después de haberse afirmado* en su idea de que sí hay **quien vele por todos**, se puso a escribir una carta **que él mismo llevaría al pueblo** para echarla al correo.

Era nada menos que una carta a Dios.

45   «Dios —escribió—, **si no me ayudas pasaré hambre[25] con todos los míos,** durante este año: necesito cien pesos para volver a sembrar y vivir *mientras viene* la otra cosecha, pues el granizo...».

Rotuló[26] el sobre «A Dios» y se dirigió al pueblo. Ya en la oficina de correos, le puso un timbre a la carta y echó ésta en el buzón.

50   Un empleado, **que era cartero y todo en la oficina de correos,** llegó riendo con toda la boca ante su jefe: le mostraba nada menos que la carta dirigida a Dios. El jefe de la oficina —gordo y bonachón[27]— también se puso a reír, y *mientras daba golpecitos en su mesa con la carta,* comentaba:

—¡La fe! **¡Quién tuviera la fe** de **quien escribió esta carta!** ¡Creer *como él*
55   *cree*! ¡Esperar con la confianza con **que él sabe esperar!** ¡Sostener correspondencia con Dios!

Y, para no defraudar aquel tesoro de fe, el jefe postal concibió una idea: contestar la carta...

Exigió a su empleado una dádiva[28], él puso parte de su sueldo y a varias per-
60   sonas les pidió su óbolo[29] «para una obra piadosa».

Fue imposible para él reunir los cien pesos solicitados por Lencho, y se con-
formó con enviar al campesino cuando menos **lo que había reunido:** algo más
que la mitad. Puso los billetes en un sobre dirigido a Lencho y, a manera de
firma: DIOS.

65   Al siguiente domingo Lencho llegó a preguntar, más temprano que de cos-
tumbre, **si había alguna carta para él.** Fue el mismo repartidor[30] **quien le hizo
entrega de la carta**, mientras que el jefe, con la alegría de **quien ha hecho una
buena acción**, espiaba desde su despacho.

Lencho no mostró la menor sorpresa al ver los billetes —tanta era su seguri-
70   dad—, pero hizo un gesto de cólera al contar el dinero...¡Dios no podía haberse
equivocado, ni negar **lo que se le había pedido!**

Inmediatamente, Lencho se acercó a la ventanilla para pedir papel y tinta. En
la mesa destinada al público, se puso a escribir. Al terminar, fue a pedir un tim-
bre, **el cual** mojó con la lengua y luego aseguró de un puñetazo[31].

75   En cuanto la carta cayó al buzón, el jefe de correos fue a recogerla. Decía:

«Dios: Del dinero **que te pedí**, sólo llegaron a mis manos sesenta pesos.
Mándame el resto, **que me hace mucha falta**; pero no me lo mandes por con-
ducto de la oficina de correos, porque los empleados son muy ladrones.

Lencho»

Gregorio López y Fuentes   (México)
(fragmentos y adaptación del original)

---

[1]*was perched* [2]*leveled off* [3]*stalks* [4]*little flower* [5]*purple* [6]*shower* [7]*puddles* [8]*furrows* [9]*attached*
[10]**a puño cerrado** = *blindly*   [11]*May God will it!*   [12]*planted field*   [13]*were running around*
[14]**Hagan de cuenta** =   *Imagine*   [15]**son de a diez** =   *are like a 10¢ piece*   [16]*hailstones*
[17]*acorns*   [18]*pelted*   [19]*salt field*   [20]*leafless*   [21]*ear of corn*   [22]*pod*   [23]*to turn to*   [24]*makes one dull*
[25]**pasaré hambre**   =   *I'll starve*   [26]*labeled*   [27]*good-natured*   [28]*gift*   [29]*contribution*   [30]*mail
carrier*   [31]**de un puñetazo** = *by pounding on it with his fist*

Gregorio López y Fuentes (1897–1966) novelista, poeta y cuentista mexicano.
Estudió en la Ciudad de México donde formó parte de un grupo de jóvenes inte-
lectuales. Empezó escribiendo poesía, como han hecho muchos escritores la-
tinoamericanos. Logró fama nacional e internacional como novelista, especial-
mente con la novela *El indio*. El cuento seleccionado para este capítulo se
destaca por su fina ironía y humor campesino.

COMPRENSIÓN

El siguiente resumen del cuento de López y Fuentes consta de seis oraciones completamente erróneas. Su tarea consiste en corregir los errores después de leer el cuento una vez más, si es necesario.

1. Lencho y su familia vivían en un bosque de altos pinos.
2. En el bosque, Lencho y sus hijos cortaban madera para venderla en el pueblo cercano.
3. Un día vino una tormenta de nieve y arrancó todos los árboles.
4. Lencho y su pobre familia fueron al pueblo a pedir ayuda del gobierno, porque tenían mucha fe en el alcalde.
5. Lencho habló con el alcalde y le pidió cincuenta pesos para sembrar semillas de manzana y poder vivir hasta que nacieran los manzanos.
6. El alcalde sólo pudo darle veinticinco pesos, lo cual enfadó a Lencho, quien volvió a su casa decepcionado.

I. ADJECTIVE OR RELATIVE CLAUSE: GENERAL CONCEPTS

1. What is an adjective or relative clause?

Un empleado **alto** llegó riendo ante su jefe.	A **tall** clerk came laughing before his boss.
Un empleado **de correos** llegó riendo ante su jefe.	A **postal** clerk came laughing before his boss.
Un empleado, **que era cartero y todo en la oficina de correos,** llegó riendo ante su jefe.	A clerk, **who was a carrier and everything else in the post office,** came laughing before his boss.

An *adjective* or *relative* clause is a dependent clause that performs the function of an *adjective* and is connected to the main sentence by a *relative pronoun*.

In the samples above, **alto, de correos,** and **que era cartero y todo en la oficina de correos** are *adjectives* of **empleado.** But, **que era cartero . . .** is a clause, and, thus, the designation of *adjective clause.*

In the third example, the adjective clause is connected or related to the main sentence by **que,** a relative pronoun taking the place of **empleado,** and, thus, the designation of *relative clause.*

This connection can be broken by omitting the relative pronoun and separating the two clauses into two complete sentences:

a. Un empleado llegó riendo ante su jefe.
b. (El empleado) Era cartero y todo en la oficina de correos.

2. What is the antecedent of the adjective or relative clause?

¡Esperar con **la confianza** con **que** él sabe esperar!	*Waiting with **the confidence that** he waits!*
Fue **el mismo repartidor quien** le hizo entrega de la carta.	*It was **the same mailman who** gave him the letter.*
Lencho vio que faltaba dinero, lo cual no le sorprendió.	***Lencho realized that there was some money missing,** which did not surprise him.*

A relative pronoun refers back to some *noun* in the main clause or to the *whole main clause.* This *noun* or *clause* is called the *antecedent* of the relative. In the previous examples, the antecedents are **la confianza, el mismo repartidor,** and **Lencho vio que faltaba dinero.**

Sometimes, however, the relative pronoun refers back to some idea, episode, or fact mentioned or known previously by the speakers.

Dígame **lo que** usted sabe.	*Tell me **what** you know.*
Lo que usted ve y **lo que** usted consigue son dos cosas diferentes.	***What** you see and **what** you get are two different things.*

3. What is a restrictive adjective or relative clause?

Los pantalones **que están ahí** son para planchar.	*The pants **(that are) there** are for ironing.*
Éstas son las muchachas **cuyos padres** fueron a ver al decano.	*These are the girls **whose parents** went to see the dean.*

Del dinero **que te pedí,** sólo llegaron sesenta pesos.	*Of the money **(that) I asked you for,** I got only sixty pesos.*

A *restrictive clause* is one which is necessary to the meaning of the sentence. The restrictive clause will provide a specific or restrictive qualification to the antecedent in order to avoid confusion. In the first example, **los pantalones** to be ironed are *specifically* those *that are there.* In the second example, the girls in question are *specifically* those *whose parents went to see the dean.* And in the third example, the **dinero** received by the poor farmer is *specifically* that *which he requested.*

4. What is a nonrestrictive (parenthetical) adjective or relative clause?

Esos pantalones, **que compré hoy,** son para planchar.	*Those pants, **that I bought today,** are for ironing.*
Las muchachas, **cuyos padres fueron a ver al decano,** están tristes.	*The girls, **whose parents went to see the dean,** are sad.*
Los pasajeros, **que llegaron tarde,** salieron en el vuelo 567.	*The passengers, **who arrived late,** left on flight 567.*

A *nonrestrictive clause* is one that is added for greater clarity, but not for a specific need. It can be omitted without affecting the meaning of the sentence. The nonrestrictive clause is also called a *parenthetical clause* because it can be placed between *parentheses.*

The parenthetical clauses in the previous examples are placed between commas. They can be omitted without affecting the meaning of the main clause very much.

NOTE In English, the direct object relative pronoun may be stated or omitted. Ex: The car *that* I bought is red. (or) The car I bought is red. In Spanish, the relative pronoun must always be used. Ex: El coche **que** compré es rojo.

II. THE USES OF THE RELATIVE PRONOUNS

THE RELATIVE *QUE*

5. In what cases can the relative <u>que</u> be used, and how frequent is its use?

Subject	Es un coche **que** ya está muy viejo.	*It's a car **that** is already very old.*
	Este coche, **que** ya está viejo, funciona bien.	*This car, **which** is already very old, runs well.*
	Lo único **que** estaba haciendo falta a la tierra era una lluvia.	*The only thing **that** was needed for the soil was a rain.*
Object	Ésta es la casa **que** compró Rosa.	*This is the house **that** Rose bought.*
Object of Preposition	¿Tienes la llave con **que** he abierto la puerta?	*Do you have the key with **which** I opened the door?*

The pronoun **que** is the most common of all relatives. It refers to persons or things. It may be used in restrictive or nonrestrictive clauses. It may be the subject or object of its clause. In certain cases it may be used alone after prepositions, occasionally to refer to a person, more often to refer to a thing. When **que** is used after a preposition, it is accompanied by an article.

A. *Ahora usted está haciendo un inventario de sus pertenencias para el seguro de su casa. Complete cada oración con uno de estos pronombres relativos: que, el que, la que, los que, las que. Escriba el artículo cuando haya una preposición. No se olvide de hacer las contracciones al/del necesarias.*

1. El reloj de _____ me hablaste está roto. No lo incluyas.   2. Pon en la lista los árboles _____ están al frente de la casa. Valen mucho.   3. El agente _____ nos vendió la póliza nos dijo que pusiéramos en la lista absolutamente todo.   4. Es el agente con _____ Roberto hizo su póliza.   5. No pongas en la lista los utensilios de cocina con _____ preparamos las comidas diarias: ya no valen mucho.   6. El

piano _____ compramos hace años está en muy malas condiciones también; se lo voy a regalar a la familia _____ conocimos ayer.   7. Pon en la lista las antigüedades de mi abuela, para _____ tenemos una póliza especial.

LO QUE

6. What does the relative lo que express?

Lo que dices es verdad.	***What** you are saying is true.*
Dígame **lo que** hace Ricardo.	*Tell me **what** Richard is doing.*

The neuter **lo** is used with **que** to express the English *what.* As a relative, the English *what* has no antecedent. The Spanish **lo que** is really made up of the indefinite antecedent **lo** (*that*) and the relative **que** (*which*). Although there is not an antecedent in the main clause, it is understood that there is a reference to a previously mentioned idea.

Francisco siempre quiere contestar todas las preguntas, **lo que** no es posible.	*Francis always wants to answer all the questions, **which** isn't possible.*

When it sums up a previously expressed idea, **lo que** is the equivalent of the English *which*. In such a case, **lo** sums up the entire previously expressed idea.

7. How are the English *all that* and *everything that* expressed in Spanish?

Todo lo que usted escribe es mentira.	*Everything **(that)** you write is a lie.*
Hago **todo lo que** puedo.	*I do **all (that)** I can.*

The English *all that* and *everything that* are expressed in Spanish by **todo lo que.**

B. Traduzca al español.

1. (*tú*) What you want and what you get are two different things.   2. Everything that he said is true.   3. He never comes home until one o'clock, which is bad.

4. My father criticizes everything I do. 5. (*Ud.*) Tell me what happened.
6. (*Uds.*) The boy is very intelligent, which you already know.

EL QUE, LA QUE, LOS QUE, LAS QUE

8. How are the forms el, la, los, and las used as antecedents of que?

El hombre que viste bien es admirado por todos.	**El que** viste bien es admirado por todos.
Quiero ver a **la chica que** llegó ayer.	Quiero ver a **la que** llegó ayer.
Los hombres que no pueden ver eso son ciegos.	**Los que** no pueden ver eso son ciegos.
No me gusta hablar con **las personas que** se quejan siempre.	No me gusta hablar con **las que** se quejan siempre.

The forms **el, la, los,** and **las** combine with the relative **que** to express the equivalent of the English *he who, she who, those who,* and *the one(s) who.* In such constructions, **el, la, los,** and **las** are the antecedents of **que.** There is none other.

9. When do forms such as el que refer back to a definitely stated antecedent?

Éste es el dictador **por el que** tanto hemos sufrido.	*This is the dictator **on account of whom** we suffered so much.*
La policía detuvo a todos los individuos sospechosos del pueblo, **entre los que** estaba seguramente el asesino.	*The police arrested all the suspicious people in the town, **among whom** was surely the murderer.*

When **que** is used as the object of a preposition and refers to a person (and often when it refers to a thing), it is generally preceded by a form of **el.**

NOTE In a few cases one finds only **que** when the relative refers to a person. Ex: Es el **de que** hablamos. (He is *the one of whom* we are speaking.) When **que** refers to a thing, both **que** alone and a form of **el + que** are used. Ex: ¿Dónde está la llave **con que (con la que)** abriste la puerta? (Where is the key *with which* you opened the door?)

C. *Traduzca al español estas oraciones que podrían usarse durante una campaña electoral.*

1. The conservative candidate is the candidate for whom we voted.   2. I understand the political strategy[1] with which he plans to win this election[2].   3. Here is the political platform[3] under[4] which my candidate runs[5].   4. The precinct[6] in which I vote is very liberal.

---

[1]**estrategia**   [2]this election = **estas elecciones**   [3]**programa**   [4]**en**   [5]Use a form of **apoyarse.**
[6]**distrito electoral**

QUIEN

10. Under what conditions may quien be the subject of its clause?

La señora, **quien** había entrado sola, causó gran sensación.

*The lady, **who** had entered alone, caused a great sensation.*

Los chicos, **quienes** ya sabían la fecha de la fiesta, se callaron.

*The boys, **who** already knew the date of the party, kept quiet.*

The relative **quien** is seldom used as the subject of its clause, but when it is used, it must introduce a nonrestrictive clause. Usually **que** is used instead of **quien.**

NOTE   **Quien** is sometimes used instead of **el que** as the subject of a clause, usually at the beginning of a sentence. Ex: **Quien** vive de rentas no tiene que trabajar mucho. *He who* (or *Whoever*) *lives on a fixed income doesn't have to work a great deal.*

11. Under what conditions may quien be used as the object of its clause?

Ese día hablamos con la actriz, **a quien** vimos después en el teatro.

*That day we spoke with the actress, **whom** we later saw in the theater.*

The relative **quien,** preceded by the personal **a,** may be used as the object of the verb in all types of clauses when referring to a person. Although **al que, a la que,** and the like, may be used in such cases, **a quien** is preferred.

12. When may a form of <u>quien</u> be used as the object of a preposition?

Ayer se fueron de aquí los amigos
   con quienes pasamos ratos muy
   divertidos.

*Yesterday the friends **with whom** we
   spent very good times left here.*

A form of the relative **quien** is often used as the object of a preposition. It always refers to a person. This is the most frequent use of the relative **quien.**

D. En el juzgado. Complete estas oraciones con el pronombre relativo apropiado.

1. Hablé con los miembros del jurado _____ usted mencionó ayer.   2. Debemos llamar a los testigos sin _____ usted no podrá ganar el pleito.   3. A las nueve de la mañana, entró el juez ante _____ íbamos a presentar el caso.   4. Durante el juicio, me senté al lado de un abogado, _____ me explicó todo lo que ocurría. 5. El juez le impuso una multa de $15.000 al acusado, a _____ el abogado había defendido brillantemente.

EL CUAL

Although the forms of **el cual** are quite Spanish, they are much less used than the preceding relative pronouns. In all the sentences below, the form of **el cual** could be replaced by one or several of the relatives mentioned above.

The choice between **que** and a form of **el cual** is often a regional problem. At times, it represents a level of speech. The pronoun **que** seems to be more common in colloquial speech, whereas **el cual** is used more frequently in written language or formal speech.

13. When are forms of <u>el cual</u> used as the subject or object of their clause?

Nadie quería hablar con la nueva
   vecina, **la cual** se sentía muy
   triste.

*No one wanted to speak with the
   new neighbor, **who** felt very sad.*

Estas canciones mexicanas, **las cuales** acabas de oír en la radio, son muy antiguas.

*These Mexican songs, **which** you have just heard on the radio, are very old.*

Forms of **el cual** may be used as relative pronouns in nonrestrictive clauses as either the subject or object of the clause to refer to either a person or a thing.

14. When may a form of el cual be used as the object of a preposition?

Pronto llegamos al sótano del castillo **en el cual** habíamos encontrado muchas armas viejas.

*Soon we came to the basement of the castle **in which** we had found many old weapons.*

Las chicas canadienses, **para las cuales** hemos preparado los cuartos, llegarán en el tren de las seis.

*The Canadian girls, **for whom** we got the rooms ready, will come on the six o'clock train.*

Forms of **el cual** may be used as objects of prepositions to refer to persons and things in both restrictive and nonrestrictive clauses.

15. When may the neuter relative lo cual be used?

El señor de Lara comió demasiado, **lo cual** le había prohibido el médico.

*Mr. de Lara ate too much, **which** the doctor had forbidden him to do.*

The neuter **lo cual** may be used as the subject or object of its clause or as the object of a preposition when it refers to a previously mentioned idea. It is expressed in English by *which*.

NOTE   In the above example, either **lo cual** or **lo que** could be used. But in a sentence such as *What you are doing is marvelous,* in which *what* refers to an idea that has not been previously mentioned, **lo cual** may not be used. Such a sentence would be expressed by **Lo que usted hace es maravilloso.** Thus, **lo que** means either *which* or *what,* whereas **lo cual** means only *which.*

*E. Traduzca al español estas oraciones, usando una forma de **el cual**.*

1. Yesterday Susan, who is working in a government office, spoke with the manager of the bank, who offered her a loan of[1] $60,000.   2. Susan wants to buy an $80,000 condominium[2], which is absurd.   3. She has to accept the high interest the bank is asking for the loan, without which she won't get[3] it.   4. Raymond, her husband, is unemployed, which is a handicap[4] for getting a loan.   5. Susan will have to buy a $60,000 condominium, which in my opinion is better.

---

[1]**por**   [2]**condominio de $80.000**   [3]Use a form of **conseguir.**   [4]**desventaja**

CUYO = *WHOSE*

16. What are the forms of <u>cuyo</u> and with what do they agree?

Ayer vimos al empleado **cuyo** pasado es objeto de dudas.	*Yesterday we saw the clerk **whose** past is dubious.*
La señora **cuyos** hijos montan en motocicleta está muy preocupada.	*The lady **whose** children ride motorcycles is very worried.*

The forms of **cuyo** are **cuyo, cuya, cuyos, cuyas.**

The possessive relative **cuyo** agrees in gender and number with the word it modifies. It does not agree with its antecedent, which is always a third-person singular or plural noun. It may be used in both restrictive and nonrestrictive clauses.

NOTE   Forms of **cuyo** may be used in all types of constructions, even in a prepositional phrase. Ex: La policía estaba en la casa **en cuyos** jardines se había cometido un crimen. (The police were in the house *in whose* gardens a crime had been committed.) But such constructions are rare in the spoken language.

17. To what extent is <u>cuyo</u> used? How do Spanish-speaking persons often avoid using it?

With cuyo	Avoiding cuyo
Todos se burlaban del chico **cuyos** pantalones eran muy anticuados.	Todos se burlaban del chico porque sus pantalones eran muy anticuados.

Estaba el frijol con su florecilla
morada, promesa de una buena
cosecha **cuyos** dueños esperaban
con ansiedad.

Estaba el frijol con su florecilla
morada, promesa de una buena
cosecha. Sus dueños la esperaban
con ansiedad.

Por fin, fui a ver a Ramón, sin **cuya**
ayuda no habría podido conseguir
el trabajo.

Por fin, fui a ver a Ramón. Sin su
ayuda no habría podido conseguir
el trabajo.

La casa de la esquina, **cuyos** dueños
están en Europa, fue destruida
por un violento incendio ayer.

La casa de la esquina fue destruida
por un violento incendio ayer; sus
dueños están en Europa.

Sentences with forms of **cuyo** are perfectly correct, but they are not extremely frequent. Native Spanish speakers tend to express the same idea by two sentences or two independent clauses. In this case **cuyo** is replaced by a possessive.

F. Ahora imagine que usted es un(a) agente de seguros y que tiene que preparar un informe sobre los daños causados a sus clientes por una tormenta. Traduzca al español las frases siguientes de su informe. Use una forma de cuyo.

1. First I visited a house whose windows had been broken by the force of the winds.
2. We can't do anything about[1] the car whose roof collapsed under the weight of a fallen tree.   3. We met the family whose son spent the night at police headquarters[2].
4. The man whose television set was damaged is not satisfied with the way[3] I settled his claim[4].   5. I must go to see the children whose parents have disappeared.

---

[1]**por**   [2]*police headquarters* = **comisaría**   [3]**forma**   [4]*to settle a claim* = **ajustar una reclamación.**

18. How is the English relative *when* expressed in Spanish?

El día **que** salimos para Burgos
estaba lloviendo.

*The day **when** we left for Burgos it
was raining.*

Llegó en un momento **en que**
estábamos muy ocupados.

*He arrived at a time **when** we were
very busy.*

The English relative *when* is expressed in Spanish by **que**—not by **cuando.**

19. By what relative adverb does Spanish often express place?

La ciudad de **donde** viene el artista está en el norte.

*The city from **which** the artist comes is in the north.*

La casa **donde (en que, en la que, en la cual)** vivimos ahora se construyó en 1959.

*The house **in which** we now live was built in 1959.*

¿Dónde está la puerta por **donde** (por **la cual,** por **la que**) entró el ladrón?

*Where is the door through **which** the robber entered?*

In Spanish, **donde** is often used as a relative adverb of place. At times, it serves as an alternate to one of a number of other relatives which may also be used to express place.

III. SUBJUNCTIVE VS. INDICATIVE IN ADJECTIVE CLAUSES

20. Why do the sentences on the left have an indicative in the <u>que</u> clause while those on the right have a subjunctive?

Indicative	Subjunctive
	(a) because of the as yet unattained nature of the antecedent
<u>Tenemos</u> un médico **que se especializa** en enfermedades del corazón.	<u>Buscamos</u> un médico **que se especialice** en enfermedades del corazón.
<u>Ocupo</u> un asiento **que está** cerca de la puerta.	<u>Quiero</u> un asiento **que esté** cerca de la puerta.
<u>Compré</u> una casa **que tiene** diez cuartos.	<u>Necesito</u> una casa **que tenga** diez cuartos.
	(b) because of the negative character of the antecedent

<u>**Conozco**</u> a un señor **que habla**
inglés.

<u>**No conozco a nadie**</u> **que hable**
inglés.

(c) doubt of the attainability of the
antecedent

<u>**Hay**</u> varios vecinos nuestros **que**
saben la dirección del señor
Jiménez.

¿Hay alguien que sepa la dirección
del señor Jiménez?

The sentences on the left deal with facts. They are in the indicative.

The sentences on the right deal with antecedents concerning the existence of
which there is considerable uncertainty.

The subjunctive must be used in the following types of adjective clauses: (1)
where the emphasis is on the negative character of the antecedent; (2) where the
emphasis is on the as yet unattained nature of the antecedent; (3) where there is
doubt or denial of the existence or the attainability of the antecedent.

The sequence of tenses in the main clause and the adjective clause follows the
same principles and those explained in §§7 and 11–13 (pages 269–270 and 276–279).

G. *Cambie el infinitivo por la forma adecuada del verbo. Note que algunas oraciones*
requieren que se use el indicativo y otras el subjuntivo.

1. Tenemos una persona que (saber) cocinar a la española.   2. Nunca he conocido
a un especialista que (saber) tanto sobre esas materias.   3. Buscábamos un obrero
que (pertenecer) al sindicato de la construcción.   4. Hay muchos médicos que
(recomendar) esa medicina.   5. No hay nada que se (poder) hacer en este caso:
es mejor quedarse callado.   6. Usted necesita un apartamento que (tener) más
comodidades.   7. Buscaré un empleado que (vivir) más cerca de la fábrica.
8. Quiero un coche que no (pararse) cada cinco minutos.   9. Nunca he encontrado
a nadie que (estar) dispuesto a trabajar sin dinero.   10. ¿Tienes un amigo que te
(acompañar) al aeropuerto?   11. Encontré a un viejo que siempre (quejarse) de las
comidas que le daban.   12. ¿Hay un abogado que (desear) defender a esos jóvenes?
13. ¿Había un dependiente que (querer) atenderte?   14. No había ninguna chica
que (consentir) en bailar con Pablito.

21. When is the subjunctive used after indefinites such as cualquiera, quienquiera, and dondequiera?

Quienquiera que venga, no lo
recibiré.

Whoever may come, I won't receive
him.

Aceptaré a **cualquiera que** me **mandes**.	*I will accept **who(m)ever you may send** me.*
Se busca enemigos **dondequiera que vaya**.	*He makes enemies **wherever he goes**.*

Indefinites such as **cualquiera, quienquiera,** and **dondequiera** are followed by **que** and a form of the subjunctive to imply any indefiniteness which English expresses by the use of *may* + VERB.

NOTE   When this indefiniteness does not exist, these words are followed by a form of the indicative. Ex: No acepté a **cualquiera que** me **mandaste**. (I didn't accept *who[m]ever you sent* me.) Su amigo le siguió **dondequiera que iba**. (His friend followed him *wherever he went*.)

22. If someone asks you *When shall I leave?* and you answer *Whenever you wish,* giving the person to whom you are speaking free rein, how would Spanish express this concept?

¿Cómo arreglo estas flores?	*How shall I arrange these flowers?*
Como quieras.	$\left\{ \begin{array}{l} As \\ However \end{array} \right.$ *you like.*
¿Dónde $\left\{ \begin{array}{l} \text{compraremos} \\ \text{compramos} \end{array} \right.$ el coche?	*Where shall we buy the car?*
Donde encontremos uno bueno.	*Where(ever) we find a good one.*
¿Cuándo lo veré a usted otra vez?	*When shall I see you again?*
Cuando usted pueda.	*When(ever) you can.*
¿Cuántas partidas jugamos?	*How many games shall we play?*
Cuantas quieras.	$\left\{ \begin{array}{l} As\ many\ as \\ However\ many \end{array} \right.$ *you wish.*
¿Qué llevo esta noche?	*What shall I wear tonight?*
Lo que te guste.	*Whatever you like.*

When answering a question and beginning the answer with a word such as **donde, cuando, cuanto, como, lo que,** and the like, if the speaker wishes to give free rein to the person spoken to, he uses the subjunctive form of the verb in the reply. In English, this idea of indefiniteness is often expressed by adding -*ever* to the reply.

H. Traduzca al español.

1. Whoever he is, he can wait.   2. (*tú*) Whatever you do, don't scream.   3. (*Ud.*) Whichever dress you buy, it will not satisfy you.   4. Wherever we are, we will not forget Margaret.   5. (*tú*) "How can I pay you?" "However you wish, . . . but pay!"   6. "What shall we buy?" (*Uds.*) "Whatever you find."

IV. ADVERBIAL CLAUSES: GENERAL CONCEPTS

23. What is an adverbial clause?

Trabajo **aquí.**	*I work **here.***
Trabajo **donde me manden.**	*I work **wherever they order me.***
Trabajo **por la noche.**	*I work **nights.***
Trabajo **cuando quiero.**	*I work **when I want.***
Trabajo **cuando quiera.**	*I'll work **whenever I want.***
Trabajo **alegremente.**	*I work **happily.***
Trabajo **como me da la gana.**	*I work **as I please.***
Trabajo **como me dé la gana.**	*I'll work **as I please.***
Trabajo **para vivir bien.**	*I work **in order to live well.***
Trabajo **para que tú vivas bien.**	*I work **so that you live well.***

An adverbial clause is a dependent clause that performs the same function that an adverb or an adverbial phrase would perform. The functions performed by adverbs are many and varied:

place aquí, donde me manden;
  time por la noche, cuando quiero, cuando quiera;

mode alegremente, como me da la gana, como me dé la gana;
purpose para vivir bien, para que tú vivas bien.

There are many other functions that adverbials would preform but we are going
to limit the scope of this section to the most important functions.

The adverbial clauses are introduced, from the main sentence, by a conjunction
or conjunctive phrase. It is very important to know these conjunctions because they
determine whether the subjunctive or the indicative is used in the adverbial phrase,
as we can see in the following sections.

24. After which adverbial conjunctions is the subjunctive always used?

Me iré **a menos que** me **digas** tu
nombre.

*I'll leave **unless you tell** me your
name.*

Compré la motocicleta **antes de
que llegara** Carlos.

*I bought the motorcycle **before Carl
arrived.***

Abrí la ventana **para que pudiera**
entrar **el aire.**

*I opened the window **so that** the air
could enter.*

No gastaré un centavo **sin que**
usted lo **sepa.**

*I won't spend a cent **without your
knowing it.***

Trabajaré **con tal que** me **pague**
bien.

*I'll work **provided** you pay me well.*

The subjunctive is always used after the following expressions.

Adverbial Conjunction		(Basic Idea)
a menos que	*unless*	restriction, condition
a fin (de) que	*in order that*	purpose
antes (de) que	*before*	unfulfilled time
con tal (de) que	*provided that*	condition
para que	*in order that*	purpose
sin que	*without*	restriction

The subjunctive is used in clauses indicating purpose and restriction and in
those indicating an action as yet unaccomplished, because in each of these cases it
describes a hypothetical rather than a factual state or action.

The sequence of tenses between the main clause and all adverbial clauses follows the same general principles as those explained in §§7 and 11–13 (pages 269–270 and 276–279).

25. Which of the foregoing conjunctions must be changed to a preposition followed by an infinitive when the subject of the subordinate clause would be the same as the subject of the main clause in English?

Abrí la ventana **para llamar** a mi amigo.	*I opened the window **to call** my friend.*
Compré el mueble **antes de hablar** con mi marido.	*I bought the piece of furniture **before I spoke** with (**before speaking** with) my husband.*
No gastaré un centavo **sin ver** las cosas que compro.	*I won't spend a cent **unless I see** (**without seeing**) the things I buy.*

The following conjunctions, which are followed by the subjunctive, have corresponding prepositions which are followed by the infinitive when in English the subject of the subordinate clause would be the same as the subject of the main clause.

Conjunction	**Preposition**
a fin (de) que	a fin de
antes (de) que	antes de
para que	para
sin que	sin

I. Complete estas oraciones con la forma verbal apropiada del infinitivo que se da entre paréntesis, como en el ejemplo.

> **Modelo**   Te llamo para (hablar) contigo unos minutos.
> **Te llamo para hablar contigo unos minutos.**

1. Saldré mañana por la tarde, a menos que (llover).   2. Veremos los cuadros de la exhibición, a menos que (nosotros) (llegar) después de las cinco de la tarde. 3. No pongas el coche en el garaje antes de que Isabel (sacar) el suyo.   4. Enrique arregló el video antes de (ir) a su trabajo.   5. ¿Tomaste el autobús para (ahorrar) dinero?   6. Dejaremos alguna comida en el refrigerador para que los muchachos (comer) cuando (ellos) (llegar) esta noche de las carreras de automóviles.   7. Nunca

hago nada sin que mi mamá lo (saber).   8. Ellos nunca se atreverían a irse sin que
yo les (dar) permiso.   9. Iban al pueblo con tal de que les (dar) un camión.

26. Which time conjunctions are sometimes followed by the indicative, sometimes by the subjunctive?

cuando	*when*	**hasta que**	*until*
después (de) que	*after*	**luego que**	*as soon as*
en cuanto	*as soon as*	**tan pronto como**	*as soon as*

27. In what two cases is the indicative used after these conjunctions, and in what case must the subjunctive be used?

Indicative	Subjunctive
Siempre **empiezo** a trabajar **cuando dan** las ocho.	**Empezaré** a trabajar **cuando den** las ocho.
*I always **begin** to work **when it is** eight o'clock.*	*I'll begin to work **when it is** eight o'clock.*
Ayer **empecé** a trabajar **cuando dieron** las ocho.	Esteban dijo que me **llamaría cuando tuviera** más tiempo.
*Yesterday **I began** to work **when it was** eight o'clock.*	*Esteban said he **would call me when he had** more time.*
Mi madre siempre **se queda** en el parque **hasta que salen** los chicos de la escuela.	Mi madre **se quedará** en el parque **hasta que salgan** los chicos de la escuela.
*My mother always **stays** in the park **until** the children **leave** school.*	*My mother **will stay** in the park **until** the children **leave** school.*

In clauses of time with conjunctions such as **cuando, después (de) que,** and **hasta que,** the subjunctive is used when the action of the subordinate clause has not yet taken place. The indicative is used when the action has already taken place or habitually takes place in the present.

NOTE   The subjunctive is always used with **antes (de) que,** since the time in its clause is always after the time of the action of the verb in the main clause.

J. Traduzca las frases siguientes al español, prestando atención al modo y al tiempo de los verbos en itálica.

1. When they *arrived,* the travelers looked for a room.   2. We will look for a room when we *arrive.*   3. (*tú*) I will tell you the story after we *have eaten.*   4. I told my friends the story after we *had eaten.*   5. As soon as Andrew *had explained* the problem, the students left.   6. As soon as Andrew *explains* the problem, the students will leave.   7. The carpenters will stay until they *finish* the job.   8. The carpenters stayed until they *finished* the job.

V. THE SUBJUNCTIVE IN INDEPENDENT CLAUSES

a. Wishes

28. How is the subjunctive expressing a wish in independent clauses similar to the same type of subjunctive in dependent clauses?

¡Viva el Rey!	*Long live the King!*
(Quiero que el Rey **viva.)**	*(I want the King **to live** for a long time.)*
¡Que vengan los dos!	*Let both (of them) **come**.*
(Quiero que vengan los dos.)	*(I want both of them **to come**.)*

The subjunctive is sometimes found in an independent clause which expresses a wish. In such cases, a verb of wishing such as **quiero** or **deseo** is usually understood. Such sentences are really third-person imperatives.

b. Adverbs of doubt

29. How is the subjunctive sometimes used in independent clauses to express a doubt?

Quizás venga la señora.   **Quizás vendrá** la señora.

>**Tal vez hayan llegado** los paquetes.   **Tal vez han llegado** los paquetes.
>
>**Acaso** no **esté** en casa.   **Acaso** no **está** en casa.

With the adverbs **quizás, tal vez,** and **acaso,** all of which are equivalents of the English *perhaps,* the subjunctive is used when the speaker feels a considerable degree of doubt. Otherwise he uses the indicative.

K. *Sustituya los verbos dados en inglés entre paréntesis por las formas corres- pondientes del indicativo o del subjuntivo. Algunas oraciones requieren el indi- cativo o el subjuntivo exclusivamente. En otras, los dos modos pueden usarse, según el grado de duda del hablante.*

1. Acaso ellos ya (*know*) la verdad y por eso no quieren hablar.   2. Tal vez tu novia no (*wish*) verte más después de lo que le dijeron de ti.   3. Acaso (*they know*) lo que pasó; no estoy seguro.   4. Quizás Marcela (*received*) la invitación la semana pasada pero como no quería ir, no fue.   5. —¿Hará frío mañana? —No sé. Tal vez (*it will snow*) un poco.   6. Tal vez mi novia no (*wish*) verme más y por eso ni salió al teléfono.   7. Quizás las chicas (*will receive*) la invitación a tiempo, pero no estamos muy seguros.   8. —¿Hará frío mañana? —Seguro. Tal vez (*it will snow*).

EJERCICIOS DE RECAPITULACIÓN

A. *Sustituya las palabras inglesas entre paréntesis por sus equivalentes en español.*

1. Descubrí un mapa antiguo en el sótano de la casa (*which*) alquilé la semana pasada.   2. Los trabajadores (*that*) contraté cobran mucho.   3. El año (*when*) nací hubo un huracán terrible.   4. (*What*) oímos no tiene importancia.   5. Éste es el chico americano con (*whom*) sale Mercedes.   6. Al fin recibí una carta de mis tías, por (*whom*) tanto me preocupaba.   7. Todos hablan de Margarita, sin (*whose*) agudas palabras nos aburriríamos mucho.   8. Tengo que escribir una carta larga, (*which*) me molesta mucho.   9. Carlos y Elena, entre (*whom*) existe un profundo amor, celebrarán sus bodas el 25 de este mes.

B. *Sustituya las palabras inglesas entre paréntesis por sus equivalentes en español.*

1. Hablaré solamente con los alumnos (*whose*) notas sean muy malas.   2. El edifi- cio principal, (*which*) tiene tantas torres y ventanas, es ahora un dormitorio mixto.

3. (*He who*) bien te quiere te hará llorar.   4. Te voy a enseñar el televisor por (*which*) pagué doscientos pesos solamente.   5. Estoy hablando de Paco, a (*whom*) vi ayer con Elena.   6. Subimos a las montañas, desde (*which*) contemplamos el hermoso Valle de Viñales.   7. Llamé a José (*who*) me dio los datos que necesitaba. 8. El Congreso de la República aprobó la nueva ley de impuestos, (*which*) estabilizará la moneda.   9. Hoy hablé con mi hermano, el médico, (*who*) vive en California.

C. *Traduzca al español.*

1. (*Uds.*) Did you talk to the lawyer whose office is on the main street?   2. The recorder I prefer costs a great deal.   3. That is the film of which I am speaking. 4. Our neighbors, who are now in Florida, have a lot of money.   5. (*Ud.*) What is important is your health.   6. Andrew, who had already played a game of chess, stayed at home.   7. (*Ud.*) Where is the typewriter with which you wrote that letter? 8. In that region, there is a lot of moisture, which is not good for her health.   9. (*tú*) Do you remember the day when we went out together?

D. *Traduzca las oraciones siguientes al español. Preste atención especial al modo del verbo.*

1. (*Ud.*) She will forgive you when you apologize.   2. As soon as she got dressed, we left.   3. I never hear the telephone without thinking of Martha.   4. (*tú*) I don't do that without asking you first.   5. We know a fellow who has a girlfriend in that school.   6. The family was eating when David arrived.   7. We wish[1] that Bertha would stay with us.   8. (*Ud.*) What you say is very important.   9. I am looking for a car that does not fail every day.   10. I'll go to the party provided that they invite me.

---

[1]*We wish* = **Ojalá**

E. *Sustituya los infinitivos entre paréntesis por la forma correspondiente del verbo cuando sea necesario.*

1. No encontré a nadie que me (traducir) la carta de Dinamarca.   2. Dejé la puerta abierta para que tú (entrar).   3. No hables sin (pensar).   4. Caminaremos hasta que nos (cansar).   5. Les aconsejé a nuestros amigos que (comprar) esa grabadora y no la otra.   6. Mercedes busca un apartamento que (ser) más grande que el que tiene ahora.

PROBLEM WORDS

Save

(a) When *save = rescue, save from destruction*

Nicolás le **salvó** la vida a Pedro.

*Nicholas **saved** Peter's life.*

Pude **salvar** algunas cosas del incendio.

*I was able to **save** some things from the fire.*

When *save = rescue someone or something from destruction, harm, loss, or danger,* Spanish uses **salvar.**

(b) When *save = keep, put aside*

Voy a **guardar** mis notas.

*I am going to **save** my notes.*

Guárdame un poco de helado.

***Save me** a little ice cream.*

When *save = keep, put aside,* Spanish uses **guardar.**

(c) When *save = not to spend* or *to waste*

Ahorren agua, porque no hay mucha.

***Save** water, for there isn't very much.*

Hay que **ahorrar** para ir a Argentina.

*We've got **to save** to go to Argentina.*

When *save = not to spend* or *waste,* Spanish normally uses **ahorrar.**

Sit

(a) How to say that *someone is sitting* or *someone is seated*

Alfredo **está sentado** cerca de la salida.

*Alfred **is sitting (is seated)** near the exit.*

The expression *to be sitting* is the same as *to be seated*. It is expressed in Spanish by a form of **estar sentado.**

CAUTION   Do not express *to be sitting* by a form of **sentarse.**

(b) How to say that *someone is sitting down*—that is, *is taking a seat*

Cuando la señora Vives se fue, los hombres **se sentaron.**	*When Mrs. Vives left, the men **sat down.***

Spanish expresses *to sit down* by a form of **sentarse.**

CAUTION   Do not confuse the meaning of **sentarse** (*to sit down*) with **sentirse** (*to feel*). Both verbs have the same form in the first person singular of the present but different forms in other tenses and persons.

	PRESENT	IMPERFECT	PRETERITE	FUTURE	PAST PARTICIPLE
sentarse	me siento	**me sentaba**	**me senté**	**me sentaré**	sentado
sentirse	me siento	**me sentía**	**me sentí**	**me sentiré**	sentido

Spend

(a) **gastar** = *spend money*

Ese hombre **gasta** más de lo que gana.	*That man **spends** more than he earns.*
A Dolores le gusta **gastar** dinero.	*Dolores likes to **spend** money.*

The verb **gastar** expresses *spend* when it is a question of spending money.

NOTE   Spanish expresses *to spend on* or *to spend for* by **gastar en.** Ex: **Gasté cuatro dólares en** estas flores. (*I spent four dollars for [on] these flowers.*)

(b) **pasar** = *spend time*

Pasaremos un mes en Colombia.	*We'll spend a month in Colombia.*
Felicia **pasó** mucho tiempo hablando con Alberto.	*Phyllis **spent** a lot of time talking with Albert.*

The verb **pasar** expresses *spend* when it is a question of spending time.

NOTE   When *spend time* means *expend* or *use time*, **usar** or **emplear** may be used for *spend*.

¿Por qué $\left\{\begin{array}{l}\textbf{usas} \\ \textbf{empleas}\end{array}\right.$ tanto tiempo en ese asunto?

*Why do you **spend** so much time on that matter?*

(c) **llevar** = *spend time* when *spend* = *be*

¿Cuánto tiempo **lleva usted** aquí?   *How long **have you been** here?*

Llevo un mes aquí. $I\ have$ $\left\{\begin{array}{l}\textbf{\textit{spent}}\ a\ month\ here. \\ \textbf{\textit{been}}\ here\ a\ month.\end{array}\right.$

The verb **llevar** is used with the connotation of *spend time* when it is the equivalent of being in a certain place. In such sentences, Spanish uses the PRESENT of **llevar** where English tends to use the PERFECT of *spend* or *be*. These sentences imply that the person is still in the place named.

A. *Sustituya las palabras inglesas entre paréntesis por sus equivalentes en español.*

1. (*Ud.*) ¿Cómo (*did you spend*) las vacaciones de Navidad?   2. Alguna gente (*save*) dinero toda su vida.   3. (*I was sitting*) en la cocina cuando oí tocar a la puerta.   4. ¿Quién le (*saved*) la vida al señor Torres?   5. El señor Altamira (*sat down*) y le explicó el problema al jefe.   6. (*Uds.*) (*Don't spend too much money on*) cigarrillos.   7. Esa mujer (*saves*) todo lo que encuentra en la calle.   8. (*We have spent*)[1] una semana en este lugar abandonado.

---

[1]This implies that we are still there.

B. *Traduzca al español. Tenga especial cuidado con las palabras en itálica.*

1. We must *save* electricity, for it costs a lot.   2. How much *did* Flora *spend* for that camera?   3. The fire fighters were able *to save* the furniture, but they couldn't *save* the rugs on account of the water.   4. Where *is* Ernestine *sitting*?   5. (*tú*) How much time *have you spent*[1] here?   6. (*Ud.*) Do you *save* records?   7. (*tú*) If you don't *sit down*, I won't be able to see the film.   8. (*tú*) I *spent* an hour correcting your Spanish.

---

[1]This implies that you are still here.

PRÁCTICA DE CONJUGACIÓN

Practique la conjugación de los verbos *querer* y *saber*, conjugados en las páginas 464–465.

CHAPTER **14**

The Imperative, the Conditional, and the Concessive Sentences

Una lucecita roja

Si **queréis** ir allá, a la casa del Henar, **salid** del pueblo por la calle de Pelle-
jeros, **tomad** el camino de los molinos de Iban-grande, **pasad** junto a las casas
de Marañuela y luego **comenzad** a ascender por la cuesta de Navalosa. En lo
alto, asentada en una ancha meseta, está la casa. La rodean viejos olmos[1]. Hay ro-
5   sas bermejas, rosas blancas, rosas amarillas. **Mirad** al cielo: está limpio, radiante,
azul; unas nubecillas blancas y redondas caminan ahora lentamente. Aquí en la
casa, las puertas están cerradas; las ventanas cerradas también. Tienen las venta-
nas los cristales rotos y polvorientos. En el jardín, por los viales[2] de viejos ár-
boles avanzan las hierbas viciosas.

10   Cuando la noche llega, la casa se va sumiendo[3] poco a poco en la penumbra.
Ni una luz ni un ruido. A esta hora, allá abajo, se escucha un sordo, formidable
estruendo[4] que dura un breve momento. Entonces, casi inmediatamente, se ve una
lucecita roja que aparece en la negrura de la noche y desaparece en seguida. Ya
sabréis lo que es; es un tren que todas las noches, a esta hora, en este momento,
15   cruza el puente de hierro tendido sobre el río y luego se esconde tras una loma.

La casa ha abierto sus puertas y sus ventanas. **Vayamos** desde el pueblo
hasta las alturas del Henar. **Salgamos** por la calle de Pellejeros; luego **tomemos**
el camino de los molinos de Iban-grande; después **pasemos** junto a las casas de

Marañuela; por último **ascendamos** por la cuesta de Navalosa. Las sendas de los
20   montes suben y bajan, surgen y se esconden como si **estuvieran** vivas.

La casa está animada. Viven en ella. La habitan un señor, pálido, delgado,
con una barba gris, una señora y una niña. Tiene el pelo flotante y de oro la
niña. Todo es sencillo y bello en la casa. Sobre la mesa de este hombre delgado
y pálido, destacan gruesas rimas de cuartillas y libros con cubiertas amarillas, ro-
25   jas y azules. Este hombre todas las mañanas se encorva hacia la mesa y va lle-
nando con su letra chiquita las cuartillas. Cuando pasa así dos o tres horas, en-
tran la dama y la niña.

A la noche, todos salen al jardín. **Mirad** qué diafanidad tiene el cielo. Los ro-
sales envían su fragancia suave a la noche. **Prestad** atentos el oído: a esta hora
30   se va a escuchar el ronco rumor del paso del tren —allá lejos, muy lejos— por
el puente de hierro. Luego brillará la lucecita roja del furgón[5] y desaparecerá en
la noche obscura y silenciosa.

(En el jardín. De noche.)

—Ya no tardará en aparecer la lucecita.

35   —Pronto escucharemos el ruido del tren al pasar por el puente.

—Todas las noches pasa a la misma hora. Alguna vez se retrasa dos o tres
minutos.

—Me atrae la lucecita roja del tren.

—Es cosa siempre la misma y siempre nueva.

40   —Para mí tiene un atractivo que casi no sabré definir. **Haga el tiempo que
haga,** invierno, verano, **llueva o nieve,** la lucecita aparece todas las noches a su
hora, brilla un momento y luego se oculta. Lo mismo da que los que la contem-
plen desde alguna parte estén alegres o tristes, la lucecita roja aparece a su hora
y después desaparece.

45   (La voz de la niña: Ya está ahí la lucecita.)

La estación de pueblo está a media hora del caserío[6]. Rara vez desciende al-
gún viajero del tren o sube en él. Allá arriba queda la casa del Henar. Ya está
cerrada, muda. Si **quisiéramos** ir hasta ella, **tendríamos** que tomar el camino de
los molinos de Iban-grande, pasar junto a las casas de Marañuela, ascender por la
50   pendiente[7] de Navalosa. Aquí abajo, a poca distancia de la estación, hay un
puente de hierro que cruza un río.

Esta noche a la estación han llegado dos viajeros: son una señora y una niña.
La señora lleva un ancho manto de luto; la niña viste un traje también de luto.
Casi no se ve, a través del tupido[8] velo[9], la cara de esta dama. Pero si la **pudié-**
55   **ramos** examinar, **veríamos** que sus ojos están enrojecidos y que en torno de
ellos hay un círculo de sombra. También tiene los ojos enrojecidos la niña. Las
dos permanecen silenciosas esperando el tren. Algunas personas del pueblo las
acompañan.

El tren silba y se detiene un momento. Suben a un coche las viajeras. Desde
60   allá arriba, desde la casa ahora cerrada, muda, si **esperáramos** el paso del tren,

veríamos cómo la lucecita roja aparece y luego, al igual que todas las noches, todos los meses, todos los años, brilla un momento y luego se oculta.

José Martínez Ruiz (Azorín)
(España) (fragmentos del original)

---

¹elms *²lanes* *³sinking* *⁴roaring* *⁵caboose* *⁶village settlement* *⁷slope* *⁸thick* *⁹veil*

José Martínez Ruiz, más conocido por su pseudónimo de *Azorín,* nació en el pueblo de Monóvar, región de Castilla, en 1873, y murió en Madrid, en 1967. Es uno de los más refinados escritores de la Generación del '98, llamada así porque la mayoría de los escritores que la componen, se destacaron en la época de la caída del imperio español en 1898, año en que empieza y termina la Guerra Hispano-Americana. Azorín trató de recrear en sus ensayos críticos la esencia del alma castellana, lo cual logra magistralmente a través de un estilo sencillo y preciso. *Al margen de los clásicos* y *La ruta de don Quijote* son dos de sus obras más conocidas. El cuento *Una lucecita roja* es un ejemplo de su prosa sencilla y pulida.

COMPRENSIÓN

Las siguientes oraciones forman un resumen del cuento. Para cada una se dan tres terminaciones. Escoja la única terminación correcta.

1. El narrador del cuento es
   a. uno de sus personajes más importantes.
   b. un narrador ajeno a la trama del cuento que sabe todo lo que pasa.
   c. uno de los vecinos de los personajes.
2. Para ir a la casa del Henar, hay que
   a. salir del pueblo por el camino de los molinos.
   b. pasar por la estación del tren.
   c. subir por la cuesta de Navalosa.
3. En la casa
   a. hay muchas rosas de distintos colores.
   b. las puertas y las ventanas están cerradas.
   c. los cristales de las ventanas están muy limpios.
4. Cuando termina la tarde
   a. se oye pasar un tren por el puente de hierro.
   b. la familia se acuesta después de apagar todas las luces de la casa.
   c. todos van al pueblo a ver llegar el tren.

5. Entonces es cuando la familia
   a. sale al jardín para escuchar el tren al pasar el puente y ver la lucecita roja.
   b. va a cenar en el jardín.
   c. mira al señor pálido que escribe con letra muy pequeña.

6. Haga el tiempo que haga
   a. la gente camina por la calle de Pellejeros.
   b. el tren pasa por el mismo lugar a la misma hora.
   c. todo es sencillo y feo en la casa.

7. En la casa del Henar viven
   a. un señor, su esposa y una hija.
   b. unos campesinos pobres.
   c. el jefe de la estación del tren, su esposa y su hija.

8. Si miráramos por la ventana, veríamos
   a. a un señor delgado que arregla relojes.
   b. a un señor delgado y pálido que escribe incesantemente.
   c. a una señora y a su hija que leen cuentos.

9. Una noche, unos vecinos del pueblo llegan a la estación:
   a. son la madre y su hija.
   b. son dos viajeros nuevos.
   c. son los campesinos que viven en la casa.

10. Este cuento
    a. simboliza el aburrimiento de la vida campesina.
    b. simboliza el paso inevitable de la vida y la muerte.
    c. representa la sencillez de la vida rural, a la que una simple lucecita roja trae emoción y entretenimiento.

I. IMPERATIVE SENTENCES

a. The second person imperative

1. How are commands expressed in Spanish?

tú	usted
Come todo.	**Coma** (usted) todo.
No **comas** tanto.	No **coma** (usted) tanto.
Trae las medicinas.	**Traiga** (usted) las medicinas.
No **traigas** estas cosas.	No **traiga** (usted) estas cosas.

vosotros	**ustedes**
Mirad al cielo.	**Miren** (ustedes) al cielo.
No **toméis** ese camino.	No **tomen** (ustedes) ese camino.
Venid en seguida.	**Vengan** (ustedes) en seguida.
No **vengáis** demasiado tarde.	No **vengan** (ustedes) demasiado tarde.

All **usted** and **ustedes** imperatives and negative forms of the **tú** and **vosotros** imperatives are present subjunctives.

The affirmative forms of the **tú** and **vosotros** imperatives are special. They are formed as follows:

	-ar Verbs	-er Verbs	-ir Verbs
tú	-a	-e	-e
vosotros	-ad	-ed	-id

The following verbs have irregular affirmative **tú** imperatives:

decir	**di**	poner	**pon**	ser	**sé**
hacer	**haz**	salir	**sal**	tener	**ten**
ir	**ve**			venir	**ven**

The personal pronoun is not normally used with the **tú** and **vosotros** imperative forms. It is sometimes used, sometimes omitted, with the **usted** and **ustedes** imperative forms.

A. *Usted es hoy el que da las órdenes a su compañero de cuarto. Sustituya los infinitivos dados entre paréntesis por formas del imperativo de la segunda persona tú.*

1. (lavar) mi coche.   2. (vender) estos discos viejos.   3. (cubrir) el plato con la comida.   4. (cerrar) la puerta.   5. (volver) pronto.   6. (pedir) un taxi.   7. (decir) la verdad.   8. (poner) los libros en la mesa.   9. (venir) acá.   10. No (entrar) en mi habitación.   11. No (comer) esa carne.   12. No (escribir) en mis libros.   13. No (dormir) en el sofá de la sala.   14. No (servir) vino; (servir) leche.   15. No (perder) tiempo en tonterías.   16. No (traer) nada.   17. No (ir) allá.   18. No (salir) después de las diez.

B. Ahora usted es la jefa y sus empleados le hacen preguntas a usted sobre lo que deben hacer. Contéstelas afirmativa o negativamente con el imperativo apropiado para usted o ustedes.

1. ¿Contesto esta carta? (Sí)   2. ¿Escribimos los nombres completos? (No)
3. ¿Leo los informes del Ministerio? (Sí)   4. ¿Preparamos los documentos? (No)
5. ¿Cierro este caso? (Sí)   6. ¿Seguimos las nuevas reglas? (No)   7. ¿Vuelvo esta tarde? (Sí)   8. ¿Comemos en la cafetería? (No)   9. ¿Le doy estas cartas al coordinador? (Sí)   10. ¿Decimos todo lo que sabemos? (No)   11. ¿Somos atentos con la señora de Soto? (Sí)   12. ¿Vengo yo? (No)   13. ¿Hacemos el balance ahora? (Sí)   14. ¿Voy a la estación central? (No)

C. Ahora usted debe dar órdenes por la mañana en un campamento de verano. Sustituya los infinitivos de los verbo reflexivos dados entre paréntesis por las formas del imperativo que se indican.

1. (*Ud.*) No (levantarse) tan temprano.   2. (*Ud.*) (lavarse) la cara en seguida.
3. (*Ud.*) (despertarse) ahora mismo.   4. (*Ud.*) No (acostarse) otra vez.   5. (*Uds.*) (bañarse) a las ocho.   6. (*Uds.*) (acordarse) de hacer las camas.   7. (*Uds.*) (quedarse) en el cuarto.   8. (*Ud.*) No (sentarse) en la cama.   9. (*Uds.*) No (preocuparse) por eso.   10. (*tú*) (levantarse) al amanecer.   11. (*tú*) No (lavarse) en la cocina.
12. (*tú*) (acostarse) otra vez.

b. The third person imperative

2. How does Spanish express the third person imperative?

Que Jorge lo **haga.**	*Let George **do** it.*
Que los chóferes **descansen** una hora.	*Let the drivers **rest** for an hour.*

The construction **Que** + (third person) + SUBJUNCTIVE (third person) is used in Spanish to express the equivalent of the English *Let* + third person + VERB.

NOTE   When the translation of *let* (**permitir, dejar**) is used in these sentences, the imperative is addressed to the second person singular o plural: **Permita/Permite/Permitan/Permitid que Jorge lo haga. Deje/Deja/Dejen/Dejad que los chóferes descansen una hora.**

D. *Conteste estas preguntas usando una oración imperativa con el verbo en el modo imperativo. Use la persona dada entre paréntesis como recipiente de la orden.*

> **Modelo** ¿Quién va a abrir la puerta? (Carlos)
> **Que Carlos abra la puerta.** o: **Que la abra Carlos.**

1. ¿Quién va a ir al almacén? (tu amigo)   2. ¿Quiénes van a entrar primero? (las chicas)   3. ¿Quién va a leer ese artículo? (Luisa)   4. ¿Quiénes van a hablar con el jefe? (Alberto y Carlos)   5. ¿Quién va a traer los refrescos? (el hermano de Carmen)

c. The *nosotros* imperative

3. How does Spanish express the *Let's* imperative?

¡Vamos a pasar junto a las casas! ⎫
Pasemos junto a las casas. ⎬ *Let's pass by the houses.*
⎭

The English *Let's* imperative is expressed in Spanish both by the first person plural subjunctive and by **¡Vamos a + INFINITIVE!** Exclamation marks are used with the latter to distinguish it from the same form that means *We are going to . . .* Ex: **¡Vamos a** salir! (*Let's* go out.) Vamos a salir. (*We are going to* go out.)

NOTE 1   In the case of a reflexive verb in the affirmative **nosotros** *imperative*, the **-s** of **-mos** is dropped before **nos**. Ex: **Acostémonos.** (But negative = **No nos acostemos.**) Son las ocho. **Vámonos. Bebámonos** el refresco y **vayámonos.**

NOTE 2   In the affirmative imperative, **ir** has two forms: **¡Vamos!** and **¡Vayamos!** In the negative, there is only one form: **¡No vayamos!**

E. *Traduzca al español. Exprese cada imperativo con* <u>nosotros</u> *de dos maneras.*

> **Modelo**   Let's clean the kitchen.
> **(a) ¡Vamos a limpiar** la cocina!
> **(b) Limpiemos** la cocina.

1. Let's eat at six o'clock.   2. Let's open the windows.   3. Let's put the car in the garage.   4. Let's get up early.   5. Let's sit down a minute.   6. Let's not shave this morning.

4. What other sentences can be used to express the imperative function?

Usted saldrá de aquí ahora mismo.	*You **shall leave** this place right now.*
Tú tienes que terminar este trabajo antes de las seis.	*You **have to complete** this job before six.*
Ustedes deben acostarse cuando yo se lo ordene.	*You **must go to bed** when I order you to.*
Os mando que no **habléis** más por teléfono.	*I **order** you **to stop talking** on the phone.*

In the written language and with the appropriate context, you can express the imperative function addressed to the second person, by using (1) a future tense; (2) an expression of obligation, such as **tener que** + INFINITIVE, **deber** + INFINITIVE, **haber de** + INFINITIVE; and (3) a noun clause preceded by a main clause with a verb of command (see pages 270–273). When an expression of obligation is changed into an imperative sentence, the auxiliary verbs **deber, tener,** and **haber** are not used as imperatives. Ex.: <u>**Tienes que bañarte ahora mismo.**</u> <u>**Báñate ahora mismo.**</u>

In the spoken language, the speaker can do the same thing provided that he or she uses the correct commanding intonation.

F. Cambie las siguientes oraciones imperativas a oraciones imperativas con verbo en el modo imperativo.

> **Modelo**   Usted dejará hablar a su hermanito.
> **Deje hablar** a su hermanito.

1. Tenéis que hacer la limpieza de la casa hoy, no mañana.   2. Ustedes pagarán lo que deben inmediatemente.   3. Tú no debes seguir diciendo tonterías.   4. Usted volverá antes de las once.   5. Vosotros tenéis que traérmelo hoy, no mañana. 6. Ustedes me la leerán ahora.

II. CONDITIONAL SENTENCES

5. Outline the most common sequences in Spanish conditional sentences.

Si voy al centro, te **compraré** algo.   *If I go downtown, I will buy you something.*

Si fuera al centro, te **compraría** algo.   *If I went downtown, I would buy you something.*

Si hubiera ido al centro, te **habría comprado** algo.   *If I had gone downtown, I would have bought you something.*

The most common sequences in Spanish conditional sentences are:

si Clause	Conclusion
present	future
imperfect subjunctive	conditional
pluperfect subjunctive	past conditional

But these are by no means the only sequences possible in conditional sentences. The following details concerning sentences should be kept in mind:

1. Conditional sentences consist of an *if*-clause (introduced by **si** in Spanish) and a conclusion.
2. The *if*-clause may precede or follow the conclusion. For instance, it would be equally correct to express the first of the above examples by: **Te compraré algo si voy al centro.**
3. Spanish and English conditional sentences often follow the same tense sequence.
4. In the second example above, in the conclusion it is possible to use either the conditional **(compraría)** or the imperfect subjunctive **(comprara)** (the **-ra** form only, not the **-se** form): **Si fuera al centro, te comprara algo.**
5. In the third example above, in the conclusion it is possible to use either the past conditional **(habría comprado)** or the pluperfect subjunctive **(hubiera**

comprado) (the **-ra** form only, not the **-se** form): **Si hubiera ido al centro, te <u>hubiera comprado</u> algo.**

6. What is the most common type of non-contrary-to-fact condition?

Si Roberto no **está** cansado,   *If Robert **is** not tired, **we'll go out**
  saldremos esta noche.   *tonight.*

Si usted **tiene** tiempo, le **enseñaré**   *If you **have** time, **I'll show** you the*
  el álbum.   *album.*

The most common type of non-contrary-to-fact condition follows the pattern

> **Si** + PRESENT INDICATIVE + FUTURE

NOTE   The conjunction **con tal que** (and less commonly **siempre que** and **dado que**), meaning *provided that,* may be used with the present subjunctive to say about the same thing that a conditional sentence does. Ex: Saldremos esta noche **con tal que** Robert no **<u>esté</u>** cansado. Le enseñaré el álbum **con tal que** usted **tenga** tiempo.

G. Traduzca al español estas preguntas y sus respuestas.

1. (*Uds.*) "Will you stay home tonight?" "If it rains, we'll stay home."   2. (*tú*) "What will you do with the money?" (*tú*) "Don't worry. I'll spend it if you give it to me."   3. (*Uds.*) "Will you tell your friends this story?" "If we see them, we'll tell them the story."

H. Cambie las oraciones condicionales con <u>si</u> a oraciones condicionales del mismo significado usando <u>con tal que</u>.

  Modelo   Si trabajas mucho, puedes salir a las cuatro.
     Puedes salir a las cuatro con tal que trabajes mucho.

1. Si tienen buena suerte, los viajeros llegarán antes de las ocho.   2. Si usted acaba este trabajo en seguida, le prestaré mi coche.   3. Si no estás ocupado, puedes venir con nosotros.

7. What tenses are used in the si clause and the conclusion of a present contrary-to-fact condition?

Si mis padres **vinieran,** les **daría**
mi habitación.

*If my parents came, I would give
them my room.*

Si usted **estuviera** en Madrid,
seguramente **visitaría** el Prado.

*If you were in Madrid, you would
certainly visit the Prado.*

A contrary-to-fact condition is one which states something in the *if*-clause which is not a fact. In the first example above my parents have *not* come; in the second you are *not* in Madrid.

The present contrary-to-fact conditions are made up of

> **Si** + IMPERFECT SUBJUNCTIVE + CONDITIONAL

NOTE 1   In the **si** clause of a contrary-to-fact condition, either the **-ra** or the **-se** form of the subjunctive may be used. The **si** clauses of the previous example could also be expressed by **Si mis padres viniesen...** and **Si usted estuviese...** The **-ra** form is common all through the Spanish-speaking world. The **-se** forms are used along with the **-ra** forms in Spain and in some regions of Spanish America.

NOTE 2   In the conclusion of the previously cited examples of present contrary-to-fact conditions, the **-ra** forms of the imperfect subjunctive could have been used instead of the conditional. The conclusion of the first example could have read: . . . **les diera mi habitación.** The conclusion of the second above example could have read: **...seguramente visitara el Prado.** This use of the imperfect subjunctive instead of the conditional in the conclusion of a conditional sentence is frequent in Mexico and in some other regions of Spanish America. Elsewhere it is considered an archaic form.

*I. Cambie estas oraciones a oraciones condicionales que expresen condiciones
contrarias a la realidad, como en el modelo.*

> **Modelo**   No voy a vender la casa porque no necesito el dinero.
> **La vendería si lo necesitara.** o: **Vendería la casa si necesitara
> el dinero.**

1. No voy al cine porque no tengo ganas de ir.   2. No compro esa grabadora porque no quiero.   3. No como en ese restaurante porque no me gusta la comida que sirven.   4. No voy a la fiesta porque no tengo acompañante.   5. No contesto esas preguntas porque no sé las respuestas.

8. What tenses are used in the si clause and the conclusion of a past contrary-to-fact condition?

Si hubiéramos encontrado a Juan, le **habríamos dado** el dinero.

If we had met John, we would have given him the money.

Si ustedes no **hubieran perdido** las llaves del apartamento, **habrían podido** entrar sin molestar al portero.

If you had not lost the keys to the apartment, you would have been able to get in without bothering the doorman.

The past contrary-to-fact conditions are made up of

Si + PLUPERFECT SUBJUNCTIVE + PAST CONDITIONAL

NOTE 1   In the **si** clause of the past contrary-to-fact condition, either the **-ra** or the **-se** form of the subjunctive of **haber** may be used. The **si** clauses of the preceding examples could also be expressed by **Si hubiésemos encontrado a Juan...**, and **Si ustedes no hubiesen perdido las llaves del apartamento...**

NOTE 2   In the conclusion of the preceding examples of past contrary-to-fact conditions, the **-ra** forms of the imperfect subjunctive of **haber** could be used instead of the conditional of **haber**. The conclusion of the first example could read: **...le hubiéramos dado el dinero.** The conclusion of the second example could read: **...hubieran podido entrar.**

J. Complete estas oraciones traduciendo al español las formas verbales dadas en inglés.

1. Si tú (*had seen*) a Berta, ¿(*wouldn't you have spoken*) con ella?   2. Los trabajadores (*would have returned*) a la fábrica si la compañía les (*had raised*) el salario.
3. Si usted (*had driven*) con más cuidado, (*you would not have had*) el accidente.
4. Si nadie (*had come*) a la reunión, (*we would have been*) muy preocupados.
5. Las manzanas (*would have been*) buenas, si yo (*had taken care of them*).

9. By what construction is ...como si... followed, and why?

Elena habla **como si fuera** una reina.

Helen talks as if she were a queen.

Adolfo gasta su dinero **como si hubiera heredado** una gran fortuna.

Adolph spends his money as if he had inherited a big fortune.

The **...como si...** construction (*. . . as if . . .*) implies a contrary-to-fact situation, and it is therefore followed by an imperfect or pluperfect subjunctive.

K. Traduzca las frases siguientes al español.

1. Carmen spoke as if she were angry.   2. Charles smiled as though he had understood everything.   3. Martin dressed as though he had a lot of money.   4. The girls went around[1] as if they had nothing to do.   5. The travelers acted as if they had paid too much.   6. Paul went up to[2] Mr. Mendez as if he knew him well.   7. Andrew played chess as if he were a world champion.   8. The artist painted as if he had studied with great masters.   9. The poor woman was as tired as if she had worked the whole day.   10. Lola looked at me as if she had never seen me.

---

[1]*go around* = **andar**   [2]*go up to* = **dirigirse a**

10. There are many other tense sequences in Spanish conditional sentences. What rule can one apply to such sequences?

Si ustedes **han mandado** la carta, ya **ha llegado.**	*If you **have sent** the letter, **it has** already **arrived.***
Si Carlos **salía** por la noche, su hermano también **quería** salir.	*If Charles **went out** at night, his brother **used to want** to go out too.*
Si hubieras comprado esa propiedad, ahora **seríamos** ricos.	*If you **had bought** that property, **we would be** rich now.*

Any number of tense combinations may exist in conditional sentences. Many of them are the same in Spanish as in English, but in Spanish neither the future, the conditional, nor the present subjunctive may follow **si** when it means *if.*

*L. Traduzca las siguientes oraciones condicionales, teniendo en cuenta que la secuencia de tiempos en español es semejante a la del inglés, con la excepción de que el futuro y el condicional no se usan nunca con si cuando si significa **if**.*

1. If I should lose[1] my money, we would not be able to return home.   2. (*tú*) If you will close the door, I'll tell you a secret.   3. If those thieves would not carry guns, they would not kill anyone.   4. (*tú*) If you have written to your parents, they have not received your letter.   5. If we had eaten earlier, we would not be hungry now.

---

[1]*Should lose* is a conditional in an *if*-clause. We have said that neither the future nor the conditional may follow **si** when it means *if.* The question then arises: What tense and mode should be used instead? To determine this, examine the conclusion of the sentence and apply the sequence given in the table on page 323, §5. In this sentence, for instance, the verb in

the conclusion is *would (not) be able,* a conditional. According to the table, when there is a conditional in the conclusion, the **si** clause is in the imperfect subjunctive.

III. CONCESSIVE SENTENCES

11. What is a clause of concession? Why do concessive sentences pose a grammatical problem in Spanish?

Fact	Possibility
Although Alfred *was* sick, he went to class.	*Although* Alfred *may be* sick, he looks well.
Even though Mary *is* rich, she is not popular.	*Even if* Mary *were* rich, she would not be popular.
In spite of the fact that it *was raining,* we went out.	*Whatever may happen,* I must finish my work.
	Whatever John *says,* come along.

A concessive sentence is one in which the speaker concedes or admits that something is a fact or that it constitutes a possibility. In the preceding examples, the speaker concedes that Alfred *was* sick, that Mary *is* rich, that it *was* raining, and that Alfred *may* be sick, that Mary *might* be rich, that something *may* happen, that John *may* say something. The concessive sentence is a dependent clause linked to a main clause. It represents an obstacle to the performance of the main clause, but the action of the main clause is carried out nonetheless. The concessive sentence poses a grammatical problem in Spanish because in some cases its verb is in the indicative, in others in the subjunctive.

12. When is the indicative and when is the subjunctive used in concessive sentences introduced by <u>aunque</u>?

Indicative	Subjunctive
Comeré **aunque** no **tengo** apetito. *I will eat, although I don't feel like it.*	Comeré **aunque** no **tenga** apetito. *I will eat even if I don't feel like it.*
Vinieron esa noche **aunque estaba lloviendo.** *They came that night even though it was raining.*	Venían todas las noches **aunque estuviera lloviendo.** *They used to come every night even if it was raining.*

The indicative is used after **aunque** when it refers to something that is happening at the time of speech or something that has already happened at that time. Ex.: **Saldré esta noche aunque hará (hace) mal tiempo.** (I am sure of the bad weather conditions.) **Salí esa noche aunque hacía (hizo) mal tiempo.** (I know that there was bad weather.)

The subjunctive is used after **aunque** when it refers to something that might happen after the time of speech or something that had not happened yet when the time of speech. Ex.: **Saldré esta noche aunque haga mal tiempo.** (I do not know if the weather will be bad since right now it is good.) **Iba a salir esa noche aunque hiciera mal tiempo.** (At the time of speech, the weather was good.)

Estoy leyendo esta revista **a pesar de que** no me interesa su contenido.	*I am reading this magazine **in spite of the fact** that I am not interested in its contents.*
Leeré esta revista **a pesar de que** no me interese su contenido.	*I'll read this magazine **even if** its contents are of no interest to me.*

The conjunctions **a pesar de que** (*in spite of the fact*) and **aún cuando** (*even if, although*) are used in concessive sentences as is **aunque,** although there are some subtle differences of meaning among them. For example, **a pesar de que** is used more with *indicative* than **aunque,** and **aún cuando** is preferred in learned language and not in colloquial parlance.

M. Complete cada oración con la forma verbal adecuada del infinitivo que se da entre paréntesis. Preste atención al modo de los verbos.

1. Aunque Gilberto (estar) conmigo durante el viaje, no me dijo nada.   2. Aún cuando Carlos (venir) a mi casa, yo no lo recibiría.   3. Carmen no fue a la biblioteca aunque (tener) una hora libre.   4. No compraría nada en esa tienda aunque me (hacer) falta.   5. No pienso ir al centro hoy a pesar de que yo (necesitar) comprar algunas cosas.

13. What is the meaning of expressions such as <u>digas lo que digas</u> and <u>pase lo que pase</u>? Why are they in the subjunctive?

Digas lo que digas, me marcho.	*Whatever you say (Say whatever you will, Regardless of what you say), I'm leaving.*

Pase lo que pase, Bárbara no vendrá.

Whatever happens (Regardless of what happens), *Barbara won't come.*

Fueran las que fueran, no quise escuchar sus quejas.

Whatever they were, *I did not want to listen to his complaints.*

Spanish uses the formula

> SUBJUNCTIVE + **lo que** + SUBJUNCTIVE

to express a clause of concession, the English equivalent of which could begin with *Whatever . . .* or *Regardless of what . . .*

In the previous examples, for instance, it is conceded that you may be saying something, that something may happen, and that there might have been complaints. In each case, the situation is hypothetical—therefore in the realm of the subjunctive.

NOTE 1   The imperfect subjunctive is occasionally used to express a past concession.

NOTE 2   The subjunctive verb forms are most often connected by **lo que.** However, as may be seen in the third example, some form of the relative **el que** may be used to refer to a definite noun.

N. Traduzca al español, usando la construcción SUBJUNTIVO + ***lo que*** + SUBJUNTIVO.

1. (*Ud.*) Whatever you do, they will not pay attention[1].   2. Whatever happens, we'll go to Costa Rica.   3. Regardless of what they pay, they will not get a passport.
4. (*tú*) Whatever the situation is[2], come before three o'clock.

---

[1]*pay attention =* **prestar atención**   [2]Use the SUBJUNCTIVE + **lo que** + SUBJUNCTIVE formula with **ser.**

EJERCICIOS DE RECAPITULACIÓN

A. Sustituya los infinitivos dados entre paréntesis por las formas adecuadas del indicativo o del subjuntivo.

1. (*tú*) No me regañes como si (ser) mi padre.   2. Si yo (tener) más dinero, compraría un rancho.   3. Que el portero (quedarse) junto a la puerta.   4. (*tú*) No (bañarse) ahora.   5. Aunque nuestro perro (estar) fuera, lo podemos oír ladrar.
6. (pensar) lo que (pensar) mis amigos, seguiré haciendo lo que hago ahora.   7. Si

esa estación de radio (ser) muy popular, es porque sus programas son muy buenos.
8. Que (sentarse) las señoras aquí.   9. Aunque no (tener)[1] dinero, me fui de vacacio-
nes.   10. (*tú*) (traer) la comida, (costar) lo que (costar).   11. El chico (morir) si
tuviera que trabajar toda la noche.   12. (*tú*) (abrir) la caja cuando llegues a casa.

---

[1]Since this indicates a past state, what tense will be used?

B. Traduzca las oraciones siguientes al español.

1. Let's buy a computer.   2. (*tú*) If you had been here, you would have seen my
sister.   3. (*tú*) Be careful[1]—there are thieves in this part of town.   4. (*tú*) Stand
up!   5. Let Helen sign the letter.   6. If I were rich, I would buy a new home.
7. (*tú*) Don't do that.   8. Let's not forget our parents.   9. (*tú*) Don't drink too
much wine.   10. If those boys had not driven so fast, they would not have had an
accident.   11. (*Ud.*) You will do it now!   12. (*tú*) You must be here tomorrow!

---

[1]*be careful* = **tener cuidado**

C. Traduzca las oraciones siguientes al español.

1. (*tú*) Write your name and address on this card.   2. Let them buy their own
tickets.   3. (*tú*) Don't go out tonight; it's going to snow.   4. Let Peter show his
slides.   5. Let's sing along with[1] Mike.   6. (*Ud.*) Don't bring any more gifts.
7. Let's ask for more money.   8. (*Ud.*) If you had paid your taxes, you wouldn't
have all those problems.   9. (*Ud.*) Give me your passport.   10. (*Ud.*) Don't let
those children spend too much money.

---

[1]*sing along with* = **cantar con**

PROBLEM WORDS

Stand

(a) When *stand = be in a standing position*

Estuvimos { **de pie** / **parados** } enfrente del edificio dos horas.

We { *stood* / *were standing* } *in front of the building for two hours.*

Estoy { **de pie** / **parado** } porque no tengo donde sentarme.

I am standing because I don't have any place to sit.

When *stand = be standing* or *be in a standing position,* Spanish uses a form

of **estar** { **de pie.** / **parado.** }

NOTE   When *stand* is accompanied by an adverb or an adverbial phrase of place, a form of **pararse** can also be used to express *stand.* Ex: ¿Dónde **te paraste** durante la ceremonia? (Where *did you stand* during the ceremony?) **Me paré** cerca de la puerta para poder irme temprano. (*I stood* near the door in order to leave early.)

(b) When *stand = get up, stand up*

Alberto { **se paró** / **se levantó** } para ver el desfile.

Albert stood up to see the parade.

Párate / **Levántate** } cuando entre la señora.   *Stand up when the lady comes in.*

Spanish expresses *stand up* by a form of **pararse** or **levantarse**.

(c) When *stand = tolerate, bear, put up with*

No puedo $\begin{cases} \textbf{aguantar} \\ \textbf{soportar} \end{cases}$ el humo de los cigarrillos.

*I can't **stand** cigarette smoke.*

When *stand = tolerate, bear, put up with,* Spanish uses **aguantar** or **soportar.**

Stay

(a) When *stay* = **quedarse**

Quédate con nosotros hasta el sábado. | *Stay with us until Saturday.*

El pobre perro **se quedó** fuera toda la noche. | *The poor dog **stayed** out the whole night.*

When *stay* means *continue being in a place* or *in the company of someone* rather than going out, Spanish expresses this concept by a form of **quedarse.**

(b) When *stay* means *live in a place temporarily*

Quiero $\begin{cases} \textbf{parar} \\ \textbf{hospedarme} \end{cases}$ en ese hotel durante mi estancia en la ciudad.

*I want to **stay** in that hotel while I am in the city.*

Laura $\begin{cases} \textbf{paró} \\ \textbf{se hospedó} \\ \textbf{estuvo viviendo} \\ \textbf{vivió} \end{cases}$ en la casa de sus amigas durante tres meses.

*Laura **stayed** at her friends' house for three months.*

When *stay* means *live in a place temporarily,* Spanish uses a variety of verbs, among which are **parar, hospedarse, vivir,** and **estar viviendo.**

(c) How to express *stay* + ADJECTIVE

(1) in the present

Samuel $\begin{cases} \textbf{sigue} \\ \textbf{está} \\ \textbf{permanece} \end{cases}$ **delgado** a pesar de comer mucho.

*Sam **stays thin** in spite of eating a great deal.*

(2) in the preterite

La casa $\begin{cases} \textbf{estuvo} \\ \textbf{permaneció} \end{cases}$ **tranquila** por unas horas.

*The house **stayed quiet** for some hours.*

When *stay* + ADJECTIVE means *continue in a given condition for a period of time,* Spanish uses (a) **estar, permanecer,** or **seguir** with the present; (b) **estar** or **permanecer** with the preterite. But the verb **permanecer** is used mainly in learned Spanish.

NOTE   The expression *Stay well* is expressed with **seguir** in Spanish:

¡Que $\begin{cases} \textbf{sigas} \\ \textbf{siga} \end{cases}$ bien!

Stop

(a)   When one *stops something or someone that is moving*

Para el coche.   *Stop **the car**.*

Paramos a Juan en el corredor.   *We **stopped John** in the hall.*

When someone stops something or someone that is moving, Spanish uses a form of the verb **parar.** Forms of **detener** are also sometimes used in this sense.

NOTE   A *bus stop* or a *train stop* is a **parada.**

(b) When one *stops someone from doing something*

When *stop* = *prevent,* it is synonymous with *keep from.* Ex: I *stopped* Alfred from leaving = I *kept* Alfred from leaving. See page 133: *keep from* + PRESENT PARTICIPLE = **impedir** + INFINITIVE.

(c) When *stop* is used without an object

(1) When the subject of *stop* is CONCRETE

El autobús **paró.**   *The bus* **stopped.**

When *stop* is used without an object and when the subject is a concrete object, Spanish uses a form of **parar.**

(2) When the subject of *stop* is NON-CONCRETE

El ruido $\begin{cases} \textbf{paró.} \\ \textbf{cesó.} \end{cases}$ *The noise* **stopped.**

When *stop* is used without an object and when the subject is non-concrete, Spanish may use a form of **parar** or **cesar.**

(d) How to express *stop* + PRESENT PARTICIPLE

Andrés $\begin{cases} \textbf{paró} \\ \textbf{cesó de fumar.} \\ \textbf{dejó} \end{cases}$ *Andrew* **stopped smoking.**

In Spanish, the English *stop* + PRESENT PARTICIPLE is expressed

by $\begin{cases} \textbf{parar de} \\ \textbf{cesar de} + \text{INFINITIVE.} \\ \textbf{dejar de} \end{cases}$

(e) When *stop* = *stop up, stop by filling in with*

Hay que **tapar** ese hueco con arena   *We must* **stop up** *that hole with*
  y cemento.   *sand and cement.*

Tapa ese salidero de agua, por   *Please* **stop** *that water from leaking.*
  favor.

When *stop* means *stop up* or *stop by filling in with,* Spanish uses the verb **tapar.**

(f) When *stop = block, obstruct*

El descarrilamiento $\left\{ \begin{array}{l} \textbf{interrumpió} \\ \textbf{obstruyó} \end{array} \right.$ el tráfico por dos horas.

*The derailment **stopped** traffic for two hours.*

When *stop = block* or *obstruct,* Spanish may express this idea by forms of **interrumpir** or **obstruir.**

(g) When *stop at = stay, spend some time in a place*

Pararemos en la escuela unos
minutos.

*We'll **stop** at the school for a few
minutes.*

De regreso a casa **paré** en la
panadería.

*On the way back home **I stopped** at
the bakery.*

When *stop at = stay, spend some time in a place,* Spanish uses forms of **parar.**

(h) When *stop = stop working (functioning)*

El coche **se paró** en la misma
bocacalle.

*The car **stopped** in the middle of the
intersection.*

¿Se paró el reloj?

Did** the watch **stop?

When *stop* means *stop working* or *functioning,* Spanish expresses it with forms
of **pararse.**

NOTE   Usually, such sentences with **pararse** are accompanied by a dative of
interest to indicate the person who participates in or suffers from the stopping.
Ex: El coche **se me paró** en la misma bocacalle. (The car *stopped on me* in the
middle of the intersection.) The Spanish dative of interest may be expressed in
several ways in English. In the preceding example, *on me* expresses it very well
in colloquial English. Often it may be expressed by modifying the subject of the
sentence by the corresponding possessive adjective. Ex: **¿Se les paró** el reloj?
(*Did their* clock *stop?*)

A. Sustituya las palabras inglesas entre paréntesis por sus equivalentes en español.

1. ¿Quién le (*stopped*) a Margarita ir a España?   2. Jaimito tuvo que (*stay*) después
de la clase, porque se había comportado mal.   3. No quedaba asiento, de manera
que (*we stood*) durante todo el concierto.   4. El señor Freire (*stopped*) comer tanto,

porque se estaba poniendo muy grueso.   5. Cuando estoy en una ciudad grande, me gusta (*stay*) en un buen hotel.   6. (*I stopped*) en una estación de servicio para comprar gasolina.   7. El niño (*stood up*) para mirar por la ventana.   8. La lavadora (*stopped*) después de treinta minutos.   9. Tuvimos que (*stand*) durante muchas horas haciendo cola.   10. ¿Quién lo (*stopped*) a usted delante del banco esta mañana?   11. El pintor (*stopped up*) las grietas de la pared.   12. No podemos (*stand*) a los conferenciantes que hablan más tiempo del que deben.   13. (*tú*) ¿(*Did you stay*) enojado durante mucho tiempo?   14. El autobús (*stops*) en la esquina.   15. (*Ud.*) (*Stop*) el tren. Hay un automóvil en la vía.

B. *Traduzca al español. Tenga especial cuidado con las palabras en itálica.*

1. When the general came in, *I stood up*.   2. *My roommate always stops* me from working.   3. What can I *stop up* that hole with?   4. Theresa *stayed* sick for a week.   5. A dentist who *stands up* all day arrives home tired.   6. When *did it stop* snowing?   7. (*tú*) How can you *stand* that noise?   8. The conversation *stopped*[1] when Inez[2] entered the room.   9. (*Uds.*) How long *did* you *stay* in Quito?   10. (*tú*) If *you had stopped* at the traffic light, the policeman wouldn't have given[3] you a ticket.   11. (*Ud.*) Where *did* you *stay* while you were in Acapulco?   12. The streets of that city (*stay*) dirty because no one cleans them.   13. (*tú*) Can you *stop* the bus for[4] me?   14. My[5] clock *stopped* because I forgot to wind it.

---

[1]Place at the beginning of the sentence.   [2]**Inés**   [3]*give someone a ticket* = **poner una multa a alguien**   [4]Express this phrase by the dative of interest.   [5]Express the English possessive adjective by a dative of interest.

PRÁCTICA DE CONJUGACIÓN

Practique la conjugación de los verbos *salir* y *ser*, conjugados en las páginas 464–465.

C H A P T E R **15**

Reflexives and the Verbs
Gustar, Faltar and *Quedar*

El cambio

Nos estamos mirando hace tiempo. Cuando no **se asoma** a su ventana, sé
que me observa a través de las persianas[1] amarillas, con sus ojos penetrantes que
temo mirar. No sé qué pensar de sus ojos. **Me parecen** insolentes, y, sin em-
bargo, encuentro en ellos como una sonrisa maligna, mezcla de burla y complici-
5 dad que me atrae.

  La ventana **se cierra.**

  Veo **moverse** las persianas de un modo que sólo yo percibo. Sé que lo sabe.
Nos hemos encontrado en la calle frente a frente y he desviado la mirada[2]. Mo-
mentos después, sin que nadie **se diera cuenta,** volvemos a **mirarnos** a través de
10 las persianas.

  Y abre la ventana de pronto, cuando la estoy mirando, y comienza a **ves-
tirse.** La contemplo, sabe que lo hago, y obedezco al llamado de sus gestos.
Abro mi ventana, temblando. Busco mi traje blanco, el que me ha regalado mi pa-
dre para ir a misa los domingos, y comienzo también a **vestirme.**

15 Las ventanas están abiertas. Estamos el uno frente al otro. Ella **se peina** ante
el espejo; de pronto **se levanta** y cierra. Pero antes he visto sus vestidos col-

gados, sobre la cama, en la silla. Con el dedo fue señalándolos uno a uno. **Se ha probado** otros sobre el que tiene puesto.

    Cuando mis padres salieron aquella tarde **me puse a espiarla** en seguida.

20 Pero su persiana continuaba inmóvil. No podía creer que hubiera salido.

    —¿Quieres abrirme la puerta?—dice debajo de mí, mirándome con sus ojos agresivos, a través de la propia persiana de mi casa.

    Le abro. Nunca pude pensar que tuviera fuerzas para hacerlo.

    —¡Déjame verlo otra vez!—me dice.

25   —Si me prometes que me darás el tuyo—le digo.

    —Te lo prometo.

    Me he puesto su traje azul y ella mi traje blanco. Empezamos a bailar en la sala, solos, sin que nadie nos vea.

Antón Arrufat (cubano)

---

¹*blinds* ²*I have looked away from here*

    Antón Arrufat es un autor cubano que reside actualmente en La Habana. En el cuento escogido para ilustrar los usos de los reflexivos, Arrufat experimenta con el género del cuento fantástico muy en boga en los años 60.

COMPRENSIÓN

Conteste estas preguntas y explique sus respuestas cuando sea necesario.

1. ¿Quiénes son los personajes del pequeño cuento?   2. ¿Por qué cree usted que ninguno de los personajes tiene nombre propio?   3. ¿Quién es el narrador del cuento? ¿Es un hombre o una mujer?   4. ¿Qué sensación produce oír el cuento por la boca de uno de sus personajes?   5. ¿Qué edad deben tener, más o menos, los dos personajes?   6. Imagínese el lugar donde viven los dos personajes y descríbalo brevemente.   7. ¿Qué pasa al principio del cuento?   8. ¿Qué pasa al final?   9. ¿Cómo interpreta usted el final? (Tenga en cuenta que no tiene que dar la **interpretación correcta** porque es probable que no exista.)

I. REFLEXIVE VERBS

1. What is a reflexive verb?

Yo **me defiendo** cuando es necesario.

I defend myself when it is necessary.

A reflexive verb is one which has a reflexive pronoun object that refers back to the subject of the sentence.

2. How, in general, may a transitive verb be made reflexive?

Nonreflexive	Reflexive
El panadero **cortó el pan.**	El panadero **se cortó.**
El guardia **encerró al ladrón** en la cárcel.	El guardia **se encerró** en su habitación.

Transitive verbs—that is, verbs capable of taking a direct object—normally have an object which is different from the subject. In cases where such verbs have a reflexive pronoun object which refers back to the subject of the sentence, they are known as reflexive verbs.

A. Traduzca al español las oraciones siguientes.

1. First I looked at the stranger, and then I looked at myself in the mirror.   2. That child can amuse his brothers, but he can also amuse himself.   3. After washing the clothes, I washed myself.   4. Before leaving town, Rudolph will arm himself, and he will arm his friends, too.   5. He who doesn't know how to cure himself cannot cure anyone.

3. Is the Spanish reflexive verb always expressed by an English reflexive verb?

Spanish Nonreflexive	Spanish Reflexive
La madre **acuesta al niño.**	La madre **se acuesta.**
*The mother **puts the child to bed.***	*The mother **goes to bed.***

El obrero **levantó la bandera.**

*The workman **raised the flag.***

Enojo a Carlos cuando hablo demasiado.

*I **anger Charles** when I speak too much.*

El obrero **se levantó.**

*The workman **got up.***

Me enojo cuando Carlos habla demasiado.

*I **get angry** when Charles speaks too much.*

Certain Spanish reflexive forms are expressed by a different and nonreflexive construction in English.

4. What are the three main types of reflexive objects according to their function?

(a) the direct reflexive object

Me veo en un espejo.   *I **see myself** in a mirror.*

A reflexive object may be a direct object.

(b) the indirect reflexive object

Muchas veces nuestra criada **se canta** mientras trabaja.

*Often our maid **sings to herself** while she is working.*

The reflexive object may be indirect.

NOTE   A special reflexive indirect object is often found in sentences where the subject of the sentence acts on a part of the body. Ex: **Me corté** el dedo. (*I cut **my** finger.*) ¿**Te frotaste** la espalda? (***Did you rub your** back?*) See page 123, §10.

(c) the inherent reflexive object

¿No **te atreves** a entrar?   ***Don't you dare** to enter?*

El jefe siempre **se queja** de algo.   *The boss is always **complaining** about something.*

Sometimes the reflexive object performs no special function but is simply an inherent part of the verb. Such verbs are always used with a reflexive object. Among the common inherently reflexive verbs are **arrepentirse** (*repent*), **atreverse** (*dare*), **quejarse** (*complain*), **ausentarse** (*be absent*), and **suicidarse** (*commit suicide*).

B. *¿Qué hacen usted y sus amigos todos los días? Traduzca al español estas oraciones que resumen algunas de sus actividades diarias.*

1. I shave every morning before[1] going out.   2. My cousin Lucy looks at herself in the mirror for thirty minutes.   3. Last Saturday when I got up at six, I asked myself: "Why did I do such a stupid thing?"   4. At my house we serve ourselves at dinnertime since there is no one there to serve us.   5. When Arthur goes by[2], I always think: "Did he bathe this morning?"   6. I don't complain of the weather, but I wouldn't want to stay here all summer[3].

---

[1]Use **antes de +** INFINITIVE.   [2]*to go by =* **pasar**   [3]Use the article.

II. THE MEANINGS OF THE REFLEXIVE FORMS OF THE VERB

Me corté el dedo cuando **corté** el pan.	*I cut my finger when I sliced the bread.*
Te alegrarás si **alegras a tu mamá.**	*You will be glad if you make your mother glad.*

The reflexive form of the verb allows for the creation of the reflexive sentences. Not all reflexive sentences have the same reflexive meaning. Most of the meanings of the reflexive sentences are related to the original meaning of the nonreflexive form of the verb, but they bring a subtle change in the original perception of that meaning, as it can be noted in the two examples above.

In the first pair, the reflexive form of **cortar, me corté**, indicates whose finger *I* cut unwillingly or accidentally, while the nonreflexive form, **corté,** points out to the object you cut willingly.

In the second pair, the reflexive form of **alegrar, te alegrarás,** points out to an emotional transformation or change inside the subject **tú** for doing something intentionally as **alegrar a tu mamá.**

5. What is the meaning of the direct reflexive sentence?

Antonio se bañó por la mañana.	*Antonio bathed (**himself**) in the morning.*
Siempre **me afeito** antes de salir.	*I always **shave (myself)** before leaving.*
El niño se agachó.	*The boy bent over.*
El sacerdote se arrodillará.	*The priest will kneel.*

The primary function of the reflexive form of the verb is to indicate that the action performed by the subject is on the same subject. This function is not done by many verbs, since there are not many actions that can be performed by the subject on itself.

The direct reflexive meaning: the subject acting on the subject:

SUBJECT (actor) + REFLEXIVE VERB (action) + DIRECT OBJECT (acted upon)

SUBJECT = DIRECT OBJECT

Here are some of the reflexive verbs most commonly used in the direct reflexive sentences:

acostarse	*to go to bed*	**gobernarse**	*to self-rule*
agacharse	*to bend*	**hundirse**	*to sink*
ahogarse	*to drown*	**lastimarse**	*to hurt oneself*
apearse	*to dismount, get off*	**lavarse**	*to wash oneself*
apoyarse	*to lean*	**levantarse**	*to get up, to rise*
arrodillarse	*to keel*	**limpiarse**	*to clean oneself*
bañarse	*to bathe*	**matarse**	*to kill oneself*
castigarse	*to punish oneself*	**mezclarse**	*to mix oneself into*
congelarse	*to freeze*	**montarse**	*to get on a carriage*
cortarse	*to cut oneself*	**ocultarse**	*to hide*
desabrigarse	*to take one's warm clothes off*	**pintarse la cara**	*to put makeup on oneself*
ducharse	*to take a shower*	**presentarse**	*to introduce oneself*
emborracharse	*to get drunk*	**suicidarse**	*to commit suicide*
enriquecerse	*to get rich*	**vestirse**	*to get dressed*
esconderse	*to hide*		

6. What is the meaning of the indirect reflexive sentences with a transitive verb?

(Yo) **me abroché el abrigo** y **me cubrí** la cabeza con la bufanda.	*I **buttoned up my coat** and **covered my head** with the scarf.*

El capitán **se cortará la barba**   *The captain will **cut off his beard***
cuando llegue al puerto.   *when he arrives to port.*

The indirect reflexive sentence with a transitive verb means that the subject is acting upon a part of the body of the subject or a possession of the subject. In English the possessive adjective is used instead of the indirect object pronoun.

The indirect reflexive meaning: the subject acting on part of the subject:

SUBJECT (actor) + INDIRECT REFLEXIVE PRONOUN + REFLEXIVE VERB

(action) + DIRECT OBJECT (acted upon)

SUBJECT = INDIRECT OBJECT

Here are some of the reflexive verbs most commonly used in the indirect reflexive sentences:

arañarse	*to scratch*	**limpiarse**	*to clean*
cortarse	*to cut*	**pintarse**	*to paint*
cubrirse	*to cover*	**quemarse**	*to burn*
frotarse	*to rub*	**rascarse**	*to scratch*
lavarse	*to wash*	**romperse**	*to break, fracture*

7. What reflexive verbs can be used to indicate a change, or a transformation, or a modification in the nature of the subject?

Manuel **se había enfermado** antes   *Manuel **had become sick** before he*
de **adaptarse** a la nueva   ***adapted himself** to the new*
medicina.   *medication.*

Nos alegramos cuando Romeo y   *We **were glad** when Romeo and*
Julieta **se enamoraron.**   *Juliet **fell in love.***

Changes of attitudes, behavior modifications, or transformation in the nature of the subject expressed in English, generally, by *get* or *become* + ADJECTIVE are expressed in Spanish by a reflexive verb in which the reflexive pronoun is an indirect object pronoun.

The behavior modification meaning: The subject acting indirectly on the subject:

SUBJECT (actor) + REFLEXIVE VERB (action) + DIRECT OBJECT (acted upon)

SUBJECT = INDIRECT OBJECT

Here are some of the reflexive verbs most commonly used to indicate a change in the nature of the subject:

abochornarse *to become ashamed*
acobardarse *to become frightened*
acostumbarse *to get accustomed*
afeminarse *to become feminine*
aislarse *to become isolated*
alegrarse *to be/become glad*
americanizarse *to become
  Americanized*
animarse *to become encouraged*
asustarse *to become frightened*
atrasarse *to get behind*
callarse *to get quiet, to stop
  talking*
cansarse *to get tired*
confundirse *to get confused*
descorazonarse *to get
  disappointed*
desesperarse *to be/get desperate*
desgraciarse *to fall in disgrace*
desilusionarse *to get disappointed*
desinteresarse *to become
  disinterested*
despreocuparse *to be/become
  unconcerned*

emocionarse *to be/become
  emotional*
enamorarse *to fall in love*
encerrarse *to shut in/up*
enfadarse *to get angry*
enfermarse *to get sick*
enojarse *to get angry*
entusiasmarse *to get/become
  enthusiastic, excited*
fastidiarse *to get annoyed*
fatigarse *to get tired/exhausted*
fosilizarse *to become obsolete*
interesarse *to become interested*
irritarse *to become irritable, mad*
mejorarse *to become better*
molestarse *to become irritable,
  offended*
ofenderse *to become offended, to
  take offense*
perderse *to get lost*
rebelarse *to rebel*
sorprenderse *to be surprised,
  amazed*

8. What reflexive verbs have a different meaning than the original nonreflexive form?

Yo **aboné** la cantidad que debía.

*I **paid** the amount due.*

Yo **me aboné** a los conciertos de la Filarmónica.

*I **subscribed** to the Philharmonic concerts.*

Acordamos celebrar otra reunión.

*We **agreed** to have another meeting.*

Nos acordamos de celebrar otra reunión.

*We **remembered** to have another meeting.*

Some reflexive verbs provide a different meaning to the verb form slightly related to the original meaning of the nonreflexive form.

Among the most common reflexive verbs belonging to this group are:

Nonreflexive	Reflexive
abonar *fertilize; compensate; pay*	**abonarse a** *subscribe* (to a magazine, a series of concerts or lectures)
acordar *agree to*	**acordarse de** *remember*
apurar *hurry; press*	**apurarse** *worry*
burlar *mock; deceive; trick; evade; frustrate*	**burlarse de** *make fun of*
conducir *conduct; drive*	**conducirse** *behave*
decidir *decide*	**decidirse a** *make up one's mind*
detener *detain*	**detenerse a** *stop*
dirigir *direct*	**dirigirse a** *go to; address oneself (to)*
dormir *sleep*	**dormirse** *fall asleep*
encontrar *meet*	**encontrarse** *be (situated, located)*
fiar *answer for; sell on credit*	**fiarse de** *trust*
ir *go*	**irse** *go off, go away*
levantar *lift*	**levantarse** *stand up; get up*
llamar *call*	**llamarse** *be called, named* (**Se llama** Carlos. *His name is Charles.*)
marchar *march; walk*	**marcharse** *go away, leave*
negar *deny*	**negarse a** *refuse*
parar *stop*	**pararse** *stop; stand up*
parecer *seem, appear*	**parecerse a** *resemble*
poner *put*	**ponerse (a)** *put on;* (**a** + INFINITIVE) *begin to*
unir *put together*	**unirse a** *join*
volver *return*	**volverse** *turn around*

9. The difference in meaning between some nonreflexive and reflexive verbs is not great. What is the difference in meaning of such verbs?

Alberto **cayó** (*fell*) en la calle.

Alberto **se cayó** (*fell down*) en la calle.

El general **murió** al amanecer.

El general **se murió** al amanecer.

Yo **tomo** un vaso de leche todas las noches.

Yo **me tomo** un vaso de leche todas las noches.

Come (*eat*) la manzana.	**Cómete** (*eat up*) la manzana.
Estudia la lección.	**Estúdiate** la lección.
Leeremos el libro.	**Nos leeremos** el libro.

The difference in meaning between the nonreflexive and the reflexive forms of some verbs is very slight. It is sometimes one of the language level at which the sentence is being spoken, sometimes one of emphasis. The nonreflexive form tends to be more formal or literary, the reflexive form more colloquial and familiar; the reflexive form is more emphatic than the nonreflexive form.

Sometimes these slight differences can be expressed by English approximations; often they cannot be. For instance, **caer** and **morir** are more formal, **caerse** and **morirse** more colloquial. Forms of **caerse** and **morirse** are not normally used in literary style, but they are very common in familiar speech.

The difference between **comer** and **comerse** approximates the differences between the English *eat* and the more homely *eat up*. In formal language we might say, Lo **comió**. (*He ate it.*) In familiar language, we could say, **Se** lo **comió**. (*He ate it up*).

C. *Traduzca las oraciones siguientes al inglés. Tenga especial cuidado con los verbos en itálica.*

1. Este hombre me *aburre* con sus conversaciones inútiles. 2. *Me aburrí* al oír al distinguido orador y *me fui* a mitad de la conferencia. 3. María Elena *negó* que *se hubiera negado* a bailar con Roberto. 4. El sargento *cansó* a los reclutas con ejercicios físicos violentos. 5. ¿*Te cansaste* mucho ayer? 6. No *apures* al chófer, porque puede tener un accidente. 7. No *te apures,* todo saldrá bien. 8. ¿A qué hora *volverá* el médico? 9. El joven *se volvió* hacia el grupo y preguntó dónde estaba la farmacia. 10. Esa novela no *interesa* a nadie. 11. El chico *se interesó* en la astronomía a los diez años.

D. *Traduzca las oraciones siguientes al inglés. Tenga cuidado con los verbos en itálica.*

1. No puede *figurarse* usted lo mucho que extraño a mis amigos cuando estoy de vacaciones. 2. *Parece* que es verdad que Bernardo y su hijo *se parecen* mucho en todo. 3. Beber agua del río *enferma* a mucha gente. 4. Nicolás *se enfermó* anoche, pero ya está bien. 5. —¿Cómo *se comportó* Paquito cuando apareció su suegra? —Muy bien. 6. *Me marché* del parque cuando los soldados empezaron a *marchar* por la calle. 7. Si *te conduces* bien, te dejaré *conducir* el coche la próxima vez que salgamos. 8. Felipe *puso* sus libros en la mesa y *se puso a*

estudiar.   9. Si tú *te pones a* cantar, yo *pondré* el televisor o el tocadiscos para no oírte.   10. Gloria *se puso* los zapatos y salió de la casa.   11. Como Juan *duerme* muy poco por la noche, siempre *se duerme* en la clase.

10. What reflexive forms of the verb do not have a special meaning?

¿A qué hora $\Big\}$ **desayunas?**   *At what time **do you have breakfast?***
te desayunas?

Desperté $\Big\}$ a las siete.   *I **woke up** at seven o'clock.*
Me desperté

In some contexts, certain verbs may be used reflexively or nonreflexively with no apparent difference in meaning. Among these are **callar(se), desayunar(se), despertar(se), parar(se), pasear(se), quedar(se), sonreír(se), tardar(se),** and **terminar(se).**

NOTE   Consider the following English forms which apparently have the same meaning whether used reflexively or nonreflexively: *I shaved—I shaved myself. He bathed* this morning. — *He bathed himself* this morning.

III. RECIPROCAL USE OF REFLEXIVE PRONOUNS
11. How does Spanish express the English pronoun object *each other*?

Los chicos **se atacaron** con almohadas.

*The boys **attacked each other** with pillows.*

Esas empleadas **se detestan.**

*Those clerks **detest each other**.*

Aquellas vecinas **se hablan** por teléfono todos los días.

*Those neighbor women **speak to each other** over the telephone every day.*

The Spanish reflexive pronoun is often used to express *each other*. When used in that function, it is called a RECIPROCAL PRONOUN. It may be used as a direct or indirect object.

12. If the reflexive pronoun could be construed as either a reflexive or a reciprocal, how does Spanish clarify the meaning?

Nos **felicitamos** de haber acabado el trabajo.	*We congratulated* ourselves *on having completed the work.*
Nos **felicitamos** **uno a otro** de haber acabado el trabajo.	*We congratulated* **each other** *on having completed the work.*
Aquellos ladrones **se mataron**.	*Those thieves* **committed suicide.**
Aquellos ladrones **se mataron unos a otros.**	*Those thieves* **killed** **each other.**

When there is doubt as to whether a reflexive pronoun is reflexive or reciprocal in meaning, Spanish adds a form of **uno a otro** (**una a otra, unos a otros,** and the like) to clarify the reciprocal connotation.

NOTE 1   Occasionally, although no clarification is absolutely necessary, the reciprocal meaning of the reflexive pronoun may be reinforced either by a form of **uno a otro** or by **mutuamente.**

Las señoras **se saludaron** $\left\{ \begin{array}{l} \textbf{una a otra.} \\ \textbf{mutuamente.} \end{array} \right.$

Tú y yo **nos ayudaremos** $\left\{ \begin{array}{l} \textbf{uno a otro.} \\ \textbf{mutuamente.} \end{array} \right.$

NOTE 2   With some verbs, the **uno a otro** construction is always used to convey the reciprocal meaning rather than to avoid ambiguity.

	Inherently Reflexive Meaning	Reciprocal Meaning
acordarse	Los chicos **se acordaron de la fecha.**	Los chicos **se acordaron uno del otro.**
quejarse	Los invitados **se quejaron de la comida.**	Los invitados **se quejaron unos de otros.**
burlarse	Nosotros **nos burlamos de Tomás.**	Nosotros **nos burlamos uno de otro.**

Note that the preposition used in the **uno (a) otro** construction is not necessarily **a**. It depends on the preposition required by the verb. In the three preceding examples, equally correct are **uno de otro,** and **uno del otro.**

E. Traduzca las frases siguientes, usando la construcción <u>uno a otro</u> solamente cuando sea necesario.

1. God helps those who help themselves.   2. The farmers used to help each other during the harvest.   3. We will see each other soon.   4. The doctors looked at each other with surprise.   5. We hated each other during our childhood.   6. They deceive themselves[1], but they do not deceive each other.   7. We will write each other this summer.

---

[1]To clarify *themselves* in this sentence, **a sí mismos** must follow the verb.

IV. THE VERB *GUSTAR*

13. How are sentences with <u>gustar</u> different in construction from their English counterparts?

English Sentence	Rewording to Parallel Spanish Construction	Spanish Equivalent
*I like **bread.***	***Bread** is pleasing to me.*	**A mí me gusta** el pan.
*John likes **cars.***	***Cars** are pleasing to John.*	**A Juan le gustan** los coches.
*Louis likes **to eat.***	***To eat** is pleasing to Louis.*	**A Luis le gusta** comer.

In constructions with **gustar,** the subject of the English sentence becomes the indirect object of the Spanish sentence, and the direct object of the English sentence becomes the subject of the Spanish sentence. The subject of the Spanish sentence follows the verb **gustar**.

					direct
English:	**subject**	+	*like*	+	**object**
	↓		↓		↓
Spanish:	**indirect object**	+	**gustar**	+	**subject**

Examples	*I*	*like*	*dogs.*
	↓	↓	↓
	A mí me	**gustan**	**los perros.**
	Susan	*used to like*	*cheese.*
	↓	↓	↓
	A Susana le	**gustaba**	**el queso.**

Notice that when the indirect object of the Spanish sentence is a pronoun, it is usually reinforced by **a** + THE PREPOSITIONAL FORM OF THE PRONOUN and that this reinforcement normally comes at the beginning of the sentence. This reinforcement is not absolutely necessary when the Spanish indirect object is a pronoun. (See pages 59–60, §§16–17.)

When the Spanish indirect object is a noun, the corresponding third person indirect object pronoun must also be expressed, and it must immediately precede the verb. Ex: **A Susana le** gustaba el queso. **Le** gustaba **a Susana** el queso. **Le** gustaba el queso **a Susana.** The noun indirect object (**a Susana**) may begin the sentence, may directly follow the form of **gustar,** or may end the sentence, but the indirect object pronoun must be used and must come directly before the verb.

Such a sentence is made negative by placing **no** directly before the indirect object pronoun. Ex: A Susana **no le** gustaba el queso.

When an infinitive is the subject of **gustar,** it occupies the same position as a noun subject. Ex: A Luis le gustó **comer.** Le gustó a Luis **comer.** Le gustó **comer** a Luis.

F. ¿A quién le gusta o no le gusta? Traduzca al español las oraciones siguientes que expresan gustos.

1. I like books.   2. My friend Richard doesn't like to read.   3. Susan doesn't like to study.   4. My mother likes coffee.   5. My father doesn't like tea.   6. Nobody in my family likes eggs.   7. My cousins liked to rest.   8. Children like to play. 9. I don't like to do the dishes.   10. Who likes to cook?   11. My grandfather liked to take a walk in the morning.   12. Everybody would like to travel.   13. We used to like to dance.   14. My sisters would not like to take those courses.

14. How does Spanish express the question *How do you like . . .?*

¿Qué te parece
¿Cómo encuentras } este juego?   *How do you* like *this game?*

The English *How do you like . . .?* may be expressed by:

¿Qué te parece... ?   ¿Cómo encuentras... ?
¿Qué le parece (a usted)... ?   ¿Cómo encuentra usted... ?
¿Qué les parece... ?   ¿Cómo encuentran ustedes... ?

Corresponding forms are used in other persons and tenses. Ex: **¿Qué le pareció al señor Muro... ? ¿Cómo encontraban los peluqueros... ?**

NOTE   Note that in such questions the pronoun indirect object always precedes the verb and the noun indirect object always follows it.

G. Traduzca cada oración al español en dos versiones, usando primero una forma de ¿Qué te parece... ? y luego de ¿Cómo encuentras... ?

1. (*tú*) How do you like my typewriter?   2. How do they like my tie?   3. (*Ud.*) How does your brother like his new apartment?   4. How did those women like this course?

15. How does Spanish express the question *What would you like to* + INFINITIVE and the reply *I would like to* + INFINITIVE?

¿Qué { te gustaría
        quisieras   } hacer esta noche?   *What would you like to do tonight?*

In questions such as *What would you like to* + INFINITIVE *. . .?* Spanish uses

```
            INDIRECT
¿Qué +    OBJECT    + gustaría + INFINITIVE
            PRONOUN
```

or

```
            IMPERFECT
¿Qué +  SUBJUNCTIVE  + INFINITIVE
           of querer
```

Notice how this formula is applied with a noun object: **¿Qué le gustaría a Lola leer? ¿Qué quisiera leer Lola?** (*What would Lola like to read?*) **¿Qué les gustaría mandar a tus padres? ¿Qué quisieran mandar tus padres?** (*What would your parents like to send?*)

For statements such as *I would like to* + INFINITIVE, Spanish says either **Me gustaría** + INFINITIVE or **Quisiera** + INFINITIVE. Ex: **Me gustaría nadar. Quisiera nadar. A los obreros les gustaría marcharse** a las cinco. **Los obreros quisieran marcharse** a las cinco.

H. *Traduzca al español estas oraciones, escribiendo cada frase primero con gus-taría y luego con una forma de quisiera.*

1. (*tú*) What would you like to eat?   2. What would Raymond like to do?   3. (*Ud.*) What would your cousins like to see?   4. I would like to visit that museum.   5. We would like to stay at home.   6. My aunt would like to sing.   7. The students would like to cook.

V. THE VERB *FALTAR*
16. What are the basic meanings of <u>faltar</u>?

Falta comida.
$\begin{cases} \textit{Food is lacking.} \\ \textit{Food is needed.} \end{cases}$

The most basic meanings of **faltar** are *be lacking* and *be needed*. The combination **faltar** + NOUN may also mean *be missing, be short of, not have,* so that **Falta comida** could also be rendered in English by *Food is missing, There is no food,* and *The food supply is short.*

17. How can the subject of a sentence with <u>faltar</u> be made to refer to a person, and how would it be <u>expressed</u> in English?

Me falta comida.
$\begin{cases} \textit{I lack food.} \\ \textit{I need food.} \\ \textit{I am missing some food.} \\ \textit{I am short of food.} \\ \textit{I don't have any food.} \end{cases}$

When a sentence with **faltar** refers to a person, that person is the indirect object and normally precedes the form of **faltar**.

18. How are <u>faltar</u> and <u>gustar</u> similar in construction?

English Sentence	Rewording to Parallel Spanish Construction	Spanish Equivalent
*I lack **patience**.*	***Patience** is lacking to me.*	**A mí me falta** paciencia.
*Mary lacks **charm**.*	***Charm** is lacking to Mary.*	**A María le falta** encanto.

Notice the difference between the English and Spanish sentences:

We	*lack*	*money.*
↓	↓	↓
A nosotros nos	**falta**	**dinero.**

In constructions with **faltar,** the subject of the English sentence is the indirect object of the Spanish sentence, and the direct object of the English sentence is the subject of the Spanish sentence. This is the same type of construction as is used with **gustar.** As in the case of **gustar,** the pronoun indirect object may be reinforced by **a** + THE PREPOSITIONAL FORM OF THE PRONOUN; when there is a noun indirect object, the corresponding third-person indirect object pronoun must also be expressed, and it must immediately precede the verb.

I. Traduzca al español.

1. Those students lack motivation.   2. I lacked interest.   3. Henry lacks intelligence.   4. The boss lacked tact.

19. If someone lacks something, there is an implication that he or she needs it. How can <u>faltar</u> be used to express need? In what idiomatic way can *need* be expressed?

Me $\left\{\begin{array}{l} \textbf{falta} \\ \textbf{hace falta} \end{array}\right.$ un clavo para reparar el armario.

*I **need** a nail to repair the cupboard.*

Both **faltar** and **hacer falta** may mean *need,* which is an extension of the basic meaning of **faltar**—*to lack.* In colloquial language, **hacer falta** is used more frequently than **faltar** to mean *need.* The verb **necesitar** is also very common.

NOTE   The verb **faltar** cannot be used in all tenses to mean *need.* It is most often used in the present, the imperfect, and the preterite. If there is any doubt, use **necesitar** to express *need*.

J. Traduzca al español, expresando need con la forma adecuada de (a) faltar, (b) hacer falta y (c) necesitar.

   Modelo I need a car.
         (a) **Me falta un coche.**
         (b) **Me hace falta un coche.**
         (c) **Necesito un coche.**

1. (*Ud.*) Do you need oranges? 2. We need doctors in this part of the country. 3. I needed Louise's telephone number last night. 4. (*tú*) What do you need?

20. What does faltar mean when used with an object that can be counted?

Faltan cuatro cuadros en el museo. ¿Dónde estarán?

Four pictures are missing from the museum. Where can they be?

Me faltan cuatro cuadros. ¿Dónde estarán?

I am four pictures short. Where can they be?

Faltan tres cucharas de plata. ¿Quién se las habrá llevado?

Three silver spoons are missing. Who could have taken them?

Le faltan a la señora tres cucharas de plata. ¿Quién se las habrá llevado?

The lady is three silver spoons short. Who could have taken them?

When the subject of **faltar** is an object that can be counted—that is, a noun modified by a number—**faltar** means *be missing, be short.*

K. Ha habido un robo en el hotel donde usted está hospedado. El gerente del hotel le dice a la policía las cosas que faltan. Traduzca al español lo que dice el gerente.

1. Five television sets are missing. 2. We are 550 dollars short. 3. We don't yet know how many suitcases are missing. 4. Our secretaries are two typewriters short. 5. We hope that nothing more is missing.

21. What is the English equivalent of <u>faltar</u> in the following idiomatic sentences?

Rolando **falta** mucho a la clase.	*Roland often* { *misses* / *cuts* } *class.*
No les faltes al respeto a tus padres.	***Don't be disrespectful*** *to your parents.*
No faltaré a mi palabra.	*I will **not break** my word.*
Faltan tres meses para la boda.	*The wedding **is three months away.***
Faltan dos horas para salir.	*We leave **in two hours.***
Faltan diez minutos para las cinco.	*It's **ten minutes to** five.*
Falta poco para las nueve.	*It's **almost** nine o'clock.*
Le faltó poco para { decirme que sí. / que me dijera que sí. }	*He **almost** said "yes" to me.*
—¿Puedo venir esta noche?	*"May I come tonight?"*
—**¡No faltaba más!**	*"Yes, of course."*
—Ester quería que le prestara mi vestido.	*"Esther wanted me to lend her my dress."*
—**¡No faltaba más** sino que también usara tu ropa!	***"That would be the last straw*** *if she would wear your clothes, too!"*

VI. THE VERB *QUEDAR*

22. What is the basic meaning of <u>quedar</u> in sentences of the type <u>Quedan dos discos</u>?

Quedan dos discos.	*Two records **are left.***
Quedaba mucho que hacer.	*Much **remained** to be done.*

The verb **quedar** may be used with a following subject to mean *be left* or *remain* (in the sense of *being left*).

NOTE Although the subject usually follows the verb in this construction, it would precede in a question such as ¿**Cuántos libros** quedan? (**How many books are left?**)

23. How can such sentences be made to refer to a person?

Le quedan **a Miguel** dos discos.   *Michael **has** two records **left**.*

Nos quedaba mucho que hacer.   *We still **had** a lot to do.*

When **quedar** is used to refer to a person and when it means *to have something left,* the person is the indirect object of the Spanish sentence and what is left is the subject of the Spanish sentence. When the indirect object is a pronoun, it may be reinforced by **a** + THE PREPOSITIONAL FORM OF THE PRONOUN. When the indirect object is a noun, it *must* be reinforced by the third person indirect object pronoun. In the sense of *have something left,* with an indirect object, **quedar** has the same type of construction as **gustar** (pages 350–353) and **faltar** (pages 353–356).

Let us take the sentences *I have one shirt left* (where the subject of the English sentence is a pronoun) and *The pupils had few pencils left* (where the subject of the English sentence is a noun).

I	*have left*	*one shirt.*
↓	↓	↓
(A mí) me	**queda**	**una camisa.**
The pupils	*had left*	*few pencils*
↓	↓	↓
A los alumnos les	**quedaban**	**pocos lápices.**

NOTE Spanish expresses *to have something left over* by forms of the verb **sobrar,** which uses the same type of construction as **gustar, faltar,** and **quedar.** Ex: **Me sobran cuatro entradas.** (*I have four tickets left over.*)

L. Después de un huracán las víctimas hacen inventario de lo que les queda. Traduzca al español las siguientes oraciones.

1. Only three pieces of furniture were left in my house.   2. Only two walls are left in Carlos' house.   3. That family has no money left.   4. (*Ud.*) How many dresses do you have left?   5. The hardware store doesn't have anything left.

24. How are <u>quedar</u> and <u>quedarse</u> used to express the idea of staying in a place?

Quedé
Me quedé } solo en la casa.   *I stayed alone in the house.*

Forms of **quedar** and **quedarse** are used to express the idea of *staying* or *remaining in a place.* Either the nonreflexive or reflexive form may be used.

25. What meaning is often expressed by <u>quedar</u> (<u>quedarse</u>) + ADJECTIVE?

Los vecinos { quedaron
             se quedaron   **sorprendidos** al vernos.

*The neighbors **were surprised** to see us.*

Sometimes **quedar (quedarse)** + ADJECTIVE is the equivalent of *be.*

El pobre hombre { se quedó
                  quedó   **ciego** a causa del accidente.

*The poor man **became blind** because of the accident.*

At times **quedar (quedarse)** + ADJECTIVE means *become.*

In most cases taken up in §§24–25, **quedar** and **quedarse** are interchangeable. However, the reflexive form is preferred (a) in colloquial language, (b) when one wishes to express *become,* and (c) when an emotional element enters into the action.

M. Traduzca al español las oraciones siguientes que se podrían escuchar en un hotel. Use formas de <u>quedar</u> o <u>quedarse</u> para expresar los verbos en itálica.

1. How long are these tourists planning to *stay* here?   2. The guests will *stay* inside today on account of the bad weather.   3. Those tourists from Spain *are*[1] very satisfied with their rooms.   4. When they saw the bill, the Spaniards *were* very happy.   5. But when they heard the news about the cancellation of the flight[2] they *became* very worried.

---

[1]Spanish uses the preterite to express this verb.   [2]**cancelación de vuelo**

26. What is the English equivalent of <u>quedar</u> or <u>quedarse</u> in the following idiomatic sentences?

¡**Quedemos en** eso!	*Let's agree on that.*
Quedé en comprarle el abrigo.	*I agreed to buy her the coat.*
¿**En qué quedaste** con Ricardo?	*What agreement did you come to with Richard?*
Felipe y Margarita **quedaron de acuerdo en** el color de las paredes.	*Philip and Margaret agreed on the color of the walls.*

No **quedaste muy bien** conmigo.   *You didn't keep your* $\begin{cases} \textit{commitment with me.} \\ \textit{appointment with me.} \\ \textit{promise to me.} \end{cases}$

Quedé muy bien en los retratos.	*I look very good in the pictures.*
Esteban **se quedó con** mi libro, sin saberlo yo.	*Steve kept my book without my knowing it.*
No me enseñe más espejos; me voy a **quedar con** éste.	*Don't show me any more mirrors; I am going to keep this one.*
¿Dónde **queda** el hospital?	*Where is the hospital?*
Este vestido **me queda bien.**	*This dress looks good on me.*

EJERCICIOS DE RECAPITULACIÓN

Traduzca al inglés las oraciones de los ejercicios siguientes, prestando atención especial a las expresiones en itálica.

A. 1. Nuestros amigos *quedaron en* esperarnos en el aeropuerto. 2. *A Juan le gustaba arreglar* automóviles. 3. *Nos falta tiempo* para visitar a nuestros padres. 4. *¿En qué quedaron* los abogados con sus clientes? 5. Después de la cena *nos quedó mucha carne.* 6. *¿Qué le parece la bicicleta nueva a su hijo?* 7. A mi madre *le faltan dos sillas.* 8. Mi amigo *se quedó con mi coche* por una semana. 9. *Falta poco para* la medianoche. 10. *¿Te queda mantequilla?* 11. *Me hace falta una criada* para limpiar la casa. 12. *Quedamos de acuerdo en* el costo de la alfombra.

B. 1. *A ese hombre le falta tacto.*   2. Ese tipo *nunca queda bien* con sus patrones.
3. *Faltan tres minutos para* las diez.   4. *A los niños les falta ropa* para ir a la
fiesta.   5. No sé si *nos quedarán sobres* después de mandar tantas cartas.   6. *A
ese pueblo le faltan parques.*   7. *Quedé asombrado* al oír las buenas noticias.   8. *A
mi cuñado le faltaba el dinero necesario* para pagar el tocadiscos.   9. *¿Cuántos
neumáticos te faltaban* cuando abriste el garaje?   10. *¿Cuántos alumnos faltaron
a clase* hoy?   11. *Faltan dos días para* la ceremonia.

C. Traduzca al español las palabras inglesas dadas entre paréntesis.

1. (*tú*) ¿(*Do you like*) el ajo?   2. (*Uds.*) ¿Cuánto tiempo (*did you stay*) en Puebla?
3. Ernesto siempre (*wakes up*) a las siete de la mañana.   4. (*I would like to*)
irme antes de las ocho y media.   5. ¿Cuántos libros (*were missing*) en el estante?
6. (*Uds.*) ¿(*Would you like*) comprar algo?   7. Ella y yo (*help each other*) cuando
es necesario.   8. María (*kept*) la sortija que su novio le había regalado.   9. (*tú*)
¿(*Did you used to like*) la cerveza clara u oscura?   10. Los niños (*ate up*) los
caramelos, (*went to bed*) y (*fell asleep*) inmediatamente.   11. (*tú*) ¿(*What do you
need*) para abrir ese paquete?   12. (*I was*) asombrado al oír la noticia.   13. Usted
no debe (*cut class*).   14. (*We agreed to*) vender la casa por $25.000.

*D. Traduzca las frases siguientes al español, usando la forma apropiada de <u>gustar</u>,
   <u>faltar</u> o <u>quedar(se)</u>.*

1. We like football.   2. Those people never break their word.   3. (*Ud.*) Did you
stay in the factory all night?   4. (*tú*) Why did you complain? Did you become
dissatisfied?   5. (*tú*) Do you like salads?   6. I would like to buy a new refrigerator.
7. Did Henry miss Spanish class yesterday?   8. I refuse[1] to worry about what
Joe needs.

---

[1]Use a form of **negarse a.**

*E. Traduzca las frases siguientes al español, usando la forma apropiada de <u>gustar</u>,
   <u>faltar</u> o <u>quedar(se)</u> o sus equivalentes.*

1. (*tú*) How do you like your new watch?   2. Our neighbor kept our lawn mower.
3. How many passengers are missing?   4. We agreed to pay the bill.   5. (*Uds.*)
How do you like the weather?   6. (*tú*) Don't you dare make fun of me.   7. That
young man doesn't lack anything.   8. The cashier was thirty dollars short.
9. (*Ud.*) How does your son like the new boss?

PROBLEM WORDS

Such

(a) How to say *such a* + NOUN

Tal coche
Un coche semejante } es caro.   ***Such a car*** *is expensive.*
Un coche así

¿Jamás has visto {
tal cuarto?
un cuarto semejante? *Have you ever seen **such a room?***
un cuarto así?

Spanish expresses *such a* + NOUN by **tal** + NOUN, by **un(a)** + NOUN + **semejante,** or by **un(a)** + NOUN + **así.**

NOTE   Sometimes *such a* + NOUN is used after a form of the verb *to be* in a somewhat sarcastic tone: Philip is *such a* liar. Spanish expresses this *such* with a form of **grande.** Ex: Felipe es **un gran** mentiroso.

(b) How to say *such a* + ADJECTIVE

¿Por qué te pusiste **un sombrero**   *Why did you wear **such an old hat?***
   tan antiguo?

Un médico <u>tan</u> bueno cobraría   ***Such a good doctor*** *would charge a*
   mucho.   *great deal.*

The English *such a* + ADJECTIVE may be expressed in Spanish by **tan** + ADJECTIVE.

(c) Various special uses of *such.*

Un médico **como** Carlos es muy   *A doctor **such as (like)** Charles is*
   raro.   *very rare.*

Hay $\left\{\begin{array}{l}\textbf{algo que se llama}\\ \textbf{una cosa que se llama}\end{array}\right.$ honradez.

*There is **such a thing as** honesty.*

Necesito $\left\{\begin{array}{l}\textbf{cierta}\\ \textbf{tal y tal}\end{array}\right.$ cosa.   *I need **such and such** a thing.*

¿Jamás has visto **tales** árboles?   *Did you ever see **such** trees?*

Hace **un trabajo muy malo.**   *He does **such terrible** work!*

Take

(a) When *take = lay hold of* or *seize*

Miguel $\left\{\begin{array}{l}\textbf{tomó}\\ \textbf{cogió}\end{array}\right.$ a Mercedes de la mano.

*Michael **took** Mercedes by the hand.*

$\left.\begin{array}{l}\textbf{Tome}\\ \textbf{Coja}\end{array}\right\}$ el libro y póngase a estudiar.   *Take the book and start studying.*

When *take* means *lay hold of* or *seize,* Spanish uses **tomar** or **coger.** In such cases, **tomar** usually has the literal meaning of *take.*

NOTE   Although **tomar** and **coger** are practically interchangeable in such cases, there are individual and national preferences. In Mexico, Argentina, and Chile, for example, **tomar** is used almost exclusively. See page 93.

(b) When *take* has something of a figurative meaning = **tomar**

¿Vamos a **tomar una cerveza!**   *Let's **have a beer.***

Van a **tomar en consideración** lo que dices.   *They are going to **take into consideration** what you say.*

La enfermera **me tomó la temperatura.**   *The nurse **took my temperature.***

No tomes mis palabras como insulto.   *Don't **take my words** as an insult.*

Te tomé por el primo de Laura.   *I took you for Laura's cousin.*

Often **tomar** expresses *take* in a somewhat figurative meaning.

(c) How to say *take a person somewhere*

Te llevaré a casa si quieres.   *I'll take you home, if you wish.*

Lléveme a la iglesia a tiempo.   *Take me to church on time.*

Spanish uses a form of **llevar** to express the idea of taking a person somewhere.

(d) How to say *take a thing* when *take = carry*

Llevaron el estéreo a casa de Olga.   *They took the stereo to Olga's house.*

Llévame los paquetes porque pesan mucho.   *Take the packages for me because they are very heavy.*

The verb **llevar** is used with things (a) in the sense of *carry* and (b) in the sense of *taking them from someone* in order to unburden him of them.

(e) How to say *take something away*

Por favor, **llévate estas revistas viejas.**   *Please take away these old magazines.*

El basurero **se llevó la basura.**   *The garbage collector took away the garbage.*

Spanish expresses *to take something away* by a form of **llevarse.** In certain contexts, **llevarse** carries with it the implication of stealing.

(f) Various special ways of expressing *take*

English uses *take* in a number of expressions rendered by other verbs in Spanish. Note how *take* is expressed in the sentences that follow.

(1) *take advantage of* = **aprovecharse de**

Bárbara **se aprovechó de la oportunidad** de ganar un poco de dinero.	*Barbara **took advantage of the opportunity to** earn a little money.*

(2) *take a course* = **estudiar**

Yo **estudio español** con el señor Horta.	*I am taking a Spanish course with Mr. Horta.*

(3) *take an examination* = **examinarse (de)**

Nos examinamos de física ayer.	*We **took** a physics **examination** yesterday.*

(4) *take leave of* = **despedirse de**

Juan **se despidió de** su novia.	*John **took leave of** his fiancée.*

(5) *take a magazine* = **estar suscrito a**

Estoy suscrito a dos revistas.	*I **take** two magazines.*

(6) *take off* = **quitarse**

Quítate la camisa.	***Take off** your shirt.*

(7) *take out* = **sacar**

Diana **sacó** toda la ropa del cajón.	*Diana **took** all the clothes **out** of the drawer.*

(8) *take a photograph* = { **sacar** / **hacer** } **una foto**

¿**Sacaste** } la foto desde el balcón? ¿**Hiciste** }	*Did you take the photograph from the balcony?*

(9) *take someone to be* = { **tener** / **tomar** } **a alguien por**

Tengo ⎤ **a Francisco por** hombre   *I take Francis to be* an intelligent
Tomo ⎦ inteligente.   *man.*

       (10) *take space* = **ocupar espacio**

No ponga esa silla aquí, porque   *Don't put that chair here, because*
   ocupa mucho espacio.   *it takes up too much space.*

      (11) *take a trip* = { **viajar**
                       hacer un viaje

Marcos siempre { **viaja** / **hace un viaje** durante las vacaciones.

*Mark always **takes a trip** during his vacation.*

      (12) *take a walk* = { **pasear**
                         dar un paseo

¿Quieres { **pasear** / **dar un pasco** conmigo? *Do you want **to take a walk** with me?*

      (13) *take something from someone* = **quitarle algo a alguien**

El ladrón **me quitó la cartera.**   *The thief **took my billfold.***

(14) *something takes (lasts) so much time* = **algo** { **toma** / **dura** **tanto tiempo**

Ese viaje { **dura** / **toma** cinco horas.   *That trip **takes** five hours.*

(15) *something takes so much time from someone* = **algo** { **quita** / **roba** **tiempo a alguien**

Las cartas { **quitan** / **roban** mucho tiempo.   *Cards **take** a lot of time.*

Las cartas **me** { **quitan** / **roban** mucho tiempo.   *Cards **take** a lot of my time.*

A. Sustituya las palabras inglesas entre paréntesis por sus equivalentes en español.

1. El examen (*took*) una hora.   2. Enrique (*took*) una foto de su suegra.   3. Silvia, no salgas con (*such a boy*).   4. Anoche (*we took a walk*) a lo largo del río. 5. ¿Quién (*took*) el dinero?   6. (*They took away my*[1] car), porque lo estacioné en el centro.   7. Suiza es (*such a beautiful country*).   8. El televisor de ustedes (*takes up*) mucho espacio.   9. Antes de dejar el país, (*I took leave of*) todos mis amigos. 10. El bandido entró en el banco y (*took out*) una pistola.   11. (*tú*) ¿Qué muchacha (*did you take*) a la feria?   12. (*I took*) mi aspiradora al taller de reparaciones. 13. (*tú*) Estas tareas (*don't take up much of your*[1] *time*), ¿verdad?

---

[1]The English possessive adjective is not expressed by a Spanish possessive adjective in this sentence. Consult the examples under *take* in this chapter.

B. Traduzca al español. Tenga especial cuidado con las palabras en itálica.

1. Someone *took* our[1] dog.   2. (*Ud.*) Where *did you take* your sister?   3. *Does* Oscar *take* his medicine every day?   4. *I am taking* a history course.   5. Before going away, *we will take leave of* our relatives.   6. How many magazines *does* the barber *take?*   7. *Such a person* would never tell the truth.   8. It was hot, and *I took off* my[1] coat.   9. My roommate *took* my[1] camera.   10. (*tú*) *Take* me to Madrid with you.   11. I read *such an interesting novel* last week.   12. Mary *is taking* English with Miss Collado.   13. *I took* a pencil and began to write.   14. *I took an examination* in biology this morning.   15. (*tú*) A house *such as yours* is hard to find.

---

[1]The English possessive adjective is not expressed by a Spanish possessive adjective in this sentence. Consult the examples under *take* in this chapter.

PRÁCTICA DE CONJUGACIÓN

Practique la conjugación de los verbos *tener* y *traer*, conjugados en las páginas 464–467.

C H A P T E R **16**

The Passive Voice and the Impersonal Sentence

Historia de un retrato

Por razones que tal vez queden claras cuando termine este relato, al ver por vez primera aquel cuadro tan bello del célebre pintor Antonio Diéguez en el Museo Ronsard, nunca imaginé que **hubiera sido vendido** por mi abuelo. Porque para mí siempre fue importante que lo que sucedió entre mis abuelos en torno a
5   ese cuadro[1], hace casi un siglo, **se aclarara** de una vez por todas[2].

Cuando era más joven creía que el retrato **había sido vendido** por error. Quizás por otros miembros de la familia en aquellos confusos tiempos de la revolución independentista, cuando todo objeto **se tiraba** o **se vendía** al mejor postor[3].

Pero no había sido así. El cuadro, sin duda, **había sido vendido** deliberada-
10   mente por mi abuelo. Aunque el dinero para nada le hubiera hecho falta a un hombre tan rico y poderoso como él. Se había separado del retrato como quien confía al olvido[4] algo muy querido. Porque lo sorprendente, lo verdaderamente sorprendente, era que el cuadro del que mi abuelo se había desprendido un día aciago[5], como luego supe, era el retrato de una mujer bellísima, de tez rosa[6], de
15   ojos de un asombroso azul de sedosa ternura[7], en el que **se delineaban,** por encima del escote, unos inmaculados senos[8]. El cuadro representaba de una manera

idealizada[9], ritualizada[10] casi hasta la adoración, nada menos que a doña María
Luisa de Yedra: la esposa de mi abuelo, el coronel del Ejército Libertador, don
Alberto Roldán de Comesaña.

20   ¿Por qué **habría sido vendido** por mi abuelo aquel extraordinario cuadro de
la mujer a quien tanto quiso y cuya exótica belleza, para un país tropical como el
nuestro, había merecido la atención de un maestro como Antonio Diéguez, que a
la sazón[11] nos visitaba?

Yo también soy pintor de alguna fama y puedo analizar una pintura como ar-
25 tista y como profesional. Distingo sin mucho esfuerzo lo bueno de lo mediocre, y
frente a este cuadro siempre supe que me hallaba ante lo auténticamente excep-
cional.

Tenía el retrato, eso es cierto, innegable, algunas incongruencias en el dibujo
y en el color del vestido. Cuando volví a mi casa, después de visitar el museo, re-
30 cordé el negro cerrado de la ropa de doña María Luisa. Era como si estuviera de
luto. Recordé ciertos trazos como **improvisados** por el pintor, precisamente en la
masa de color negro que cubría a la modelo. Como si las prisas hubieran dictado
el dibujo. Como si el pintor hubiera estado fuera de control horas y horas. Como
si hubiera de pronto enloquecido. Desde luego, ante la obra de un pintor como
35 Diéguez, atribuí a su enorme talento aquellos felices accidentes en el retrato. Era
evidente que la modelo **había sido cubierta** de luto[12]. Pero el pintor no lo había
hecho por accidente. Hoy sé las verdaderas causas y razones detrás de aquellos
trazos.

Porque las razones de la venta del cuadro me **fueron reveladas** por un dia-
40 rio que **fue encontrado** por uno de mis hijos en un desván[13] apenas recordado de
la casa solariega en el pueblo de Jacometrezo, donde mi padre, único hijo de
doña María Luisa y don Alberto, había nacido a fines del siglo pasado.

Aquella casa de Jacometrezo había sido también testigo del matrimonio de
mis abuelos. Y el diario narraba, digo "narraba" y no "narra", porque **fue que-**
45 **mado** por mí en cuanto me enteré de su contenido. El diario narraba el único día
de matrimonio entre don Alberto y doña María, y las funestas consecuencias que
de él surgieron[14]. Sí, el matrimonio **fue consumado** en un solo día. Más bien, en
una sola noche. ¿**Se consumó** en realidad? Hoy sé que no fue así. Aunque dentro
de la historia familiar, obsesionada por el amor y la guerra, la fracasada noche de
50 aparente éxtasis hubiera amanecido con cantos patrióticos y alabanzas a la liber-
tad, a la independencia. Esa fue la noche en que mi padre **fue supuestamente**
concebido. La única noche posible.

Al amanecer el día de esa noche de vertiginosa luna de miel, don Alberto
salió a luchar contra las fuerzas coloniales. **Se sabe** que **fue muerto** por una bala
55 perdida tres años después, a pocos días de la independencia, de la victoria, en
una oscura batalla en la provincia de Alpujarras. Hay muchas historias contradic-
torias que todavía hoy **se cuentan** de las hazañas guerreras[15] de don Alberto. **Se**
dice, por ejemplo, que en los primeros meses de la guerra no fue del todo ejem-

plar su comportamiento[16]. En ocasiones se quedaba de pie en medio de una ba-
60   talla, y permanecía así durante horas, alejado de lo que le rodeaba. Incluso de las
balas que tan cerca le rondaban[17]. En aquella pasividad hacia su entorno[18], le ro-
deaba, según dicen los que le conocieron, un sabor y un saber misterioso[19], una
indiferencia esencial cuyas causas sólo él parecía entender.

Aquel éxtasis de muerte, o de que la muerte le llegara, le duró hasta que una
65   bala le hirió casi fatalmente[20]. **Fue llevado** a un hospital de la retaguardia donde
estuvo dos meses. De allí **fue trasladado** a la casa de Jacometrezo, ya asegurada
por los patriotas, desde donde pronto volvió al frente.

De su segunda entrada en batalla poco **se conoce**. Sólo **se sabe** que cuando
volvió al campo de batalla se había convertido en una insensata máquina de ani-
70   quilación. Y **se cuenta** que afloró[21] en don Alberto Roldán de Comesaña una es-
pecie de monstruo sin piedad para el enemigo. Parecía como si todo sentimiento
humanitario **hubiera sido extirpado** en él.

Desde esos días hasta el de su muerte fue una caricatura grotesca de sí
mismo. Su crueldad por aquellos campos es, todavía hoy, legendaria. Aún **se**
75   **habla** de él y de su ferocidad bestial.

Todas las explicaciones posibles o necesarias acerca de la venta del extraordi-
nario cuadro de Antonio Diéguez **fueron escritas** por don Alberto Roldán de
Comesaña en el diario encontrado por mi hijo, que ahora transcribo. Sobre todo
lo dicho en las fechas claves: las anotaciones del 10 de junio de 1895, en las que
80   describe su noche de bodas, y las del 24 de noviembre de 1897, en las que narra
el comienzo de su muerte en vida.

«10 de junio de 1895

Hoy, por fin, estoy en guerra contra el enemigo de la patria. En guerra per-
sonal, que quizás sea la única guerra posible. Éste hubiera sido el día más feliz
85   de mi vida, pero no lo es. Anoche, después de nuestra boda, me fue imposible po-
seer a doña María Luisa. Nuestro matrimonio no fue consumado. El nerviosismo,
la incertidumbre antes de salir al campo de batalla, los demasiados licores con-
sumidos al ritmo de innumerables brindis por nuestra felicidad. Todo sin duda
pudo haber contribuido. No sé. Al día siguiente me marché a la guerra entre ví-
90   tores y canciones[22] en los que María Luisa no participó. **¿Ha sido mancillado** mi
honor?»

«24 de noviembre de 1897

Hace poco más de un mes **fui herido** en batalla. La bala enemiga me pegó
muy cerca del corazón. Tan cerca que cuando me **fue extraída** por el cirujano de
95   campaña, **se temió** por mi vida. Después de la operación **se me llevó** a la reta-
guardia. Y, desde allí, hasta aquella casa del pueblo de Jacometrezo, que ya
había sido atacado por el enemigo varias veces, pero sin éxito. No había cam-
biado mucho el pueblo donde me había casado con María Luisa y donde había
ocurrido mi tormentosa noche de bodas con ella antes de salir al campo a luchar
100   por la libertad de mi patria.

Poco había cambiado en la casa. Sin embargo, desde mi llegada sí comencé a notar sutiles cambios en mi esposa de sólo una noche.

No encuentro palabras para describirlo. Sólo recuerdo con vividez y amargura sus azules ojos distantes, como embelesados por pensamientos secretos.
105 También recuerdo, con absoluta claridad, la altiva presencia de Antonio Diéguez, el célebre pintor, que **había sido escogido** por mi suegro para pintar el retrato de doña María Luisa. Diéguez llegaba a mi casa todos los días con asombrosa puntualidad a las cinco de la tarde, para plasmar en el lienzo la luz crepuscular[23] considerada por él como ideal para pintar. A esa hora yo, todavía convaleciente
110 de mis heridas, dormitaba mi segunda siesta del día.

Una tarde, más o menos a las seis, me desperté sobresaltado en medio de un silencio que **se me hizo sospechoso.** No **se oía** ninguna voz ni ruido. El silencio se mezclaba en mi cabeza con el estrépito de las batallas en que había tomado parte. Con gran esfuerzo me levanté y casi mecánicamente tomé la pistola que
115 tenía siempre cerca de mí. Torpemente me salí de la habitación: el pasillo estaba desierto, no **se veía** a nadie en el vasto patio de la casa colonial. Llegué al traspatio[24] que daba acceso por una pequeña puerta al pradillo que bajaba hasta la cañada[25] que ahora me atraía vigorosamente. Cuando empecé con paso vacilante a caminar hacia la cañada, algo dentro de mí me hizo detenerme. El corazón, que
120 latía incontenible, me decía: "Márchate, no sigas. En esa vieja cañada puede surgir la tragedia." No me hice caso a mí mismo. Seguí arrastrándome casi hasta llegar al fin del pradillo y allí, en efecto, estaba Antonio Diéguez dándole los últimos toques al retrato[26] de la que debía ser mi doña María Luisa de Yedra, quien posaba como la diosa Venus saliendo de las aguas, ... una Venus tropical,
125 voluptuosa y provocativa.

Apenas recuerdo lo que dije. Sólo sé que después de unos instantes, que ahora me parecen siglos, le ordené a Diéguez, pistola en mano, que cubriera con ropas el cuadro casi terminado de mi mujer desnuda. Y así lo hizo. Trabajó febrilmente y al concluir me dijo con arrogancia: "No creas que porque la haya vestido me olvidaré de ella." Yo no pude contener la ira frente a quien me desafiaba
130 estando todavía a mi merced y, apuntando al corazón, disparé.

Nicasio Silverio

---

[1]what happened between my grandparents with regard to that portrait   [2]should be made clear once and for all   [3]would be sold to the highest bidder   [4]as he who wants to forget   [5]had separated (from it) a fateful day   [6]of rosy complexion   [7]an astonishing blue of silky tenderness   [8]on which an immaculate breast was outlined   [9]in an idealized manner   [10]ritualized   [11]at that time   [12]in mourning robe   [13]attic   [14]and the ill-fated consequences that spurt up from that day   [15]his warring deeds   [16]his behavior was not completely exemplary   [17]were around him   [18]toward his surroundings   [19]a mysterious taste and knowledge   [20]a bullet wounded him almost fatally   [21]arose   [22]among cheers and songs   [23]the sunset light   [24]backyard   [25]ravine   [26]the last touches to the portrait

Nicasio Silverio (1930–) poeta y prosista cubano-americano. Ha publicado un volumen de poemas titulado *Afán del agua*. El cuento seleccionado para encabezar este capítulo tiene mucho de ensayo y de experimento lingüístico.

COMPRENSIÓN

A continuación usted leerá un resumen muy breve del cuento al cual le faltan palabras. Complete el resumen escribiendo las palabras que faltan. Si tiene dificultades para encontrar una palabra, búsquela en la lista que se da más abajo.

Esta es la historia del retrato de una _____

hermosísima, _____ , y de cómo su amante, _____ ,

fue _____ por su marido de una sola _____ de

bodas, _____ _____ . Don Alberto Roldán pertenecía a

una _____ rica. Era _____ del ejército que luchaba por la

libertad de su _____ . Al día siguiente de su noche de bodas, salió a

pelear al _____ de batalla. Algún tiempo después regresa _____

a su casa. Allí descubre los amores ilícitos de su _____ de una sola

noche con el pintor. Alberto _____ al pintor en un acto de ira y

vergüenza.

Palabras

Alberto Roldán de Comesaña	familia	mujer
Antonio Diéguez	herido	patria
campo	María Luisa de Yedra	pintor
coronel	mata	
esposa	muerto	

I. VERB VOICE AND SENTENCE VOICE

1. What is the meaning of verb voice and sentence voice?

1. Unamuno escribió esa novela.   *Unamuno wrote that novel.*

2. Esa novela fue escrita por   *That novel was written by*
   Unamuno.   *Unamuno.*

3. Un banquero rico comprará esa   *A wealthy banker will buy that*
   casa.   *house.*

4. Esa casa será comprada por un   *That house will be bought by a*
   banquero rico.   *wealthy banker.*

The verbs in sentences 1 and 3 are actions performed by the subject. These verbs and the sentences in which they are, are in the *active voice*.

The verbs in sentences 2 and 4 are passive actions performed by the passive subject at the beginning of the sentence, but acted by the agent placed at the end of the sentence after *by*. These verbs and the sentences in which they are, are in the *passive voice*.

Unamuno	**escribió**	**esa novela.**
(actor)	(active action)	(acted object)
Unamuno	wrote	that novel.
(actor)	(active action)	(acted object)
Esa novela	**fue escrita**	**por Unamuno.**
(passive subject)	(passive action)	(active agent, actor)
That novel	was written	by Unamuno.
(passive subject)	(passive action)	(active agent, actor)

In these two examples, note that

1. the subject of the sentence in the active voice (**Unamuno, un banquero rico**) becomes the object of the preposition **por** (by) and is called the *agent* of the sentence in the passive voice;
2. the object (acted upon) in the sentence in the active voice (**esa novela, esa casa**) becomes the (passive) subject (also acted upon) of the sentence in the passive voice;
3. the verb of the sentence in the passive voice is composed of the auxiliary **ser** (to be) + PAST PARTICIPLE of the verb in the active voice;
4. the auxiliary verb (**ser**/*to be*) in the passive voice is in the same tense as the verb of the sentence in the active voice (fue—escribió; was—wrote).

II. THE PASSIVE VOICE IN SENTENCES WITH AN AGENT

2. How is the passive voice formed in Spanish?

La casa **fue destruida** por el incendio.

*The house **was destroyed** by fire.*

El tratado **ha sido firmado** por los embajadores.

*The treaty **has been signed** by the ambassadors.*

In Spanish, the passive voice is made up of

> a form of the auxiliary verb **ser** + PAST PARTICIPLE

In Spanish, a sentence with an agent in the passive voice is composed of

> SUBJECT + inflected auxiliary form of **ser** + PAST PARTICIPLE of main verb + **por** + agent

3. How and with what does the past participle of a verb in the passive voice agree?

La boda fue anunciada por el padre.

The wedding was announced by the father.

The past participle of the verb in the passive voice agrees in gender and number with the subject of the sentence.

4. What preposition usually introduces the agent in Spanish?

El enfermo fue llevado al salón de operaciones **por la joven enfermera.**

*The patient was taken to the operating room **by the young nurse.***

In Spanish, **por** usually introduces phrases indicating the agent.

NOTE   The prepositional forms of the personal pronouns must be used with **por**. Ex: por **mí**, por **ti**, por **usted** (see page 121, §9).

5. What other preposition is sometimes used to introduce the agent?

El capitán fue acompañado **de los**   *The captain was accompanied **by**
soldados.   the soldiers.*

With a few past participles—such as **acompañado, precedido, rodeado,** and **seguido—de** is often used to introduce the agent. But even with these verbs, **por** is preferred, especially when the full passive construction is used.

El joven artista llegó **seguido de**   *The young artist arrived, **followed**
sus admiradores.   **by** his admirers.*

When the auxiliary verb **ser** is omitted in certain complex constructions, **de** is still often used with some past participles. However, even in such cases **por** could be used to introduce the agent.

A. Escriba los infinitivos en la voz pasiva del tiempo indicado.

1. (PRESENTE) Las cartas (distribuir) en las casillas por el empleado de guardia.
2. (FUTURO) Martín y Pablo (declarar) ganadores del torneo por los jueces.   3. (PLUS-CUAMPERFECTO) Nunca antes, nosotros (maltratar) por la señora Trujillo.   4. (IMPER-FECTO) Desde noviembre, la correspondencia confidencial de la empresa (guardar) por el presidente en su caja fuerte.   5. (PRETÉRITO) Al llegar al aeropuerto, los astronautas (recibir) por el pueblo entusiasmado.   6. (IMPERFECTO) El señor Bravo (vigilar) constantemente por sus enemigos políticos.   7. (PRESENTE) Siempre que hago algo malo (criticar) por todos.   8. (FUTURO) (*tú*) (juzgar) por tus propios compañeros.   9. (PRETÉRITO) Esos edificios (comprar) por un médico jubilado.

B. Traduzca al español estas oraciones que podrían oírse en una oficina.

1. These reports are being typed[1] by the new secretary.   2. By whom was this letter written?   3. The word processor was fixed by the company technician[2]. 4. Pauline was very proud because she knew that she was admired by all the employees.   5. I am sure that I will be invited to the office party by Patricia rather[3] than by Mary.

---

[1]a form of **escribir a máquina**   [2]**técnico de la compañía**   [3]**más bien que**

6. How does Spanish express an English sentence which is in the passive voice and whose subject would be the indirect object of the active form of the sentence?

El dueño anterior le enseñará el rancho **a mi tío.**

My uncle will be shown the ranch by the former owner.

El cónsul **nos** dio un pasaporte.

We were given a passport by the consul.

	3	2		4	1
PASSIVE	We	were given	a	passport	by the consul.

	1	2	3	4
ACTIVE	The consul	gave	us	a passport.

In the sample sentences, 1 = { subject of active sentence / agent of passive sentence

2 = { active verb of active sentence / passive verb of passive sentence

3 = { indirect object of active sentence / subject of passive sentence

4 = { direct object of active sentence / retained object of passive sentence

As the examples show, in English the indirect object of the active sentence may become the subject of the passive sentence.

In Spanish, the indirect object of the active sentence may not be the subject of the passive sentence. Spanish must express such sentences by using the active voice.

Although there are not many verbs that allow this construction in English, there are enough to cause confusion in the student. Here are some of the most frequently used verbs with their correct translation into Spanish.

ask   Jim nos preguntó donde estuvimos/estábamos ayer.

We were asked by Jim where we were yesterday.

forbid   Me prohiben visitar esa casa. Me prohiben que visite esa casa.

I am forbidden to visit that house.

give	El jefe le dio (a ella) la llave del edificio.	*She was given the key to the building by the boss.*
show	Los guías les enseñaron el Palacio Real a los turistas.	*The tourists have been shown the Royal Palace by the guides.*
tell	Le dirán a Elena las respuestas a esas preguntas.	*Elena will be told the answers to those questions.*
	Tim le dirá a Elena las respuestas a esas preguntas.	*Elena will be told the answers to those questions by Tim.*

NOTE 1   If the English sentence does not have an agent, the Spanish sentence should use the third person plural form of the verb.

Examples   Me prohiben visitar esa casa. Le dirán a Elena las respuestas a esas preguntas.

NOTE 2   If the English sentence does have an agent introduced by the preposition *by*, the Spanish sentence should use that agent as the active subject of the active voice sentence.

Example   Tim le dirá a Elena las respuestas a esas preguntas.

C. Su hermano menor llega de la escuela quejándose y usted lo escucha pacientemente. Traduzca al español las quejas de su hermanito.

1. I was forbidden by my teacher to play during recess[1].   2. We were shown some new pictures by Tony's friends, but they were boring!   3. Although he never studies, Martin was given good grades by all the teachers.   4. The children in the sixth grade[2] were asked by the policeman what they were doing in the school last night.

---

[1]**el recreo**   [2]**del sexto grado**

7. To what extent is the passive voice with an agent used in Spanish?

El papel
El trabajo
La carta   fue   destruido
La casa   destruida   por el joven.

The active voice gives the sentence stylistic strength; the passive voice tones down the action. The possibility of using two voices therefore has a stylistic utility.

We have already seen in §6 that the indirect object of the active voice cannot be used as the subject of the passive voice. But there are other limitations on the use of the passive voice.

In Spanish, as in English, not all sentences in the active voice sound natural when put into the passive voice, especially when an agent is expressed. Consider the following strange-sounding English sentences:

The lesson was learned by the students.

The piano is being played by Nancy.

That money will be lost by the child.

A coat had been bought by me.

These English sentences in the passive voice sound unnatural. In Spanish, many sentences also sound unnatural in the passive, in fact, more than in English. In general, the passive voice with agent is less frequent in Spanish than in English.

The real criterion of the naturalness of a sentence in the passive voice is how it sounds, and one must know the language rather well to apply that criterion. But the following principles will help:

1. Normally, sentences that sound bad in the passive in English sound equally bad in Spanish. Avoid them.
2. In Spanish, the passive voice is used more frequently when the subject of the sentence is a thing than when it is a person.
3. In Spanish, a person may often be found as the subject of a verb in the passive voice when the action of the verb results in benefit or harm to the subject. Thus, some of the verbs most often used in the passive with an animate subject are the Spanish equivalents of *praise, admire, help, destroy, beat, mistreat, kill,* etc.

III. THE PASSIVE VOICE IN SENTENCES WITHOUT AN AGENT

8. A sentence in the passive voice may have an agent—or it may not have an agent. How does a passive sentence without an agent differ in nature from one with an agent? Compare the following sentences and try to sense this difference.

El banco ha sido robado **por ladrones.**

El banco ha sido robado.

La paz será firmada **por los**
delegados.

La paz será firmada.

A passive sentence with an agent is personal and therefore somewhat like its active counterpart in meaning, except that the passive subject takes on a greater importance.

A passive sentence without an agent is impersonal; therefore, it is more objective than a passive sentence with an agent. It is impersonal because the personal element contained in the agent has been eliminated and objective because the action is generalized rather than limited by a particular agent.

The passive sentence without an agent—which is impersonal and objective—fills a need both in English and in Spanish. This impersonal type of passive sentence is much more common than the passive sentence with an agent.

D. *Usted está haciendo la lista de las cosas que ya están hechas y de las que tiene que hacer esta semana. Complete las oraciones traduciendo al español las formas verbales dadas en inglés.*

1. La carta al agente de seguros (*was written*) ayer.   2. ¿Cuándo (*will the TV set be repaired*)? ¡Sabe Dios!   3. La casa ya (*had been cleaned*) cuando regresamos. ¿Verdad?   4. Las paredes de mi cuarto (*were painted*) la semana pasada.   5. El automóvil (*will be taken*) al taller el jueves.

IV. THE USE OF *SE* TO EXPRESS ENGLISH PASSIVE AND IMPERSONAL SENTENCES

Sentences in the passive voice with an agent are not very frequent in Spanish. Sentences in the passive voice without an agent are somewhat more frequent but not as common as in English. However, Spanish has another rather common way of expressing the impersonal and objective English passive without an agent.

9. In what common ways does Spanish often render an idea impersonal and objective?

Personal and Subjective	Impersonal and Objective
Enrique dice que Diego trabaja poco.	**Se dice** que Diego trabaja poco.

Henry says *that James doesn't work much.*	***It is said*** *that James doesn't work much.*
Mis padres vendieron el automóvil ayer.	**Se vendió** el automóvil ayer.
My parents sold *the car yesterday.*	*The car **was sold** yesterday.*

Compare the sentences on the left with those on the right. On the left, there is a personal subject in each sentence. On the right, that personal subject has disappeared; each sentence is impersonal and objective.

In Spanish, the reflexive **se** + VERB is often used to render an idea impersonal and objective. Such sentences are often expressed by the passive voice in English.

NOTE   In colloquial Spanish the third person plural of the verb is often used instead of the **se** construction. Ex: **Dicen** que Diego trabaja poco. **Vendieron** el automóvil ayer.

10. With what does the verb of sentences with the impersonal <u>se</u> + VERB agree when it is followed by a thing?

Singular Thing	Plural Thing
Se vendió <u>el automóvil</u> ayer.	**Se vendieron <u>los automóviles</u>** ayer.
Se dice <u>esa frase</u>, pero no se escribe.	**Se dicen <u>esas frases</u>,** pero no se escriben.

In the passive impersonal construction, when the object of the active sentence is a thing, this thing becomes the subject of the verb and the verb agrees with its subject. This subject generally, but not always, follows its verb.

> **se** + VERB + thing (subject of sentence)

Compare the roles of the parts of the sentences in these two sentences.

Active personal sentence	SUBJECT OF SENTENCE	VERB WHICH AGREES WITH ITS SUBJECT	OBJECT OF ACTIVE SENTENCE
	El chico	comprendió	las explicaciones.
Passive impersonal construction		Se comprendieron	las explicaciones.
		VERB OF PASSIVE IMPERSONAL CONSTRUCTION	SUBJECT OF PASSIVE IMPERSONAL CONSTRUCTION

E. Cambie las oraciones dadas con sujetos personales a pasivos impersonales con _se_, haciendo los cambios verbales que sean necesarios. Luego, traduzca la nueva oración al inglés.

   Modelo   Los turistas alquilaron un barco.
                (a) **Se alquiló** un barco.
                (b) A boat _was rented._

1. Miguel sabe eso.   2. Todo el mundo dice tonterías algunas veces.   3. Los abogados arreglaron el conflicto.   4. Los inquilinos pidieron una rebaja de alquileres.   5. Mi abuela verá las carreras en el hipódromo.

F. Vuelva a escribir[1] las oraciones pasivas dadas, usando la forma pasiva impersonal con _se_. Tenga ciudado con el orden de colocación de las palabras.

   Modelo   La acacia fue plantada en el frente del jardín.
                Se plantó la acacia en el frente del jardín.

1. Los caballos fueron vendidos ayer o anteayer.   2. Los libros serán llevados mañana.   3. Eso había sido dicho muchas veces ya.   4. En ese momento la sala era usada para celebrar la reunión.   5. Los resultados de los juegos son anunciados en las páginas deportivas.

---

[1]**Vuelva a escribir** = _Rewrite_

G. *Usted está encargado de organizar el banquete para celebrar el fin del curso. Traduzca al español las instrucciones y sugerencias que usted da. Use el pronombre se.*

1. Dinner is being prepared in the cafeteria[1].   2. The menu was printed yesterday.
3. The dishes and tablecloths will be washed immediately.   4. The main course[2] is being planned by Isabel.   5. The dessert is always eaten at the end of the meal. That's obvious.

---

[1]**cafetería** (Sp.A.)   [2]*main course* = **plato principal**

11. In sentences with the passive impersonal se construction, there is sometimes an indirect object pronoun. In such cases, where does the indirect object pronoun come in relation to se and the verb?

The Active Sentence	The Passive Impersonal *se* Construction
Marta nos preparaba la comida. *Martha was preparing* dinner *for us.*	**Se nos preparaba** la comida. *Dinner was being prepared for us.*
El conserje me dijo la verdad. *The porter told me the truth.*	**Se me dijo** la verdad. *I was told the truth.*

When a sentence with the passive impersonal **se** has an indirect object pronoun, the **se** always comes first and the indirect object always precedes the verb directly. (See page 385, §15.)

H. *Cambie las oraciones dadas con sujetos personales o pasivas impersonales con se, haciendo los cambios verbales que sean necesarios. Luego, traduzca la nueva oración al inglés. Tenga presente la colocación del objeto indirecto.*

   Modelo   Adela me dio todos los detalles.
              (a) **Se me dieron** todos los detalles.
              (b) *I was given* all the details.

1. El empleado te dirá la hora de llegada del jefe.   2. Nosotros les hemos[1] asignado nuevas responsabilidades.   3. Nuestros tíos nos enseñaron la foto de Esteban.

4. Yo le presté las cucharas.   5. Ellos me comprarán toda la ropa mañana.   6. Carlos te consiguió los horarios de los trenes.

---

[1]When the passive impersonal **se** construction is used, what becomes the subject of the sentence? Remember that the verb agrees with that subject.

12. How are sentences with the passive impersonal se construction grammatically different when the object of the active sentence is a person?

Personal and Subjective	Impersonal and Objective
La policía detuvo al delincuente.	**Se detuvo** al delincuente.
The police held the delinquent.	*The delinquent was held.*
En el cuadro **vemos** a varios obreros.	En el cuadro **se ve** a varios obreros.
In the picture we see several workers.	*In the picture several workers are seen.*

When the object of the active sentence is a person, it is preceded by the personal **a.** When such a sentence is converted to the passive impersonal **se** construction, this personal object remains the object of the sentence with the personal **a,** and the subject of the sentence could be considered the impersonal **se.** In such sentences, the verb is always in the third person singular.

> **se** + VERB + personal **a** + person (object of sentence)

Compare the roles of the parts of the sentences in these two sentences.

Active personal sentence	SUBJECT OF SENTENCE	VERB WHICH AGREES WITH ITS SUBJECT	PERSONAL A	OBJECT OF ACTIVE SENTENCE
	El chico	**insultó**	**a**	**varias personas.**
Passive impersonal construction	**Se**	**insultó**	**a**	**varias personas.**
	POSSIBLE SUBJECT OF PASSIVE IMPERSONAL SENTENCE	VERB WHICH IS ALWAYS THIRD PERSON SINGULAR	PERSONAL A	OBJECT OF PASSIVE IMPERSONAL SENTENCE

NOTE   Compare these two sentences:

Se escondieron los niños.   **Se escondió** a los niños.

*The children **hid**.* (lit. *The children*   *The children **were hidden**.*
hid themselves.)

In the sentence on the left, **se** is a true reflexive pronoun in meaning, and **los niños** is the subject of the sentence. In the sentence on the right, the impersonal **se** + VERB is a substitute for the English passive, and **a los niños** is the object of the verb **escondió.**

I. Cambie las oraciones dadas con sujetos personales a impersonales con se, haciendo los cambios verbales que sean necesarios. Luego, traduzca la nueva oración al inglés.

> **Modelo**   Los profesores elogiaron a Jaime.
> (a) **Se elogió** a Jaime.
> (b) James *was praised.*

1. Los padres llevaron a los niños a la fiesta.   2. Los cazadores habían salvado a las víctimas del accidente.   3. José calló a Raúl con sólidos argumentos.   4. La gente admiraba a David por su honradez.

J. Vuelva a escribir[1] las oraciones siguientes, pasivas sin agente, usando la forma con se. Tenga cuidado con el orden de las palabras.

> **Modelo**   El niño fue golpeado dos veces.
> **Se golpeó al niño** dos veces.

1. La señora fue abandonada en el bosque.   2. Los chicos serán castigados por su atrevimiento.   3. Mis amigos han sido mencionados en el periódico.   4. Doña Inés fue engañada con sutiles mentiras.   5. Los pasajeros del avión fueron salvados anoche.

---

[1]**Vuelva a escribir** = *Rewrite*

K. Traduzca al español, usando se.

1. The candidate was met at the station.   2. The boys will be punished if they steal a car.   3. The drivers were stopped[1] at the border.   4. The speaker was interrupted in the middle of his speech.

---

[1]Use a form of **detener.**

13. If the personal noun object of a sentence with the passive impersonal <u>se</u> construction changes to a pronoun object, where does this pronoun come in the sentence?

Noun Object	Pronoun Object
Se detuvo **al ladrón.**	Se **le** detuvo.
The robber was held.	*He* was held.
Se escondió **a los niños.**	Se **les** escondió.
The children were hidden.	*They* were hidden.
Se mató **a la vieja.**	Se **la** mató.
The old woman was killed.	*She* was killed.

The pronoun object in sentences with the passive impersonal **se** construction always comes immediately before the verb. Masculine nouns become indirect object pronouns, while feminine nouns become direct object pronouns in both the singular and the plural.

L. *Vuelva a escribir las oraciones siguientes cambiando el nombre del objeto directo por un pronombre.*

Modelo   Se verá a mi sobrino.
              Se **le** verá.

1. Se castigará a esta chica tan mala.   2. Se trajo a un buen mecánico para arreglar el motor.   3. Se vio a los exploradores llegar al campamento.   4. No se ha venerado siempre a los héroes nacionales.

14. When the <u>se</u> construction is used with verbs that have no object, how is it expressed in English?

Personal Subject	*se* Construction With Verbs That Have No Object (General)
Vamos a la escuela a aprender.	**Se va** a la escuela a aprender.
We go to school to learn.	*One goes* to school to learn.
No fumo en la iglesia.	No **se fuma** en la iglesia.
I don't **smoke** in church.	*One doesn't* **smoke** in church.

The pronoun **se** may be used with a verb without an object to express a general fact. In such cases, the verb is always in the third person singular. English often expresses such general facts by beginning the statement with *one, you, they,* or *people.*

M. Traduzca al inglés las frases siguientes.

1. Se viaja por avión en América del Sur.   2. ¿Se puede nadar en esta piscina?
3. Se trabaja mucho en nuestra oficina.   4. Se almorzaba a las doce en nuestra escuela.   5. Se canta mucho en las calles de México.

15. How does Spanish express unexpected or unplanned occurrences?

Ejemplos   Se me olvidó...
                 I forgot . . .

                 Se me rompió...
                 I broke . . .

                 Se me perdió...
                 I lost . . .

                 Se me quitó...
                 I got rid of . . .

Spanish has a certain number of expressions consisting of **se** + INDIRECT OBJECT PRONOUN + VERB. In these expressions, **se** is similar to the **se** used in the passive voice (see pages 378–384), and the indirect object pronoun is a sort of dative of interest. Each of these expressions deals with a type of unplanned occurrence. The indirect object varies according to the person (**se le olvidó, se te rompió, se les perdió**); the verb is generally, but not always, in the preterite and generally, but not always, third person singular. Students would do well simply to learn these as idiomatic expressions.

16. What other impersonal constructions are used in Spanish?

Uno trabaja mucho aquí.	*One works a lot here.*
(**Tú**) te pasas el día de un lugar para otro y (**tú**) no consigues nada.	*You spend the day going from one place to another and don't get anything done.*

Ud. nunca sabe lo que quieren aquí.	*You never know what they want here.*
«Si (**vosotros**) queréis ir allá, a la casa de Henar, salid del pueblo por la calle de Pellejeros.»	*"If you want to go there, to the Henar house, leave town by Pellejeros Street."*
(**Ellos**) dicen que mañana no hay clases.	*They say that there are no classes tomorrow.*
¿Qué podemos hacer (**nosotros**)?	*What can we do?*
La gente no sabe lo que hace.	*People don't know what they do.*

There are many grammatical forms to express impersonal statements in both English and Spanish. An impersonal construction is a construction without an identifiable subject, in other words, a construction without a known subject-actor.

In addition to the passive constructions with **ser** and **se,** the following grammatical forms are used to express impersonal statements.

Uno		*One*	
Tú	In a context where	*You*	
Ud.	these pronouns do not	*You*	When *you* is any person.
Vosotros	refer to a specific	*You*	
Uds.	person.	*You*	
(**Ellos**)	Never expressed or written. (**Ellos** is unknown.)	*They*	When *they* is unknown.
Nosotros	In a context where **nosotros** could be any person.	*We*	When *we* is any person.
La gente		*People*	

N. Traduzca al español estas oraciones impersonales.

1. One earns good money in that business.   2. They buy and sell things in that market.   3. (*tú*) What do you do when you don't understand what they say?   4. If we elect the wrong person, we will pay for it.   5. (*vosotros*) You'll do the work and will not be rewarded.

17. How is the true reflexive used in Spanish to express an English passive?

Spanish Reflexive	Literal English Translation	English Passive
Me llamo Antonio.	*I call myself Tony.*	*I am called Tony.*
Las pirámides **se conservan** bien.	*The pyramids **preserve themselves** well.*	*The pyramids **are** well **preserved**.*

Sometimes the reflexive form of the verb is used in Spanish to express an English passive. This usage is confined to a limited number of verbs where the nature of the verb allows the reflexive object to have a passive flavor. With such verbs, not simple **se** but also the first and second person reflexive objects may be used where the meaning requires.

NOTE   For the differences between **ser** + PAST PARTICIPLE and **estar** + PAST PARTICIPLE, see pages 227–228.

EJERCICIOS DE RECAPITULACIÓN

A. Traduzca las oraciones siguientes al español.

1. That man is dominated by his desire to succeed.[1]   2. Several times the girls had been followed on leaving school.   3. Don Paulino has been recommended for[2] that work.   4. Alice and Dolores have been invited to participate in a swimming meet.[3]   5. These details will be clarified by the lawyer tomorrow.   6. That man was pardoned by the judge.   7. This matter is fully treated in Chapter 2.   8. Very little is known of the other planets.   9. We were given the money to carry out[4] the experiment.   10. It is said that the man was killed by gangsters.   11. Our symphony orchestra was conducted by a famous maestro.   12. The new building was begun without the approval of the city architect.

---

[1]**de triunfar**   [2]**para**   [3]**competencia de natación**   [4]*carry out* = **llevar a cabo**

B. Las siguientes oraciones son activas y personales. Vuélvalas a escribir como pasivas reflejas (con se) impersonales.

   Modelo   Vicente sabe el secreto de la momia.
                     Se sabe el secreto de la momia.

1. (yo) Conozco las hazañas de esos bandoleros.   2. ¿Has visto al nuevo delegado?
3. Los indios pusieron una resistencia tenaz a los conquistadores.   4. El caso de
la asesina fumadora acabó con la paciencia del inspector González.   5. El niño
me dijo que su padre era agente de la compañía de seguros.   6. Leandro vive muy
bien en ese apartamento.   7. Aquí comemos poco todos los días.   8. Irene vendió
los automóviles europeos.

C. *Las siguientes oraciones son impersonales, es decir, no tienen un sujeto o agente
conocido. Vuélvalas a escribir como oraciones activas y personales.*

> **Modelos**   Se reprendió a los empleados.
> **El jefe reprendió a los empleados.**
> Uno va arrastrándose entre espinas.
> **Ese hombre va arrastrándose entre espinas.**

1. Se desconocen las intenciones de Kindelán.   2. La gata de Eloísa fue vacunada
contra la rabia.   3. Se trabaja poco en esta casa.   4. Te pasas el día leyendo, vas
a clases, haces los deberes religiosamente, y ¿qué sacas? ¡Una F!   5. Se detuvo a
los turistas al pasar la frontera.

PROBLEM WORDS

Think

(a) When *think = believe* or *have an opinion*

Pensé
Creí } que iba a llover.   *I thought that it was going to rain.*

¿Piensas
¿Crees } que Patricia vendrá?   *Do you think that Patricia will come?*

Spanish expresses *think = have an opinion* by either **pensar** or **creer.** If the emphasis is on thoughts or ideas, Spanish prefers **pensar.** If the emphasis is on having an opinion or believing, Spanish would tend to use **creer** where English might use *think.*

(b) When *think* indicates a mental process

Miguel **piensa** mucho.   *Michael **thinks** a great deal.*

Estela **piensa** con claridad.   *Estella **thinks** clearly.*

When *think* indicates solely a mental process, a form of **pensar** must be used.

(c) How to say *think of someone* or *something*

¿En qué **estás pensando?**   *What **are you thinking of (about)?***

Pensamos en lo que hemos visto.   *We **are thinking of (about)** what we saw.*

Usually *think of* = **pensar en.**

(d) When *think of = consider doing*

Martín **piensa comprar** un nuevo coche.

*Martin **is thinking of buying** a new car.*

When *think of = consider doing*, Spanish uses **pensar +** INFINITIVE.

(e) How to say *what do you think of . . .?*

¿Qué le parece eso?

What do you think of that?

¿Qué le pareció esa película a tu tía?

What did your aunt think of that film?

What do you think of . . .? is expressed in Spanish by:

$$\text{¿Qué} \left\{ \begin{array}{l} \textbf{le} \\ \textbf{te} \end{array} \right. \textbf{parece(n) ...?}$$

What does Mrs. Campos think of . . .? is expressed in Spanish by **¿Qué le pare-ce(n)...a la señora Campos?**
When there is a noun indirect object, it must be anticipated by the corresponding third person indirect object pronoun.

Possible but much less frequent are $\text{¿Qué} \left\{ \begin{array}{l} \textbf{piensas} \\ \textbf{crees} \end{array} \right.$ de ese asunto?

NOTE   The expression **¿Qué le parece(n)... ?** also often means *How do you like . . .?* Ex: <u>**¿Qué le parece**</u> el desfile? (*How do you like the parade?*)

Time

(a) When *time = **tiempo***

No tengo **tiempo** para leer el periódico.

*I don't have **time** to read the newspaper.*

¿Cuánto **tiempo** pasó usted en Marruecos?

*How much **time** did you spend in Morocco?*

The general word for *time* is **tiempo.**

NOTE   In certain contexts, **tiempo** means *weather*. Ex: Hace buen **tiempo** hoy. (The *weather* is good today.)

(b) When *time* = **vez**

Cada **vez** que vengo aquí, lo veo.	*Every **time** I come here, I see him.*
Esta **vez** no puedo acompañarte.	*This **time** I can't go with you.*
¿Cuántas **veces** se casó Enrique?	*How many **times** was Henry married?*

The word **vez** is somewhat synonymous with *occasion*. It is used with numerals and other words which express quantity.
Note the following expressions with **vez:**

a la vez   *at the same time*
a veces   *at times, sometimes*
aquella vez   *that time*
de una vez   *at once, at one time*
de vez en cuando   *from time to time*

en vez de   *instead of*
muchas veces   *often, many times*
otra vez   *another time, again, once more*
pocas veces   *rarely*
tal vez   *perhaps, maybe*

(c) When *time* = **hora**

¿Qué **hora** es?	*What **time** is it?*
Es **hora** de comer.	*It's **time** to eat.*
¡Ya era **hora**!	*It was about **time**!*

The word **hora** is used to ask what time it is and to indicate the time of a given function.

(d) When *time* = **momento**

En este momento estoy muy ocupado.	*At this **time** I am very busy.*

The word **momento** indicates a *point in time*, a *moment*.

(e) When *time* = **época**

La revolución ocurrió en **la época**   *The revolution took place at **the***
de los reyes.   ***time** of the kings.*

The word **época** indicates a longer period of time than does **momento** and refers to a time which is farther removed from the present, usually a past time. In more informal language, **tiempo** is often used instead of **época** to denote this concept.

(f) How to say *have a* $\left\{ \begin{array}{l} good \\ bad \end{array} \right.$ *time*

Lo pasamos muy bien $\left.\begin{array}{l} \\ \end{array}\right\}$ en San Miguel de Allende.
Nos divertimos mucho

We had a good time in San Miguel de Allende.

Lo pasé mal en la reunión.   *I had a bad time at the meeting.*

Spanish has no word-for-word translation of the English expressions *have a good time* and *have a bad time*. The verb **divertirse** and the expression **divertirse mucho** are often used to express the idea of having a good time, but the general translation for *having a good* or *bad time* is **pasarlo bien** and **pasarlo mal.**

A. *Sustituya las palabras inglesas entre paréntesis por sus equivalentes en español.*

1. Francisca (*thought*) que sabía todo.   2. (*At that time*) todos iban a la iglesia los domingos.   3. Tus amigos (*had a good time*) en la fiesta.   4. Su hermano habla sin (*thinking*).   5. (*From time to time*) doy una vuelta en coche con Cristina. 6. (*tù*) (*Are you thinking of*) el pasado?   7. No tenemos perros (*at this time*). 8. (*I am thinking of*) comprar una bicicleta.   9. No tengo (*time*) para ir al cine. 10. (*What do you think of*) este libro de historia?   11. (*Next time*) quédate en casa. 12. (*I don't think*) que eres un genio.

B. *Traduzca al español las siguientes oraciones teniendo especial cuidado con las palabras en itálica.*

1. (*tú*) In order to be a lawyer, you have to be able to *think* fast.   2. I *think* that man is crazy.   3. Benjamin *had a bad time* in the hospital.   4. When I am in Europe, I always *think* of my poor dog.   5. *At that time* there weren't any computers. 6. (*tú*) If I had had *time,* I would have called you.   7. The Bosnians *had a bad time* during the war.   8. Those children are having a very good time playing with

sand.   9. Professor Vázquez *is thinking of* writing another book about the modern poets.   10. *(usted)* How many *times* have you gone to South America?   11. What does the principal of the school *think of* the new course on sex education?   12. It is *time* to leave.

PRÁCTICA DE CONJUGACIÓN

Practique la conjugación de los verbos *valer, venir* y *ver*, conjugados en las páginas 466–467.

C H A P T E R **17**

Infinitives and the Present Participle

La aventura de los molinos

La obra más famosa de la literatura española es el Quijote *y su episodio más conocido es el de los molinos de viento. En este episodio, el enloquecido e idealista caballero Don Quijote toma unos molinos de viento por gigantes. Su escudero, el sencillo y rústico Sancho Panza,* **trata de hacerlo razonar** *y* **comprender** *la realidad, pero no* **logra convencerlo.**

5

En esto descubrieron treinta o cuarenta molinos de viento[1] que hay en aquel campo; y así como[2] don Quijote los vio, dijo a su escudero:

—La ventura[3] va **guiando**[4] nuestras cosas mejor de lo que **acertáramos** a **desear**[5]; porque ves allí amigo Sancho Panza, donde se descubren treinta o poco

10 más desaforados[6] gigantes[7], con quien **pienso hacer** batalla y **quitarles** a todos las vidas, con cuyos despojos[8] **comenzaremos a enriquecer**[9]; que ésta es buena guerra, y es gran servicio de Dios **quitar** tan mala simiente[10] de sobre la faz[11] de la tierra.

—¿Qué gigantes? —dijo Sancho Panza.

15 —Aquellos que allí ves —respondió su amo— de los brazos largos, que los **suelen tener**[12] algunos de casi dos leguas[13].

—Mire vuestra[14] merced —respondió Sancho— que aquellos que allí se pare-
cen, no son gigantes, sino molinos de viento, y lo que en ellos parecen brazos
son las aspas[15] que, volteadas[16] del viento, **hacen andar** la piedra del molino.

20   —Bien parece —respondió don Quijote— que no estás cursado[17] en esto de
las aventuras; ellos son gigantes, y si tienes miedo, quítate de ahí y ponte en
oración[18] en el espacio que yo **voy a entrar** con ellos en fiera[19] y desigual[20] ba-
talla.

    Y diciendo esto, dio de espuelas[21] a su caballo Rocinante, **sin atender**[22] a las
25   voces que su escudero Sancho le daba, **advirtiéndole**[23] que sin duda alguna eran
molinos de viento, y no gigantes, aquellos que **iba a acometer**[24]. Pero él iba tan
puesto[25] en que eran gigantes, que ni oía las voces de su escudero Sancho, ni
echaba de ver[26], aunque estaba ya bien cerca, lo que eran; antes[27] **iba diciendo**
en voces altas:
30   —Non fuyades[28], cobardes[29] y viles criaturas[30]; que un solo caballero es el
que os acomete.

Miguel de Cervantes
(fragmento de *Don Quijote*)

---

[1]*windmills*   [2]**así como** = *as soon as*   [3]*luck*   [4]*is guiding*   [5]**acertáramos a desear** = *we might
have hoped*   [6]*reckless*   [7]*giants*   [8]*booty*   [9]*become rich*   [10]*seed*   [11]*face*   [12]**suelen tener** =
usually have   [13]*leagues*   (about three miles)   [14]*your grace*   [15]*wings*   [16]*propelled*
[17]*versed, informed*   [18]**ponte en oración** = *begin to pray*   [19]*fierce*   [20]*uneven, unequal*   [21]**dio
de espuelas** = *spurred*   [22]**sin atender** = *disregarding*   [23]*warning him*   [24]*attack*   [25]**tan
puesto** = *so convinced*   [26]**ni echaba de ver** = *nor was he able to see*   [27]*but*   [28]**non fuyades** =
don't run away (archaic)   [29]*cowards*   [30]*vile creatures*

Miguel de Cervantes y Saavedra (1547–1616) fue el gran maestro de las letras
hispanas. Su obra *El ingenioso hidalgo don Quijote de la Mancha* está conside-
rada como la primera novela moderna. Tuvo una vida tan agitada e interesante
como la vida de muchos de los personajes que describió magistralmente. Tan im-
portante como su *Quijote* son otras obras como *Persiles y Segismundo, La Gala-
tea* y sus inmortales *Novelas ejemplares*.

COMPRENSIÓN

1. ¿Con quién está don Quijote?   2. ¿Cuántos molinos de viento vieron los dos
personajes de este episodio?   3. ¿Con qué confunde don Quijote los molinos?
4. ¿Qué quiere hacer don Quijote?   5. ¿Qué trata de hacer Sancho Panza?
6. ¿Qué hace finalmente don Quijote?

I. ADJECTIVE + INFINITIVE

1. How does Spanish express the English *It is* + ADJECTIVE + INFINITIVE, as, for instance, in a sentence such as *It is necessary to eat*?

Es imposible <u>salir</u> ahora.	*It is impossible <u>to leave</u> now.*
Era importante <u>firmar</u> el contrato.	*It was important <u>to sign</u> the contract.*

To express the English *It is* + ADJECTIVE + INFINITIVE, Spanish uses

Es + ADJECTIVE + INFINITIVE

NOTE   In such constructions, the infinitive is really the subject of the sentence. Es preciso comer. = **Comer** es preciso.

2. Except for the above construction, what preposition usually links an adjective to an infinitive after a form of the verb <u>ser</u>?

El árabe **es difícil <u>de</u> hablar.**	*Arabic is **difficult <u>to</u> speak.***
Esta explicación **es imposible <u>de</u> comprender.**	*This explanation is **impossible <u>to</u> understand.***
Natalia no sabe nadar. No **es fácil <u>de</u> explicar.**	*Natalie doesn't know how to swim. It isn't **easy <u>to</u> explain.***

In most cases, **de** links the adjective to the infinitive. The pattern is

SUBJECT + **es** + ADJECTIVE + **de** + INFINITIVE

NOTE In all the examples in §2, the word or idea to which the adjective refers—**árabe, esta explicación, Natalia no sabe nadar**—has already been mentioned. It is either the subject of the verb **ser,** or this subject is understood from the previous sentence.

A. *Usted está de viaje otra vez y lleva un diario de sus andanzas[1] y aventuras. Traduzca al español las líneas siguientes del diario.*

1. In summer it is impossible to get a reservation in a beach motel[2], so[3] we decided to camp[4]. 2. The islands near the coast are interesting to visit. 3. Such a trip is not easy to make by boat. 4. However, it is pleasant to go to the beach. 5. I didn't write to my friends because their addresses were too complicated to remember. 6. It is hard to return to reality when one spends two weeks on the coast. 7. The fish we caught this morning were very good to eat. 8. Tony says he caught a twenty-five-pound codfish[5]. That is hard to imagine.

---

[1]*wanderings* [2]*beach motel* = **motel de la playa** [3]**así que** [4]**acampar** [5]**un bacalao de veinticinco libras**

II. VERB + INFINITIVE

3. What words does Spanish use to join a verb to a following infinitive?

Espero llegar mañana.	*I hope **to arrive** tomorrow.*
Aprendemos a hablar español.	*We are learning **to speak** Spanish.*
El prisionero **trató de escaparse.**	*The prisoner **tried to escape.***
Catalina siempre **tarda en telefonear.**	*Catherine always **puts off** telephoning.*

Some verbs are followed directly by an infinitive, some require **a** before an infinitive, some take **de,** a few take **en, con,** or **por.** There is no rule for determining what preposition connects a verb to an infinitive. The proper construction must be learned with each verb. Some verbs, such as **empezar** and **acabar,** take two different prepositions, depending on their meaning.

4. Which verbs require no preposition before an infinitive?

The most common verbs requiring no preposition before an infinitive are:

aconsejar *advise to*

acordar *agree to*

confesar *confess to*

conseguir *succeed in*

convenir *be suitable to*

deber *ought to*

decidir *decide to*

dejar *let, allow to*

desear *desire to*

esperar *hope to, expect to*

hacer *make, have*

impedir *prevent from*

intentar *attempt to*

lograr *succeed in*

mandar *order to*

merecer *deserve to*

necesitar *need to*

oír *hear*

olvidar *forget to*

parecer *seem to*

pedir *ask to*

pensar *intend to, plan to, think of*

permitir *allow to*

poder *can, be able to*

preferir *prefer to*

procurar *try to*

prohibir *forbid to*

prometer *promise to*

proponer *propose to*

querer *wish to, want to*

recordar *remember to*

rehusar *refuse to*

resolver *resolve to*

saber *know how to*

soler *be accustomed to*

temer *be afraid to*

ver *see*

5. Which verbs require a before an infinitive?

Verbs of motion, verbs that mean *begin,* and many others are followed by **a** before an infinitive. The most common of these are:

acertar a *happen to, succeed in*

acostumbrarse a *become accustomed to*

acudir a *hasten to, come to*

aguardar a *wait to*

alcanzar a *chance to, succeed in*

aplicarse a *apply oneself to*

aprender a *learn to*

apresurarse a *hurry to*

arriesgarse a *risk*

atreverse a *dare to*

ayudar a *help to*

bajar a *go down to*

comenzar a *begin to*

condenar a *condemn to*

convidar a *invite to*

correr a *run to*

decidirse a *decide to*

dedicarse a *devote oneself to*

detenerse a *stop to*

echarse a *begin to*

empezar a *begin to*

enseñar a *teach to*	**obligar a** *oblige to*
entrar a *enter to*	**oponerse a** *be opposed to*
enviar a *send to*	**persuadir a** *persuade to*
incitar a *incite to*	**ponerse a** *begin to*
inclinarse a *be inclined to*	**prepararse a** *prepare oneself to*
invitar a *invite to*	**principiar a** *begin to*
ir a *go to, be going to*	**resolverse a** *resolve to*
llegar a *chance to, come to,*	**salir a** *go out to*
succeed in	**sentarse a** *sit down to*
mandar a *send away to*	**venir a** *come to*
negarse a *refuse to*	**volver a** *—again*

6. Which verbs require de before an infinitive?

The most common verbs which take **de** before an infinitive are:

abstenerse de *abstain from*	**deber de** *must, probably be*
acabar de *finish, have just*	**dejar de** *stop*
acordarse de *remember to*	**encargarse de** *take it upon*
alegrarse de *be glad to*	*oneself to*
arrepentirse de *be sorry to have,*	**haber de** *be going to, have to*
repent of having	**olvidarse de** *forget to*
cansarse de *get tired of*	**parar de** *stop*
cesar de *stop*	**terminar de** *finish*
cuidar de *take care of*	**tratar de** *try to*
cuidarse de *be careful to*	**tratarse de** *be a question of*

NOTE 1   The expression **acabar de** + INFINITIVE means *to have just* + PAST PARTICIPLE only in the present and imperfect tenses. In other tenses, **acabar** has its basic meaning of *finish*. Ex: **Acabo de comer.** = *I have just eaten.* **Acabé de comer.** = *I finished eating.*

NOTE 2   The reflexive construction is **alegrarse + de +** INFINITIVE, but the nonreflexive construction is **alegrar +** INFINITIVE. Ex: **Me alegro de** hacer algo (here **me alegro** is a reflexive), but **Me alegra** hacer algo (here **alegra** is the third person singular present of **alegrar** governing the direct object **me**).

NOTE 3   Certain idiomatic expressions with **tener +** NOUN are followed by **de** before an infinitive. Among these are:

tener la culpa de *be to blame for*	**tener miedo de** *be afraid to*
tener cuidado de *take care to*	**tener vergüenza de** *be ashamed*
tener deseos de *have a desire to*	*to*
tener ganas de *have a desire to,*	
feel like	

7. Which verbs require <u>en</u> before an infinitive?

The most common verbs which take **en** before an infinitive are:

consentir en *consent to*	**obstinarse en** *persist in*
consistir en *consist of*	**ocuparse en** *busy oneself by*
convenir en *agree to*	**pensar en** *consider, think of*
empeñarse en *insist on*	**persistir en** *persist in*
equivocarse en *be mistaken in*	**quedar en** *agree on*
esforzarse en *make an effort to*	**tardar en** *delay in*
insistir en *insist on*	

8. Which verbs require <u>por</u> before an infinitive?

The most common verbs which take **por** before an infinitive are:

acabar por *end up by*	**luchar por** *struggle to*
empezar por *begin by*	**terminar por** *end up by*

9. Which verbs require <u>con</u> before an infinitive?

The most common verbs which take **con** before an infinitive are:

amenazar con *threaten to*	**contentarse con** *be satisfied with*
conformarse con *be satisfied with*	**entretenerse con** *entertain oneself*
contar con *count on, intend to*	*by*

B. *Complete esta descripción de una visita al museo de arte moderno, añadiendo una preposición cuando sea necesario.*

1. Debimos ——— esperar media hora hasta que abrieron las puertas del museo.
2. La maestra de una escuela que estaba esperando ——— entrar con sus alumnos

amenazó _____ irse si no abrían pronto. 3. El portero tardó _____ abrir y todos terminaron _____ protestar. 4. Daniel se puso _____ mirar la sala de arte mejicano, se obstinó _____ explicarnos todo lo que sabía y se negó _____ callarse. 5. Yo me alegré _____ haber ido y pienso _____ volver _____ visitar el museo. 6. Ofelia se arrepintió _____ venir al museo e insistió _____ regresar sin ver las exhibiciones. 7. Cuando los chicos de la escuela acabaron _____ ver la exhibición, quedaron _____ volver _____ visitarla. 8. Tengo miedo _____ volver al museo con Ofelia porque ella se dedica _____ quejarse y _____ protestar.

C. Llene los espacios en blanco con una preposición cuando sea necesario.

1. Por fin conseguí _____ vender el coche que me incitó _____ comprar mi amigo Claudio. 2. No debes _____ contentarte _____ trabajar cuatro horas solamente. 3. El orador acabó _____ hacer una biografía detallada del desconocido personaje y decidimos _____ irnos porque no podíamos _____ resistir otra hora más de aburrimiento. 4. De pronto comenzaste _____ decir tonterías delante de todos. 5. Ese pobre hombre se conformará _____ tener pan y techo para él y para sus hijos sin pensar _____ ganar mucho. 6. Julio me invitó _____ visitar su nueva casa. 7. ¿Viniste _____ hablar con Margarita o no te acordaste _____ llamarla? 8. Tomás se decidió _____ comprar un coche nuevo.

D. ¿Tiene usted algún problema legal? Aquí aprenderá expresiones de utilidad. Tradúzcalas al español, teniendo cuidado de usar preposiciones antes de los infinitivos cuando sea necesario.

1. (*Ud.*) You won't prevent us from calling a lawyer, will you? 2. I don't know how to defend myself very well, so[1] I am going to consent to hiring[2] a lawyer. 3. Mrs. Romero promised me to serve as a witness[3]. 4. Richard helped me to find witnesses. 5. But we have not yet begun to contact them. 6. (*tú*) When will you learn to keep still and say nothing? 7. (*tú*) Stop making silly remarks[4]. 8. (*Ud.*) Don't insist on seeing the other party's lawyer[5].

---

[1]**así que**   [2]Use a form of **contratar**.   [3]*serve as a witness* = **servir de testigo**   [4]*make silly remarks* = **decir tonterías**   [5]*the other party's lawyer* = **el abogado de la otra parte**

10. The verbs <u>ver</u> (*see*) and <u>oír</u> (*hear*) are verbs of perception. With <u>ver</u> and <u>oír</u>, what word order does Spanish use to express sentences such as *I heard the child cry* and *You saw Alice leave*?

Oí llorar al niño.   *I heard the child cry (crying).*

Usted vio salir a Alicia.	*You saw Alice leave (leaving).*
Veremos llegar el tren.	*We'll see the train arrive (arriving).*

The verbs of perception **ver** and **oír** follow this pattern when the sentence has a noun object:

```
┌─────────────────────────────────────────────────┐
│  Form of                              NOUN       │
│             + INFINITIVE +                       │
│  ver or oír                       DIRECT OBJECT  │
└─────────────────────────────────────────────────┘
```

NOTE   The noun direct object follows the infinitive. If it is a person, it is preceded by the personal **a**. Pronoun direct objects normally precede the forms of **ver** and **oír.** Ex: **Lo** oí llorar. Usted **la** vio salir. **Lo** veremos llegar.

11. In Spanish, which verbs are used with the infinitive to express the idea of having someone do something or of having something done?

Mandé telefonear a Regina.	*I had Regina telephone.*
Hago limpiar el coche.	*I am having the car washed.*
Le **haremos abrir** la puerta a Eugenio.	*We will have Eugene open the door.*

The verbs **hacer** and **mandar** are used with the infinitive to express the idea of having or causing someone to do something or of having or causing something to be done. This is called the causative construction.

NOTE 1   When there is only one object in a causative construction, it is a direct object. When there are two objects, the agent (the person performing the action) is the indirect object. In such cases, an anticipated indirect pronoun object precedes the verb **hacer** or **mandar.** Ex: **Les** mandé pagar las cuentas **a los empleados.**

NOTE 2   A causative construction with two objects is more frequently expressed by a subjunctive clause. Ex: Haremos **que Eugenio abra la puerta.**

E. Traduzca las oraciones siguientes al español.

1. I heard the door open.   2. We saw the girl playing.   3. (*tú*) Did you hear the servant singing?   4. Our neighbors had their house painted.   5. We will have Joe come tomorrow.   6. The teacher had the children work.   7. I had the chauffeur wash my car.

III. PREPOSITION + INFINITIVE

12. In English, prepositions admitting a verbal construction are followed by a present participle. Ex: *on arriving, without seeing, by working.* What verbal construction follows such prepositions in Spanish?

Alfredo salió **sin hablar.**

*Alfred left **without speaking.***

La chica se fue al cine **en lugar de volver** a casa.

*The girl went to the movies **instead of returning** home.*

In Spanish, certain prepositions are normally followed by the infinitive, whereas in English they would be followed by a present participle.

13. How does Spanish express the equivalent of phrases such as before doing something, after doing something, and on doing something?

Cerró las ventanas **antes de salir.**

*He closed the windows **before leaving.***

Fui a mi despacho **después de comer.**

*I went to my office **after eating.***

Al encontrar a su vecino, el señor Casal le preguntó cómo estaba.

***On meeting** his neighbor, Mr. Casal asked him how he was.*

Spanish uses **antes de** + INFINITIVE for *before* + PRESENT PARTICIPLE, **después de** + INFINITIVE for *after* + PRESENT PARTICIPLE, and **al** + INFINITIVE for *on* + PRESENT PARTICIPLE.

F. Escriba el equivalente español de cada expresión inglesa dada entre paréntesis.

1. La muchacha se calló (*on seeing her father*).   2. Gabriel cerró la puerta (*before turning out the light*).   3. (*After reading the news*), Javier empezó a comentarlas con su esposa.   4. (*Instead of consulting the doctor*), voy a tomar esta medicina. 5. No debes hacer eso (*without asking permission*).   6. Ella dijo mi nombre y (*on hearing it*) me puse nervioso.   7. (*After getting up*), desayuné en la terraza. 8. (*Before going to bed*), escuchamos el noticiero de las once.

IV. THE INFINITIVE AS THE SUBJECT OF THE SENTENCE

14. In Spanish, the infinitive may be used as the subject of the sentence. In what two ways does English express the Spanish infinitive so used?

Ver es creer.

$\left\{\begin{array}{l}\textbf{\textit{To see}} \textit{ is } \textbf{\textit{to believe.}} \\ \textbf{\textit{Seeing}} \textit{ is } \textbf{\textit{believing.}}\end{array}\right.$

Trabajar en el centro tiene sus ventajas.

$\left\{\begin{array}{l}\textbf{\textit{To work}} \textit{ downtown has its advantages.} \\ \textbf{\textit{Working}} \textit{ downtown has its advantages.}\end{array}\right.$

When the infinitive is used as the subject of the sentence, it may govern an object or be modified by an adverb or an adverbial phrase, just as may any other verb form. English expresses this use of the infinitive either as an infinitive or as a gerund.

NOTE   When used as the subject of the sentence, the infinitive may be modified by the masculine singular definite article, but this construction is infrequent. Ex: **El viajar** es una forma de aprendizaje. (*Traveling* is a form of learning.)

G. Traduzca al español estos consejos y expresiones de juicio.

1. (*Ud.*) Smoking is bad for your health because it injures[1] your lungs.   2. Drinking coffee is very common in the United States.   3. (*Ud.*) Speaking a foreign language enriches[2] your life.   4. (*tú*) Working helps pass the time and puts money in your

pocket.   5. (*tú*) Knowing how to read and write puts you into the modern world.
6. Listening to good advice doesn't seem to be a waste of time.

---

[1] Use a form of **perjudicar.**   [2] Use a form of **enriquecer.**

V. THE PRESENT PARTICIPLE
15. How is the present participle formed?

Infinitive	Present Participle
hablar	habl**ando**
comer	com**iendo**
vivir	viv**iendo**

The Spanish present participle ends in **-ndo.** Thus, **-ar** verbs have a present participle ending in **-ando, -er** and **-ir** verbs have a present participle ending in **-iendo.**

Infinitive	Preterite	Present Participle	Infinitive	Preterite	Present Participle
decir	dijo	diciendo	seguir	siguió	siguiendo
dormir	durmió	durmiendo	sentir	sintió	sintiendo
herir	hirió	hiriendo	pedir	pidió	pidiendo
hervir	hirvió	hirviendo	vestir	vistió	vistiendo

The **-ir** verbs that are irregular in the third person preterite have irregular present participles.

Infinitive	Present Participle
caer	ca**yendo**
leer	le**yendo**
construir	constru**yendo**

Verbs ending in **-aer, -eer**, and **-uir** have present participles ending in **-yendo.** The present participle of **ser** is **siendo** and of **ir** is **yendo.**

NOTE   The compound present participle is made up of **habiendo** + PAST PARTICIPLE. Ex: **habiendo hablado, habiendo comido, habiendo dicho,** etc. It is a form found in literary language but rare in colloquial Spanish.

16. How is the present participle used?

El empleado, **viendo** que no podía convencer al cliente, llamó al supervisor.	*The clerk, **seeing** that he could not convince the customer, called the supervisor.*
Empecé a subir la montaña, **dejando** a mis amigos al pie.	*I began to climb the mountain, **leaving** my friends below.*
Sara vino **cantando.**	*Sara came **singing.***
Habiendo acabado la carta, salí para echarla en el buzón.	***Having finished** the letter, I went out to mail it.*

In many cases, the use of the Spanish present participle corresponds exactly to its use in English. This is true for both the simple and compound forms.

NOTE 1   The Spanish present participle cannot be a pure adjective, as it can in English. Often Spanish expresses the English adjective in *-ing* by a clause. Ex: the *laughing* children = los niños **que ríen;** the *crying* baby = el bebé **que lloraba;** the *singing* minstrels = los trovadores **que cantaban** (the tense of the **que** clause depends on the context).

NOTE 2   The Spanish present participle cannot be a noun. Instead, Spanish uses the infinitive as the subject where English uses the present participle as a noun. Ex: *Eating* is very pleasant = **Comer** es muy agradable.

NOTE 3   Spanish also has various ways of using the present participle which are expressed in some other way in English, usually by a clause. Although these uses are beyond the scope of active learning for the intermediate student, the following examples will give some idea of their nature:

Caminando por la acera, no te mojarás los zapatos.	*By walking (or) If you walk on the sidewalk, you will not wet your shoes.*

No quiero salir, **estando ellos** en casa.

*I don't want to leave **while they are** at home.*

H. *Escriba los equivalentes en español de las expresiones entre paréntesis, usando el gerundio.*

1. El niño entró en el cuarto (*crying*).   2. El abogado, (*realizing that his client was guilty*), no dijo nada.   3. (*Looking at the picture*), el muchacho empezó a reírse.   4. (*Opening his suitcase*), mi tío sacó su ropa interior.   5. (*Turning on the light*), la policía descubrió al ladrón detrás de la puerta.   6. (*Having seen the effects of the riot*), decidí volver al hotel.

17. With what verbs is the present participle used to show progressive action? How does each of these verbs differ in meaning?

—¿Qué **estás haciendo?**

*"What **are you doing?"***

—**Estoy leyendo** un cuento.

*"**I'm reading** a story."*

The auxiliary **estar** is used with the present participle to form the equivalent of the English progressive (*to be* + ... *-ing*). This commonly used progressive form is discussed more fully on page 226, §11.

Vicente **anda diciendo** tonterías por ahí.

*Vincent **goes around talking** foolishness.*

Samuel y Patricio **anduvieron contando** lo que les pasó ayer.

*Sam and Patrick **went around telling** what happened to them yesterday.*

The auxiliary **andar** is used with the present participle to express the idea of *going around*, of *wandering aimlessly*.

El huracán **iba aumentando** su intensidad a medida que se aproximaba a la isla.

*The hurricane **increased** its intensity as it approached the island.*

Vamos amueblando la sala.

We are gradually furnishing the living room.

The auxiliary **ir** is used with the present participle to indicate an increase in the pace of the action; it has the implication that the action is steadily picking up speed; in English this idea might be expressed by adverbs such as *increasingly* or *gradually*.

Roberto **sigue buscando** trabajo.   *Robert **keeps on looking for** work.*

Siga leyendo.

$\left.\begin{array}{l} Continue \\ Keep on \end{array}\right\}$ *reading.*

The auxiliary **seguir** is used with the present participle to express the idea of *continuing* or of *keeping on* with an action.

I. Traduzca al español las oraciones siguientes, usando las formas apropiadas del progresivo.

1. (*tú*) Who *was preparing* dinner when you arrived?   2. Our neighbors *kept on talking*.   3. (*tú*) You always *go around wasting*[1] time.   4. We *are gradually*[2] getting accustomed to the heat of the tropics.   5. (*Ud.*) What *are you reading?* 6. The children *are gradually*[2] learning more with the new teacher.   7. Mike *continued talking* during the ceremony.   8. Matthew *went around selling* magazines. 9. Our friends *kept on asking* why we don't visit them.

---

[1]Use a form of **perder.**   [2]Express this word by a progressive tense. Do not translate it.

EJERCICIOS DE RECAPITULACIÓN

A. Complete cada oración con la terminación correcta escogida dentro de las tres que se dan entre paréntesis.

1. El torero consintió (a) a volver a la plaza. (b) en torear en Madrid. (c) observar los toros.   2. Ayer me acordé (a) de llamar a Luisita. (b) a decir los datos. (c) pedir el número de su teléfono.   3. Dolores me invitó (a) para ir al museo. (b) de salir este domingo. (c) a bailar ese vals.   4. No te esfuerces (a) en terminar el vestido. (b) de venir. (c) a limpiar el apartamento.   5. Anteayer Alicia y Juan decidieron (a) a venir el viernes. (b) por estar en casa esta noche. (c) casarse el 13 de julio.   6. Carlos quedó con nosotros (a) de volver por la tarde. (b) en venir a buscarnos al aeropuerto. (c) a hablar con el jefe.   7. El señor Cabarga se apresuró (a) de borrar la frase. (b) a abrir la puerta. (c) salir del edificio.   8. Le pregunté a mi hermana si quería (a) a ir a la función de esta noche. (b) enseñarme a coser.

(c) de preparar el menú.   9. Esperamos (a) por llegar pronto. (b) celebrar el cumpleaños de Rita mañana. (c) a limpiar la cocina el viernes.

Traduzca al español las frases de los tres ejercicios siguientes.

B. 1. (*tú*) Think a little more before speaking.   2. Luke is hard to convince.
3. We are gradually[1] painting all the rooms in[2] the house.   4. It is very interesting to spend the summer in Spain.   5. (*tú*) You will get fat[3] eating so much.   6. One can't learn to play the piano without practicing.   7. Every day we used to hear the five o'clock whistle.   8. Irene sat down after dancing with Daniel.   9. That girl always goes around dreaming.

---

[1]Expresses this word by a form of the progressive.   [2]not **en**   [3]*get fat* = **engordar**

C. 1. Those exercises are impossible to do.   2. (*Ud.*) Did you see Paul return?
3. To take a bath every day is an excellent idea.   4. Having fixed the watch, Edmond gave it back to me.   5. (*Uds.*) If you keep on cutting class, you aren't going to learn anything.   6. I am going to read a little instead of having lunch.
7. Swimming is a good exercise.   8. Our neighbor had seen the boys enter the house other times.   9. The shoes are easy to put on[1].

---

[1]*put on* = **poner**

D. 1. Speaking of philosophy, who was Socrates?   2. On arriving at the station, we discovered that the train had left.   3. We have not yet learned to drive.   4. The policeman got tired of being on the corner and left.   5. The father returned home after leaving the children at school.   6. Having discussed the matter with his client, the lawyer telephoned the judge.   7. Emil worked in Lima before going to Buenos Aires.   8. I had the table painted last month.   9. Who heard the milkman arrive?

PROBLEM WORDS

Turn

(a) When *turn* = **dar vueltas a**

Le **di dos vueltas a** la llave y abrí
la puerta.

*I turned the key twice and opened
the door.*

Dale una vuelta a la tortilla.

Turn the omelet.

When *turn* = *rotate* or *turn over,* Spanish uses forms of **dar una vuelta a** and **dar vueltas a.**

(b) How to say *turn the corner, turn to the* $\begin{cases} right \\ left \end{cases}$

Cuando llegues a la calle Carmen,
dobla a la derecha.

*When you get to Carmen Street,
turn to the right.*

When *turn* = *turn a corner,* Spanish uses the verb **doblar.**

(c) How to say *turn* + ADJECTIVE

Josefina **se puso roja** cuando vio a
su novio.

*Josephine turned red when she saw
her fiancé.*

El presidente **se puso pálido**
cuando le hablaron de sus
impuestos.

*The president turned pale when
they spoke to him of his taxes.*

Spanish expresses *turn* + ADJECTIVE by **ponerse** + ADJECTIVE.

NOTE   Often *turn* + ADJECTIVE = *become* + ADJECTIVE. This construction is discussed on pages 17–18.

(d) How to say *turn a certain age*

Ana **llegó a los cincuenta** con muy
buena salud.

*Ana **turned fifty** in very good
health.*

Spanish expresses *turn a certain age* by **llegar a** + ARTICLE + THE GIVEN AGE.

(e) How to say *turn one's stomach*

Esos olores me
$$\begin{cases} \textbf{dan asco.} \\ \textbf{dan náuseas.} \\ \textbf{revuelven el} \\ \quad \textbf{estómago.} \end{cases}$$

*Those smells **turn my stomach.***

Spanish expresses *turn one's stomach* by **revolver el estómago, dar asco,** and
dar náuseas used with an indirect object to indicate the person.

(f) How to say *It is someone's turn to . . .*

A mí me toca bailar con Irene.

It is my turn to dance with Irene.

¿A quién le toca pagar la gasolina?

Whose turn is it to pay for the gas?

A Carlos le tocó cortar la hierba.

*It was Charles' turn to cut the
grass.*

Spanish expresses *It is someone's turn to . . .* by **tocarle a alguien** + INFINITIVE.
The indirect noun object must be reinforced by the third person indirect object
pronoun. Pronoun objects are also usually reinforced by **a** + PREPOSITIONAL FORM
OF THE PRONOUN.

(g) Various special expressions with *turn*

(1) *turn* = **cambiar de dirección**

El viento **cambió de dirección** al
atardecer.

*The wind **turned** at sunset.*

(2) *turn against* = **volverse contra**

Todos **se volvieron contra** el jefe.

*Everyone **turned against** the boss.*

(3) *turn around* = **doblar, volverse, volver la espalda**

Es mejor **doblar** aquí y regresar a casa.

*It is better **to turn around** here and return home.*

Al ver a sus enemigos, Pablo $\left\{ \begin{array}{l} \textbf{se volvió} \\ \textbf{volvió la espalda} \end{array} \right.$ y desapareció.

*On seeing his enemies, Paul **turned around** and disappeared.*

(4) *turn back* = **rechazar, regresar, devolver**

La patrulla **rechazó** a los atacantes.

*The patrol **turned back** the attackers.*

Después de llegar a la cumbre de la montaña, **regresamos.**

*After arriving at the top of the mountain, **we turned back.***

(5) *turn down* = **rechazar**

Yo **rechacé** la oferta.

*I **turned down** the offer.*

(6) *turn in* = **devolver**

Devolví los billetes no usados.

*I **turned in** the unused tickets.*

(7) *turn loose* = **soltar**

No **sueltes** al perro.

*Don't **turn** the dog **loose.***

(8) *turn off* = **apagar**

Por favor, **apaga** la luz.

*Please **turn off** the light.*

(9) *turn on* = **abrir, encender**

Abre el gas.

Turn on the gas.

¿Quién **encendió** el televisor?

*Who **turned on** the television?*

(10) *turn out* = **hacer, salir (bien), llegar a ser, hacerse, venir a**

Pepe **está haciendo** mucho trabajo.	*Joe **is turning out** a lot of work.*
El negocio **salió** bien.	*The deal **turned out** all right.*
Luis **llegó a ser/se hizo** un excelente arquitecto.	*Louis **turned out to be** an excellent architect.*
Todos los estudiantes **vinieron al** concierto.	*All the students **turned out for the** concert.*

(11) *turn one's steps toward* = **dirigir los pasos hacia**

Antonia **dirigió sus pasos hacia** la casa.	*Antonia **turned her steps toward** the house.*

Very

(a) How to say *very much*

Me gusta **mucho** este reloj.	*I like this watch **very much**.*
Miguel escribe **muchísimo**.	*Michael writes **very much**.*

Nos gusta **muchísimo** este lugar.	*We like this place* { *very much.* / *very, very much.* }

In Spanish, *very much* is normally expressed by **mucho.** To give special emphasis to *very much* or to say *very, very much*, **muchísimo** is used.

WRONG "muy mucho."

(b) How to say *very* + NOUN

En ese **mismo** momento salió el Papa al balcón.	*At that **very** moment, the pope appeared on the balcony.*
El terremoto ocurrió el **mismo** día que nací.	*The earthquake occurred the **very** day I was born.*

Normally, *very* modifies only a noun of time and no other nouns, and in such cases it is expressed by the adjective **mismo** in Spanish.

A. Sustituya las palabras inglesas entre paréntesis por sus equivalentes en español.

1. El viajante (*turned around*) y miró a los hombres que lo seguían.   2. La pobre mujer sufrió (*very much*).   3. ¿Quién (*turned off*) la luz?   4. El pintor vino (*that very week*). 5. ¿Cuántas personas (*turned out for the*) encuentro de boxeo? 6. (*That very day*) el hombre desapareció.   7. (*tú*) (*Turn off*) el motor.   8. (*It is my turn for*) lavar los platos.   9. El año pasado mi padre (*turned sixty*).   10. (*Ud.*) No (*turn*) las patatas todavía.

B. Traduzca al español las siguientes oraciones. Tenga especial cuidado con las palabras en itálica.

1. (*Ud.*) *Turn* the eggs in the frying pan.   2. When Mary saw her sister Claudia with Tim, she *turned* green with envy.   3. I like this girl *very, very* much.   4. Tom is in the concert, but not playing. He is only *turning* the pages for the pianist. 5. When I was going to talk to Gloria, at that *very* moment, Joe began to laugh. 6. (*tú*) Walk to the corner of High and 15th, *turn* left and walk one more block. 7. The professor *turned* back my paper marked with praise.   8. My cousin is *turning out* all right in his classes.   9. Felipe is *very* sick but does not want to see a doctor.   10. (*Ud.*) Do not *turn loose* your bad temper[1].

---

[1]**mal genio**

PRÁCTICA DE CONJUGACIÓN

Practique la conjugación de los verbos *cruzar* y *llegar*, conjugados en las páginas 470–471.

C H A P T E R **18**

Prepositions

En la policía

No siempre había sido Barraba el comisario de Pago Chico; necesitóse[1] de graves acontecimientos políticos para que tan alta personalidad política fuera **a** poner **en** vereda[2] a los revoltosos pagochiquenses[3].

Antes de él, es decir, antes de que se fundara «La Pampa» y se formara el
5   comité **de** oposición, cualquier funcionario era bueno para aquel pueblo tranquilo **entre** los pueblos tranquilos.

El antecesor de Barraba fue un tal Benito Páez[4], gran truquista[5], no poco aficionado al porrón[6] y **por** lo demás excelente individuo, **salvo** la inveterada costumbre de no tener gendarmes[7] sino en número reducidísimo—aunque las plani-
10   llas[8] dijeran lo contrario—, **para** crearse honestamente un sobresueldo[9] **con** las mesadas vacantes.[10]

—¡El comisario Páez— decía Silvestre —se come diez **o** doce vigilantes **al** mes!

La tenida **de** truco[11] en el Club Progreso, las carreras **en** la pulpería[12] de La
15   Polvadera, las riñas **de** gallos[13] dominicales, y otros quehaceres no menos perentorios[14], obligaban **a** don Benito Páez **a** frecuentes, **a** casi reglamentarias ausencias **de** la comisaría. Y está probado que nunca hubo tanto orden ni tanta paz **en** Pago Chico. Todo fue ir un comisario activo[15] **con** una docena de vigilantes más, **para**

que comenzaran los escándalos **y** las prisiones, y para que la gente anduviera con
20   el Jesús en la boca[16], pues **hasta** los rateros pululaban. Saquen otros las conse-
cuencias filosóficas[17] **de** este hecho experimental. Nosotros vamos **al** cuento aun-
que quizá algún lector lo haya oído ya, pues se hizo famoso **en** aquel tiempo, **y**
los viejos **del** pago lo repiten **a** menudo.

      Sucedió, pues, que un nuevo jefe de policía, tan entremetido como mal ins-
25   pirado, resolvió conocer el manejo y situación **de** los subalternos rurales y **sin** de-
cir ¡agua va[18]! destacó inspectores que fueran **a** escudriñar cuanto pasaba **en** las
comisarías. Como sus colegas, don Benito ignoró **hasta** el último momento la sor-
presa que se le preparaba y ni dejó su truco, sus carreras **y** sus riñas, ni se ocupó
de reforzar el personal **con** gendarmes **de** ocasión.
30   Cierta noche lluviosa y fría, **en** que Pago Chico dormía **entre** la sombra **y** el
barro, **sin** otra luz que la de las ventanas del Club Progreso, dos hombres **a** ca-
ballo, envueltos **en** sendos ponchos[19], **con** el ala **del** chambergo[20] **sobre** los ojos,
entraron **al** tranquito[21] **al** pueblo, y se dirigieron **a** la plaza principal, calados **por**
la lluvia **y** recibiendo las salpicaduras[22] **de** los charcos. Sabido es[23] que la Munici-
35   palidad corría pareja **con** la policía[24], y que aquellas calles eran modelo **de** intran-
sitabilidad.

      Las dos sombras mudas siguieron avanzando sin embargo, como dos persona-
jes de novela cabelleresca, y llegaron **a** la puerta **de** la comisaría, herméticamente
cerrada. Una **de** ellas, la que montaba el mejor caballo—**y en** quien el lector pers-
40   picaz habrá reconocido **al** inspector de marras[25], como habrá reconocido **en** la
otra **a** su asistente—, trepó **a** la acera **sin** desmontar, dio tres fuertes golpes **en** el
tablero **de** la puerta **con** el cabo **del** rebenque...[26]

      Y esperó.

      Esperó un minuto, impacientado **por** la lluvia que arreciaba, **y** refunfu-
45   ñando[27] un terno volvió **a** golpear **con** mayor violencia.

      Igual silencio. Nadie se asomaba, ni en el interior de la comisaría se notaba
movimiento alguno.

      Repitió el inspector una, dos y tres veces el llamado, condimentándolo cada
uno **de** ellos **con** mayor proporción **de** ajos **y** cebollas[28] **y** por fin allá a las cansa-
50   das[29] entreabrióse la puerta, vióse **por** la rendija la llama vacilante **de** una vela de
sebo, y **a** su luz un ente andrajoso **y** soñoliento[30], que miraba **al** importuno **con**
ojos **entre** asombrados **y** dormidos, mientras abrigaba la vela **en** el hueco **de** la
mano[31].

      —¿Está el comisario?— preguntó el inspector bronco **y** amenazante.
55   El otro, humilde, tartamudeando, contestó:

      —No, señor.

      —¿Y el oficial?

      —Tampoco, señor.

      El inspector, furioso, se acomodó mejor **en** la montura, echóse un poco **para**
60   atrás, **y** ordenó, perentoriamente:

—¡Llame al cabo de cuarto!³²

—¡No... no... no hay, señor!

—De modo que no hay nadie aquí, ¿no?

—Sí se... señor... Yo.

65   —¿Y usted es agente?

—No, señor... yo... yo soy preso.

Una carcajada **del** inspector acabó de asustar **al** pobre hombre, que temblaba **de** pies **a** cabeza.

—¿Y no hay ningún gendarme **en** la comisaría?

70   —Sí, se... señor... Está Petronilo... que lo tra... lo traí³³ **de** la esquina bo... borracho, si se... señor!... Está durmiendo **en** la cuadra.³⁴

Una hora después don Benito se esforzaba en vano **por** dar explicaciones **de** su conducta **al** inspector, que no las aceptaba **de** ninguna manera. Pero afirman las malas lenguas, que cuando no se limitó **a** dar simples explicaciones, todo

75   quedó arreglado satisfactoriamente; y lo probaría el hecho **de** que su sistema no sufrió modificación, **y de** que el preso portero y protector **de** agentes descarriados siguió largos meses desempeñando sus funciones caritativas y gratuitas.

Roberto J. Payró
De *Pago Chico*, 1908

---

¹During the 18th and 19th centuries and the first thirty years of the 20th, the verb construction made of preterite + object pronouns, such as *necesitóse, díjomelo, diéronselos,* etc. instead of our contemporary forms *se necesitó, me lo dijo, se los dieron,* etc. was very common. ²to discipline, to put in order   ³native or resident of Pago Chico, a fictitious town or hamlet; *pago,* rural estate   ⁴that fellow Benito   ⁵an expert in playing truco, a card game   ⁶he who likes to drink alcoholic beverages; *porrón,* receptacle used to drink wine   ⁷police officer ⁸the official books or records   ⁹extra income   ¹⁰vacant positions and/or salaries   ¹¹game of (cards) truco   ¹²horse races in the area of the general store   ¹³cock fights   ¹⁴and other not less pressing duties   ¹⁵all it was needed was an active (over-jealous) commisioner   ¹⁶so that the people were permanently scared   ¹⁷let others extract the philosophical consequences ¹⁸without warning (as when people dispose of water by throwing it to the street, through an open window)   ¹⁹both wrapped in ponchos   ²⁰the brim of their hats   ²¹making the horse take short steps   ²²splashes   ²³it was known   ²⁴had similar policies   ²⁵the inspector mentioned above   ²⁶with the tail of the whip   ²⁷swearing   ²⁸using obscene words   ²⁹when they were geting tired of waiting   ³⁰a sleepy and badly dressed guy   ³¹protecting the candle with his hand   ³²corporal   ³³*lo traje* (I brought him)   ³⁴stable

---

Roberto J. Payró (1867–1928) nació en la Argentina. Escribió novelas y cuentos costumbristas entre los que se destacan los coleccionados bajo el título de *Pago Chico* de donde procede "En la policía".

COMPRENSIÓN

La trama de este gracioso cuento es muy sencilla. Las siguientes oraciones narran el cuento en su forma más sencilla. Ponga en orden las oraciones de manera que den la trama del cuento.

1. _____ En efecto, al llegar al pueblo, una noche de lluvia, comprobó que no había autoridad alguna en la oficina del jefe.
2. _____ Un día el inspector de policía vino al pueblo sin anunciarse para sorprender al corrupto funcionario faltando a sus deberes.
3. _____ Se pasaba las horas en carreras de caballos, peleas de gallos, juegos de cartas y otras cosas por el estilo.
4. _____ El inspector comprendió finalmente que el jefe de policía tenía un sistema irresponsable y corrompido.
5. _____ La cárcel estaba al cuidado de un preso porque el único funcionario estaba borracho.
6. _____ Pero, a pesar de ello, en el pueblo no había crímenes ni criminales.
7. _____ En el pueblo de Pago Chico había un jefe de policía que descuidaba sus obligaciones.

I. THE LINKING FUNCTION OF THE PREPOSITIONS

1. What is the main function of the preposition?

Mi tía Sara vive **en una casa de madera cerca del pueblo.**

*My aunt Sara lives **in a wooden house near the town.***

Hilda camina **hasta la escuela** todos los días.

*Hilda walks **to school** every day.*

The main function of the preposition is to link an *initial* element (a verb, or a noun, or an adjective) with a *terminal* element also called *object of the preposition* (another noun, or a pronoun, or an adverb, or a noun clause, or an adjective clause).

Initial	Preposition	Object of the Preposition
Luisa trabaja	**para**	**su padre.** *noun*
Luisa trabaja	**sin**	**nosotros.** *pronoun*
Luisa trabaja	**por**	**pasar** el tiempo. *infinitive*
Luisa trabaja	**desde**	**ayer.** *adverb*
Es hora	**de**	**que te despiertes.** *noun clause*
Ésta es la casa	**por**	**la que pagué mucho.** *adjective clause*
Eres difícil	**de**	**convencer.** *infinitive*

II. SIMPLE PREPOSITIONS

2. What are the simple Spanish prepositions?

a	*to; at; in*	**hacia**	*toward*
ante	*before; in the presence of*	**hasta**	*as far as; to; up to; until*
bajo	*under, below*	**menos**	*except*
con	*with*	**para**	*for; to, in order to*
contra	*against*	**por**	*for; by; to; through; on account of; per*
de	*of; from; by; about (concerning)*	**salvo**	*except*
desde	*from; since*	**según**	*according to*
durante	*during*	**sin**	*without*
en	*in; into; on; upon; at*	**sobre**	*on; upon; over; about (concerning)*
entre	*between; among*	**tras**	*after; behind*
excepto	*except*		

Many of the simple Spanish prepositions correspond in their basic meaning to their English equivalents. Such usages are familiar to students who have studied elementary Spanish and will not be taken up here.

A certain number of the simple prepositions have special idiomatic usages peculiar to Spanish. The most common of these will be pointed out in the following sections.

In these sections, examine each set of examples and make a generalization concerning the use of the underlined preposition.

3. The preposition a.

(a) a + DEFINITE ARTICLE + UNIT OF TIME + siguiente

A la tarde siguiente, el doctor
   Ramos salió para Zaragoza.

The following afternoon, Dr.
   Ramos left for Zaragoza.

José no quiso seguir estudiando al
   año siguiente.

Joe didn't want to continue studying
   the following year.

To express the equivalent of the English *the following* + UNIT OF TIME in a sentence in the past tense and when it is an adverb of time rather than the subject of the sentence, Spanish introduces such a phrase with **a** + DEFINITE ARTICLE + UNIT OF TIME + **siguiente,** whereas English tends to use the DEFINITE ARTICLE + *following* + UNIT OF TIME. Compare:

Subject of Sentence	Adverbial Phrase of Time
La semana siguiente parecía más agitada.	**A la semana siguiente** tuvimos mucho que hacer.
The following week seemed more hectic.	*The following week* we had a lot to do.

Note that this **a** construction is not normally used with the present or future.

(b) a + DEFINITE ARTICLE + PERIOD OF TIME + de + INFINITIVE

A las dos horas de estar en su
   casa, empecé a comprender por
   qué me habían invitado.

After being in their house for two
   hours, I began to understand why
   they had invited me.

Al mes de vivir en el pueblo,
   conocí al doctor Fernández.

After living in the town for a
   month, I met Dr. Fernandez.

To indicate what took place at the end of a period of time, Spanish may use the formula **a** + DEFINITE ARTICLE + PERIOD OF TIME + **de** + INFINITIVE.

(c) al + INFINITIVE

Al ver a su jefe, el señor Urquiza
   se puso pálido.

On seeing his boss, Mr. Urquiza
   turned pale.

The Spanish **al** + INFINITIVE = the English *on* + PRESENT PARTICIPLE.

(d) a la + FEMININE FORM OF ADJECTIVE

La señora Gómez se viste **a la**   *Mrs. Gómez dresses **in the***
  americana.   *American style.*

Rosa cocina **a la española.**   *Rose cooks **in the Spanish style.***

In Spanish **a la** + FEMININE FORM OF ADJECTIVE indicates the manner in which something is done.

(e) llegar a + PLACE

¿Cuándo **llegaste a** Burgos?   *When **did you arrive in** Burgos?*

Pedro **llegará a** Francia mañana.   *Peter **will arrive in** France
                                          tomorrow.*

The English *arrive in* + PLACE is expressed by **llegar a** + PLACE in Spanish.

4. The preposition de.

(a) de = *because of*

Me siento **orgulloso de** mi hija.   *I am **proud of** my daughter.*

La chica nos miró **loca de** alegría. *The girl looked at us **overwhelmed
                                          with (because of)** joy.*

Estoy medio **muerto de** hambre.   *I am half-**dead with (because of)**
                                          hunger.*

The preposition **de** is sometimes used after adjectives in the sense of *because of.*

NOTE   Some adjectives and past participles are normally followed by **de.** Ex: **lleno de** (*filled with*), **cubierto de** (*covered with*). For the use of **de** as agent in the passive voice, see page 374, §5.

(b) de = *as a(n)*

Luisa se vistió **de niña** y todos se   *Louise dressed **as a little girl** and
  rieron.   everyone laughed.*

In the formula VERB + **de** + NOUN, **de** may have the meaning of *as a(n)*, etc. In this case, **de** introduced the name of an assumed role.

(c) de = *of, about, concerning*

El médico habló **de (sobre, acerca de)** la nueva medicina.	*The doctor spoke **about (concerning)** the new medicine.*
Este libro trata **de (sobre)** la ecología de esta región.	*This book deals **with** the ecology of this region.*

Sometimes **de** is the equivalent of *concerning*. It is expressed in English at times by *of, about,* and *concerning,* depending on the sentence. In Spanish, **sobre** and, at times, **acerca de** may be used instead of **de.**

(d) de + NOUN OF MATERIAL

¿Tienes un sombrero <u>de</u> **paja?**	*Do you have a **straw** hat?*
Compré un reloj <u>de</u> **acero.**	*I bought a **steel** watch.*

When English uses a noun of material as a modifying adjective, Spanish uses **de** + NOUN OF MATERIAL, which follows the noun it modifies.

(e) de + INFINITIVE

¿Dónde compró usted esa **máquina** <u>de</u> **afeitar?**	*Where did you buy that **razor?***
Me gustaría tener una nueva **máquina** <u>de</u> **escribir.**	*I would like to have a new **typewriter.***
Siéntate a la **mesa** <u>de</u> **coser.**	*Sit down at the **sewing table.***

The preposition **de** is used to link a noun to an infinitive in order to describe the use of an object.

NOTE   But in the case where a machine or object has only recently come into use or is not well known, the preposition **para** is used. Ex: una **máquina para hacer** ojales (*a buttonhole machine*), una **máquina para pulir** el suelo (*a floor polisher*), una **mesa para escribir** (*a writing table*).

(f) de + PLACE IN OR ON WHICH

Las chicas $\begin{cases} \textbf{de la sala} \\ \textbf{que están en la sala} \end{cases}$ son mis hermanas.

*The girls **in the living room** are my sisters.*

El edificio $\begin{cases} \textbf{de la esquina} \\ \textbf{que está en la esquina} \end{cases}$ pertenece al alcalde.

*The building **on the corner** belongs to the mayor.*

Mis amigos $\begin{cases} \textbf{de la oficina} \\ \textbf{que trabajan en la oficina} \end{cases}$ fuman mucho.

*My friends **in the office** smoke a great deal.*

To express the whereabouts of a person or thing, English often follows that person or thing with a phrase beginning with *in* or *on*. Spanish tends to express the same idea either by a prepositional phrase introduced by **de** or by a relative clause.

WRONG   las chicas "en la sala," el edificio "en la esquina," mis amigos "en la oficina."

(g) de introducing an adjective phrase

¿No te gusta el hombre **del bigote?**   *Don't you like the man **with the mustache?***

La chica **del pelo rojo** no llamó.   *The* $\begin{cases} \textit{\textbf{red-haired}} \; girl \quad didn't \\ girl \; \textit{\textbf{with red hair}} \; call. \end{cases}$

Spanish often uses **de** to introduce a phrase that characterizes a particular person or persons. However, in more general statements **con** can and sometimes *must* be used, especially with plural nouns. Ex: En el norte se ven muchas mujeres **con ojos azules.**

(h) de + DEFINITE ARTICLE + TIME OF DAY

Mario llegó a las siete **de la noche**
   y eran las dos **de la madrugada**
   cuando se fue.

*Mario arrived **at seven o'clock in the evening** and it was **two o'clock in the morning** when he left.*

In expressions such as **de la mañana, de la tarde,** and **de la noche,** the English *in the* is expressed in Spanish by **de** + DEFINITE ARTICLE.

A. *Sustituya las frases en inglés dadas entre paréntesis por un equivalente en español con a o de.*

1. Hablamos (*about our adventures*).   2. El señor Ramírez regresó al Perú (*the following year*).   3. ¿Conocen ustedes a la señora (*with the green dress*)? 4. (*After being in that town for three weeks*), Manuel se aburrió.   5. ¿Cuánto pagó usted por esta (*typewriter*)?   6. Laura se puso loca (*with joy*) al verte.   7. (*Woolen rugs*) son más bonitas que las otras.   8. (*On reading the news of the accident*), mi madre llamó en seguida al hospital.   9. Preferimos el café (*the Mexican way*[1]). 10. El viejo (*on the balcony*) es mi amigo.   11. (*The silver spoons*) están en el cajón de la mesa.   12. (*The next day*) nuestros sobrinos llegaron (*in Spain*). 13. ¿Trabajas (*as a mechanic*) en esa fábrica?   14. El dormitorio está (*filled with*) moscas.   15. ¿Sales a las diez (*in the*) mañana?

---

[1]**estilo**

B. *Usted y sus amigos están hablando de personas que conocen. Traduzca al español los comentarios que hacen. Use las preposiciones de o a cuando sea apropiado. Use el pronombre tú.*

1. Do you know that Anna wears *silk pajamas?*   2. Our friends arrived *at eight o'clock in the evening* and left for Rome *the following morning.*   3. *On arriving in Rome,* they began to look for a hotel.   4. *After walking for three hours,* they felt very tired and returned to the hotel.   5. What is the name of the boy *with the big feet?*   6. The girls *in that classroom* are very intelligent.   7. Does Louise have *a sewing machine?*   8. The new professor pronounces *in the English way.* 9. Did you know that Kathy came *at two in the morning?*   10. You shouldn't act *as judge* in that affair.   11. Alice's desk is always *covered with* paper.   12. Anyhow, don't *speak* evil *about* persons who are absent.

5. The preposition desde.

(a) **desde** = *from*

El actor habló **desde** la escena.   *The actor spoke **from** the stage.*

The preposition **desde** sometimes means *from,* indicating the point at which the subject of the sentence is performing an action.

(b) desde... hasta

Fuimos **desde** Guadalajara **hasta**
    Torreón.

We went from Guadalajara to
    Torreón.

The English *from . . . to* may be expressed by **desde... hasta.** Equally common is **de... a.** Uncommon would be **desde... a** or **de... hasta.**

6. The preposition en.

(a) en = *at*

Te veré **en** la fiesta.

I'll see you at the party.

The English preposition *at* is sometimes expressed by **en** to indicate where an action takes place.

(b) en = *on*

¿Pusiste los libros **en** la mesa?

Did you put the books on the table?

The ordinary way of expressing the English *on* is **en.** However, see **sobre** on page 426.

(c) en + UNIT OF TIME

Roberto llamará **en cualquier
    momento.**

Robert will call at any minute.

En ese instante llegó la policía.

The police arrived at that instant.

The preposition **en** is used with expressions of time such as **momento** and **instante,** where English uses *at.*

7. The preposition hasta.

(a) hasta + EXPRESSIONS OF PLACE AND TIME.

¿Llegaste **hasta** la casa?

Did you go $\left\{ \begin{array}{ll} \textbf{\textit{as far as}} & \textit{the} \\ \textbf{\textit{up to}} & \textit{house?} \end{array} \right.$

Trabajamos **hasta** las nueve.	*We worked **until** nine o'clock.*

The preposition **hasta** is the equivalent of the English *as far as* or *up to* in expressions of place and of *until* in expressions of time.

(b) hasta = *even*

Eso lo puede entender cualquiera, **hasta Jacobo.**	*Anyone can understand that, **even Jacob.***

Sometimes **hasta** means *even* when it expresses an extreme and unexpected limit.

8. The preposition sobre.

(a) sobre = *on*

Roberto, no camines **sobre** la mesa.	*Robert, don't walk **on** the table.*

The preposition **sobre** often means *on*. At times, it is perfectly synonymous with **en,** but at times emphasizes the meaning *on top of* more than does **en.**

(b) sobre = *over*

El avión voló **sobre** las montañas.	*The airplane flew **over** the mountains.*

At times **sobre** means *over*.

9. The preposition tras.

(a) tras = *after*

La gente corrió **tras** el autobús.	*The people ran **after** the bus.*
La policía andaba **tras** el ladrón.	*The police were going **after** the thief.*
Alfonso viene **tras** el dinero de su tía.	*Alphonse is coming **after** his aunt's money.*

The preposition **tras** is often the equivalent of the English *after* when it indicates an attempt to reach something or someone.

(b) tras = *behind*

Los pollitos caminaron **tras** la gallina.

*The chickens walked **behind** the hen.*

The word **tras** is also the equivalent of the English preposition *behind*.

C. *Sustituya las palabras dadas en inglés entre paréntesis por sus equivalentes preposicionales en español.*

1. Fui (*after*) el chico que ocasionó el daño.   2. No me gusta que pongas los platos calientes (*on*) la mesa de cristal.   3. (*At*) la fiesta te presentaré a mi cuñado.   4. Fui (*as far as*) el centro y regresé en diez minutos.   5. (*At*) ese instante el agua estaba corriendo en el baño.   6. (*Even*) los niños se enteraron de lo que pasó en el ayuntamiento ayer.   7. Corrimos (*after*) el tren, pero no pudimos alcanzarlo.   8. Cuando el avión pasó (*over*) el lago, temí que se cayera.   9. Puedes pagarme lo que me debes (*at*) cualquier momento.

D. *Complete estas oraciones seleccionando la preposición apropiada entre las tres que se ofrecen al final.*

1. Ese día viajamos _____ (en-desde-para) Burgos _____ (de-hasta-a) Madrid.   2. Tu abrigo está _____ (sobre-a-de) la cama.   3. _____ (A-En-De) ese momento se apagaron las luces del teatro.   4. Todos lo odiaban, _____ (hacia-hasta-de) su perro.   5. No pongas los pies _____ (de-sobre-en) el sofá.   6. Hay un puente muy moderno _____ (sobre-en-hasta) ese río.   7. Los niños miraron televisión _____ (hacia-hasta-en) las once.   8. Ustedes no podrán ver nada _____ (hacia-hasta-desde) esa ventana.   9. _____ (Desde-Hasta-De) ahora, no ha pasado nada.

III. THE PERSONAL *A*

10. What is the personal <u>a</u>? With what kinds of noun objects is it used?

Ayer vi **<u>a</u> mi primo** en la discoteca.

*Yesterday I saw **my cousin** at the disco.*

El año pasado visité **al señor Prieto**   *Last year I visited **Mr. Prieto** in*
en Ávila.   *Ávila.*

In Spanish, the preposition **a** is used before direct objects referring to definite and specific persons. It is called the personal **a** when used in that way.

NOTE 1   The personal **a** is useful in some sentences, because it indicates which of two nouns is the direct object and thus distinguishes it from the subject. This allows for a greater flexibility in word order. Consider the following examples: ¿Quiere Carlos **a María?** (Does Charles love *Mary?*) ¿Quiere **a Carlos** María? (Does Mary love *Charles?*)

NOTE 2   With pets, but not with other animals, the personal **a** is also used. Ex: Llevé **a mi perro** hasta el parque.

11. With what types of object pronouns is the personal a used?

¿**A quién** regañó el jefe?   ***Whom** did the boss scold?*

No olvides **a nadie.**   *Don't forget **anyone.***

Vi por la ventana **a los** que tiraban   *Through the window I saw **those***
piedras.   *who were throwing stones.*

The personal **a** is also used with various types of interrogative, demonstrative, relative, and indefinite pronouns, such as **¿quién?, ¿cuál?, quien, el cual, el que, alguien, ninguno, cada uno,** and **nadie.**

NOTE   When a personal object pronoun is clarified, as in **Lo** vi **a usted** en el teatro, the personal **a** is used with the prepositional pronoun that clarifies.

12. When the personal direct object is indefinite rather than a specific person, is it preceded by the personal a?

Vimos **tres cazadores** en el bosque.   *We saw **three hunters** in the woods.*

Oí **un ladrón** fuera de la casa.   *I heard **a robber** outside the house.*

When the personal direct object refers to an indefinite rather than to a definite person, the personal **a** is usually, but not always, omitted. This is especially true when the personal object is modified by a numeral or an indefinite article.

The personal **a** is not omitted when it is modified by an indefinite article if this person referred to is well determined. Compare: Busco **un médico.** Busco **un médico** que trabaje en el hospital. (The implication is that such a doctor's existence is as yet questionable.) Busco **a un médico** que trabaja en el hospital. (The implications is that you know the doctor and that he works in the hospital.) Since the verb **tener,** meaning *have,* usually has a direct object which is modified by an indefinite article or a numeral, its personal direct object in such cases is not preceded by the personal **a.** But consider: Tengo **al culpable** delante de mí. In such cases, the personal **a** would be used.

13. When the personal a would occur in close proximity to another a (such as the a that introduces an indirect object, or an a indicating *to* or *toward*), is the personal a omitted?

Presenté **mis sobrinas** a mi suegra.	*I introduced **my nieces** to my mother-in-law.*
Llevé **el chico** al circo.	*I took **the child** to the circus.*

When a sentence has both a personal direct object and a noun indirect object, normally the personal **a** is not used before the direct object. The same is true when an **a** indicating direction is in close approximation to the direct object.

E. Llene los espacios en blanco con la preposición a, cuando sea necesario.

1. No protejas ＿＿ ese ladrón.   2. ¿Engañó Rafael ＿＿ alguien con su cuento? 3. Traeremos ＿＿ su perro ahora mismo.   4. El pobre campesino prometió ＿＿ su hija al hacendado.   5. ¿No vas a saludar ＿＿ Tomás?   6. Cuando Ángel era jefe, tenía ＿＿ cuatro empleados.   7. Ayer conocí ＿＿ tu hermano mayor. 8. El gerente pidió ＿＿ otro dependiente[1].   9. Los chicos imitaban ＿＿ la actriz.   10. Felipe nunca ayuda ＿＿ nadie.   11. Julio tiene ＿＿ tres primas rubias muy bonitas.   12. Ese juez siempre condena ＿＿ alguien.   13. La compañía perdió ＿＿ muchos excelentes obreros.

---

[1]*another clerk*

F. Traduzca al español las oraciones siguientes, poniendo cuidado en el uso de la preposición a.

1. *(tú)* We saw your dentist at the convention.   2. I need a gardener.   3. *(tú)*

Don't recommend that mechanic to anyone.   4. We must call a plumber at once.
5. (*tú*) The veterinarian touched your cat cautiously[1].   6. Now I don't see anybody
in the lawyer's office.   7. Did the prosecutor[2] convince anyone?   8. We got three
musicians for the party.   9. We already have all the employees we need.   10. I
am looking for a policeman.   11. Who saw the electrician?   12. Whom did the
teacher see?

---

[1]**cautelosamente**   [2]**fiscal**

IV. *POR* AND *PARA*

The prepositions **por** and **para** constitute a special problem, since each of them is
sometimes (but not always) the equivalent of the English preposition *for*.

14. The preposition para.

(a) **para** to indicate the place toward which someone is going

Voy **para** Los Ángeles.	*I am going* { *to / toward* } *Los Angeles.*
Salimos **para** la iglesia a las tres.	*We left for church at three.*

Sometimes **para** is used to indicate the place toward which someone is going.
It differs from **a** in such a context in that **a** indicates the exact destination, whereas
para indicates both direction and destination.

(b) **para** to express the time limit of an action

Quiero mi traje **para** las tres mañana.	*I want my suit by three tomorrow.*
Tengo empleo **para** todo el invierno.	*I have work for the whole winter.*
Para las dos de la tarde ya había terminado el trabajo.	*At two in the afternoon I had already finished the work.*

When followed by a time expression, **para** helps to indicate the time limit of an action.

(c) para + INFINITIVE

Abrí la cortina **para** ver quién estaba fuera.	*I opened the curtain (**in order) to** see who was outside.*
Esta sala es buena **para** celebrar reuniones.	*This room is good **for** having meetings.*

Often **para** introduces an infinitive to express purpose.

NOTE   With the verbs **ir** and **venir** and less frequently with certain other verbs of motion, either **para** or **a** may be used before the infinitive to express purpose.

Fuimos allí $\left\{ \begin{array}{l} \textbf{a} \\ \textbf{para} \end{array} \right.$ visitar la catedral.   *We went there (in order) to visit the cathedral.*

Vengo $\left\{ \begin{array}{l} \textbf{a} \\ \textbf{para} \end{array} \right.$ conocer a tus parientes.   *I am coming (in order) to meet your relatives.*

(d) para to express suitability, destination, or use

Yo cocino **para** todos.	*I cook **for** everyone.*
La playa es un buen lugar **para** los turistas.	*The beach is a good place **for** tourists.*
No teníamos bastante dinero **para** la comida.	*We didn't have enough money **for** the meal.*
Tráigame una taza **para** café.	*Bring me a coffee cup (a cup **for** coffee).*

With a noun or pronoun, **para** often expresses suitability, destination, or use.

NOTE   Under certain circumstances, Spanish expresses *for* by an indirect object. For a discussion of this use of the indirect object, see pages 59–63, §15–20.

(e) muy, mucho, bastante, demasiado + NOUN, ADJECTIVE, or ADVERB + **para**

Usted tiene **mucho** trabajo **para** **salir** esta noche.	*You have **a great deal** of work **to be** **going out** this evening.*

Alicia es lo **bastante** inteligente **para comprender** la filosofía.	*Alice is intelligent **enough to** **understand** philosophy.*
Estoy **demasiado** ocupado **para ir** al cine.	*I am **too** busy **to go** to the movies.*
Es **muy** tarde **para tocar** el piano.	*It is **very late to be playing** the piano.*

With words such as **muy, mucho, bastante,** and **demasiado** + NOUN, ADJECTIVE, or ADVERB, **para** is used to introduce a following infinitive.

(f) para = *for (considering)*

Víctor no es muy alto **para** su edad.	*Victor is not very tall **for** his age.*
Su coche no costó mucho **para** lo que es.	*His car didn't cost much, **considering** what it is.*
Para lo mucho que come, Bernardo no está muy grueso.	***Considering** how much he eats, Bernard isn't very fat.*

The preposition **para** may express the English *for* when it means *considering.* The same idea may be conveyed by **considerando** and **tomando en cuenta.**

(g) para = *to, for,* or *in the opinion of*

Todo lo que había ocurrido no significaba nada **para** los parientes.	*Everything that had happened meant nothing **to** the relatives.*
Para usted no es importante.	*For / To* } *you it isn't important.*
Para Eva, Paco es muy guapo.	***In** Eve's **opinion,** Paco is very good-looking.*

In certain cases, **para** may mean *to, for,* or *in the opinion of.*

15. The preposition <u>por</u>.

(a) por to indicate a place where movement is going on

Voy **por** la calle y no **por** la acera.	*I am walking **in** the road and not **on** the sidewalk.*
El gato entró **por** la puerta y salió **por** la ventana.	*The cat came in **through** the door and left **through** the window.*

Carlos y María viajan **por** España.	*Charles and Mary are traveling* { **in** / **through** } *Spain.*

The preposition **por** is used to indicate a place where movement is going on.

WRONG   Carlos y María viajan "en" España.

(b) por to indicate a point where there is a temporary stop

Pasaremos **por** tu casa a las diez.	*We will come **by** your house at ten.*
Fueron **por** el teatro a recoger las entradas.	*They stopped **by** the theater to pick up the tickets.*

The preposition **por** indicates a point where there is a temporary stop.

(c) por with periods of time

Es mejor ir a la playa **por la mañana.**	*It is better to go to the beach **in the morning.***
Por la noche no hay servicio de autobuses.	*There isn't any bus service **at night.***

Periods of time within the twenty-four-hour day—such as **la mañana, la tarde, la noche,** and **el día**—are introduced by **por** when no specific hour is mentioned.

(d) por with certain expressions

Por fin, acabamos el trabajo.	***Finally** we finished the work.*
Por lo general, esos perros no muerden.	***Generally** those dogs don't bite.*

The preposition **por** introduces certain expressions, such as **por fin, por lo general,** and **por ejemplo.**

(e) por to express the duration of an action

Estuvo viajando **por dos meses** y luego regresó.	*He was on the road **for two months** and then he returned.*
Hemos vivido juntos **por mucho tiempo.**	*We have lived together **for a long time.***

Sometimes **por** expresses the duration of an action.

(f) por to express *for* meaning *because of, for the sake of, on behalf of, instead of*

María lo hizo **por mí.**	Mary did it *for (**because of, on behalf of, instead of) me.***
Eduardo habló **por su hermano;** de otra manera, no hubiera abierto la boca.	Edward spoke *for (**because of, on behalf of, instead of) his brother;** otherwise, he would not have opened his mouth.*

Sometimes **por** means *for* when it is the equivalent of *because of, for the sake of, on behalf of,* or *instead of.* In isolated sentences, the exact meaning of **por** might not be clear, but when the sentences are used in context, there is no ambiguity.

(g) por = *by*

Esa novela fue escrita **por** Pereda.	*That novel was written **by** Pereda.*

An agent after the passive voice is usually expressed by **por** and is the equivalent of the English *by.* (See page 373, §4.)

(h) estar por + INFINITIVE

La casa **estaba por** barrer.	*The house **was not yet** swept.*
Estas cartas **están por** escribir.	*These letters **are waiting to be** written.*

The preposition **por** is sometimes used with **estar** to indicate something still to be done. (See page 229, §18.)

(i) por and **a** to indicate inclination for something

Ana tiene gran afición $\left\{ \begin{array}{l} \textbf{por el} \\ \textbf{al} \end{array} \right.$ bridge.

*Anna has a great love **for** bridge.*

An inclination for something is sometimes indicated by **por.**

(j) por to express a motive

Su lucha **por destacarse** es digna de respeto.	*His struggle __to excel__ deserves respect.*
Tengo curiosidad **por saber** lo que hace tu amigo allí.	*I am curious __to know__ what your friend is doing there.*

The formula NOUN + **por** + INFINITIVE may express a motive.

(k) por + means of transportation

¿Viniste **por tren** o **por avión?**	*Did you come __by train__ or __by plane?__*

Means of transportation are often expressed by **por** when the medium is large. For example, one may say **por barco, por autobús,** but **en bicicleta, en burro, en motocicleta,** and **a caballo.** Also possible are **en tren, en avión, en barco, en autobús.**

(l) por = *because of*

Turina es conocido **por** su música.	*Turina is famous __for__ his music.*
Vicente se destacó **por** su habilidad como nadador.	*Vincent distinguished himself __by__ his ability as a swimmer.*
Begoña se quedó en casa **por** falta de dinero.	*Begonia stayed home __for__ lack of money.*

The English *because of* (when giving the reason for) is often expressed by **por.**

(m) por to express price or exchange of one thing for another

No lo haría **por** tan poco dinero.	*I wouldn't do it __for such__ a small sum of money.*
Compré la camisa **por** trescientas pesetas.	*I bought the shirt __for__ three hundred pesetas.*
Agustín cambió su motocicleta **por** un coche.	*August exchanged his motorcycle __for__ a car.*

To express price and an exchange of one thing for another, the preposition **por** is used.

(n) por = *per*

Ese matrimonio va a Florida una vez **por año.**	*That (married) couple goes to Florida once **a year.***
El límite de velocidad es cien kilómetros **por hora.**	*The speed limit is one hundred kilometers **per hour.***
¿Qué **por ciento** de interés pagas?	*What **percent** interest do you pay?*
¿Cuánto gana la criada **por hora?**	*How much does the servant earn **per hour?***

The English *per* is expressed by **por.**

NOTE   With the verb **ganar,** one can say:

$$ganar \begin{cases} \textbf{por mes, por día,} \\ \textbf{al mes, al día,} \end{cases} \begin{cases} \textbf{por semana,} \\ \textbf{a la semana,} \end{cases} and \begin{cases} \textbf{por año.} \\ \textbf{al año.} \end{cases}$$

But only **ganar por hora** is possible.

(o) por to indicate vague position

Por todos lados encontramos edificios bombardeados.	***On every side** we found bombed-out buildings.*
Había mendigos **por todas partes** en aquel país.	*There were beggars **everywhere** in that country.*
—¿Dónde está el centro?	*"Where is the downtown area?"*
—**Por allí.**	***"That way." ("Over there.")***

Vague position is sometimes indicated by **por.**

G. *Llene los espacios en blanco de los dos ejercicios siguientes con <u>por</u> o <u>para</u>. Explique oralmente las razones de la selección en cada caso.*

1. Estuve en España ＿＿＿ dos años.   2. Estos papeles tienen cierta importancia ＿＿＿ mí.   3. Esa música fue compuesta ＿＿＿ un colombiano.   4. Esta herramienta es útil ＿＿＿ arreglar grifos.   5. Tú eres muy joven ＿＿＿ entender eso. 6. El jefe siente gran predilección ＿＿＿ el golf.   7. Yo no vendería ese mueble ＿＿＿ nada.   8. ¿Duerme usted una siesta ＿＿＿ la tarde?   9. Cuando

ocurrió el accidente, íbamos _____ Málaga.   10. ¿Por qué no cambias esa camisa azul _____ un pijama?   11. Vamos a estar ocupados _____ una semana.

H.   1. Este político sabe mucho _____ la poca educación que tiene.   2. Las obras de ese autor indican un gran amor _____ la naturaleza.   3. El invierno próximo viajaremos _____ Guatemala.   4. Tengo curiosidad _____ saber cómo entró este hombre en nuestra casa.   5. —¿_____ qué camino vamos?—_____ ahí.   6. Tus esfuerzos _____ mejorar la pronunciación te traerán buenos resultados.   7. La reunión empezó con un discurso _____ el nuevo presidente.   8. Carlota abandonó la idea de ir a Francia _____ la enfermedad de su hermana.   9. ¿Cuántas horas _____ semana se trabaja en Méjico?

I.   Traduzca estas oraciones al español. Use por o para en la traducción de las palabras inglesas en itálica.

1. (*Ud.*) Please give me a *teacup*.   2. (*tú*) *For* how long do you need my typewriter?
3. Those workers passed *by* the railroad station this morning.   4. (*Ud.*) Did you go to Santiago *by* bus or *by* train?   5. That city is famous *for* its beer.   6. How much does a lawyer earn *per* hour?   7. *From* the window we saw cattle *on* every side.   8. That map is interesting *for* tourists.   9. My brother has too much to do *to* go to the dance tonight.   10. *In general,* it is more comfortable to travel *by* plane than *by* train.

J.   Imagínese que usted vive en un lugar muy atractivo y que, por lo tanto¹, usted tiene muchos «visitantes». Traduzca al español los comentarios que diría durante y después de una «visita». Use por o para en la traducción de las palabras en itálica.

1. I hate² to have to work *for* guests day after day³.   2. *For* instance, I have to buy some meat *for* the noon meal⁴.   3. (*tú*) Do you realize how many hours *per* day I worked during Carmen's visit?   4. Carmen couldn't sleep *nights,* so⁵ she used to watch TV until three in the morning.   5. *Considering* their age, Carmen's children didn't eat much.   6. *Finally,* Carmen and her children left *by* car yesterday *evening.*   7. I wonder if they will return *by* Highway 100⁶?   8. And *by* whom was the *water bottle* left on the bathroom floor⁷?

---

¹*therefore*   ²Use a negative form of **gustar.**   ³*day after day* = **día tras día**   ⁴*noon meal* = **comida** (Sp.)   ⁵**por lo que**   ⁶**la Carretera Cien**   ⁷Spanish says *the floor of the bathroom.*

V. COMPOUND PREPOSITIONS

16. What is the English equivalent of the following Spanish compound prepositions?

a cargo de   *in charge of*
a causa de   *because of*
a falta de   *for lack of*
a favor de   *in favor of*
a fin de   *in order to*
a fines de[1]   *at the end of*
a fuerza de   *by dint of*
a mediados de[1]   *in the middle of*
a partir de   *from . . . on, starting*
a pesar de   *in spite of*
a principios de[1]   *at the beginning of*
a propósito de   *concerning*
acerca de   *concerning*
además de   *in addition to*
al lado de   *beside, alongside of*
alrededor de   *around (place), quantity*
antes de   *before (time)*
cerca de   *near*
con motivo de   *with the purpose of*

conforme a   *according to*
contrario a   *contrary to*
debajo de   *under, underneath*
debido a   *due to*
delante de   *before (place), in front of*
dentro de   *in, inside of, within*
después de   *after (time)*
detrás de   *behind*
en cuanto a   *as for*
en frente de   *in front of*
en lugar de   *instead of*
en vez de   *instead of*
encima de   *over, above, on top of*
frente a   *opposite*
fuera de   *outside of, beyond*
junto a   *next to*
por causa de   *because of*
por razón de   *by reason of*
respecto a   *with respect to*
tocante a   *in regard to*

---

[1]The time expressions **a principios de, a mediados de,** and **a fines de** are used mainly with months. Ex: El nuevo gerente llegará **a principios de** marzo. (The new manager will arrive *at the beginning of* March.) Jorge se marchó **a mediados de** agosto. (George went away *in the middle of* August.)

K. Escriba en español las frases[1] preposicionales que correspondan a las expresiones dadas en inglés entre paréntesis.

1. (*Instead of*) dinero, dale comida a esa gente.   2. (*In addition to*) tu madre, tienes que pensar en tu hermana.   3. Estacioné el coche (*alongside of*) la casa.   4. No compramos la fábrica (*due to*) circunstancias (*beyond*) nuestro control.   5. No me llames (*before*) las nueve y media.   6. (*In regard to*) esas noticias, todo lo que

puedo decir es que me sorprenden.   7. (*Starting*) mañana, podrás ir en autobús hasta esa parte de la ciudad.   8. Nuestros amigos no pudieron llegar a tiempo (*because of*) la lluvia.   9. (*As for*) el perro, está en el sótano.   10. No tomé vacaciones ese verano (*for lack of*) dinero.   11. Hay una escoba (*behind*) la puerta. 12. El contratista terminó la casa (*by dint of*) mucho trabajo.   13. (*Contrary to*) lo que dijiste, todo salió bien.

L. *Traduzca al español las oraciones siguientes expresando las palabras inglesas en itálica con frases preposicionales.*

1. (*tú*) What do you know *about* that affair?   2. We will leave for Argentina *at the end of* the month.   3. That car costs *around* four thousand dollars.   4. There was a fence *around* the garden.   5. The market is *near* our house.   6. The dog is *under* the bed.   7. *In spite of* its many advantages, I will not accept that job. 8. That man lives *outside of* the city.   9. *From six o'clock on,* there is a lot of traffic on that road.   10. Larry's bicycle is *in front of* the garage.   11. The fair started *at the beginning of* August.   12. The doctor will be in the office[1] *within* an hour.

---

[1]not **oficina** and not **despacho**

VI. VERB (+ PREPOSITION) + NOUN[1]

17. How do the VERB + NOUN constructions in Spanish parallel those in English?

Espero el autobús.	*I am waiting for the bus.*
Entramos en tu cuarto.	*We entered your room.*
Tus primas **se rieron de** los chicos.	*Your cousins laughed at the boys.*

While many VERB + NOUN constructions are the same in English and Spanish, some verbs require a preposition before a noun in Spanish but not in English, and others require a preposition before a noun in English but not in Spanish. Still other verbs require one preposition in English, another in Spanish.

---

[1]For VERB (+ PREPOSITION) + INFINITIVE, see chapter 17, pages 397–401, §§3–9.

18. What are some of the most common verbs which require a direct object in Spanish but a preposition before the object in English?

aprobar	*approve of*	¿**Apruebas** su comportamiento?
buscar	*look for*	**Buscamos** un apartamento.
esperar	*wait for*	¿**Esperan** ustedes el avión?
mirar	*look at*	¡**Mire** usted este cuadro!
pedir	*ask for*	¿Por qué no **piden** agua fría?
presidir	*preside over*	El jefe **presidió** la reunión.
solicitar	*apply for*	Al ver el anuncio en el periódico, **solicité** ese empleo.

19. What are some of the most common verbs which require a preposition before the object in Spanish but a direct object in English?

abusar de	*abuse*	Esos padres **abusan de** sus hijos.
acercarse a	*approach*	Nos **acercamos a** la mesa.
acordarse de	*remember*	¿**Te acuerdas de** tu estancia en Puerto Rico?
casarse con	*marry*	Luis **se casó con** la hermana de su jefe.
desconfiar de	*distrust*	**Desconfío de** los políticos que prometen mucho.
disfrutar de	*enjoy*	Hay que **disfrutar de** la vida.
dudar de	*doubt*	No **dudo de** sus buenas intenciones.
encararse con	*face*	El general **se encaró con** las dificultades valientemente.
entrar { en / a	*enter*	{ ¿Quieres **entrar en** la casa? **Entraremos a** la facultad en otoño.
fiarse de	*trust*	No **me fío de** ese hombre porque no me gusta su manera de hablar.
fijarse en	*notice*	¡**Fíjese en** ese chófer!
gozar de	*enjoy*	¿**Gozaste del** discurso del señor Cabarga?
influir en	*influence*	Voy a tratar de **influir en** el diputado.
jugar (a)	*play (a game)*	¿Le gusta **jugar (al)** tenis?
mudarse de	*change; move*	¿Cuándo vas a **mudarte de** piso?

olvidarse de	forget	Me olvidé de la llave del coche.
parecerse a	resemble	Ramón se parece a su padre.
reparar en	notice	Reparé en su manera de vestir.
salir de	leave (a place)	No debes salir de la casa hoy.
semejarse a	resemble	Estos animales se semejan a los cochinos.

20. What are some of the most common verbs which require one preposition before an object in Spanish and another in English?

acabar con	put an end to	El gobierno acabó con la huelga.
admirarse de	be surprised at	Me admiré de su contestación.
apurarse por	be worried about[1]	No te apures por la situación del país; todo se resolverá.
asombrarse de	be surprised at	¿Te asombraste de la ausencia de Carlos?
caer { a / en	fall into	La chica cayó { al / en el } agua.
compadecerse de { sympathize with / take pity on		Me compadezco de los que no tienen trabajo.
consistir en	consist of	Este curso consiste en varias conferencias solamente.
contar con	count on	No puedo contar con él.
correr con	be responsible for	Usted corre con los negocios de sus clientes.
dar con { run across[2] / hit upon		De repente, el doctor dio con la cura de la enfermedad.
depender de	depend on	Este joven depende de su padre.
disculparse { de excuse / por oneself for		Me disculpo { de / por } mi retraso.
despedirse de	say goodbye to	Voy a despedirme de mis vecinos.
enamorarse de	fall in love with	El príncipe se enamoró de la hija de un campesino.
encariñarse con	become fond of	Rafael se encariñó con Elvia.
entender de	know about	¿Leopoldo entiende mucho de física?
espantarse de	be frightened by	Esa mujer se espanta de los ratones.

---

[1] Only in the negative imperative does **apurarse por** have the meaning of *be worried about*.
[2] **dar con** has the meaning of *run across* only in a figurative sense.

examinarse de	{ *be examined in* / *be tested on* }	Mañana **nos examinamos de** química.
extrañarse de	*be surprised at*	Me **extraño de** su pereza.
felicitar por	*congratulate on*	Te **felicito por** tu éxito.
hacer de	{ *serve as* / *play the part of* }	Margarita **hace de** criada en esa comedia.
inquietarse	{ **con** / **por** } *worry about*	No **se inquiete** { **con** / **por** } el accidente.
insistir en	*insist on*	**Insistí en** la verdad.
interesarse	{ **por** / **en** } *be interested in*	María **se interesa** { **por** / **en** } Alejandro.
lanzarse a	*throw oneself into*	Me **lancé al** río.
llegar a	*arrive in*	Lupe **llegó a** Francia anteayer.
llenar	{ **de** / **con** } *fill with*	**Llené** el tanque { **de** / **con** } gasolina.
mirar por	*look out after*	Si muero, tienes que **mirar por** mi hija.
nombrar para	*name as*	Voy a **nombrar** a mi amigo **para** tesorero.
oler a	*smell of*	Esa sala **huele a** tabaco.
pensar en	*think of*	**Pienso en** mis viajes por Europa.
preguntar por	*inquire about*	¿**Por** quién **preguntó** ese señor?
preocuparse por	*worry about*	La señora **se preocupa por** su salud.
prescindir de	*do without*	No puedo **prescindir de** mi coche.
reírse de	*laugh at*	¿Por qué **estás riéndote de** Anita?
saber a	*taste of*	Esta sopa **sabe a** ajo.
salir a	*take after*	El primer hijo **salió a** su abuelo paterno.
servir de	*serve as*	Demetrio **sirve de** mensajero.
soñar con	*dream of*	Anoche **soñé con** Isabel.
sorprenderse de	*be surprised at*	**Se sorprendió de** la cantidad de la cuenta.

En los tres ejercicios que siguen, el verbo español adopta una construcción diferente a la construcción inglesa. Llene los espacios en blanco con la preposición que corresponda cuando sea necesario. Se da en inglés, entre paréntesis, al principio de la oración, la forma verbal usada en la oración.

M. 1. (*I waited for*) **Esperé** _____ el tren durante dos horas.   2. (*saying goodbye* *to*) No te acuestes sin **despedirte** _____ la señora.   3. (*enter*) Nunca **entres** _____ la cocina cuando tu madre está cocinando.   4. (*Do you remember*) **¿Te acuerdas** _____ mí?   5. (*look for*) Tengo que **buscar** _____ una máquina eléctrica. 6. (*resembles*) Olga **se parece** _____ su madre en todo.   7. (*did not trust*) La señora no **se fiaba** _____ su criada.   8. (*enjoyed*) Rolando **disfrutó** _____ la música mientras comía.   9. (*congratulate you on*) ¿Puedo **felicitarte** _____ tu promoción? 10. (*Did you think of*) **¿Pensaste** _____ Lola cuando viste esa película?

N.   1. (*counted on*) Irene **contó** _____ su marido para ir a la fiesta.   2. (*entered*) Los barcos **entraban** _____ el puerto a la caída de la tarde.   3. (*insisted on*) El obrero **insistió** _____ un aumento de sueldo.   4. (*Ask about*) **Pregunte usted** _____ los libros para ver si ya han llegado.   5. (*looked at*) Lucía **miró** _____ los vestidos y no dijo nada.   6. (*doubt*) No **dudes** _____ la palabra de Rogelio.   7. (*will laugh at*) Si te pones esa camisa, **se reirán** _____ ti.   8. (*approached*) Lili **se acercó** _____ la mesa y tomó un libro.   9. (*asked for*) Teresa **pidió** _____ el menú.   10. (*marry*) Estela no quiere **casarse** _____ Mauricio.

O.   1. (*We are surprised*) **Nos sorprendimos** _____ las notas que está sacando Felipe.   2. (*I never remember*) **Nunca me acuerdo** _____ tu número de teléfono. 3. (*I served as*) **Serví** _____ presidente de la asociación durante cinco años.   4. (*do without*) No puedo **prescindir** _____ ti.   5. (*Did you notice*) **¿Te fijaste** _____ la cara de Gregorio?   6. (*I approached*) **Me acerqué** _____ la mesa y vi los platos. 7. (*look at*) En la playa puedes **mirar** _____ las olas del mar.   8. (*I am looking for*) **Busco** _____ un lugar para descansar.   9. (*Count on*) **Cuenten** _____ nosotros para eso.   10. (*arrived in*) El señor Sardiñas **llegó** _____ Toledo ayer.

Traduzca al español las oraciones de los tres ejercicios que siguen, poniendo especial cuidado en las expresiones en itálica.

P.   1. I *am hoping for* a raise in[1] pay.   2. (*tú*) *Look at* the parade, and *don't worry about me.*   3. We will have to *do without* hot water today.   4. The cupboard *smelled of* apples.   5. Everyone *laughed at* me.   6. The judge *was interested in* international law.   7. Virginia *will remember* us and will write to us.   8. Those boys *resemble* their uncle.   9. That child never *asks for* anything.   10. The train *will* soon *arrive* in Granada.

_____

[1] **de**

Q.   1. I *am waiting for* the mail.   2. We *are inquiring about* the person who *serves as* interpreter in this office.   3. (*tú*) Your house *resembles* a hotel.   4. Rita *would* often *dream of* her fiancé.   5. Henry *had counted on* my help.   6. We *are asking*

for an opportunity *to play tennis.*   7. (*Ud.*) *Did you look for* the photographs?
8. If I *think of* the examinations, I can't sleep.   9. Everyone *laughed at* our jokes.
10. The boys *are looking at* Joe's bicycle.

R. 1. We can *do without* meat one day a week.   2. The woman *entered* the church.
3. Cora *married* Michael last year.   4. Tony *fell in love with* Laura and *married*
her.   5. Daniel *was noticing*[1] the package that I brought.   6. At ten o'clock I *said
good-bye to* my friends and went home.   7. (*tú*) Our neighbors *inquired about* you
last night.   8. Max *is interested in* Dolores and *dreams of* her every night.   9. The
children *were fond of* the big dog and *looked after* him.   10. This dish *smells of*
onions and *tastes of* garlic.

---

[1]Use a form of **fijarse.**

EJERCICIO DE RECAPITULACIÓN

*Rellene los espacios en blanco de esta selección, "La regeneración del calzado",
con una de las preposiciones que se dan al final de cada espacio en blanco.*

La regeneración del calzado

El madrileño que alguna vez, _____ (para-por-de) casualidad, se en-

cuentra _____ (de-con-en) los barrios pobres próximos _____

(al-del-con el) Manzanares,[1] hállase sorprendido[2] _____ (de-ante-por) el

espectáculo _____ (de-a-sin) miseria y sordidez,[3] _____ (de-a-

sin) tristeza e incultura que ofrecen las afueras _____ (en-de-a) Ma-

drid _____ (por-con-de) sus rondas[4] miserables, llenas (con-por-de)

polvo _____ (en-de-ante) verano y _____ (desde-de-tras) lodo[5]

(en-de-ante) invierno. La corte[6] es ciudad _____ (con-sin-de) contrastes;

presenta luz fuerte _____ (al-del-por) lado _____ (para-de-en)

sombra oscura; vida refinada, casi europea, _____ (en-para-por) el

centro; vida africana, de aduar,[7] _____ (sobre-tras-en) los suburbios.

Hace unos años, no muchos, cerca _____ (a-de-desde) la

ronda _____ (de-desde-tras) Segovia y _____ (del-al-por el)

Campillo de Gil Imón existía una casa _____ (sin-para-de) sospechoso aspecto y _____ (desde-de-tras) no muy buena fama,[8] _____

(al-a-de) juzgar _____ (para-por-sin) el rumor público. El observa-

dor... _____ (De-En-Por) éste y otros párrafos _____ (con-para-

de) la misma calaña[9] tenía yo alguna esperanza, porque daban _____

(a-en-para) mi novela cierto aspecto fantasmagórico y misterioso; pero mis

amigos me *han convencido* _____ (para-de-sin) que suprima los tales pá-

rrafos, porque dicen que _____ (de-según-en) una novela parisiense es-

tarán bien[10], pero _____ (por-en-de) una madrileña, no; y añaden,

además, que aquí nadie se extravía, ni aun queriendo; ni hay observadores, no

casas _____ (sobre-de-sin) sospechoso aspecto, ni nada. Yo, resignado,

he suprimido esos párrafos, _____ (para-por-sin) los cuales esperaba

llegar algún día _____ (a-de-en) la Academia Española,[11] y

sigo _____ (sin-con-de) mi cuento _____ (en-desde-por) un

lenguaje más chabacano[12].

> Fragmento de la segunda parte de la novel *La busca*,
> por el novelista español Pío Baroja.

---

[1]river through Madrid   [2]becomes surprised   [3]meanness   [4]ring road, outside the city walls
[5]mud   [6]court city, in this case, Madrid   [7]dowar, encampment of bedouins   [8]ill repute   [9]style
[10]in a Parisian novel it could be appropriate   [11]Royal Academy of the Spanish Language, a
prestigious honorary society ruling in matters of language use   [12]ordinary, vulgar

PROBLEM WORDS

Wish

(a) How to say *I wish (that) I . . ., We wish (that) we . . .*

> **Me gustaría estar**
> **Quisiera estar** } en Palma.
> **Ojalá (que) estuviera**

I wish (that) I were in Palma.

> **Nos gustaría tener**
> **Quisiéramos tener** } un coche nuevo.
> **Ojalá (que) tuviéramos**

We wish (that) we had a new car.

I wish (that) I . . . and *We wish (that) we . . .* may be expressed by **Me (Nos) gustaría** + INFINITIVE, by **Quisiera (Quisiéramos)** + INFINITIVE, or by

$$\text{¡Ojalá (que)} + \left\{ \begin{array}{l} \textbf{yo} \\ \textbf{nosotros} \end{array} \right. + \text{IMPERFECT SUBJUNCTIVE.}$$

NOTE   The English *wish* is less direct than *want*. For example: **Quiero...** = *I want . . .* , whereas **Quisiera...** = *I wish . . . , I would like. . . .*

(b) How to express SUBJECT + *wish that* + DIFFERENT SUBJECT + VERB

> **Me gustaría que**
> **Quisiera que** } Eduardo estuviera en Palma.
> **Ojalá (que)**

I wish (that) Edward were in Palma.

> **Le gustaría a mi mujer**
> **Mi mujer quisiera** } que yo tuviera más tiempo para ayudarla.

My wife wishes that I had more time to help her.

When the subject of the main clause is different from that of the subordinate clause, *wish that* may be expressed

(1) by the conditional of **gustar** +

que + $\left\{\begin{array}{l} \text{IMPERFECT} \\ \text{PLUPERFECT} \end{array}\right.$ SUBJUNCTIVE or

(2) by the appropriate person and

number of **quisiera** + **que** + $\left\{\begin{array}{l} \textbf{IMPERFECT} \\ \textbf{PLUPERFECT} \end{array}\right.$ SUBJUNCTIVE.

When the main clause is in either the first person singular or the first person plural, the same idea may be expressed by

¡Ojalá + (que) + $\left\{\begin{array}{l} \text{IMPERFECT} \\ \text{PLUPERFECT} \end{array}\right.$ SUBJUNCTIVE.

Nos gustaría
Quisiéramos $\left.\begin{array}{l} \\ \\ \\ \end{array}\right\}$ **que** Ana hubiera venido.
Ojalá

We wish that Ana had come.

NOTE   **¡Ojalá... !,** which is the equivalent of the somewhat archaic English *Would that . . . !,* may be expressed in more current English by *I (We) wish that* . . . **¡Ojalá... !** is fairly common in Spanish.

(c) How to wish someone something

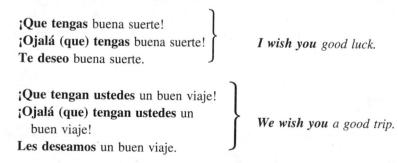

¡Que tengas buena suerte!
¡Ojalá (que) tengas buena suerte! $\left.\begin{array}{l} \\ \\ \\ \end{array}\right\}$ *I wish you good luck.*
Te deseo buena suerte.

¡Que tengan ustedes un buen viaje!
¡Ojalá (que) tengan ustedes un
   buen viaje! $\left.\begin{array}{l} \\ \\ \\ \\ \end{array}\right\}$ *We wish you a good trip.*
Les deseamos un buen viaje.

Spanish uses a number of expressions to wish a person something. Among them are (1) **que** + PRESENT SUBJUNCTIVE; (2) **¡Ojalá (que)** + PRESENT SUBJUNCTIVE;

(3) INDIRECT PRONOUN OBJECT + PRESENT of **desear** (+ NOUN INDIRECT OBJECT) + DIRECT OBJECT.

(d) How to express *wish* in a question

$$\left.\begin{array}{l} \textbf{¿Quiere salir} \\ \textbf{¿Desea salir} \end{array}\right\} \text{ esta tarde?}$$

Do you wish to go out this afternoon?

$$\left.\begin{array}{l} \textbf{¿Quisiera salir} \\ \textbf{¿Le gustaría salir} \end{array}\right\} \text{ esta tarde?}$$

When using *wish* in an English question, the PRESENT INDICATIVE of **querer** or **desear,** the IMPERFECT SUBJUNCTIVE of **querer,** or the CONDITIONAL of **gustar** may be used.

Would

(a) When *would* expresses a condition

Pablo **vendría** si pudiera.   *Paul **would come** if he could.*

¿Qué **haría** Eva en tu lugar?   *What **would** Eve **do** in your place?*

When *would* is part of the conclusion of an English condition or is part of an implied condition, Spanish uses the conditional. For further details, see page 325, §7.

(b) When *would = used to*

Nosotros **llegábamos** tarde todas las   *We **would (= used to) arrive** late*
   mañanas.   *every morning.*

When *would = used to,* it indicates a customary past action and is expressed by the imperfect indicative (which ends in **-aba** or **-ía**).
   For further details, see pages 199–200, §5.

(c) How to express *Would that ... !*

¡Ojalá (que) tuviéramos coche!   ***Would that (We wish that)** we had*
                                                          a car!

Spanish often uses **¡Ojalá (que) ... !** to express the somewhat archaic English *Would that ... !*

(d) When *would* is used to soften a statement or question and to make it less direct

Me gustaría ⎫
Quisiera ⎭ un televisor.   *I would like a television set.*

¿Quisiera ⎫
¿Querría ⎭ **usted** darme un fósforo?   *Would you give me a match?*

¿Sería esto mejor?   *Would this be better?*

When *would* is used to make a statement, a question, or a request less direct, Spanish may use the conditional form of the verb. With the verbs **querer, poder,** and **deber,** Spanish may also use the imperfect subjunctive and sometimes the imperfect indicative of these verbs to soften a statement.

A. *Sustituya las palabras inglesas entre paréntesis por sus equivalentes en español.*

1. (*I wish*) que fuera domingo.   2. ¿(*Would it be*) mejor quedarnos en casa?   3. (*I wish them*) muchos años de felicidad.   4. (*We wish*) que aceptaras nuestros planes. 5. (*Ud.*) ¿(*Do you wish to*) comprar un coche nuevo?   6. (*tú*) ¿(*Would you like*) una máquina de escribir?   7. (*tú*) ¿Qué (*would you eat*), si no te sintieras bien? 8. Cuando vivíamos en Santiago, (*we would go*) al mercado todas las mañanas.

B. *Traduzca al español. Tenga especial cuidado con las palabras en itálica.*

1. (*tú*) What *would you wear* to the dance?   2. (*Ud.*) What *would you say* if I came earlier one day?   3. (*tú*) *We wish* you a Merry Christmas[1].   4. (*Ud.*) *Would you close* the window, please?   5. (*tú*) I *wish* you the best of luck[2] in your new job.   6. *I wish* that I knew how to swim.   7. *We wish* that our neighbors wouldn't make so much noise.   8. The farmers *used to come* to the city once a week during the harvest.   9. Helen *wishes* that she had a lot of money.   10. *Would* the children *be satisfied* with a horse?   11. The students *wish* they were in Japan.   12. (*tú*) I wish you would come here more often.   13. *Does Leonard wish* to say anything?

---

[1] *a Merry Christmas* = **Felices Navidades** or **Felices Pascuas**   [2] **mucha suerte**

PRÁCTICA DE CONJUGACIÓN

Practique la conjugación de los verbos *colocar* y *dirigir*, conjugados en las páginas 471–472.

A P P E N D I X

VERBS

THE ORGANIZATION OF THE SPANISH VERB

To be able to use the Spanish verb, you must know the tenses of the indicative and subjunctive and the imperatives of regular verbs, of radical-changing verbs, and of each common irregular verb. You must also be acquainted with the spelling changes in the orthographical-changing verbs.

In order to get a complete picture of the verb and thus facilitate learning it, it is helpful to be acquainted with all the stems on which the tenses of a given verb are formed. The tenses of regular verbs may all be derived from the infinitive stem; the tenses of irregular verbs are sometimes derived from the infinitive stem, but often from other stems. We have a parallel situation in English. For instance:

		PRINCIPAL PARTS		
		PRESENT	PAST	PAST PARTICIPLE
Regular verbs	to play	play	played	played
	to live	live	lived	lived
Irregular verbs	to eat	eat	ate	eaten
	to see	see	saw	seen
	to think	think	thought	thought

One has to know the past and the past participle of *eat, see,* and *think* to be able to form the past and the compound tenses of those verbs.

The different stems of Spanish verbs, to which endings are added to form tenses, may be called *the principal parts* of the verb. Each of the principal parts furnishes the stem for certain tenses.

The following principal parts may be used to indicate the stems for the tenses listed after them:

1. *infinitive*	The *future* and *conditional* are formed by adding the proper endings directly to most infinitives.
2. *infinitive stem*[1]	The *present indicative,* and *imperfect indicative,* and the *present participle* are formed by adding the proper endings to the infinitive stem.[2]
3. *first person singular present indicative*[3]	The *present subjunctive* and the **usted,** *let's,* and negative **tú** and **vosotros** *imperatives* are formed by adding the proper endings to this stem.[4]
4. *preterite*	The *preterite* is formed by adding the proper endings to the preterite stem. The *imperfect subjunctive* is formed by adding the proper endings to the stem obtained by dropping **-ron** from the third person plural of the preterite.
5. *past participle*	The *perfect, pluperfect, preterite perfect, future perfect,* and *conditional perfect indicative,* and the *perfect* and *pluperfect subjunctive* are formed by using, the proper tense of the auxiliary verb **haber** with the past participle.

The conjugation of the irregular verb **poner** with its tenses arranged under these principal parts will illustrate how this outline can be used to organize one's knowledge of a verb.

---

[1]The infinitive stem is the part of the verb which is left when the **-ar, -er,** or **-ir** is taken from the infinitive.
[2]The singular and the third person plural of the present of radical-changing verbs as well as the present participle of **-ir** radical-changing verbs deviate from the infinitive stem.
[3]This stem is found by taking the final **-o** from the first person singular present indicative.
[4]However, the **nosotros** and **vosotros** forms of the present subjunctive add the proper endings to the infinitive stem.

Infinitive	Infinitive Stem	First Person Singular Present	Preterite	Past Participle
poner	**pon-**	**pongo**	**puse**	**puesto**

FUTURE	PRESENT INDICATIVE	PRESENT SUBJUNCTIVE	PRETERITE	PERFECT
pondré	pongo	ponga	puse	he puesto, etc.
pondrás	pones	pongas	pusiste	
pondrá	pone	ponga	puso	PLUPERFECT
pondremos	ponemos	pongamos	pusimos	había puesto, etc.
pondréis	ponéis	pongáis	pusisteis	
pondrán	ponen	pongan	pusieron	PRETERITE PERFECT
				hube puesto, etc.

CONDITIONAL	IMPERFECT INDICATIVE	FORMAL IMPERATIVE	IMPERFECT SUBJUNCTIVE	FUTURE PERFECT
pondría	ponía	ponga Ud.	pusiera	habré puesto, etc.
pondrías	ponías	pongamos	pusieras	
pondría	ponía	pongan Uds.	pusiera	CONDITIONAL PERFECT
pondríamos	poníamos		pusiéramos	habría puesto, etc.
pondríais	poníais	FAMILIAR NEGATIVE IMPERATIVES	pusierais	
pondrían	ponían		pusieran	PERFECT SUBJUNCTIVE
		no pongas		
	PRESENT PARTICIPLE	no pongáis	*or*	haya puesto, etc.
	poniendo		pusiese	PLUPERFECT SUBJUNCTIVE
			pusieses	hubiera puesto, etc.
	FAMILIAR AFFIRMATIVE IMPERATIVES		pusiese	
			pusiésemos	*or*
	pon		pusieseis	hubiese puesto, etc.
	poned		pusiesen	

THE CONJUGATION OF THE VERB

On the following pages the conjugations of the most important types of Spanish verbs are listed by tenses. The numbers before the categories just below correspond to the numbers of the verbs in the tables that follow.

Regular verbs

1. -ar verbs (hablar)
2. -er verbs (comer)
3. -ir verbs (vivir)

Reflexive verbs

4. lavarse

Radical-changing verbs[1]

5. -ar verb in which -e- changes to -ie- in some forms of some tenses (cerrar)
6. -ar verb in which -o- changes to -ue- in some forms of some tenses (contar)
7. -ir verb in which -o- changes to -ue in some tenses and to -u- in some forms of other tenses (dormir)
8. -ir verb in which -e- changes to -i- in some forms of some tenses (pedir)

Common irregular verbs

9. andar	14. construir	19. hacer	24. poner	29. tener
10. caber	15. dar	20. ir	25. querer	30. traer
11. caer	16. decir	21. leer	26. saber	31. valer
12. conducir	17. estar	22. oír	27. salir	32. venir
13. conocer	18. haber	23. poder	28. ser	33. ver

---

[1]The verbs conjugated (cerrar, contar, dormir, and pedir) are simply examples of certain common types of radical-changing verbs. They do not include an example of each type listed in the table on page 470.

The Conjugation of the Verb

INFINITIVES AND PARTICIPLES	INDICATIVE			
	PRESENT	**IMPERFECT**	**PRETERITE**	**FUTURE**
1. -ar verbs hablar (*speak*) hablando hablado	hablo hablas habla hablamos habláis hablan	hablaba hablabas hablaba hablábamos hablabais hablaban	hablé hablaste habló hablamos hablasteis hablaron	hablaré hablarás hablará hablaremos hablaréis hablarán

	PERFECT	**PLUPERFECT**	**PRETERITE PERFECT**	**FUTURE PERFECT**
	he hablado has hablado ha hablado hemos hablado habéis hablado han hablado	había hablado habías hablado había hablado habíamos hablado habíais hablado habían hablado	hube hablado hubiste hablado hubo hablado hubimos hablado hubisteis hablado hubieron hablado	habré hablado habrás hablado habrá hablado habremos hablado habréis hablado habrán hablado

	PRESENT	**IMPERFECT**	**PRETERITE**	**FUTURE**
2. -er verbs comer (*eat*) comiendo comido	como comes come comemos coméis comen	comía comías comía comíamos comíais comían	comí comiste comió comimos comisteis comieron	comeré comerás comerá comeremos comeréis comerán

	PERFECT	**PLUPERFECT**	**PRETERITE PERFECT**	**FUTURE PERFECT**
	he comido has comido ha comido hemos comido habéis comido han comido	había comido habías comido había comido habíamos comido habíais comido habían comido	hube comido hubiste comido hubo comido hubimos comido hubisteis comido hubieron comido	habré comido habrás comido habrá comido habremos comido habréis comido habrán comido

	PRESENT	**IMPERFECT**	**PRETERITE**	**FUTURE**
3. -ir verbs vivir (*live*) viviendo vivido	vivo vives vive vivimos vivís viven	vivía vivías vivía vivíamos vivíais vivían	viví viviste vivió vivimos vivisteis vivieron	viviré vivirás vivirá viviremos viviréis vivirán

	PERFECT	**PLUPERFECT**	**PRETERITE PERFECT**	**FUTURE PERFECT**
	he vivido has vivido ha vivido hemos vivido habéis vivido han vivido	había vivido habías vivido había vivido habíamos vivido habías vivido habían vivido	hube vivido hubiste vivido hubo vivido hubimos vivido hubisteis vivido hubieron vivido	habré vivido habrás vivido habrá vivido habremos vivido habréis vivido habrán vivido

La conjugación del verbo

CONDITIONAL	SUBJUNCTIVE		IMPERATIVE
PRESENT CONDITIONAL	PRESENT	IMPERFECT	
hablaría	hable	hablara	habla (tú)
hablarías	hables	hablaras	no hables (tú)
hablaría	hable	hablara	hable Ud.
hablaríamos	hablemos	habláramos	hablemos (nosotros)
hablaríais	habléis	hablarais	hablad (vosotros)
hablarían	hablen	hablaran	no habléis (vosotros)
			hablen Uds.

CONDITIONAL PERFECT	PERFECT	PLUPERFECT	
habría hablado	haya hablado	hubiera hablado	
habrías hablado	hayas hablado	hubieras hablado	
habría hablado	haya hablado	hubiera hablado	
habríamos hablado	hayamos hablado	hubiéramos hablado	
habríais hablado	hayáis hablado	hubierais hablado	
habrían hablado	hayan hablado	hubieran hablado	

PRESENT CONDITIONAL	PRESENT	IMPERFECT	
comería	coma	comiera	come (tú)
comerías	comas	comieras	no comas (tú)
comería	coma	comiera	coma Ud.
comeríamos	comamos	comiéramos	comamos (nosotros)
comeríais	comáis	comierais	comed (vosotros)
comerían	coman	comieran	no comáis (vosotros)
			coman Uds.

CONDITIONAL PERFECT	PERFECT	PLUPERFECT	
habría comido	haya comido	hubiera comido	
habrías comido	hayas comido	hubieras comido	
habría comido	haya comido	hubiera comido	
habríamos comido	hayamos comido	hubiéramos comido	
habríais comido	hayáis comido	hubierais comido	
habrían comido	hayan comido	hubieran comido	

PRESENT CONDITIONAL	PRESENT	IMPERFECT	
viviría	viva	viviera	vive (tú)
vivirías	vivas	vivieras	no vivas (tú)
viviría	viva	viviera	viva Ud.
viviríamos	vivamos	viviéramos	vivamos (nosotros)
viviríais	viváis	vivierais	vivid (vosotros)
vivirían	vivan	vivieran	no viváis (vosotros)
			vivan Uds.

CONDITIONAL PERFECT	PERFECT	PLUPERFECT	
habría vivido	haya vivido	hubiera vivido	
habrías vivido	hayas vivido	hubieras vivido	
habría vivido	haya vivido	hubiera vivido	
habríamos vivido	hayamos vivido	hubiéramos vivido	
habríais vivido	hayáis vivido	hubierais vivido	
habrían vivido	hayan vivido	hubieran vivido	

The Conjugation of the Verb

INFINITIVES AND PARTICIPLES	INDICATIVE				
	PRESENT	IMPERFECT	PRETERITE	PERFECT	FUTURE
4. reflexive verb lavarse (*wash* *oneself*) lavándose lavado	me lavo te lavas se lava nos lavamos os laváis se lavan	me lavaba te lavabas se lavaba nos lavábamos os lavabais se lavaban	me lavé te lavaste se lavó nos lavamos os lavasteis se lavaron	me he lavado te has lavado se ha lavado nos hemos lavado os habéis lavado se han lavado	me lavaré te lavarás se lavará nos lavaremos os lavaréis se lavarán
5. radical- changing verb[1] cerrar (*close*) cerrando cerrado	cierro cierras cierra cerramos cerráis cierran	cerraba cerrabas cerraba cerrábamos cerrabais cerraban	cerré cerraste cerró cerramos cerrasteis cerraron	he cerrado has cerrado ha cerrado hemos cerrado habéis cerrado han cerrado	cerraré cerrarás cerrará cerraremos cerraréis cerrarán
6. radical- changing verb[2] contar (*tell, count*) contando contado	cuento cuentas cuenta contamos contáis cuentan	contaba contabas contaba contábamos contabais contaban	conté contaste contó contamos contasteis contaron	he contado has contado ha contado hemos contado habéis contado han contado	contaré contarás contará contaremos contaréis contarán
7. radical- changing verb[3] dormir (*sleep*) durmiendo dormido	duermo duermes duerme dormimos dormís duermen	dormía dormías dormía dormíamos dormíais dormían	dormí dormiste durmió dormimos dormisteis durmieron	he dormido has dormido ha dormido hemos dormido habéis dormido han dormido	dormiré dormirás dormirá dormiremos dormiréis dormirán
8. radical- changing verb[4] pedir (*ask for*) pidiendo pedido	pido pides pide pedimos pedís piden	pedía pedías pedía pedíamos pedíais pedían	pedí pediste pidió pedimos pedisteis pidieron	he pedido has pedido ha pedido hemos pedido habéis pedido han pedido	pediré pedirás pedirá pediremos pediréis pedirán
9. andar[5] (*go, walk*) andando andado	ando andas anda andamos andáis andan	andaba andabas andaba andábamos andabais andaban	anduve anduviste anduvo anduvimos anduvisteis anduvieron	he andado has andado ha andado hemos andado habéis andado han andado	andaré andarás andará andaremos andaréis andarán

---

[1]This is a model for **-ar** and **-er** radical-changing verbs whose stem-vowel is **-e-**.
[2]This is a model for **-ar** and **-er** radical-changing verbs whose stem-vowel is **-o-**.
[3]This is a model for **-ir** radical-changing verbs in which **-e-** changes to **-ie-** and **-o-** changes to **-ue-** in the present.
[4]This is a model for **-ir** radical-changing verbs in which **-e-** changes to **-i-** in the present and in certain other tenses.
[5]From this point on, all verbs are irregular and in alphabetical order.

La conjugación del verbo

CONDITIONAL	SUBJUNCTIVE		IMPERATIVE
	PRESENT	**IMPERFECT**	
me lavaría	me lave	me lavara me lavase	lávate (tú)
te lavarías	te laves	te lavaras te lavases	no te laves (tú)
se lavaría	se lave	se lavara se lavase	lávese Ud.
nos lavaríamos	nos lavemos	nos laváramos nos lavásemos	lavémonos (nosotros)
os lavaríais	os lavéis	os lavarais os lavaseis	lavaos (vosotros)
se lavarían	se laven	se lavaran se lavasen	no os lavéis (vosotros)
			lávense Uds.
cerraría	cierre	cerrara cerrase	cierra (tú)
cerrarías	cierres	cerraras cerrases	no cierres (tú)
cerraría	cierre	cerrara cerrase	cierre Ud.
cerraríamos	cerremos	cerráramos cerrásemos	cerremos (nosotros)
cerraríais	cerréis	cerrarais cerraseis	cerrad (vosotros)
cerrarían	cierren	cerraran cerrasen	no cerréis (vosotros)
			cierren Uds.
contaría	cuente	contara contase	cuenta (tú)
contarías	cuentes	contaras contases	no cuentes (tú)
contaría	cuente	contara contase	cuente Ud.
contaríamos	contemos	contáramos contásemos	contemos (nosotros)
contaríais	contéis	contarais contaseis	contad (vosotros)
contarían	cuenten	contaran contasen	no contéis (vosotros)
			cuenten Uds.
dormiría	duerma	durmiera durmiese	duerme (tú)
dormirías	duermas	durmieras durmieses	no duermas (tú)
dormiría	duerma	durmiera durmiese	duerma Ud.
dormiríamos	durmamos	durmiéramos durmiésemos	durmamos (nosotros)
dormiríais	durmáis	durmierais durmieseis	dormid (vosotros)
dormirían	duerman	durmieran durmiesen	no durmáis (vosotros)
			duerman Uds.
pediría	pida	pidiera pidiese	pide (tú)
pedirías	pidas	pidieras pidieses	no pidas (tú)
pediría	pida	pidiera pidiese	pida Ud.
pediríamos	pidamos	pidiéramos pidiésemos	pidamos (nosotros)
pediríais	pidáis	pidierais pidieseis	pedid (vosotros)
pedirían	pidan	pidieran pidiesen	no pidáis (vosotros)
			pidan Uds.
andaría	ande	anduviera anduviese	anda (tú)
andarías	andes	anduvieras anduvieses	no andes (tú)
andaría	ande	anduviera anduviese	ande Ud.
andaríamos	andemos	anduviéramos anduviésemos	andemos (nosotros)
andaríais	andéis	anduvierais anduvieseis	andad (vosotros)
andarían	anden	anduvieran anduviesen	no andéis (vosotros)
			anden Uds.

The Conjugation of the Verb

INFINITIVES AND PARTICIPLES	INDICATIVE				
	PRESENT	IMPERFECT	PRETERITE	PERFECT	FUTURE
10. caber	quepo	cabía	cupe	he cabido	cabré
(fit)	cabes	cabías	cupiste	has cabido	cabrás
cabiendo	cabe	cabía	cupo	ha cabido	cabrá
cabido	cabemos	cabíamos	cupimos	hemos cabido	cabremos
	cabéis	cabíais	cupisteis	habéis cabido	cabréis
	caben	cabían	cupieron	han cabido	cabrán
11. caer	caigo	caía	caí	he caído	caeré
(fall)	caes	caías	caíste	has caído	caerás
cayendo	cae	caía	cayó	ha caído	caerá
caído	caemos	caíamos	caímos	hemos caído	caeremos
	caéis	caíais	caísteis	habéis caído	caeréis
	caen	caían	cayeron	han caído	caerán
12. conducir	conduzco	conducía	conduje	he conducido	conduciré
(lead)	conduces	conducías	condujiste	has conducido	conducirás
conduciendo	conduce	conducía	condujo	ha conducido	conducirá
conducido	conducimos	conducíamos	condujimos	hemos conducido	conduciremos
	conducís	conducíais	condujisteis	habéis conducido	conduciréis
	conducen	conducían	condujeron	han conducido	conducirán
13. conocer	conozco	conocía	conocí	he conocido	conoceré
(be	conoces	conocías	conociste	has conocido	conocerás
acquainted	conoce	conocía	conoció	ha conocido	conocerá
with)	conocemos	conocíamos	conocimos	hemos conocido	conoceremos
conociendo	conocéis	conocíais	conocisteis	habéis conocido	conoceréis
conocido	conocen	conocían	conocieron	han conocido	conocerán
14. construir	construyo	construía	construí	he construido	construiré
(construct)	construyes	construías	construiste	has construido	construirás
construyendo	construye	construía	construyó	ha construido	construirá
construido	construimos	construíamos	construimos	hemos construido	construiremos
	construís	construíais	construisteis	habéis construido	construiréis
	construyen	construían	construyeron	han construido	construirán
15. dar	doy	daba	di	he dado	daré
(give)	das	dabas	diste	has dado	darás
dando	da	daba	dio	ha dado	dará
dado	damos	dábamos	dimos	hemos dado	daremos
	dais	dabais	disteis	habéis dado	daréis
	dan	daban	dieron	han dado	darán
16. decir	digo	decía	dije	he dicho	diré
(say)	dices	decías	dijiste	has dicho	dirás
diciendo	dice	decía	dijo	ha dicho	dirá
dicho	decimos	decíamos	dijimos	hemos dicho	diremos
	decís	decíais	dijisteis	habéis dicho	diréis
	dicen	decían	dijeron	han dicho	dirán

La conjugación del verbo

CONDITIONAL	SUBJUNCTIVE			IMPERATIVE
	PRESENT	**IMPERFECT**		
cabría	quepa	cupiera	cupiese	cabe (tú)
cabrías	quepas	cupieras	cupieses	no quepas (tú)
cabría	quepa	cupiera	cupiese	quepa Ud.
cabríamos	quepamos	cupiéramos	cupiésemos	quepamos (nosotros)
cabríais	quepáis	cupierais	cupieseis	cabed (vosotros)
cabrían	quepan	cupieran	cupiesen	no quepáis (vosotros)
				quepan Uds.
caería	caiga	cayera	cayese	cae (tú)
caerías	caigas	cayeras	cayeses	no caigas (tú)
caería	caiga	cayera	cayese	caiga Ud.
caeríamos	caigamos	cayéramos	cayésemos	caigamos (nosotros)
caeríais	caigáis	cayerais	cayeseis	caed (vosotros)
caerían	caigan	cayeran	cayesen	no caigáis (vosotros)
				caigan Uds.
conduciría	conduzca	condujera	condujese	conduce (tú)
conducirías	conduzcas	condujeras	condujeses	no conduzcas (tú)
conduciría	conduzca	condujera	condujese	conduzca Ud.
conduciríamos	conduzcamos	condujéramos	condujésemos	conduzcamos (nosotros)
conduciríais	conduzcáis	condujerais	condujeseis	conducid (vosotros)
conducirían	conduzcan	condujeran	condujesen	no conduzcáis (vosotros)
				conduzcan Uds.
conocería	conozca	conociera	conociese	conoce (tú)
conocerías	conozcas	conocieras	conocieses	no conozcas (tú)
conocería	conozca	conociera	conociese	conozca Ud.
conoceríamos	conozcamos	conociéramos	conociésemos	conozcamos (nosotros)
conoceríais	conozcáis	conocierais	conocieseis	conoced (vosotros)
conocerían	conozcan	conocieran	conociesen	no conozcáis (vosotros)
				conozcan Uds.
construiría	construya	construyera	construyese	construye (tú)
construirías	construyas	construyeras	construyeses	no construyas (tú)
construiría	construya	construyera	construyese	construya Ud.
construiríamos	construyamos	construyéramos	construyésemos	construyamos (nosotros)
construiríais	construyáis	construyerais	construyeseis	construid (vosotros)
construirían	construyan	construyeran	construyesen	no construyáis (vosotros)
				construyan Uds.
daría	dé	diera	diese	da (tú)
darías	des	dieras	dieses	no des (tú)
daría	dé	diera	diese	dé Ud.
daríamos	demos	diéramos	diésemos	demos (nosotros)
daríais	deis	dierais	dieseis	dad (vosotros)
darían	den	dieran	diesen	no deis (vosotros)
				den Uds.
diría	diga	dijera	dijese	di (tú)
dirías	digas	dijeras	dijeses	no digas (tú)
diría	diga	dijera	dijese	diga Ud.
diríamos	digamos	dijéramos	dijésemos	digamos (nosotros)
diríais	digáis	dijerais	dijeseis	decid (vosotros)
dirían	digan	dijeran	dijesen	no digáis (vosotros)
				digan Uds.

The Conjugation of the Verb

INFINITIVES AND PARTICIPLES	INDICATIVE				
	PRESENT	IMPERFECT	PRETERITE	PERFECT	FUTURE
17. estar	estoy	estaba	estuve	he estado	estaré
(*be*)	estás	estabas	estuviste	has estado	estarás
estando	está	estaba	estuvo	ha estado	estará
estado	estamos	estábamos	estuvimos	hemos estado	estaremos
	estáis	estabais	estuvisteis	habéis estado	estaréis
	están	estaban	estuvieron	han estado	estarán
18. haber	he	había	hube	he habido	habré
(*have*)[1]	has	habías	hubiste	has habido	habrás
habiendo	ha	había	hubo	ha habido	habrá
habido	hemos	habíamos	hubimos	hemos habido	habremos
	habéis	habíais	hubisteis	habéis habido	habréis
	han	habían	hubieron	han habido	habrán
19. hacer	hago	hacía	hice	he hecho	haré
(*make, do*)	haces	hacías	hiciste	has hecho	harás
haciendo	hace	hacía	hizo	ha hecho	hará
hecho	hacemos	hacíamos	hicimos	hemos hecho	haremos
	hacéis	hacíais	hicisteis	habéis hecho	haréis
	hacen	hacían	hicieron	han hecho	harán
20. ir	voy	iba	fui	he ido	iré
(*go*)	vas	ibas	fuiste	has ido	irás
yendo	va	iba	fue	ha ido	irá
ido	vamos	íbamos	fuimos	hemos ido	iremos
	vais	ibais	fuisteis	habéis ido	iréis
	van	iban	fueron	han ido	irán
21. leer	leo	leía	leí	he leído	leeré
(*read*)	lees	leías	leíste	has leído	leerás
leyendo	lee	leía	leyó	ha leído	leerá
leído	leemos	leíamos	leímos	hemos leído	leeremos
	leéis	leíais	leísteis	habéis leído	leeréis
	leen	leían	leyeron	han leído	leerán
22. oír	oigo	oía	oí	ha oído	oiré
(*hear*)	oyes	oías	oíste	has oído	oirás
oyendo	oye	oía	oyó	ha oído	oirá
oído	oímos	oíamos	oímos	hemos oído	oiremos
	oís	oíais	oísteis	habéis oído	oiréis
	oyen	oían	oyeron	han oído	oirán

---

[1]The verb **haber** is used as an auxiliary verb.

La conjugación del verbo

CONDITIONAL	SUBJUNCTIVE		IMPERATIVE
	PRESENT	IMPERFECT	
estaría	esté	estuviera estuviese	está (tú)
estarías	estés	estuvieras estuvieses	no estés (tú)
estaría	esté	estuviera estuviese	esté Ud.
estaríamos	estemos	estuviéramos estuviésemos	estemos (nosotros)
estaríais	estéis	estuvierais estuvieseis	estad (vosotros)
estarían	estén	estuvieran estuviesen	no estéis (vosotros)
			estén Uds.
habría	haya	hubiera hubiese	he (tú)
habrías	hayas	hubieras hubieses	no hayas (tú)
habría	haya	hubiera hubiese	haya Ud.
habríamos	hayamos	hubiéramos hubiésemos	hayamos (nosotros)
habríais	hayáis	hubierais hubieseis	habed (vosotros)
habrían	hayan	hubieran hubiesen	no hayáis (vosotros)
			hayan Uds.
haría	haga	hiciera hiciese	haz (tú)
harías	hagas	hicieras hicieses	no hagas (tú)
haría	haga	hiciera hiciese	haga Ud.
haríamos	hagamos	hiciéramos hiciésemos	hagamos (nosotros)
haríais	hagáis	hicierais hicieseis	haced (vosotros)
harían	hagan	hicieran hiciesen	no hagáis (vosotros)
			hagan Uds.
iría	vaya	fuera fuese	ve (tú)
irías	vayas	fueras fueses	no vayas (tú)
iría	vaya	fuera fuese	vaya Ud.
iríamos	vayamos	fuéramos fuésemos	vamos (nosotros)
iríais	vayáis	fuerais fueseis	id (vosotros)
irían	vayan	fueran fuesen	no vayáis (vosotros)
			vayan Uds.
leería	lea	leyera leyese	lee (tú)
leerías	leas	leyeras leyeses	no leas (tú)
leería	lea	leyera leyese	lea Ud.
leeríamos	leamos	leyéramos lcyésemos	leamos (nosotros)
leeríais	leáis	leyerais leyeseis	leed (vosotros)
leerían	lean	leyeran leyesen	no leáis (vosotros)
			lean Uds.
oiría	oiga	oyera oyese	oye (tú)
oirías	oigas	oyeras oyeses	no oigas (tú)
oiría	oiga	oyera oyese	oiga Ud.
oiríamos	oigamos	oyéramos oyésemos	oigamos (nosotros)
oiríais	oigáis	oyerais oyeseis	oíd (vosotros)
oirían	oigan	oyeran oyesen	no oigáis (vosotros)
			oigan Uds.

The Conjugation of the Verb

INFINITIVES AND PARTICIPLES	PRESENT	IMPERFECT	PRETERITE	PERFECT	FUTURE
23. poder	puedo	podía	pude	he podido	podré
(*can, be*	puedes	podías	pudiste	has podido	podrás
able)	puede	podía	pudo	ha podido	podrá
pudiendo	podemos	podíamos	pudimos	hemos podido	podremos
podido	podéis	podíais	pudisteis	habéis podido	podréis
	pueden	podían	pudieron	han podido	podrán
24. poner	pongo	ponía	puse	he puesto	pondré
(*put*)	pones	ponías	pusiste	has puesto	pondrás
poniendo	pone	ponía	puso	ha puesto	pondrá
puesto	ponemos	poníamos	pusimos	hemos puesto	pondremos
	ponéis	poníais	pusisteis	habéis puesto	pondréis
	ponen	ponían	pusieron	han puesto	pondrán
25. querer	quiero	quería	quise	he querido	querré
(*wish,*	quieres	querías	quisiste	has querido	querrás
want, love)	quiere	quería	quiso	ha querido	querrá
queriendo	queremos	queríamos	quisimos	hemos querido	querremos
querido	queréis	queríais	quisisteis	habéis querido	querréis
	quieren	querían	quisieron	han querido	querrán
26. saber	sé	sabía	supe	he sabido	sabré
(*know*)	sabes	sabías	supiste	has sabido	sabrás
sabiendo	sabe	sabía	supo	ha sabido	sabrá
sabido	sabemos	sabíamos	supimos	hemos sabido	sabremos
	sabéis	sabíais	supisteis	habéis sabido	sabréis
	saben	sabían	supieron	han sabido	sabrán
27. salir	salgo	salía	salí	he salido	saldré
(*leave*)	sales	salías	saliste	has salido	saldrás
saliendo	sale	salía	salió	ha salido	saldrá
salido	salimos	salíamos	salimos	hemos salido	saldremos
	salís	salíais	salisteis	habéis salido	saldréis
	salen	salían	salieron	han salido	saldrán
28. ser	soy	era	fui	he sido	seré
(*be*)	eres	eras	fuiste	has sido	serás
siendo	es	era	fue	ha sido	será
sido	somos	éramos	fuimos	hemos sido	seremos
	sois	erais	fuisteis	habéis sido	seréis
	son	eran	fueron	han sido	serán
29. tener	tengo	tenía	tuve	he tenido	tendré
(*have*)	tienes	tenías	tuviste	has tenido	tendrás
teniendo	tiene	tenía	tuvo	ha tenido	tendrá
tenido	tenemos	teníamos	tuvimos	hemos tenido	tendremos
	tenéis	teníais	tuvisteis	habéis tenido	tendréis
	tienen	tenían	tuvieron	han tenido	tendrán

La conjugación del verbo

CONDITIONAL	SUBJUNCTIVE		IMPERATIVE
	PRESENT	IMPERFECT	
podría	pueda	pudiera pudiese	
podrías	puedas	pudieras pudieses	
podría	pueda	pudiera pudiese	
podríamos	podamos	pudiéramos pudiésemos	
podríais	podáis	pudierais pudieseis	
podrían	puedan	pudieran pudiesen	
pondría	ponga	pusiera pusiese	pon (tú)
pondrías	pongas	pusieras pusieses	no pongas (tú)
pondría	ponga	pusiera pusiese	ponga Ud.
pondríamos	pongamos	pusiéramos pusiésemos	pongamos (nosotros)
pondríais	pongáis	pusierais pusieseis	poned (vosotros)
pondrían	pongan	pusieran pusiesen	no pongáis (vosotros)
			pongan Uds.
querría	quiera	quisiera quisiese	quiere (tú)
querrías	quieras	quisieras quisieses	no quieras (tú)
querría	quiera	quisiera quisiese	quiera Ud.
querríamos	queramos	quisiéramos quisiésemos	queramos (nosotros)
querríais	queráis	quisierais quisieseis	quered (vosotros)
querrían	quieran	quisieran quisiesen	no queráis (vosotros)
			quieran Uds.
sabría	sepa	supiera supiese	sabe (tú)
sabrías	sepas	supieras supieses	no sepas (tú)
sabría	sepa	supiera supiese	sepa Ud.
sabríamos	sepamos	supiéramos supiésemos	sepamos (nosotros)
sabríais	sepáis	supierais supieseis	sabed (vosotros)
sabrían	sepan	supieran supiesen	no sepáis (vosotros)
			sepan Uds.
saldría	salga	saliera saliese	sal (tú)
saldrías	salgas	salieras salieses	no salgas (tú)
saldría	salga	saliera saliese	salga Ud.
saldríamos	salgamos	saliéramos saliéscmos	salgamos (nosotros)
saldríais	salgáis	salierais salieseis	salid (vosotros)
saldrían	salgan	salieran saliesen	no salgáis (vosotros)
			salgan Uds.
sería	sea	fuera fuese	sé (tú)
serías	seas	fueras fueses	no seas (tú)
sería	sea	fuera fuese	sea Ud.
seríamos	seamos	fuéramos fuésemos	seamos (nosotros)
seríais	seáis	fuerais fueseis	sed (vosotros)
serían	sean	fueran fuesen	no seáis (vosotros)
			sean Uds.
tendría	tenga	tuviera tuviese	ten (tú)
tendrías	tengas	tuvieras tuvieses	no tengas (tú)
tendría	tenga	tuviera tuviese	tenga Ud.
tendríamos	tengamos	tuviéramos tuviésemos	tengamos (nosotros)
tendríais	tengáis	tuvierais tuvieseis	tened (vosotros)
tendrían	tengan	tuvieran tuviesen	no tengáis (vosotros)
			tengan Uds.

The Conjugation of the Verb

INFINITIVES AND PARTICIPLES	INDICATIVE				
	PRESENT	IMPERFECT	PRETERITE	PERFECT	FUTURE
30. traer	traigo	traía	traje	he traído	traeré
(*bring*)	traes	traías	trajiste	has traído	traerás
trayendo	trae	traía	trajo	ha traído	traerá
traído	traemos	traíamos	trajimos	hemos traído	traeremos
	traéis	traíais	trajisteis	habéis traído	traeréis
	traen	traían	trajeron	han traído	traerán
31. valer	valgo	valía	valí	he valido	valdré
(*be worth*)	vales	valías	valiste	has valido	valdrás
valiendo	vale	valía	valió	ha valido	valdrá
valido	valemos	valíamos	valimos	hemos valido	valdremos
	valéis	valíais	valisteis	habéis valido	valdréis
	valen	valían	valieron	han valido	valdrán
32. venir	vengo	venía	vine	he venido	vendré
(*come*)	vienes	venías	viniste	has venido	vendrás
viniendo	viene	venía	vino	ha venido	vendrá
venido	venimos	veníamos	vinimos	hemos venido	vendremos
	venís	veníais	vinisteis	habéis venido	vendréis
	vienen	venían	vinieron	han venido	vendrán
33. ver	veo	veía	vi	he visto	veré
(*see*)	ves	veías	viste	has visto	verás
viendo	ve	veía	vio	ha visto	verá
visto	vemos	veíamos	vimos	hemos visto	veremos
	veis	veíais	visteis	habéis visto	veréis
	ven	veían	vieron	han visto	verán

RADICAL-CHANGING VERBS[1]

In Spanish certain verbs change the vowel[2] of their infinitive stem[3] under certain conditions. Such verbs called *radical-changing*[4] verbs. These stem-vowel changes take place in

1. the present indicative, the present subjunctive, and certain imperatives of all radical-changing verbs;

---

[1]The Spanish call these verbs simply **verbos irregulares.**
[2]This is always the **last vowel** in the infinitive stem. In the radical-changing verb **despertar (ie),** the stem is **despert-** and it is the second **-e-** which changes.
[3]The infinitive stem is the stem which remains when **-ar, -er,** or **-ir** is **taken** from the infinitive.
[4]The radical of a verb is its stem.

La conjugación del verbo

CONDITIONAL	SUBJUNCTIVE		IMPERATIVE
	PRESENT	IMPERFECT	
traería	traiga	trajera trajese	trae (tú)
traerías	traigas	trajeras trajeses	no traigas (tú)
traería	traiga	trajera trajese	traiga Ud.
traeríamos	traigamos	trajéramos trajésemos	traigamos (nosotros)
traeríais	traigáis	trajerais trajeseis	traed (vosotros)
traerían	traigan	trajeran trajesen	no traigáis (vosotros)
			traigan Uds.
valdría	valga	valiera valiese	vale (tú)
valdrías	valgas	valieras valieses	no valgas (tú)
valdría	valga	valiera valiese	valga Ud.
valdríamos	valgamos	valiéramos valiésemos	valgamos (nosotros)
valdríais	valgáis	valierais valieseis	valed (vosotros)
valdrían	valgan	valieran valiesen	no valgáis (vosotros)
			valgan Uds.
vendría	venga	viniera viniese	ven (tú)
vendrías	vengas	vinieras vinieses	no vengas (tú)
vendría	venga	viniera viniese	venga Ud.
vendríamos	vengamos	viniéramos viniésemos	vengamos (nosotros)
vendríais	vengáis	vinierais vinieseis	venid (vosotros)
vendrían	vengan	vinieran viniesen	no vengáis (vosotros)
			vengan Uds.
vería	vea	viera viese	ve (tú)
verías	veas	vieras vieses	no veas (tú)
vería	vea	viera viese	vea Ud.
veríamos	veamos	viéramos viésemos	veamos (nosotros)
veríais	veáis	vierais vieseis	ved (vosotros)
verían	vean	vieran viesen	no veáis (vosotros)
			vean Uds.

2. the preterite, imperfect subjunctive, and present participle of **-ir** radical-changing verbs.

Radical-changing verbs are indicated in the vocabularies by placing the vowel-change in parentheses after the infinitive. Ex: **cerrar (ie); contar (ue); pedir (i).** When there are two changes, both changes are indicated in the final vocabulary. Ex: **dormir (ue, u); pedir (i, i).** This means that the stem vowel of **dormir** changes to **ue** in certain forms of the present and to **u** in certain forms of the preterite, and in the present participle and the imperfect subjunctive.

A. In the present indicative, radical-changing verbs with a stem vowel which is **-o-** change the **-o-** to **-ue-;** some radical changing verbs with a stem vowel which is **-e-** change the **-e-** to **-ie-;** others change the **-e-** to **-i-.** These changes occur only in those forms which when pronounced are stressed on the stem vowel.

These changes take place in the **yo, tú, él,** and **ellos** forms of the present of all radical-changing verbs, but there is no change in the **nosotros** or **vosotros** forms.

	cerrar	volver	pedir
yo	cierro	vuelvo	pido
tú	cierras	vuelves	pides
él	cierra	vuelve	pide
nosotros	cerramos	volvemos	pedimos
vosotros	cerráis	volvéis	pedís
ellos	cierran	vuelven	piden

B. In the preterite there is no change in the stem-vowel of **-ar** and **-er** radical-changing verbs. In the **él** and **ellos** forms of the preterite of **-ir** radical-changing verbs, the **-o-** of the stem becomes **-u-** and the **-e-** of the stem becomes **-i-**.

	cerrar	volver	pedir	dormir
yo	cerré	volví	pedí	dormí
tú	cerraste	volviste	pediste	dormiste
él	cerró	volvió	pidió	durmió
nosotros	cerramos	volvimos	pedimos	dormimos
vosotros	cerrasteis	volvisteis	pedisteis	dormisteis
ellos	cerraron	volvieron	pidieron	durmieron

C. There is no change in the stem-vowel of the present participle of **-ar** and **-er** radical-changing verbs. In the present participle of **-ir** radical-changing verbs, the **-o-** of the stem becomes **-u-** and the **-e-** of the stem becomes **-i-**.

Infinitive	cerrar	volver	pedir	dormir
Present *Participle*	cerrando	volviendo	pidiendo	durmiendo

The same change takes place in the irregular verbs **decir** and **poder**:

Infinitive	decir	poder
Present *Participle*	diciendo	pudiendo

D. In the present subjunctive the **-ar** and **-er** radical-changing verbs make exactly the same vowel changes and in the same forms as they do in the present indicative.

The **-ir** radical-changing verbs also make these changes and in addition in the **nosotros** and **vosotros** forms, they change **-o-** to **-u-** and **-e-** to **-i-.**

	cerrar	volver	pedir	dormir
yo	cierre	vuelva	pida	duerma
tú	cierres	vuelvas	pidas	duermas
él	cierre	vuelva	pida	duerma
nosotros	cerremos	volvamos	pidamos	durmamos
vosotros	cerréis	volváis	pidáis	durmáis
ellos	cierren	vuelvan	pidan	duerman

E. The radical changes in the imperative are illustrated in the following examples:

	cerrar	volver	pedir	dormir
(usted)	cierre	vuelva	pida	duerma
	no cierre	no vuelva	no pida	no duerma
(ustedes)	cierren	vuelvan	pidan	duerman
	no cierren	no vuelvan	no pidan	no duerman
(tú)	cierra	vuelve	pide	duerme
	no cierres	no vuelvas	no pidas	no duermas
(vosotros)	cerrad	volved	pedid	dormid
	no cerréis	no volváis	no pidáis	no durmáis

F. Radical-changing verbs may be divided into three classes:

CLASS I —All radical-changing verbs in **-ar** and **-er**.

CLASS II —Radical-changing verbs in **-ir** which change **-e-** in the stem to **-ie-** and **-o-** in the stem to **-ue-** in the present indicative.[1]

CLASS III—Radical-changing verbs in **-ir** which change **-e-** in the stem to **-i-**.

---

[1]An example of a Class II radical-changing **-ir** verb which changes **-e-** in the stem to **-ie-** in the present indicative is **sentir**. In the vocabulary, such verbs are indicated as follows: **sentir (ie, i)**.

G. The following table summarizes the changes of the stem vowel in the radical-changing verbs:

CLASS	I	II	III
INFINITIVE ENDING	**-ar** and **-er**	**-ir**	**-ir**
yo, tú, él, ellos forms of present indicative and present subjunctive; **tú, usted** and **ustedes** imperatives	e changes to **ie** o changes to **ue**	e changes to **ie** o changes to **ue**	e changes to **i**
nosotros and **vosotros** forms of present subjunctive; **nosotros** and negative **vosotros** imperatives	no change	e changes to **i** o changes to **u**	e changes to **i**
present participle	no change	e changes to **i** o changes to **u**	e changes to **i**
él and **ellos** forms of preterite	no change	e changes to **i** o changes to **u**	e changes to **i**

ORTHOGRAPHICAL-CHANGING VERBS

For reasons of pronunciation some Spanish verbs have spelling changes in certain forms. Languages were not written until long after they were spoken, and also certain consonants which were pronounced uniformly in Latin developed to one sound when followed by certain vowels and to another sound when followed by other vowels. A single consonant sound may sometimes be written in several ways depending on the vowel sound that follows it. For example, the consonant sound *k* is written **k** in **kilómetro**, **qu** in **querer**, and **c** in **colonia**. To maintain a uniform sound before different vowels, then, the following changes occur in writing:

A. Verbs in **-zar**

z (pronounced *th* or *s*) changes to **c** before **e**.

Verbs in **-zar** change **-z-** to **-c-** in the first person singular of the preterite, in the present subjunctive, and in the **usted** and *let's* imperatives.

cruzar *cross*

Pres. ind.	cruzo, cruzas, cruza, cruzamos, cruzáis, cruzan
Preterite	crucé, cruzaste, cruzó, cruzamos, cruzasteis, cruzaron
Pres. subj.	cruce, cruces, cruce, crucemos, crucéis, crucen
Imperative	cruce usted, crucemos, crucen ustedes

Other verbs in **-zar** are **alcanzar**, **avanzar**, **comenzar**, **empezar**, **rezar**, etc.

B. Verbs in **-gar**

g (pronounced hard *g*) changes to **gu** before **e**.

Verbs in **-gar** change **-g-** to **-gu-** in the first person singular of the preterite, in the present subjunctive, and in the **usted** and *let's* imperatives.

   llegar   *arrive*

Pres. ind.	llego, llegas, llega, llegamos, llegáis, llegan
Preterite	llegué, llegaste, llegó, llegamos, llegasteis, llegaron
Pres. subj.	llegue, llegues, llegue, lleguemos, lleguéis, lleguen
Imperative	llegue usted, lleguemos, lleguen ustedes

Other verbs in **-gar** are **pagar** and **jugar**.[1]

C. Verbs in **-car**

c (pronounced *k*) changes to **qu** before **e**.

Verbs in **-car** change **-c-** to **-qu-** in the first person singular of the preterite, in the present subjunctive, and in the **usted** and *let's* imperatives.

   colocar   *put, place*

Pres. ind.	coloco, colocas, coloca, colocamos, colocáis, colocan
Preterite	coloqué, colocaste, colocó, colocamos, colocasteis, colocaron
Pres. subj.	coloque, coloques, coloque, coloquemos, coloquéis, coloquen
Imperative	coloque usted, coloquemos, coloquen ustedes

Other verbs in **-car** are **acercarse**, **dedicar**, **explicar**, **indicar**, **sacar**, etc.

D. Verbs in **-ger** and **-gir**

g (pronounced *j*) changes to **j** before **a** and **o**.

Verbs in **-ger** and **-gir** change **-g-** to **-j-** in the first person singular of the

---

[1]The verb **jugar** is also radical-changing. The **-u-** changes to **-ue-**.

present indicative and throughout the present subjunctive and the **usted** and *let's* imperatives.

dirigir   *direct*

Pres. ind.	dirijo, diriges, dirige, dirigimos, dirigís, dirigen
Preterite	dirigí, dirigiste, dirigió, dirigimos, dirigisteis, dirigieron
Pres. subj.	dirija, dirijas, dirija, dirijamos, dirijáis, dirijan
Imperative	dirija usted, dirijamos, dirijan ustedes

Other verbs in **-ger** and **-gir** are **coger**, **escoger**, and **exigir**.

E. Verbs in VOWEL + **-cer**[1]

c (pronounced *th* or *s*) changes to **zc** before **a** and **o**.

Verbs in VOWEL + **-cer** change **-c-** to **-zc-** in the first-person singular of the present indicative and throughout the present subjunctive and the **usted** and *let's* imperatives.

conocer   *be acquainted with*

Pres. ind.	conozco, conoces, conoce, conocemos, conocéis, conocen
Preterite	conocí, conociste, conoció, conocimos, conocisteis, conocieron
Pres. subj.	conozca, conozcas, conozca, conozcamos, conozcáis, conozcan
Imperative	conozca usted, conozcamos, conozcan ustedes

Other verbs in VOWEL + **-cer** are **merecer**, **ofrecer**, and **reconocer**.

F. Verbs in **-ducir**

c (pronounced *th* or *s*) changes to **zc** before **a** and **o**.

Verbs in **-ducir** change **-c-** to **-zc-** in the first person singular of the present indicative and throughout the present subjunctive and the **usted** and *let's* imperatives. The preterite of verbs in **-ducir** have a preterite stem in **-duj-**.

traducir   *translate*

---

[1]Verbs in CONSONANT + **-cer** are few and unimportant. The **c** changes to **z** before **a** and **o**. This change is made in the first-person singular of the present indicative and throughout the present subjunctive and imperative. Ex.: **vencer** = *conquer*.

Pres. ind.	traduzco, traduces, traduce, traducimos, traducís, traducen
Preterite	traduje, tradujiste, tradujo, tradujimos, tradujisteis, tradujeron
Pres. subj.	traduzca, traduzcas, traduzca, traduzcamos, traduzcáis, traduzcan
Imperative	traduzca usted, traduzcamos, traduzcan ustedes

Other verbs in **-ducir** are **conducir, introducir, producir,** and **reducir**

G. Verbs in **-guar**

gu (pronounced *gw*) changes to **gü** before **e**.

Verbs in **-guar** change **-gu-** to **-gü-** in the first person singular of the preterite and throughout the present subjunctive and the **usted** and *let's* imperatives.

averiguar   *find out*

Pres. ind.	averiguo, averiguas, averigua, averiguamos, averiguáis, averiguan
Preterite	averigüé, averiguaste, averiguó, averiguamos, averiguasteis, averiguaron
Pres. subj.	averigüe, averigües, averigüe, averigüemos, averigüéis, averigüen
Imperative	averigüe usted, averigüemos, averigüen ustedes

H. Verbs in **-guir**

gu (prounouned hard *g*) changes to **g** before **a** and **o**.

Verbs in **-guir** change **-gu-** to **-g-** in the first person singular of the present indicative and throughout the present subjunctive and the imperative.

distinguir   *distinguish*

Pres. ind.	distingo, distingues, distingue, distinguimos, distinguís, distinguen
Preterite	distinguí, distinguiste, distinguió, distinguimos, distinguisteis, distinguieron
Pres. subj.	distinga, distingas, distinga, distingamos, distingáis, distingan
Imperative	distinga usted, distingamos, distingan ustedes

Another verb in **-guir** is **seguir.**

I. Verbs in **-iar** and **-uar**

In many verbs the **-i-** and **-u-** are not accented in the present indicative and subjunctive. Ex: **cambiar: cambio, cambias, cambia,** etc. However, in many verbs in **-iar** and **-uar,** the **-i-** and **-u-** bear the stress and a written accent in the singular and third person plural of the present indicative and subjunctive and in the imperative.

variar   *vary*

Pres. ind.   varío, varías, varía, variamos, variáis, varían
Preterite   varié, variaste, varió, variamos, variasteis, variaron
Pres. subj. varíe, varíes, varíe, variemos, variéis, varíen
Imperative   varíe usted, variemos, varíen ustedes

Other verbs in **-iar** which are accented are **confiar, criar, enviar, fiar, guiar.**

continuar   *continue*

Pres. ind.   continúo, continúas, continúa, continuamos, continuáis, continúan
Preterite   continué, continuaste, continuó, continuamos, continuasteis, continuaron
Pres. subj. continúe, continúes, continúe, continuemos, continuéis, continúen
Imperative   continúe usted, continuemos, continúen ustedes

Other verbs in **-uar** which are accented are **acentuar, atenuar, efectuar, situar.**

J. Verbs in **-aer** and **-eer**
In verbs in **-aer** and **-eer,** when unaccented **-i-** falls between two vowels, it changes to **-y-**. This change occurs in the present participle, the third person singular and plural of the preterite, and throughout the imperfect subjunctive.

caer   *fall*

Pres. part. cayendo
Preterite   caí, caíste, cayó, caímos, caísteis, cayeron
Imperf. subj. { cayera, cayeras, cayera, cayéramos, cayerais, cayeran
                  cayese, cayeses, cayese, cayésemos, cayeseis, cayesen

leer   *read*

Pres. part. leyendo
Preterite   leí, leíste, leyó, leímos, leísteis, leyeron

$$\textit{Imperf. subj.}\begin{cases} \text{leyera, leyeras, leyera, leyéramos, leyerais, leyeran} \\ \text{leyese, leyeses, leyese, leyésemos, leyeseis, leyesen} \end{cases}$$

K. Verbs in **-uir**

Verbs ending in **-uir** (except those in **-guir** and **-quir**) and the verb **oír** insert **y** before any vowel in the ending except **i**. Also, when the unaccented **-i-** falls between two vowels, it changes to **-y-.** These changes take place in the present indicative and the subjunctive throughout the singular and in the third person plural, in the present participle, in the third person singular and plural of the preterite, and throughout the imperfect subjunctive and imperatives.

construir   *construct*

Pres. ind.	construyo, construyes, construye, construimos, construís, construyen
Pres. part.	construyendo
Pres. subj.	construya, construyas, construya, construyamos, construyáis, construyan
Preterite	construí, construiste, construyó, construimos, construisteis, construyeron

$$\textit{Imperf. subj.}\begin{cases} \text{construyera, construyeras, construyera, construyéramos,} \\ \text{construyerais, construyeran} \\ \text{construyese, construyeses, construyese, construyésemos,} \\ \text{construyeseis, construyesen} \end{cases}$$

VOCABULARIES

SPANISH-ENGLISH VOCABULARY

Abbreviations

abbr.	abbreviation	*indef.*	indefinite	*prep.*	preposition
adj.	adjective	*inf.*	infinitive	*pres.*	present
adv.	adverb	*interrog.*	interrogative	*pret.*	preterite
art.	article	*irr. sp.*	irregular spelling	*pron.*	pronoun
cond.	conditional	*m.*	masculine	*refl.*	reflexive
conj.	conjugated	*n.*	noun	*rel.*	relative
conjunc.	conjunction	*obj.*	object	*sing.*	singular
def.	definite	*p.*	page	*sp.*	spelling
dem.	demonstrative	*part.*	participle	*Sp.*	Spain
dir.	direct	*pers.*	person	*Sp. A.*	Spanish America
f.	feminine	*pl.*	plural	*subj.*	subject
fut.	future	*pp.*	pages	*subjunc.*	subjunctive
ind.	indicative	*p. p.*	past participle	*v.*	verb

This vocabulary contains all the Spanish words used in the text except those whose spelling is exactly the same in Spanish and English and those used in examples which are translated into English in the text.

Irregular verbs

Verbs whose principal parts are given are irregular; their conjugation may be found on pp. 458–466. The use of the principal parts is explained on page 452. Verbs followed by (*conj. like* . . .) are also irregular and follow the pattern of the verb indicated.

Radical-changing verbs

Radical-changing verbs are indicated by placing the vowel change in parentheses after the verb, such as **pensar** (**ie**). When there is a vowel change in the present and in the preterite, both changes are indicated, as **dormir** (**ue, u**). Explanations of such changes are found on p. 455, and pp. 466–470; model radical-changing verbs are conjugated on pp. 458–459, verbs 5–8.

Orthographical-changing verbs

Verbs followed by (*irr. sp.* **A to K**) undergo a spelling change in certain forms. The letter refers to the appropriate spelling change, which is explained on pp. 470–475.

Reflexive verbs

Simple verbs which become reflexive with a reflexive meaning are given only in the simple form. When the meaning changes in the reflexive form, both simple and reflexive forms are listed. When a verb is used in the simple and reflexive form with approximately the same English meaning, **-se** is indicated in parentheses, as **morir(se).**

Past participles

Past participles used adjectivally are normally listed only when their meaning is then different from that derived from the meaning of the infinitive form of the verb.

Gender of nouns

The gender of nouns is indicated except in the case of masculine nouns in **-o** and feminine nouns in **-a.**

Proper names

First names are given. Family names are omitted.

Adverbs

In cases where the Spanish adverb is formed by adding **-mente** to the adjective and where there is no change in meaning in the adverb, only the adjective is given if it is used in the text. If only the adverbial form is used, then it is listed.

Prepositions

Phrases beginning with prepositions are not listed under the preposition but under the other significant words in the phrase.

Parentheses

Parentheses around words indicate that these words are being used as an example and that any other appropriate word might be substituted, as **tener** (**diez**) **años** (*be* [*ten*] *years old*).

In 1994, the Royal Academy of the Spanish Language decided to eliminate **ch** and **ll** as separate letters of the Spanish alphabet. However, we have retained the former alphabetization system—wherein they follow **c** and **l** respectively—for this edition of *Spanish for Oral and Written Review*. Subsequent editions will alphabetize **ch** and **ll** within **c** and **l**; **rr** is not alphabetized as a separate letter.

A

a   to; at, in, into, on; by; with, *etc.*;
(*after verbs of separation*) from;
*not translated when used to indi-
cate the personal direct object*
abandonado   abandoned, forsaken
abandonar   abandon, leave, forsake;
give up
abierto (*p. p. of* **abrir**)   opened; open
abogado   lawyer
abordar   board a ship
abotonarse   button up
abrazar (*irr. sp.* **A**)   embrace, hug,
clasp
abrigar   cover to protect from cold
abrigo   overcoat
abril *m.*   April
abrir (*p. p.* **abierto**)   open
absolutista   (*adj.*) absolutist
absceso   abscess
abstracción *f.*   fantasies
abuela   grandmother
abuelo   grandfather; (*pl*) grandparents
aburrido   bored, weary; boring, te-
dious, tiresome
aburrimiento   boredom
aburrir   bore; annoy; tire; **aburrirse**
be bored, get bored; grow tired
acá   over here; this way; on this side;
ven acá come here
acabar   finish, end; **acaba de (comer)**
he has just (eaten); **acabar(se)** be
over; **¡Se acabó!** That's it! It's all
over!
academia   academy
Acapulco   tropical Mexican seaport
on the Pacific
acariciar   caress, fondle
acaso   perhaps
acceder (**a** + *inf.*)   accede, agree,
consent
accidente *m.*   accident
acción *f.*   action, act; stock; share of
stock

aceite *m.*   oil
aceleradamente   acceleratedly
acento   accent, stress
aceptar (+ *inf.*)   accept; admit
acera   sidewalk
acerca de   about
acercarse (*irr. sp.* **C**) (**a** + *n.*)   ap-
proach
aciago   somber, ill-fated, sad
aclararse   clear
acoger   receive; shelter
acomodarse   adjust, accommodate
acompañar   accompany
aconsejar (+ *inf.;* + **que** + *subjunc.*)   ad-
vise (to)
acontecimiento   event, happening
acostumbrar   accustom
acordarse (**ue**) (**de** + *inf.;* **de** + *n.*)   re-
member
acostar (**ue**)   put to bed; lay down;
acostarse go to bed
acostumbrar (**a** + *inf.*)   be accustomed
to; **acostumbrarse** become accus-
tomed to
actividad *f.*   activity; **en actividad**
active
acto   act; **salón de actos** auditorium,
meeting hall
actriz *f.*   actress
actuar (*irr. sp.* **I**)   act
acudir   come
acuerdo   agreement; understanding;
quedar de acuerdo agree, come to
an agreement
acumular   accumulate
acusar   accuse; charge with
adaptación *f.*   adaptation
adecuado   adequate, suitable, appro-
priate
adelante   forward, ahead
además   moreover, besides, fur-
thermore
adentro: no se vaya tan adentro
don't go that far out (into the sea)
adivinar   guess

administrador *m.* administrator, manager

admirar admire

adónde where; where . . . to

adoptar adopt, acquire; take

adorno ornament

adquirir (ie) acquire

adulador flatterer

aduana customs; **agente de aduana** customs official

adverbio adverb

advertir (ie, i) notice, observe, perceive, realize; become aware

aeropuerto airport

afectar affect, influence

afectuoso affectionate

afeitar (se) shave (oneself)

aferrarse take hold of; stick to

aficionado fan, devotee

afirmarse assure oneself

aflorar outcrop

afrontarse confront, face

agacharse stoop, cower

agarrar seize, take grab

agencia agency

agente *m. and f.* agent; **agente de aduana** customs official

agitado agitated, excited

agosto August

agotar exhaust, drain out

agradable agreeable, pleasant

agradar please

agradecido thankful, grateful

agravar make worse, aggravate

agresivo aggressive

agrícola *m. and f.* (*adj.*) agricultural

agua (*f. but* **el**) water

aguacero rainstorm

aguantar bear, endure, sustain, support

aguardar wait for

agudo acute; sharp

águila (*f. but* **el**) eagle

aguja needle

ahí there (near the person spoken to)

ahijado godchild; godson

ahora now; **ahora mismo** right now; **ahora sí** now!; **por ahora** for the time being

ahorrar save (money); economize

aire *m.* air

ajedrez *m.* chess; **tablero de ajedrez** chessboard

ajeno another's, of someone else, alien; **propiedad ajena** another person's property

ajo garlic; **ajos y cebollas** (figuratively) to use foul language: **soltar ajos y cebollas**

ajustar fit tight

al (a + el) to the

ala (*f. but* **el**) wing

alabanza praise

alambre *m.* wire

alameda poplar grove; avenue

álamo poplar

alargado extended, elongated

alarmado alarmed

alarmante alarming

alborotador noisy person

álbum album

alcalde *m.* mayor

alcanzar (*irr. sp.* **A**) overtake, catch up with; reach

alcohólico (*adj.*) alcoholic

alegrar make someone happy; (**eso me**) **alegra** (that) makes (me) happy; **alegrarse** (**de** + *inf.*; [**de**] **que** + *subjunc.*) be glad

alegre glad, happy

alegremente gladly, joyfully, cheerfully, merrily

alegría joy, pleasure

alemán, -a (*n. and adj.*) German; German language

alentar (ie) encourage, cheer up, comfort

alerta *m. and f.* alert; **estar alerta** be on the alert

alfombra carpet; rug

algo (*indef. pron.*) something; (*adv.*) somewhat, rather, a little

alguien someone, somebody

alguno (*pron.*) someone, anyone, some, any; (*adj.*) some, any; **alguna que otra historia** some story or other

aliento breath

alineado aligned

alistarse enlist, enroll

aliviar relieve, unburden

alma (*f. but* **el**) soul

almacén warehouse

almacenaje storage

almohada pillow

almorzar (**ue**) (*irr. sp.* **A**) lunch, have lunch

almuerzo lunch

alquilar rent

alquiler *m.* rent

alrededores surroundings

alteración change, variation

alterado changed

alto high; tall; (referring to tone of voice) loud; **lo alto de** the highest part of

altura height

aludir allude, refer to

alumbrado público lights of a city or town

alumbrar light, illuminate

alumno, -a pupil, student

allá there (farther away than **allí**) (far from both the speaker and the person spoken to)

allí there

amable kind

amablemente affably, in a kind manner

amanecer (*conj. like* **conocer**) (*irr. sp.* **E**) (*v.*) dawn; (*n.*) dawn

amante lover; loving

amargado embittered

amargo bitter

amargura bitterness

amarillento yellowish

amarillo yellow

Amazonas *m.* Amazon River

ambicioso ambitious

ambigüedad *f.* ambiguity

amenazar (**con** + *inf.*) (*irr. sp.* **A**) threaten, menace

América America; **América del Sur** South America; **América Hispana** Spanish America

americano (*n. and adj.*) American

amigo, -a friend

amistad *f.* friendship

amo master

amontonar pile up, gather, accumulate

amor *m.* love

amplio ample, extensive

ampolla blister

anamita Annamite; Vietnamese

ancho wide

andaluz Andalusian

andar (**ando, anduve, andado**) walk; move; go (without definite destination); **¿Cómo andas?** How are you?

andén *m.* platform (of a railroad station)

andrajoso ragged, in rags

anestesia anesthesia

angustiado anguished, afflicted

anfitrión *m.* host

angustia anguish

animado animate; animated; lively; full of people; well attended

animar animate; comfort; encourage

aniquilación destruction, annihilation

aniversario anniversary

anoche last night

anochecer (*irr. sp.* **E**) get dark, become night

anotación annotation, entry in a score

anotar take a note, annotate

ansiedad *f.* anxiety

ansiosamente   eagerly

ante   in front of, before; in the presence of

anteayer   the day before yesterday

antecesor   antecessor, predecessor

anteojos *m. pl.*   (eye) glasses; sunglasses; binoculars

anterior   anterior, former; previous, preceding; **el día anterior** the day before

antes   (*adv.*) (in time) before, sooner; **antes de** (*prep.*) before; **antes (de) que** (+ *subjunc.*) (*conjunc.*) before; **antes de** (+ *n.*) before (+ *n.*)

anticipar   place before

anticuado   old-fashioned

antiguo   (referring to things) old; ancient

antiquísimo   (superlative of **antiguo**) very old; ancient

anual   annual, yearly

anunciar   announce

anuncio   announcement; notice; advertisement

añadir   add

año   year; **a los (diez) años** at the age of (ten); **Año Nuevo** New Year's Day; **el año que viene** next year; **tiene** (diez) **años** he is (ten) years old

apacible   gentle, mild, sweet, peaceful

apagar (*irr. sp.* **B**)   turn off (a light, a radio, a TV); extinguish (a fire)

aparato   apparatus; appliance; device

aparecer (*conj. like* **conocer**) (*irr. sp.* **E**)   appear, show up

aparentar   feign, pretend, assume

apariencia   appearance

apartamento   apartment

apenas   scarcely, hardly

apetito   appetite

aplaudir   applaud

aplicación *f.*   studiousness; being studious

apócope *m.*   apocopation

aportar   bring, furnish, contribute

apoyar   support, back; favor; learn; rest

apreciar   appreciate

aprender (**a** + *inf.*)   learn

apresuradamente   hastily, hurriedly

apresurado   hasty, lively; in a hurry

apresurarse   hurry

apretar (**ie**)   press down

apretón de mano   shake hands rather effusively

apropiado   appropriate, fit, proper

aprovechar   take advantage of

apuntar   aim

apurar (**se**)   hurry, hasten; worry

apuro   difficulty; need, want

aquel, aquella, aquellos, aquellas   (*dem. adj.*) that, those (distant from both the speaker and the person spoken to)

aquél, aquélla, aquéllos, aquéllas   (*dem. pron.*) that one; he; she; the former; that; those; they

aquello   (*neuter dem. pron.*) that

aquí   here

árabe   Arab; Arabian; (language)

arañar   scratch

árbol *m.*   tree

arbolito: arbolito de Navidad   Christmas tree

arbusto   shrub

archivo   file; files

ardiente   ardent; burning

arena   sand

arenal   sand pit

argentino   Argentinean

argolla   iron ring

armario   wardrobe, cabinet

arquitecto, -a   architect

arquitectura   architecture

arrancar (*irr. sp.* **C**)   uproot

arrasar   level, flatten; demolish, raze

arrastrar   drag

arreciar   increase in strength; grew worse

arreglar   arrange; settle; put in order, fix, repair; pay (a bill)

arrepentirse (ie, i)   repent

arriba   up, upward; above, upstairs; on top; **de arriba abajo** from head to foot

arrojar   throw, hurl, pitch

arroyo   brook, small stream

arroz *m.*   rice

arrugado   wrinkled, creased

arte (*m. and f. but* **el**)   art

artículo   article

artista *m. and f.*   artist

asalto   holdup

asamblea   assembly; meeting room

ascender   ascend, climb

ascensor *m.*   elevator

asediado   sieged, blockaded, beset

asegurar   affirm, assure; secure

asentado   seated; set

aserrado   serrated

asesino   murderer, assassin

así   thus, that way, in this way; so

asiento   seat

asignar   assign

asignatura   (school) subject

asistente *m. and f.*   person present, person attending

asistir (a + *n.*)   attend, be present at

asomar   begin to appear; **asomarse** to peep out

asombrado   astonished, amazed; **quedar (se) asombrado** be astonished

aspecto   aspect

aspiradora   vacuum cleaner

asta   horn

asterisco   asterisk

astronauta *m. and f.*   astronaut

astronomía   astronomy

asunto   matter, affair; subject

asustar   frighten, scare

atacar (*irr. sp.* **C**)   attack

atado   tied, fastened

atardecer   late afternoon

atemorizado   frightened

atención *f.*   attention; **llamar la atención a alguien** attract someone's attention; **prestar atención** pay attention

atender (*ie*)   take care of; serve, wait on

atentado   attempt on someone's life

atento   attentive; polite, courteous; **con las caras atentas** looking attentively

Atlántico   (*n.*) Atlantic (ocean)

atlántico   (*adj.*) Atlantic

atleta *m. and f.*   athlete

atmosférico   atmospheric

atractivo   (*adj.*) attractive; (*n.*) attractiveness, charm

atraer (*irr. v.* 30)   attract

atrapar   catch

atrás: años atrás   years ago

atrasado   (referring to a clock or watch) slow

atravesar (ie)   cross

atreverse (a + *inf.*)   dare

atrevimiento   daring; boldness

atribuir   attribute; impute

audaz   audacious, bold

aula (*f. but* **el**)   classroom, lecture room

aumento   increase

aún   still

aunque   although

aurora   dawn

ausencia   absence

ausentarse (de + *n.*)   be absent, absent one-self

ausente   absent

auto   auto, car

autobús *m.*   bus

automáticamente   automatically

automóvil *m.*   automobile, car

automovilismo   motoring

autor *m.*   author
autorizar (*irr. sp.* **A**) (**a** + *inf.*)   authorize
avanzado   advanced; **de edad avanzada** very old
avaro   (*n.*) miser; (*adj.*) stingy, avaricious, miserly
ave   bird
avenida   avenue
aventura   adventure
aventurero   of adventure
avidez *f.*   greed; eagerness
avión *m.*   airplane
avisar   inform
avistar   sight
ayer   yesterday
ayuda   help
ayudar (**a** + *inf.*)   help
ayuntamiento   city hall; city council, municipal government
azotea   (flat) roof of a house
azteca   Aztec
azúcar *m. and f.*   sugar
azul   blue

B

bailador *m.*   dancer
bailar   dance
baile *m.*   dance
bajar   go down; pull down
bajo   (*adj.*) low; short (not tall); lowered; downcast; (*prep.*) under; beneath
bala   bullet; **bala enemiga** enemy bullet; **bala perdida** stray bullet
balazo   bullet wound
balcón *m.*   balcony (of a house)
baloncesto   basketball
ballena   whale
bamba   bamba (popular dance from Mexico)
banco   bank; bench; pew

banda   band
bandada   flock of birds
bandeja   tray
bandido   bandit; outlaw
banquete *m.*   banquet
bañar   bathe, give a bath to; **bañarse** take a bath
baño   bathroom
baraja(s)   cards, deck of cards; game of cards
barba   beard; chin; **doble barba** double chin
barbaridad: ¡qué barbaridad!   how awful!
barbarie   barbarism, cruelty
barbería   barbershop
barbero   barber
barco   ship; boat
barra   loaf; **barra de pan** loaf of bread
barrer   sweep
barrica   cask, barrel
barrio   district (of a city); neighborhood; **barrio chino** red-light district
barro   mud; clay
base *f.*   base
básico   basic
bastante   (*adj. and pron.*) enough; (*adv.*) enough; rather; rather much
bastar   suffice, be enough; **bastar con** be sufficient with; **bastar con que** (+ *subjunc.*) it suffices that; **bastar que** (+ *subjunc.*) be sufficient that; **¡basta ya!** that's enough!
batalla   battle
batería   battery
baúl *m.*   trunk
bautismo   baptism
bautizar   baptize
bautizo   christening
beber   drink
bebida   beverage, drink
béisbol *m.*   baseball

belleza beauty
bello beautiful
bermejo crimson, bright red
beso kiss
bestial beastly, savage
bíblico biblical
biblioteca library
bicicleta bicycle
bien (*adv.*) well; right; **estar bien de salud** be in good health; **pues bien** well, well then; **quedar bien** acquit oneself well; keep an appointment or promise; (*pl. n.*) property, estate, possessions
bienestar *m.* well-being
biftec *m.* beefsteak
billar *m.* billiards
billete *m.* (*Sp.*) ticket; lottery ticket; bill (money)
billetera billfold
biografía biography
biología biology
blanco white; blank; **espacio en blanco** blank in a filling-in blanks exercise
blanquecino whitish
blusa blouse
blusón *m.* loose blouse worn at the beach
bobo fool; retarded
boca mouth
bocado mouthful
bocanada puff of tobacco smoke
boda wedding
Bogotá Bogota, the capital of Colombia
bola ball
bolero bolero song, dance from Cuba
boleto (*Sp. A.*) ticket
Bolívar (**Simón**) Liberator of South America
bolso (*m. and f.*) bag; purse
bolsillo pocket
bombardear bombard, bomb

bombero fire fighter
bombilla light bulb
bonaerense from Buenos Aires, capital of Argentina
bondad kindess
borde edge, fringe
bonito pretty; beautiful
borracho (*adj.*) drunk, drunken; (*n.*) drunkard
borrar erase
borrascoso stormy
borroso blurred, faded
bosque *m.* woods, forest
bota boot
botánica botany
bote boat; bottle; **de pintura** recipient containing paint
botella bottle
botón *m.* button; **botonadura** set of buttons
boxeo boxing; **encuentro de boxeo** boxing match
brazada armload
brazo arm (of a body, of a chair)
breve brief; short
brillante *m.* diamond; (*adj.*) brilliant; shining, bright
brillantemente brilliantly
brillantez brilliance
brillar shine, sparkle, glitter
brindis toast
brisa breeze
brizna blade of grass
bronco coarse, rough
bruja witch
buen(o) (*adj.*) good; (*adv.*) well, very well; **un buen día** a certain day; **un buen rato** a long time; **buenos días** good morning; **buenos (días)** good morning
buey ox
bulbo bulb
bulto bundle
burla the act of making fun of

burlarse (de + *inf.*)   make fun of, ridicule; laugh at
busca   search; **en busca de** in search of
buscar (*irr. sp.* **C**) (+ *n.*)   seek, look for; get
búsqueda   search, quest
buzón *m.*   mailbox

C

caballete *m.*   easel
caballo   horse
cabello   hair of human beings
caber   fit
cabeza   head
cabezota   *n.* large head; (*n. and adj. m. and f.*) big-headed person; obstinate person
cabina   cabin
cabizbajo   pensive; with bowed head
cabo de cuarto   police corporal
cada *m. and f.*   (*adj.*) each, every; **cada uno** (*pron.*) each, each one
cadena   chain
Cádiz   Cadiz, seaport on the Spanish Mediterranean coast
caer (**caigo, caí, caído**) (*irr. Sp.* **J**)   fall; **caerse** fall (down), fall to the ground
café *m.*   coffee; coffee shop
cafetería (*Sp. and Sp. A.*)   coffee shop (*Sp. A.*) cafeteria
caída   fall; **a la caída de la tarde** in late afternoon
caja   box; **caja de caudales** strongbox, safe; **caja fuerte** strongbox, safe; **cajita** little box
cajero, -a   cashier
cajetilla   pack of cigarettes
cajón *m.*   drawer
calado por la lluvia   soaked by the rain
calcetín *m.*   sock

calendario   calendar
calentador *m.*   heater; water heater
calidad *f.*   quality
calificar   qualify; grade
caliente   hot
calificación *f.*   qualification, rating; mark or grade in an examination or course
calor *m.*   heat; **¡Qué calor!** How hot it is!; **tiene calor** he is hot (warm)
callado   quiet, silent
callar(se)   be silent, keep still; become silent
calle *f.*   street; **calle (Arroyo)** (Arroyo) Street
callejero: baile callejero   street dance
cama   bed
cámara   camera
camarada *m. and f.*   comrade, companion, fellow; pal, chum
camarero, -a   waiter; waitress
camarote *m.*   cabin (in a ship); stateroom
cambiar (**de** + *n.*)   change; **cambiar de mano** change hands
cambio   change
caminante   traveller (who walks)
caminar   walk; move along
camino   road; way; track; **en camino de casa** on one's way home; **estar en camino** be on one's way
camión *m.*   bus (Mexico); truck (elsewhere)
camisa   shirt
campamento   camp; camping ground
campeón *m.*   champion
campesino   farmer
campo   field; country (as contrasted with city); field (where sports are played); **campo de batalla** battle field
canción *f.*   song
candidato   candidate
canica   marble

cansado tired
cansar tire; bore; wear out; **cansarse** get tired; become bored
cantante *m. and f.* singer
cantar sing
cantidad quantity
caña cane, reed
cañada ravine
capilla chapel
capitalino from or belonging to the capital (city)
capitán *m.* captain
capítulo chapter
capota bonnet; hood
captar capture; catch (the real meaning of something)
capturar capture
cara face
Caracas capital of Venezuela
carácter *m.* character
característica (*n.*) characteristic
caracterizar (*irr. Sp.* **A**) characterize
caramelo candy
¡caramba! good gracious!; for heaven's sake!; gosh!; by Jove!; confound it!
carbohidrato carbohydrate
carcajada burst of laughter
cárcel *f.* jail, prison
carcelero jail guard
carey *m.* tortoise shell
carga load
cargado loaded
cariñoso affectionate
caritativa charitable
carne *f.* meat
caro expensive
carpintero carpenter
carrera race; career
carreta cart
carretera highway
carretero cartman
carrito little cart, cart toy
carta letter; (*pl*) playing cards
cartel poster

cartera billfold; briefcase
carterista *m. and f.* pickpocket
cartero letter carrier
cartón *m.* cardboard
casa house; home; **en camino de casa** on the way home; **en casa** at home; **señora de la casa** housewife
casadero marriageable
casado married
casamiento marriage
casar marry; **casarse** (**con** + *n.*) marry; get married
casco hoof of a horse, mule, or donkey; head, brains of a person
casi almost
casilla booth; post-office box
casino casino; club; clubhouse
casita (*diminutive of* **casa**) little house
caso case; **el caso es** the fact is; **hacer caso** pay attention; notice
casta caste
castaña chestnut
castigar punish
castillo castle
casualidad *f.* chance; **por casualidad** by chance
casucha small, poor house
catalán, -a (*n. and adj.*) Catalan; Catalan language
catalejo spyglass
catálogo catalog
catarro (head) cold
católico Catholic
caudal *m.*: **caja de caudales** strongbox, safe
causa cause
causar cause
caza hunting, chase
cazador hunter
cazar (*irr. sp.* **A**) hunt
cebolla onion
cebú zebu, kind of cattle
cedro cedar
cegar blind
ceja eyebrow; **arreglarse las cejas/**

sacarse las cejas pluck one's eyebrows

celaje   mass of clouds

celebrar   celebrate; hold a meeting; be glad

célebre   famous, well known

celeste   celestial; sky blue

celta *m. and f.*   (*n.*) Celt

cena   supper

cenar   eat supper, have supper

cenicero   ashtray

ceniza   ash

centímetro   centimeter (2.54 cm = 1 inch)

centro   center; middle; downtown; business district

cepillar   brush

cerca   (*n.*) fence; (*adv.*) near; **cerca de** (*prep.*) near

cercano: pariente cercano   close relative

cerebro   brain; judgement

ceremonia   ceremony

cerrado   closed

cerrar (ie)   close, shut

certero   well-aimed; well-informed

certeza   certainty

certidumbre   certainty

certificado   (*n.*) certificate

cerveza   beer

ciclón *m.*   cyclone, hurricane

ciego   blind

cielo   sky; heaven

cien   a hundred

ciencia   science

científico   (*n.*) scientist; (*adj.*) scientific

ciento   a hundred

cierto   certain, sure; **lo cierto es que** the fact is that

cigarrillo   cigarette

cigarro   cigar; cigarette

cinco   five

cincuenta   fifty

cine *m.*   movie

cinta   ribbon; tape (for a tape recorder)

circo   circus

circulación *f.*   circulation; **el periódico de mayor circulación** the most widely read newspaper

círculo   circle

circunstancia   circumstance

cirujano de campaña   battlefield surgeon

citada   mentioned; quoted

ciudad *f.*   city

claridad *f.*   light; clarity; clearness

claro   clear; bright; **cerveza clara** light beer; **es claro** it's obvious

clase *f.*   class; classroom; lesson; kind

clavado   nailed

clave   key

clavel *m.*   carnation

cliente *m. and f.*   client; customer

clima *m.*   climate

cobrar   collect, receive (money); cash; charge

cocina   kitchen; kitchen stove

cocinar   cook

cocinero, -a   cook

coche *m.*   car; coach (of a train)

cochero   coachman

cochino   pig

codazo   poke with the elbow

codo   elbow

coger (*irr. sp.* **D**)   take, seize, grasp; catch; **coger en brazos** carry on one's arms

coincidir   coincide; agree

cojear   limp

cojín   pillow

cola: hacer cola   wait in line

colarse (ue)   slip in, sneak in

colega *m. and f.*   colleague

colegio   school, academy

cólera   anger

colgado   hung

colgadura   hanging, drapery

colgar (ue) (*irr. sp.* **B**)   hang

colina   hill

colocación *f.* location; **orden de colocación** word order

colocar (*irr. sp.* **C**) place, put, put into place

colombiano, -a Colombian

Colón (**Cristóbal**) Christopher Columbus

colonización *f.* colonization

colonizador colonist, settler

color *m.* color; **tiza de color** colored chalk

comedia play; comedy

comedor *m.* dining room

comentar comment

comentario commentary

comenzar (ie) (**a** + *inf.*) (*irr. sp.* **A**) begin

comer eat

comercial (*adj.*) business

comerciante *m. and f.* merchant, businessman, businesswoman; businessperson

comercio commerce; business

cometer commit, do, perpetrate

comida food; meal; dinner

comisario police officer

como as, like, such as; when; since; provided that; **como si el mundo se fuera a acabar** as if the world were coming to an end; **como siempre** as usual

¿cómo? how?, what?, **¿cómo se llama —?** what is —'s name?

comodidad *f.* comfort, convenience

cómodo comfortable, convenient

compacto: disco compacto compact disc

compadres *m. pl.* father and godfather of a child

compañero, -a companion, fellow, partner; **compañero de cuarto** roommate

compañía company

comparación *f.* comparison

compartir share

competencia competition

competir (i, i) compete

complacer (*irr. sp.* **E**) please

complacido pleased

complejo complex; **complejo de culpa** guilt complex

completo complete

complicado complicated, complex

comportamiento behavior

comportarse behave; **comportarse mal** misbehave

compositor, -a composer

comprar buy; **comprarse** buy for oneself

compras: ir de compras go shopping

comprender understand

comprensión *f.* understanding, comprehension

compromiso commitment; pledge; engagement; appointment

computadora computer

comunidad *f.* community

con with; **con tal que** provided that

concebir conceive; imagine; formulate; become pregnant

concepto concept

concertado concerted

concierto concert

conciliar conciliate; reconcile

conciso concise

concluir (*irr. sp.* **K**) conclude, finish

concordancia agreement

concurrencia attendance, audience

condenar condemn, sentence

conducir (**conduzco, conduje, conducido**) drive; act, behave

conducta conduct, behavior

conducto: por conducto de by means of

conejo rabbit

conferencia conference; lecture

conferenciante *m. and f.* lecturer

confianza confidence; trust; assurance

confiar trust

conflictivo: situación conflictiva
   situation in which a conflict exists
conflicto conflict
conglomerado conglomerate
congreso congress
conjuntamente jointly
conmigo with me
conmover move, touch, affect
Cono Sur southern tip of South
   America
conocedor: conocedor del campo
   very familiar with the field
conocer (conozco, conocí, conocido)
   know; be aware of; be acquainted
   with; meet a person (for the first time)
conocido *(adj.)* known; *(n.)* acquain-
   tance
conquista conquest
conquistador, -a conqueror
conseguir (i, i) (+ *inf.*) obtain; get;
   succeed in, manage to
consejo advice; piece of advice
consentir (ie, i) (en + *inf.*) (en + *n.*)
   consent
conserje *m. and f.* janitor
conservar conserve; keep; maintain
considerar consider
consigna order given to a commander
conspirar conspire
constancia proof, evidence
constante constant, persistent
constantemente constantly
constitución *f.* constitution
constituir *(irr. sp.* **K**) constitute,
   form, make up
construir *(irr. sp.* **K**) construct, build
consulta doctor's office
consultar consult
consultorio outpatient clinic; doc-
   tor's office
consumar accomplish, complete
consumir consume; eat up; use up
consumo consumption
contacto contact
contador *m.* accountant

contar (ue) (con + *inf.*; con + *n.*)
   count on; tell, recount
contemplar contemplate; look with
   attention
contemporáneo contemporary
contener *(conj. like* **tener**) contain;
   hold; restrain; **conteniendo los lati-
   dos de mi corazón** trying to keep
   people from noticing that my heart
   is beating hard
contentarse be contented
contento content, happy
contestación *f.* answer
contestar answer, reply
contigo with you
continuación: a continuación below
continuar *(irr. sp.* **I**) continue
contra against; **en contra de** against
contraer matrimonio get married
contraste *m.* contrast
contratar contract, hire
contratista *m. and f.* contractor
controlar control
conveniente convenient, appropriate
convenir *(conj. like* **venir**) be suit-
   able, be proper
convertir (ie, i) (en + *n.*) convert,
   change to; **convertirse en** become
convidar invite; treat
convivir live together; share a com-
   mon experience
coordinador *m.* coordinator
copa cup, glass goblet
copiar copy
copiosamente copiously
coqueteo flirting
corazón *m.* heart
corbata tie
cordero lamb
Córdoba Cordoba, city in southern
   Spain
cornada thrust with the horn
coronar crown
corpulento corpulent, bulky
correcto correct, right; proper

corredor   runner
corregir (i, i) (*irr. sp.* **D**)   correct
correo   mail; post office
correr   run
correspondencia   correspondence
corresponder   correspond
correspondiente   corresponding
corriente   flowing, running; **agua co-
 rriente** running water
cortar   cut; **cortarse el pelo** have
 one's hair cut
corte   *m.* cut; *f.* court
cortés *m. and f.*   (*adj.*) courteous
Cortés (Hernán)   Spanish conqueror
 of Mexico
cortesía   courtesy
cortina   curtain
corto   short
cosa   thing
coscorrón   bump, blow on the head
cosecha   harvest
coser   sew
costa   coast, shore; **a costa de** at the
 expense of
costado   side
costar (ue)   cost
costo   cost, value
costoso   costly, expensive
costumbre *f.*   custom, habit; **de cos-
 tumbre** as usual
cotidiano   daily
crear(se)   create, form
crecer (*conj. like* **conocer**)   grow
crecimiento   growth
creer (*irr. sp.* **J**)   believe; think
crepúsculo   twilight; dawn; dusk
crespo   curly
creyente *m. and f.*   believer
criada   servant, maid
criado   servant
criar   raise, rear, bring up (a child)
criatura   creature
crimen *m.*   serious crime; felony
cristal *m.*   glass; **mesa de cristal** glass
 table

crítica   criticism; censure
criticar (*irr. sp.* **C**)   criticize, blame;
 find fault with
crítico   critic
crónico   chronic
crucigrama   crossword puzzle
crueldad   cruelty
cruzar (*irr. sp.* **A**)   cross
cuaderno   notebook
cuadro   painting, picture
cual   which, who, that; **el cual,** *etc.*
 who, which; **lo cual** which
¿cuál(es)?   which?; which one?;
 what?
cualquier(a)   (*adj.*) any, any one at all;
 (*pron.*) anyone; **cualquiera que sea**
 whatever it may be
cuando   when
¿cuándo?   when?; **¿desde cuándo?**
 since when?
cuantioso   large, numerous
cuanto: cuanto más . . . tanto más
 the more . . . the more
¿cuánto?   how much?; ¿cuánto
 tiempo? how long?; ¿por cuánto
 tiempo? for how long?
cuarenta   forty
cuartel *m.*   military quarters; barracks
cuartilla   piece of paper
cuarto   bedroom; quarter
cuatro   four
cubano   Cuban
cubierta   (book) cover
cubrir (*p. p.* **cubierto**)   cover
cuclillas: en cuclillas   in a squatting
 position
cuchara   spoon
cuchillo   knife
cuello   neck; collar
cuenta   bill; count; account; **arreglar la
 cuenta** pay the bill; **cuenta bancaria**
 bank account; **darse cuenta (de)** re-
 alize; **más de la cuenta** excessively;
 pasar la cuenta send the bill; **tener
 en cuenta** take into account

cuento   story; short story
cuerda   rope; **cuerda floja**: tightrope
cuerno   horn
cuerpo   body
cuesta   slope, hill
cuestión *f.*   question; matter; affair
cuestionario   questionnaire
cueva   cave
cuidado   care; **poner cuidado** be careful; **tener cuidado** be careful
cuidadoso   careful
cuidar (+ *n;* **de +** *n.***)**   take care of
culpa   blame; guilt; **complejo de culpa** guilt complex
culpar   blame
cultivar   cultivate; farm
culto   cult
cultura   culture
culturalmente   culturally
cumbre   summit
cumpleaños *m. pl.*   birthday
cumplidor, -a   conscientious, dependable
cumplir   accomplish, execute, perform, discharge; fulfill; **cumplir (cinco) años** reach the age of (five); **cumplir con el deber** do one's duty
cuñada   sister-in-law
cuñado   brother-in-law
cura *f.*   cure, remedy; *m.* Catholic priest
curar *f.*   cure, heal
curiosear   inquire; pry; poke one's nose
curiosidad *f.*   curiosity
curso   course; school year; subject matter in school
cuyo   whose

CH

chaleco   vest
chaqueta   jacket, coat
charco   puddle

Chamartín   modern train station of Madrid from which most of the important trains now leave
charlar   talk, chat
cheque *m.*   check; **cheque de viajero** traveler's check
chica   girl
chico   (*n.*) boy; (*adj.*) small; **chiquito** very small, tiny
chileno   Chilean
chimenea   chimney
chino   Chinese
chiste *m.*   joke
chófer   (auto) driver
chorro   jet, spout, gush, flow

D

dama   lady; *pl.* ladies; checkers
dañado   damaged
dañar   damage
daño   damage
dar (doy, di, dado)   give; **dar las gracias** thank; **dar lugar** bring about; **dar un paseo** take a walk; **darse cuenta** realize; **lo mismo da** it's all the same, it doesn't matter; **se daba (geografía)** (geography) was taught
data   fact; *pl.* data; facts
dativo   dative
de   of; from
debajo de   under
debatir   debate
deber (+ *inf.*; **de +** *inf.***)**   ought to, should; must; (followed by noun) owe
débil   weak
debilidad *f.*   weakness
decepcionado   disappointed
decidir (+ *inf.***)**   decide; **decidirse (a +** *inf.***)**   make up one's mind
decir (digo, dije, dicho)   say; tell; **es decir** that is to say; in other words

declarar declare
declarativo: frase declarativa declarative sentence
declinar decline, fade out
decorador, -a decorator
dedicarse a devote oneself to a task
dedo finger; toe
defecto defect
defender (ie) defend
defensa defense
definido definite
definir define
defraudar defraud, cheat, rob of
dehesa pasture
dejar (+ *inf.*) leave; let; abandon, let go; quit; allow; **dejar constancia** to give faith, proof; **dejar de** (+ *inf.*): **no deje de (venir)** don't forget to (come)
del (de + el) of the; from the
delantal *m.* apron
delante (*adv.*) in front; ahead
delante de (*prep.*) before; in front of
delgadez thinness
delgado thin; slender
deliberado purposeful
delicadamente delicately; with care
delicado delicate; subtle; nice
delicioso delicious; delightful
delinearse delineate
demanda de petition, request
demás (the) other, rest (of the)
demasía excess
demasiado (*adv.*) too; too much
demasiado (*adj.*) too much; too many
democracia democracy
demográfico demographic; as regards population
demorar delay
demostrar (ue) show; demonstrate
demostrativo demonstrative
dentista *m. and f.* dentist
dentro (*adv.*) in, inside; within
dentro de (*prep.*) inside of; **dentro de** (+ *time*) within a certain time

departamento department
dependencia dependence
depender (**de** + *n.*) depend on
dependiente *m. and f.* clerk (in a store)
deportiva: competencia deportiva sports event; **página deportiva** sports page
depresión *f.* depression
deprimido depressed
derecho (*adj.*) right; right-hand side; (*n.*) right; justice; **escuela de derecho** law school
derramar spill
derretir melt
desagradable disagreeable, unpleasant
desaparecer(se) (*conj. like* **conocer**) disappear
desarrollar develop
desarrollo development
desastrado wretched, unfortunate; shabby, ragged, untidy
desayunar(se) have breakfast
desayuno breakfast
desbordar(se) overflow
descansar rest
descansillo landing of stairs
descarriado mislead
descender descend; get off
descendiente *m. and f.* descendant
desconcertar confuse
desconocido (*adj.*) unknown; strange; unfamiliar; (*n.*) stranger; unknown person
descontar (ue) discount; deduct
describir (*p. p.* **descrito**) describe
descubrimiento discovery
descubrir (*p. p.* **descubierto**) discover
desde (*prep.*) (of place) from; (of time) since; **desde hace** for, since; **desde luego** of course
desdichado unfortunate, unlucky
desdoblar unfold, spread

desear   wish, desire
desembarcar   disembark, land
desempeñar   discharge a duty
desenterrar   unearth, exhume
deseo   wish
desesperación *f.*   desperation
desfilar   parade
desfile *m.*   parade; march
desgarrado   torn; ripped
desgracia   misfortune
desierto   desert
desinflado: rueda desinflada   flat tire
desmontarse   dismount from a horse, donkey, *etc.*
desnivelado   not level; uneven
desnuda   naked
desnudez   nakedness, nudity
desobedecer   disobey
desocupado   free, vacant, unoccupied
despacio   (*adv.*) slowly
despacho   office
despedir (i, i)   dismiss; discharge from a job; **despedirse (de)** say goodbye (to), take leave (of)
despertar (ie)   wake up, awaken; **despertarse** wake up
despierto   (*adj.*) awake
despojos   booty
despreciar   despise, scorn
desprecio   contempt, scorn
desprenderse   give away; detach; deduce, infer
desprendido   detached, loosened; separated
despreocuparse   not to worry any more
después   (*adj.*) after, afterwards, later; **después** (*prep.*) after; **después de todo** after all
destacado   outstanding, distinguished
destacar (*irr. sp.* **C**)   stand out, be noted, distinguished
destierro   exile
destino   destiny
destrozar   shatter, destroy

destruir (*conj. like* **construir**)   destroy
desván   garret, loft
desventaja   disadvantage
desviar   deviate, deflect
detallado   detailed
detalle *m.*   detail
detenerse (*conj. like* **tener**)   stop; halt
detenido   detained; under arrest
determinar   determine; fix; settle; decide
detrás   (*adv.*) behind; in the rear; **detrás de** (*prep.*) behind; after
deuda   debt
devolver (ue)   give back; pay back; put back; return (something to someone)
día *m.*   day; **días más tarde** some days later; **un buen día** a certain day; **hoy en día** nowadays
diafanidad *f.*   transparency, clearness
diario   (*adj.*) daily; (*n.*) newspaper; diary
dibujar   draw, sketch, design
dibujo   drawing, sketch
diccionario   dictionary
diciembre   December
dictador *m.*   dictator
dictadura   dictatorship
dictar   dictate
dicho (*p. p. of* **decir**)   said
diecinueve   nineteen
dieciocho   eighteen
dieciséis   sixteen
diecisiete   seventeen
diente *m.*   tooth; **lavar (se)/cepillar (se) los dientes** brush one's teeth
dieta   diet
diez   ten
diferencia   difference
difícil   difficult
dificultad *f.*   difficulty
difundir   diffuse; spread; divulge
digerir   digest
dije (*pret. of* **decir**)   I said

diligente diligent; prompt; active

Dinamarca Denmark

dinero money

Dios God; **¡Dios mío!**; my God!; my goodness!

diplomático (*n.*) diplomat; (*adj.*) diplomatic

diputado deputy

dirección *f.* direction; address

directo direct

director *m.* director; conductor (of an orchestra); principal (of a school)

dirigente leader

dirigido addressed

dirigir (*irr. sp.* **D**) direct; **dirigirse (a** + *n.*) go to, go toward

disco (phonograph) record; **disco compacto** compact disc

discurso speech; talk

discutir discuss; argue; dispute

disfraz disguise

disfrutar enjoy

disparar discharge; fire a gun

disponer (*conj. like* **poner**) have the use of; **disponerse (a** + *inf.*) be ready to

disponible available

dispuesto disposed; ready; prepared

distancia distance

distinguidísimo (*superlative of* **distinguido**) very distinguished, prominent

distinguido distinguished, prominent

distinguirse (*irr. sp.* **H**) distinguish oneself; be different

distinto distinct, different

distraer amuse; divert, distract

distribuir (*irr. sp.* **K**) distribute

diversidad *f.* diversity

diverso various; different

divertido amusing, funny

divertirse (ie, i) amuse oneself, have a good time

dividir divide

divorciarse be divorced

divulgación *f.* the act of divulging or making known

doblar fold; bend; **doblar la mano** bend one's hand

doce twelve

docena dozen

dócil docile, tractable

doctor, -a doctor

dólar *m.* dollar

doler (ue) ache, hurt, pain; **me duele la cabeza** my head aches, I have a headache

dolor *m.* pain, ache; **dolor de cabeza** headache

dolorido aching

domingo *m.* Sunday

dominical dominical (related to Sundays)

dominicano; República Dominicana Dominican Republic

don Don (a title used before a man's given name); natural gift or talent

donde where, in which; **de donde** from which, whence; **por donde** through which

¿dónde? where?

dondequiera anywhere

doña Doña (a title used before a woman's given name)

dorado gilded

dormido asleep; **quedarse dormido** fall asleep

dormitar doze

dormir (ue, u) sleep; **dormirse** fall asleep

dormitorio bedroom; dormitory

dos two; **dos veces** twice

doscientos two hundred

duda doubt; **sin duda** doubtless; probably

dudar (de + *n.*) doubt

dueño owner

dulce sweet

durante during

durar last

E

e   and (before initial **i**)

echar   throw; dismiss, discharge;
echar a perder spoil; **echar al co-
rreo** mail, put into the mail; **echar
de menos** miss; **echar humo** puff
smoke

edad *f.*   age

edificio   building

educado   educated

educar (*irr. sp.* **C**)   educate

efectivamente   really, actually; as a
matter of fact, indeed

eficaz   effective

eficiencia   efficiency

Egipto   Egypt

ejemplo   example

ejercicio   exercise

ejército   army

el *m.*   (*def. art.*) the; (*dem. pron.*) the
one; he; that; **el que** he who, the one
who

elaborar   elaborate, manufacture,
work

elástico   elastic

elección *f.*   election

electricidad *f.*   electricity

elefante *m.*   elephant

elegir (i, i) (*irr. sp.* **D**)   elect; choose,
select

elocuente   eloquent

elogiar   praise

ella   she; it; her

ellas   they; them

ellos   they; them

embajador *m.*   ambassador

embarcar(se) (*irr. sp.* **C**)   embark; go
on board; take a long trip

embargo: sin embargo   however,
nevertheless

embelesado   charmed, entranced, cap-
tivated

emisora   radio station

emoción   emotion

empeñarse (**en** + *inf.*; **en** + *n.*)   insist
on, set one's mind on

emperador *m.*   emperor

empezar (ie) (*irr. sp.* **A**) (**a** + *inf.*)
begin

empleado, -a   employee

empleo   employment; job

empolvarse   put on powder

emprender   undertake; engage in

empresa   enterprise; firm, company

empujar   push

en   in; into; on, upon, *etc.*

enamorarse (de)   fall in love (with)

encaje *m.*   lace

encantar   enchant, charm, delight

encanto   charm

encargado: estar encargado de   be in
charge of

encarnado   flesh-colored; red

encender (ie)   light (a lamp, a fire, a
cigarette)

encerrado   enclosed

encima de   (*prep.*) above; on

encontrar (ue)   find; meet; encounter;
¿cómo encuentras . . . ? how do
you like . . . ?

encorvarse   bend down

encuesta   survey, poll

enemigo, -a   enemy

energía   energy

energúmeno   violent, wild person

enero   January

enfadado   angry; annoyed; bothered

enfadar   displease; annoy; anger; **en-
fadarse** be displeased; get angry

enfático   emphatic

enfermarse   get sick

enfermedad *f.*   sickness; disease

enfermera   nurse

enfermo   (*adj.*) sick; ill; (*n.*) sick per-
son; patient

enfurecidamente   with fury, furiously

engañar   deceive; fool; mislead

engordar   get fat

enjaezado   harnessed

enjambre swarm
enloquecer madden; drive insane
enloquecido mad, crazy
ennegrecido blackened
enojado angered, displeased
enorme enormous
enriquecer (*conj. like* **conocer**) become rich
enrojecido reddened
ensalada salad
ensañamiento cruelty, ferocity
ensartar string together
ensayo essay
enseñar (**a** + *inf.*) teach; show, point out
ensimismado absorbed in one's own thoughts
entablarse start a conversation, a dealing
entender (**ie**) understand
enterado well-informed; informed
enterarse (**de** + *n.*) learn of; be informed of; find out about
entonación *f.* intonation
entonces then, at that time
entrada entrance; entry
entrar (**en** + *n.*); (**a** + *n.*) enter, come in
entre between; among
entreabrirse half open
entrega: hacer entrega deliver
entregar (*irr. sp.* **B**) hand over; deliver
entretener (*conj. like* **tener**) entertain
entrevista interview
entrevistador *m.* interviewer
entristecerse (*irr. sp.* **E**) become sad
entrometido meddler
entusiasmado enthusiastic
entusiasmo enthusiasm
envejecido aged
enviar (*irr. sp.* **I**) send
envolver (**ue**) (*p. p.* **envuelto**) wrap up
episodio episode

época epoch, time, period
equipo team
equivalente equivalent
equivocarse (*irr. sp.* **C**) make a mistake; be wrong; go wrong
erizado de bristling with; covered with
ermitaño hermit
erradicar erradicate, wipe out
erupción eruption
error *m.* error, mistake
es (*pres.* **ser**) (he, she, it) it; **es decir** that is to say, in other words; **es que** the fact is
escalera stair, staircase
escándalo scandal
escaparse escape; run away
escaso scanty, scarce
escena scene
esclarecer (*irr. sp.* **E**) light up, brighten
esclavo slave
escoba broom
escoger (*irr. sp.* **D**) choose
esconder (**se**) hide
escopeta shotgun
escote low neck
escribir (*p. p.* **escrito**) write
escrito (*p. p. of* **escribir**) written
escritor *m.* writer
escritorio desk
escrúpulo scruple
escuchar (+ *n.*) listen; listen to
escudero squire
escudriñar scrutinize, search; investigate
escuela school
escurrirse slip out, slip away
ese, esa, esos, esas (*dem. adj.*) that (near the person spoken to); those
ése, ésa, ésos, ésas (*dem. pron.*) that one; he; that; those
esencial essential
esforzarse (**ue**) (**en** + *inf.*) (*irr. sp.* **A**) exert oneself; try hard; try harder

esfuerzo   effort
esmeralda   emerald
eso   (*neuter dem. pron.*) that; **eso es** that's right; **a eso de** (**las nueve**) about (nine o'clock); **por eso** for that reason
espacio   space; time; **espacio en blanco** blank space
espalda   back (of the body)
España   Spain
español *m.*   Spanish language
español, -a   (*n.*) Spaniard; (*adj.*) Spanish; **a la española** in the Spanish manner
especial   special
especializarse (**en** + *n.*) (*irr. sp.* **A**)   specialize
espejo   mirror, looking glass
espera: sala de espera   waiting room
esperanza   hope
esperar (+ *inf.*; + *n.*)   hope; wait; wait for; expect; **como era de esperarse** as was to be expected
espeso   thick
espiar (*irr. sp.* **I**)   spy; watch
espina   thorn
espíritu *m.*   spirit
espontáneamente   spontaneously
esposa   wife
esposo   husband; *m. pl.* spouses, husband and wife
espuma   foam
esquina   (street) corner
estabilidad *f.*   stability
estable   stable; steady; firm
establecer (*irr. sp.* **E**)   establish; set up; **establecerse** be established
establecimiento   establishment; store; shop
establo   stable; cattle barn
estación *f.*   station; season; **estación de servicio** gas station
estacionar   park (a car)
estado   state, condition, status; (*p. p.*

estar) been; **golpe de estado** coup d'état
estancia   stay
estante *m.*   shelf
estar   (**estoy, estuve, estado**) be; **estar alerta** be on the alert; **estar de luto** be in mourning; **estar dispuesto** be ready; **estar mal** be sick; not working properly (as in the case of a clock); **estar de vacaciones** be on a vacation
este, esta, estos, estas   (*dem. adj.*) this, these
éste, ésta, éstos, éstas   (*dem. pron.*) this one, this; the latter; these
estéreo   stereo
estilo   style
estirar   stretch
esto   (*neuter, dem. pron.*) this
estrechar la mano   shake hands
estrecho   close; narrow
estrella   star
estremecido   shaken; trembling
estrépito   clatter, loud noises
estrictamente   strictly
estudiante *m. and f.*   student
estudiar   study
estudio   study; studio; library; (*pl.*) studies; learning; education
estudioso   studious
estupefacto   amazed, dumbfounded
estúpido   stupid
estupor   stupor; amazement
eterno   eternal
étnico   ethnic
Europa   Europe
europeo   European
evitar   avoid
exacto   exact; accurate
exageradísimo   very exaggerated
exagerado   exaggerated
exagerar   exaggerate
examen *m.*   examination
examinar   examine; inspect; **exami-**

narse take an examination, be ex-
amined
excesivo excessive; **excesivo creci-
miento** uncontrolled growth
exceso excess; **exceso de velocidad**
high speed; speeding
exclamación *f.* exclamation
exclusivamente exclusively
excusa excuse, pretext
exhibición *f.* exhibition, exposition;
exhibit
exhibir exhibit, show, display
exigir (*irr. sp.* **D**) demand
existencia existence; presence
existir exist; be
éxito success
expedicionario expeditionary
experto expert
explicación *f.* explanation
explicar (*irr. sp.* **C**) explain
explorador, -a explorer; scout
exportar export
exposición *f.* exposition; exhibition
expresar express
expresión *f.* expression
expresiva expressive
expreso express
expulsar expel, eject; remove from
membership
exponer (*conj. like* **poner**) expound;
explain
extendido extended
extranjero foreign; **al extranjero**
abroad
extrañar miss
extraño strange, peculiar, alien
extremo extreme; tip; end

F

fábrica factory
fábula fable
fabulista writer of fables

facciones features of the face
fácil easy; **gracia fácil** light, fluent
humor
facultad *f.* college or school of a uni-
versity
fachada facade, front
falda skirt
falta fault; lack; want; **¿cuánto hace
falta?** how much is necessary?;
hacer falta need; **por falta de** for
lack of
faltar be lacking, be wanting, be miss-
ing; be absent; offend somebody;
break an appointment; **no faltarle
nada a nadie** no one lacking any-
thing
fama fame
familia family
familiar *m.* relative, member of a
family; (*adj.*) belonging to the
family
famoso famous
fantasía fantasy, imagination
farmacia drugstore
fatalmente fatally
favorablemente favorably
favorecer (*irr. sp.* **E**) favor; improve
the appearance of
favorito favorite
fe *f.* faith
febrero February
fecha data; **fecha clave** key date
felicidad *f.* happiness
felicitar congratulate
feliz happy
felizmente happily
fenómeno phenomenon
feo ugly
feria fair; festival
feroz ferocious, fierce
festivo merry; **día festivo** holiday
fiarse (**de** + *n.*) trust, rely on
ficticio fictitious
fieltro felt

fiesta   party; fête, festival
figura   figure; **figura de actualidad**
  frontpage figure
figurarse   imagine; fancy; think
fijar   fix, establish, determine; **fijarse**
  (**en** + *n.*) notice; observe
fijo   fixed; **con los ojos fijos** staring;
  tener los ojos fijos stare, look at in-
  tently
fila   line, row
filosofía   philosophy
fin *m.*   end; **a fin de que** in order that,
  so that; **al fin** finally, at last; **por fin**
  finally
finca   farm; a piece of property
fino   fine
firmar   sign
firme   firm
fisonomía   features of the face
flamear   flame, blaze; wave, flutter
flaquita   [small] thin girl
flor *f.*   flower
flota   fleet
flotante   floating; loose
flotar   float
foco   electric light
fogón *m.*   open fire for cooking
follaje   folliage
fondo   bottom
forcejeo   struggle, striving
forma   form
formalmente   formally
formar   form; **formar parte** be a part
  of
fortuna   fortune
forzadamente   forcibly, violently
foto *f.*   photo
fracaso   failure
fragancia   fragrance
fragmento   fragment, excerpt
francés, -a   (*n.*) Frenchman, French-
  woman; (*adj.*) French; *m.* French
  language
Francia   France
franco   frank

frase *f.*   sentence; phrase
frasquito   small bottle or flask
frecuencia   frequency
frecuentar   attend regularly; go regu-
  larly to
fregar (ie) (*irr. sp.* **B**)   wash dishes
frente *m.*   front, battlefront; forepart, *f.*
  forehead; **en frente de** in front of;
  frente a in front of
fresco   (*adj.*) fresh; (*n.*) fresh air; **¡qué**
  fresco hay! how fresh the air is!
frijol *m.*   bean; kidney bean
frío   cold; **hacer frío** be cold; **¡qué**
  frío! how cold it is!
frotar   rub
fruta   fruit
fruto   fruit
fuego   fire, open fire; bonfire
fuera   (*adv.*) outside; **fuera de** (*prep.*)
  outside, outside of; **fuera de sí** out
  of control
fuerte   strong
fuerza   force, strength; **a fuerza de** by
  dint of
fumador   smoker
fumar   smoke
función *f.*   function
funcionario   official; civil servant
fundación *f.*   foundation; founding;
  establishment
fundador *m.*   founder
funesto   fatal
furioso   furious
furor   furor, enthusiasm
fútbol *m.*   soccer
futuro   future

G

gafas *f. pl.*   (eye) glasses
gala   gala; **una noche de gala** a gala
  night
gallo   rooster; **canto de gallo** crowing
  of the cock

gana wish; **tener ganas de** wish, feel like

ganado cattle

ganador *m.* winner

ganancia gain

ganar earn (money); win; **ganarse la vida** earn a living

garabato scrawl, scribble; **trazar un garabato** scrawl

garaje *m.* garage

garganta throat

gasolina gasoline

gastar spend (money); consume, use up

gasto expense; expenditure

gato cat; **gato montés** wild cat

generación *f.* generation

generalmente generally

gendarme police officer

género gender; genre

generoso generous

genialidad *f.* geniality

gente *f.* people

geografía geography

geográfico geographical; geographic

geología geology

gerente *m. and f.* manager

gerundio gerund; present participle

gesto gesture

gigante *m.* giant

gimnasta *m. and f.* gymnast

girar turn

gitano, -a gypsy

globo globe, planet, earth

glorioso glorious

gobernador *m.* governor

gobernante *m. and f.* ruler

gobernar (ie) govern

gobierno government

godo Goth

golondrina swallow

golpe *m.* blow; **golpe de estado** coup d'état

golpear strike, beat, knock, pound

golpecitos: dar golpecitos tap on

gorjeo trill, warble

gorra cap (headgear)

gota drop

gozar (*irr. sp.* **A**) enjoy

grabadora tape recorder

gracia: ¿Dónde está la gracia? What is the joke?

gracias thanks, thank you

gracioso funny

grado grade; degree

graduado graduate

graduarse graduate; receive a (school) degree

gran (de) big; great; grand

Granada Spanish city in Andalusia, noted for the Alhambra

grande big; great

grandote, -a very large

grano grain

grasa grease, fat

gratuito gratuitous, gratis

grave grave, serious; severe; **acento grave** severe tone

graznar caw, croak [of a crow]

Grecia Greece

griego Greek

grieta crack; crevice

grifo faucet

gris gray

gritar scream, yell, shout

grosero coarse, rude, unpolished; (*n.*) ill-bred person

grotesco grotesque, ridiculous

grueso thick; fat; big

grupo group

guante *m.* glove

guapa beautiful

guapo good-looking, handsome

guardaespaldas *m.* bodyguard

guardar keep; hold; put away, store; **guardar silencio** be silent, keep still

guardia: empleado de guardia employee on duty

guatemalteco Guatemalan

guerra war
guerrera military coat
guiar (*irr. sp.* **I**) guide
guisar cook; stew
guitarra guitar
gustar please, be pleasing; like, **no me gusta nada** I don't like it at all; **me gusta mucho** I like a lot
gusto pleasure; taste; **buen gusto** good taste; **con mucho gusto** gladly with pleasure; **tener mucho gusto en conocer a alguien** be glad to meet someone

H

Habana, La Havana
haber (**he, hube, habido**) (*as auxiliary verb in perfect tense*) have
hábil clever, able; skillful
habitación *f.* room; bedroom
habitante *m. and f.* inhabitant
habitar (+ *n.*; **en** + *n.*) inhabit, live in
habla (*f. but* **el**) language
hablador, -a talkative
hablante *m. and f.* speaker
hablar speak, talk; **hablar de** talk about; **hablar en serio** speak seriously; **hablar mal de** talk against, gossip about
hace: hace (**dos años**) (two years) ago
hacendado landowner; proprietor
hacer (**hago, hice, hecho**) make; do; **hacer caso** pay attention; **hacer estudios** study; **hacer falta** need; **hacer frío** be cold; **hacerse a la mar** start sailing/navigating; **hacerse a sí mismo** be a self-made man; **hacerse eco de** support; favor; **hacerse** (**médico**) become a (doctor); **hacer una pregunta** ask a question
hacia (*prep.*) toward; (time) about
hada (*f. but* **el**) fairy

halagüeño flattering, pleasing; promising, rosy
hallar find
hambre (*f. but* **el**) hunger; **tener hambre** be hungry
harina flour
hasta (*prep.*) until; up to, as far as, to; even, including
hay there is, there are; **hay que** (+ *inf.*) it is necessary, one has to
hazaña deed, feat, achievement
hecho (*p. p. of* **hacer**) done, made; *n.* fact; **un cigarrillo hecho** a (manufactured) cigarette
helado ice cream
heredar inherit
herencia inheritance
herida wound, injury
heridilla (*diminutive of* **herida**) little wound
herir (**ie, i**) wound, injury, hurt
hermana sister
hermano brother; **hermanos** brothers; brothers and sisters
hermoso pretty, beautiful; good-looking
héroe *m.* hero
heroína heroine
herramienta tool
herméticamente hermetically
hervidero crowd, mass of people, insects, worms
hervir (**ie, i**) boil
hidalgo noble
hielo ice
hierba grass; **brizna de hierba** blade of grass; **hierbas viciosas** weeds
hierro iron
higiénico hygienic; **papel higiénico** toilet paper
hija daughter
hijito little son, dear son
hijo son; child; *pl.* son(s) and daughter(s); children
hilera file, line, row
hilo thread

hincarse de rodillas   kneel down
hinchado   inflamed
hindú   Hindu
hipócrita   *(adj.)* hypocritical; *(n.)* hypocrite
hipódromo   (horse) racetrack
hirviente   boiling
hispánico   Hispanic
hispano   Hispanic; **Hispanoamericano** Spanish American
Hispanoamérica   Spanish America
hispano-hablante   *(n.)* Spanish-speaking person
historia   history; story
historiador *m.*   historian
histórico   historic
hoguera   bonfire
hoja   leaf; piece of paper
hajalata   tin, tinplate
hojear   skim over the pages of a book
holandés, -a   *(adj.)* Dutch; *(n.)* Dutchman; Dutch language
holgazán, -a   *(adj.)* idle; lazy; *(n.)* idler; loafer
hombre *m.*   man; **hombre de suerte** lucky man
hombrecito   little man
hombro   shoulder
hombrote   big, sturdy man
homogeneidad   homogeneity
honestamente   honestly
honradez *f.*   honesty; integrity
honrado   honorable; honest
honrar   honor
hora   hour; time; **es hora de** (+ *inf.*) it is time to; **la hora señalada** the time agreed upon; **de última hora** last-minute; **hacía una buena hora** it was more than an hour; **¿qué hora es?** what time is it?; **una hora de retraso** one hour late
horario   schedule
horno   oven
horquilla   small forked piece of wood, metal
horticultura   horticulture

hospedado   lodged; **usted está hospedado** you are staying
hostil   hostile
hoy   today; **hoy en día** nowadays
hueco   hole
huele *(pres. of* **oler***)*   it smells
huelga   labor strike
huella   mark, trace, impression
huerta   orchard
huerto   vegetable garden
hueso   bone
huevo   egg
humanamente   humanly
humanitario   humanitarian, charitable
humilde   humble
humo   smoke
huracán *m.*   hurricane

I

ibero   Iberian
idealismo   idealism
iglesia   church
ignorancia   ignorance
ignorar   not to know
igual   equal; same in value
iluminado   illuminated
ilustre   illustrious, distinguished
imagen   image
imaginario   imaginary, fictitious
imaginarse   imagine; **¡imagínese!** imagine!
imaginativo   imaginative
imitar   imitate
impacientar   make one lose one's patience; irritate; **impacientarse** lose patience, become impatient
impecable   impeccable, faultless
impedir (i, i) (+ *inf.*)   prevent, hinder, keep from
imperativo   imperative
imperio   empire
implantado   introduced
implorar   implore

importancia importance; conse-
quence; **no tener importancia** be
of no consequence, not be im-
portant
importar matter, concern; be of con-
sequence; **me importa** I care, I am
concerned
importuno importunate
impresionante impressive
imprimir print
impuesto tax
incendio fire
incitar (**a** + *inf.*) incite
inclinación *f.* inclination; bending
incluso even
incoherente incoherent
incómodo uncomfortable
inconsciente unconscious
incontenible uncurbed
incorporarse become a part of
incrustado encrusted, inlaid
indeciso undecided, hesitant; **luz in-
decisa** flickering light
indefinido indefinite
independencia independence
independiente independent
indicado indicated
indicar (*irr. sp.* **C**) indicate
indicativo indicative
índice *m.* index finger
indígena *m. and f.* indigenous, native
indignado indignant, angry
indio, -a (*n. and adj.*) Indian
indirecto indirect
indiscutible indisputable, unques-
tionable
individualismo individualism
industria industry
inequívoco unmistakable
inexorablemente inexorably, un-
yieldingly
infancia childhood
infinitivo infinitive
inflamado inflamed, swollen
influencia influence

informalmente informally
informar inform, notify
informe *m.* report; report card
infortunio misfortune; misery
ingeniero engineer
Inglaterra England
inglés, -a (*n.*) Englishman, English-
woman; (*adj.*) English; *m.* English
language
iniciador, -a initiator
iniciar initiate, begin, start
inmaculado immaculate
ininterrumpido uninterrupted
inmediatamente immediately
inmigración *f.* immigration
inmortalizar (*irr. sp.* **A**) immortalize
inmóvil motionless
innecesario unnecessary
innegable undeniable
innumerable countless
inquietar disturb
inquilino tenant
insensato stupid, foolish
insistir (**en** + *inf.*; **en** + *n.*) insist on;
(**en que** + *subjunc.*) insist that +
subjunc.
insolentarse become insolent; act in-
solently
insolente insolent
insomne sleepless
instalar install
instante *m.* instant; **por un instante**
for a moment
instintivo instinctive
instinto instinct
instrucción *f.* instruction; direction
instrumento instrument, tool
insultar insult
integrar(se) integrate
inteligiblemente intelligibly, capable
of being understood
intentar try, attempt
interés *m.* interest; **dativo de interés**
dative of interest; indirect object
interesado interested; selfish

interesante interesting
interesar interest; **interesarse (en +** *inf.*; **en +** *n.*) be interested in
interior: ropa interior underclothes
interrogador *m.* interrogator
interrumpir interrupt
intervenir (*conj. like* **venir**) intervene
intuir intuit
inundación *f.* flooding, flood
inútil useless
inventar invent
inventario inventory
invertir (ie, i) invest, invert
investigar (*irr. sp.* **B**) investigate, check
inveterado inveterate; confirmed
invierno winter
invitado, -a guest
invitar (a + *inf.*) invite
ir (voy, fui, ido) (a + *inf.*) go; **ir a misa** attend mass; **ir de compras** go shopping; **ir +** *pres. part.* keep on doing something; **irse** go away; **irse a las manos** fight, struggle; **irse de caza** go hunting
ironía irony
isla island
Italia Italy
italiano, -a (*n.*) Italian language; (*adj.*) Italian
itálica italics
itinerario itinerary
izquierdo left (as opposed to right)

J

jabón *m.* soap
jadeante panting, out of breath
jamás never
Japón *m.* Japan
japonés, -a (*n.*) Japanese man, Japanese woman; *m.* Japanese language; (*adj.*) Japanese
jardín *m.* garden

jardinería flower gardening; landscape gardening
jardinero, -a gardener
jaula pajarera cage for birds
jefe *m.* chief; boss; head
joven (*adj.*) young; (*n.*) young man; young lady
joya jewel; piece of jewelry
jubilado retired; pensioned
jubilarse retire
júbilo joy, rejoicing
juego game
jueves *m.* Thursday
juez *m.* judge
jugador *m.* player
jugar (ue) (*irr. sp.* **B**) play (a game); **jugar al escondite** play hide-and-seek
juguete *m.* toy
junto (*adv.*) near; **junto a** (*prep.*) near, next to, by, beside
justicia justice
justo just
juventud *f.* youth
juzgar (*irr. sp.* **B**) judge

K

kilómetro kilometer (about five-eights of a mile)

L

la (*art.*) the; (*f. obj. pron.*) her, it
laboratorio laboratory
lado side; **al lado de** at the side of; **por otro lado** on the other hand; **uno al lado del otro** side-by-side
ladrar bark
ladrón *m.* thief, robber, burglar
lago lake
lágrima tear
lamentación *f.* lamentation, lament

lamentar   lament, deplore, regret
lamer   lick; lap
lámpara   lamp
lana   wool
lapicero   mechanical pencil
lápiz *m.*   pencil
largo   long; **a lo largo de** along
las   (*f. pl. art.*) the; (*f. obj. pron.*) them
latente   latent
latido   (heart) beat
latín   Latin
latir   beat
latinoamericano   Latin American
lavadora   washing machine
lavar   wash; **lavarse los dientes** brush one's teeth; **lavarse las manos** wash one's hands
lazo   tie, bond; bow, knot
le   (*Sp.*) him, you; (*Sp. and Sp. A.*) to him, to her, to you, to it
leal   loyal
lección *f.*   lesson
leche *f.*   milk
lechero   milkman
lecho   bed
leer (leo, leí, leído)   read
legendario   legendary
lejano   distant, remote, far
lejos   (*adj.*) far; **a lo lejos** in the distance
lengua   tongue; language; **lengua coloquial** spoken language as opposed to literary language
lente   lens
lento   slow
león *m.*   lion
leña   firewood
leño   log
les   (*indirect obj. pron. pl.*) to them; to you
letra   letter
letras   "letters" (literature)
levantar(se)   raise, lift; rise; get up; stand up

levemente   lightly; gently
ley *f.*   law
leyenda   legend
liberar   liberate, free
Libertador *m.*   Liberator (term applied to Simon Bolívar)
libre   free
librería   bookstore
librero   bookcase
libro   book
lienzo   canvas
ligar   tie, bind
ligeramente   lightly, slightly
ligero   light (not heavy)
limar   file; **limarse las uñas** file one's fingernails
limitarse   confine oneself to
límite   limit, boundary
limpiar   clean
limpio   clean; **oler a limpio** smell clean
lindo   pretty
lío   mess, trouble
lirio   lily
Lisboa   Lisbon
lisonja   flattery, compliment
lista   (*n.*) list; roll
listo   clever; ready; **estar listo** be ready; **ser listo** be clever
litro   liter (slightly more than U.S. quart)
lo   (*neuter art.*): **lo (bueno)**   the (good) thing; (*dir. obj. pron.*) it, him; you; **lo cual** (*rel.*) which; **lo que** what, which; **lo quiere saber todo** he wants to know everything
localidad *f.*   locality; place, village, town
localizar   localize
loco   crazy, mad
locuacidad *f.*   loquaciousness
lograr   achieve, attain; **lograr** (+ *inf.*) succeed in, manage to
loma   hill

Londres   London
los   (*def. art.*) the; (*dir. obj. pron.*)
   them; you
lucecita   little light
luchar   struggle
luego   then; **desde luego** of course
lugar *m.*   place; **dar lugar** bring about;
   en lugar de instead of; **tener lugar**
   take place
lujoso   luxurious
luna   moon; **luna de miel** honeymoon
lunes *m.*   Monday
luto   mourning
luz *f.*   light; **luz crepuscular** sunset
   light; **luz propia** their own light

LL

llama   flame; **llama vacilante** flicker-
   ing flame
llamada   call
llamar   call; **llamar la atención** at-
   tract one's attention; **le llamaba la
   atención** it attracted his (her, your)
   attention; **¿cómo se llama ... ?** what
   is . . .'s name?; **me llamo ...** my
   name is
llanta   rubber tire; metal rim (of the
   wheels of a car or bicycle)
llave *f.*   key
llegada   arrival
llegar (*irr. sp.* **B**) (**a** + *inf.*; **a** + *n.*)   ar-
   rive; **llegar a oídos** notice; be told;
   llegar a ser algo become some-
   thing; **llegar a tiempo** be on time;
   llegar tarde be late
llenar   fill; **llenarse** fill up; **llenarse de
   valor** get up courage
lleno   full; filled; **lleno de rabia** very
   angry
llevar   carry; wear; take; **¿Cuánto
   tiempo llevas en nuestro país?**

How long have you been living in
   our country?
llorar   weep, cry
llover (**ue**)   rain
lluvia   rain
lluvioso   rainy

M

maceta   flowerpot
machismo   machismo , exaggerated
   sense of masculinity
madera   wood; **de madera** wooden;
   maderas preciosas precious
   woods
madre   mother; **madre patria** mother
   country
madrugada   dawn, daybreak; early
   morning hours after midnight
maestro, -a   teacher
magnífico   magnificent; **¡magnífico!**
   fine!
maíz *m.*   corn
mal   bad; badly; **comportarse mal**
   misbehave, fail to keep a promise;
   estar mal be sick, be in poor health;
   not to work properly; **hablar mal
   de** speak against; gossip; **sentirse
   mal** feel bad, sick
Málaga   seaport and winter resort in
   southern Spain
males *m. pl.*   evils, ills
malestar *m.*   discomfort, uneasiness
maleta   suitcase
mal(o)   bad
maldición   curse
maligno   malignant, wicked, evil
maltratar   mistreat
mamá   mama; mother
mamita   "mom"
mancillar   spot, stain, soil
mancharse   soil; become soiled;
   stained

mandar (+ *inf.;* **a** + *inf.*)   send; order
manejar (*Sp. A.*)   drive (a car)
manejo   handling; management
manera   manner, way; **a la manera de** in the manner of; as; like; **de ninguna manera** not at all
manifestación *f.*   public demonstration
mano *f.*   hand; **tener entre manos** have something going on
manso   tame, docile, mild
mantener (*conj. like* **tener**)   maintain; **mantenerse** support oneself
mantequilla   butter
manto   cloak; mantle; veil; **manto de algas** algae growth
manzana   apple
mañana   (*n.*) morning; (**las ocho**) **de la mañana** (eight o'clock) in the morning; **por la mañana** in the morning; **todas las mañanas** every morning; (*adv.*) tomorrow; **pasado mañana** the day after tomorrow
mapa *m.*   map
maquillarse   put on makeup
máquina   machine; **máquina de coser** sewing machine; **máquina de escribir** typewriter; **máquina de planchar** steam iron; **máquina eléctrica** electric typewriter
mar *m. and f.*   sea
maravilloso   marvelous
marca   mark, scar
marchar   march; **marcharse** go, go away, leave
marfil   ivory
marido   husband
marina   navy; marine; **marina mercante** merchant marine
marinero   sailor; seaman
marqués *m.*   marquis
Marruecos   Morocco
martes *m.*   Tuesday
martillo   hammer
marzo   March

más   more; else; **de más** over, too much, extra; **más de** more than; **más que** more than; **más valdría** it would be better; **nada más** nothing else; **no quedar más remedio que** not to have any other solution but to; **no más que** only; **tener más cuidado** be more careful
masticar (*irr. sp.* **C**)   chew
mastil   mast
mata   plant
matar   kill
matemática(s)   mathematics
materia   matter; subject matter (in school)
material   (*n.*) material; ingredient
matrícula   registration
matrimonio   matrimony; married couple
mayo   May
mayor   older; bigger; greater, **los mayores** *m. pl.* elders
mayoría   majority
me   me; to me
mecánicamente   mechanically
mecánico   mechanic; repairman
mechón de cabello   lock of hair
medalla   medal
media   stocking, sock
medianoche *f.*   midnight
mediante   by means of, through
medicamento   medicament
medicina   medicine; **carrera de medicina** medical career
médico, -a   (*n.*) doctor; (*adj.*) medical
medio   half; middle; means, **en medio de** in the middle of; **por medio de** by means of; (**las ocho**) **y media** half past (eight)
medio   environment
mediodía *m.*   noon
medir (**i, i**)   measure
mejicano, mexicano   Mexican
Méjico, México   Mexico
mejilla   cheek

mejor better; best; **lo mejor** the best thing

mejorar improve

melancólico melancholic, sad, gloomy

melocotón *m.* peach

melodía melody

memorizar memorize

mencionar mention

menor: la menor sorpresa the slightest surprise

menos less; least; **a menos que** unless; **echar de menos** miss; **en menos de** less than; **por lo menos** at least

mensajero messenger

mentir (ie, i) lie

mentira lie

mentiroso liar

menú *m.* menu

menudo: a menudo often

mercado market

mercante (*adj.*) merchant; **marina mercante** merchant marine

merced: vuestra merced your grace

merecer (*irr. sp.* **E**) deserve

merendar (ie) take a light refreshment in the afternoon

Mérida Mexican city in Yucatán

mermelada marmalade

mes *m.* month; **al mes** per month; **dentro de un mes** within a month; **el mes que viene** next month

mesa table; **mesa redonda** round table

mesada vacante unused monthly salary

meseta plateau

meteorito meteorite

meter get (someone) into; **meterse en** meddle with

mezcla mixture

mezclarse mix, mingle

mi my

miedo fear; **tener miedo** be afraid

miembro member

mientras while; when; **mientras más ... más** the more . . . the more

miércoles *m.* Wednesday

mil a thousand

milenario millenary, lasting for a thousand years

militar *m.* soldier; military man; **los militares** the military

millón *m.* a million

millonario millionaire

mimo caress, petting

ministerio ministry

ministro minister

minoría minority

minucioso precise; detailed; scrupulous

mío my; mine; **los míos** my family, relatives, people

mirada look; glance, gaze; **mirada furtiva** furtive look

mirar (+ *n.*) look; look at

misa mass

mismo same; self; **a sí mismo** to themselves; **ahora mismo** right now; **lo mismo da** it's all the same, it doesn't matter

mitad *f.* half; **a mitad de** halfway through

moda fashion, mode; **de moda** fashionable; **de ningún modo** by no means

modernista *m. and f.* (*adj.*) modernist

moderno modern, recent

modificar (*irr. sp.* **C**) modify

modista dressmaker, modiste

modo mode, manner, way; **modo del verbo** mode of the verb

moflete chubby cheek

mojado wet

mojar wet, dampen, moisten

molestar bother, annoy

molesto bothersome, annoying

molino mill

monarca *m.* monarch, king

moneda   coin, money, currency
monedero   coin purse
montado   mounted, set
montaña   mountain
montar a caballo   mount on a horse; ride horseback
monte *m.*   mountain; thicket, forest
montón *m.*   heap, pile
montura   mount for riding a horse
moralmente   morally
morder (ue)   bite
morena   brunette
morir (ie, u)   die
mortificado   mortified; annoyed
mosca   fly
mostrador *m.*   counter
mostrar (ue)   show
motivo   motive, reason
motocicleta   motorcycle
motor *m.*   motor; engine
mover (ue)   move
movimiento   movement
muchacha   girl
muchacho   boy
mucho   much; many; **mucha suerte** lots of luck; **muchas veces** often
mudarse   move, change one's residence
mudo   mute; silent; speechless
mueca   face, wry face, grimace, grin
mueble *m.*   piece of furniture, *pl.* furniture
muela   molar
muerte *f.*   death
muerto (*p. p.* **morir**)   dead; (*n.*) a dead person
mujer   woman; wife
mujercita   little woman
mujerona   big, strong woman
mujerzuela   woman of ill repute
multitud *f.*   multitude
mundo   world
municipio   city hall
muñeca   wrist; doll
murmurar   murmur, whisper

muro   wall
museo   museum
música   music
mutuamente   mutually
muy   very

N

nacer (*conj. like* **conocer**)   be born; grow; begin; originate
nacional *m. and f.*   national
nacionalidad *f.*   nationality
nada   nothing; not anything; **nada más** nothing else; **nada menos que** nothing but; **no es nada bueno** it's not good at all; **no haber visto nada semejante** not to have ever seen such a thing; **no me gusta nada** I don't like it at all
nadar   swim
nadie   no one; not anyone
naranja   orange
nariz *f.* (*pl.* **narices**)   nose; **estar** *or* **tener algo frente a las narices** be obvious
narrar   narrate, tell
natal   native
natalidad *f.*   birthrate
nativo   native
naturaleza   nature
naturalmente   naturally
navegación *f.*   navigation
Navidad *f.*   Christmas; **Navidades** Christmastime
navío   ship, large boat
nebuloso   nebulous; cloudy; vague
necesario   necessary
necesitar (+ *inf.*)   need
negar (ie) (*irr. sp.* **B**)   deny; refuse; **negarse** (**a** + *inf.*)   refuse, decline
negativo   negative
negocio   business
negro   Negro, Black, black
negrura   darkness, blackness

nerviosismo nervousness
nervioso nervous
neumático rubber tire
neutro neuter
nevar (ie) snow
ni nor, neither; **ni siquiera** not even
nieve *f.* snow
nilón *n.* nylon
ningun (o) no, not any, no one, none;
　de ningún modo by no means
niña girl, child
niño boy, child
nivel *m.* level
no no; not; **¡no me diga!** you don't
　say!
nobleza nobility
noche *f.* night; evening; **mesa de
　noche** night table; **por la noche** at
　night; **noche de gala** gala night;
　toda la noche the whole night
nombre *m.* noun; name
noreste *m.* northeast
norteamericano American, North
　American
nos us; to us, for us
nosotros we; us
nota note; mark or grade in an exami-
　nation or course
notar notice, note
notario notary
noticia a piece of news; *pl.* news
noticiero news program on radio or
　TV
novela novel
novelista *m. and f.* novelist
noventa ninety
novia (steady) girlfriend; sweetheart;
　fiancée; bride
noviembre *m.* November
novio (steady) boyfriend; sweetheart;
　fiancé; bridegroom; *pl.* engaged
　couple; bride and bridegroom;
　newly married couple
nubecilla little cloud
nubes borrascosas storm clouds

nublado cloudly
nuestro our; ours
Nueva York New York
nueve nine
nuevo new, recent; latest
número number
numeroso numerous
nunca never, not . . . ever

O

o or
obedecer (*conj. like* **conocer**) obey
obediente obedient
objeto object
obligación *f.* obligation, duty
obligar (*irr. sp.* **B.**) (**a** + *inf.*) oblige,
　compel; **obligarse** bind onself
obra work
obrero worker
obscuro dark
observar observe, watch
observatorio observatory
obstáculo obstacle
obstinación *f.* obstinacy, stubborn-
　ness; persistence
obstinarse (**en** + *inf.*) persist in, insist
　on
obtener (*conj. like* **tener**) get, obtain
ocasión *f.* occasion; opportunity
ocasionar cause
ocio idleness; pastime
octubre *m.* October
ocultar hide, conceal
ocupado occupied, busy
ocupar occupy; hold; **ocuparse** busy
　oneself; devote oneself
ocurrir happen; **ocurrírsele a al-
　guien algo** something comes to
　one's mind, something strikes
　someone
ochenta eighty
ocho eight
ochocientos eight hundred

odiar   hate; **odiarse** hate each other
oferta   offer
oficial *m.*   commissioned officer
oficina   office
ofrecer (*irr. sp.* **E**)   offer
oído   (*n.*) (sense of) hearing; ear (organ of hearing); **llegar a oídos** notice, be told to
oír (**oigo, oí, oído**)   hear
ojo   eye; **tener los ojos fijos en** stare; look intently at
ola   wave
oleada   large wave; surge; swell
oler (**ue**) (*pres. ind.* **huelo, hueles, huele, olemos, oléis, huelen**) small; **oler a limpio** smell clean
olor *m.*   smell
oloroso   fragrant
olvidar (+ *inf.*)   forget; **olvidarse de** (+ *inf.*) forget
omitir   omit
once   eleven
operar   operate on, operate
oponer (*conj. like* **tener**)   oppose; **oponerse a** be opposed to
oportunidad *f.*   opportunity
oprimido   oppressed
óptico   optician
oración *f.*   sentence; prayer
orador *m.*   speaker; orator
oralmente   orally
orden *m.*   order = arrangement; *f.* order = command
ordenar (+ *inf.*)   order; organize
oreja   ear
organizador *m.*   organizer
organizar (*irr. sp.* **A**)   organize
origen *m.*   origin
original   original (work)
orgullo   pride
orgulloso   proud
oro   gold; **de oro** made of gold, golden
orquesta   orchestra
os *m. and f.*   you; to you; for you
oscurecer   obscure, darken

oscuro   obscure; dark
otoño   autumn
otro   other; another; **alguna que otra** (**historia**) some (story) or other; **donde los otros** where the others are; **otra vez** again; **otros años** past years; **uno a otro** each other; **uno como el otro** both; **uno u otro** one or another
Oviedo   city in northern Spain

P

paciencia   patience
paciente *m. and f.*   patient
padecer (*conj. like* **conocer**)   suffer
padre *m.*   father; *pl.* parents
padrino   godfather
paella   a typical Spanish dish consisting of rice with chicken, meat, or seafood
pagar (*irr. sp.* **B**)   pay
página   page
país *m.*   country
paisaje *m.*   landscape
paja   straw
palabra   word
palacio   palace
palear   shovel
palidecer (*conj. like* **conocer**)   turn pale
pálido   pale
palma   palm
palpar   touch, feel around with one's hands
palpitante   palpitating, throbbing
pan *m.*   bread
pantalón *m.*   trousers, pants, slacks; (also used in *pl.*)
pantera   panther
panzudo   paunchy, big-bellied
pañuelo   handkerchief
papa (*Sp. A.*)   potato
papá *m.*   papa, dad

papel *m.* paper; role, *pl.* sheets of paper; *sing.* document

papi *m.* daddy, pop

papito daddy, pop

paquete *m.* package

par *m.* pair

para for; to, in order to, so that; **para esa hora** by that time; **para que** so that, in order that

paraguas *m.* umbrella

paralizar (*irr. sp.* **A**) paralyze

parar (**se**) stop

parche *m.* patch

parecer (*conj. like* **conocer**) (**a** + *n.*) seem, appear; **¿qué te parece?** what do you think?; **¿qué te parece (eso)?** what do you think of (that)?; **parecerse a** resemble, look like

parecido similar; **bien parecido** good-looking

pared *f.* wall

pareja couple, pair

paréntesis *m.* parenthesis

pariente *m.* relative, member of a family

parque *m.* park

párrafo paragraph

parroquia parish

parte *f.* part; **de todas partes** from everywhere; **formar parte** be a part

participar participate

partida game

partido (political) party; game; match

partir leave

pasado (*adj.*) past, gone by; last (week, month, year, *etc.*); (*n.*) past; **pasado mañana** the day after tomorrow

pasaje *m.* passage

pasajero, -a passenger

pasaporte *m.* passport

pasar pass; spend (time); happen; **pasar** (**a** + *inf.*) proceed to; **pasar la cuenta** send the bill; **pasar un buen rato** enjoy oneself, have a good time; **¿qué te pasa?** what's the matter with you?

pasear walk about, stroll, take a walk

paseo walk, stroll; **dar un paseo** take a walk; take a ride

pasillo hall, corridor

pasiva passive (voice)

paso step; passage, way; **cerrar el paso** obstruct the passage; **con paso apresurado** hurriedly; **con paso firme** at a steady pace; **el rumor del paso del tren** the noise of the train going by; **paso vacilante** hesitating step

pastel *m.* piece of pastry; pie

pastilla tablet, pill

pata [animal] leg

paterno paternal

patético pathetic; sad

patinar skate

patio court; (inner) courtyard; patio

patria fatherland; country

patriota *m. and f.* patriot

patrón *m.* patron, protector; patron saint; master; boss

pausa pause

pausado slow, calm

pavo turkey

peces voladores flying fish

pecho breast

pedazo piece; **hecho pedazos** in pieces, destroyed

pedir (**i, i**) (+ *n.*) ask; ask for; order (a meal)

pegar (*irr. sp.* **B**) hit, beat, strike; knock; spank

peinarse comb one's hair

pelar peel

peldaño step [of stairs]

película film; motion picture

peligroso dangerous

pelo hair

pelota ball

peluquería barbershop

peluquero barber

pena   sorrow, grief; shame; **dar pena**
  be ashamed
pendenciero   quarrelsome
penetrar   penetrate, enter
Península   Spain
pensador *m.*   thinker
pensamiento   thought
pensar (ie) (+ *inf.*; **en** + *inf.*; **en** + *n.*)
  think; **pensar en** think of
pensativo   pensive, in thought
penumbra   dimness, partial shadow
peor   worse, worst
pequeño   little, small
percibir   perceive
perder (ie)   lose; **perder de vista** lose
  sight of
perdido   lost
perdonar   pardon, forgive; excuse
peregrinación *f.*   peregrination, wan-
  dering
perentoriamente   peremptorily
pereza   laziness
perezoso   lazy
periódico   newspaper
periodista *m. and f.*   newspaper re-
  porter, journalist
período   period
permanecer (*irr. sp.* **E**)   remain, stay
permiso   permission
permitir   permit, allow, grant
pero   but
perorata   tiresome speech, boring
  speech
perro   dog
perseguir (i, i) (*irr. sp.* **H**)   pursue,
  hunt; persecute
persiana   blind (in a window)
persona   person
personaje *m.*   character (in a novel,
  play, *etc.*); personage, important
  person
personalidad *f.*   personality
pertenencias *f. pl.*   belongings
pesar: a pesar de   in spite of
pescar (*irr. sp.* **C**)   fish

peseta   Spanish monetary unit, worth
  less than 1 cent
pesimista (*adj.*)   pessimistic
peso   weight; monetary unit of some
  Spanish-American countries
pestaña   eyelash
petróleo   petroleum
piadoso   pious
pianista *m. and f.*   pianist
picante   hot (referring to food), spicy
picar (*irr. sp.* **C**)   prick; burn; be too
  spicy
pico   beak, bill [of a bird]
pie *m.*   foot; **de pie** standing; **ponerse
  de pie** stand up
piedad   piety
piedra   stone, rock; **piedras preciosas**
  precious stones
piel *f.*   skin; leather; fur; hide
pierna   leg (of a person)
pieza   piece; room (in a house); play
pijama *m.*   pajamas
pimienta   pepper
pincel *m.*   brush; fine brush for
  painting
pintar   paint
pintor *m.*   painter
pintura   painting; paint; **no poder ver
  a alguien ni en pintura** not to be
  able to stand the sight of someone
pipa   pipe
pirámide *f.*   pyramid
Pirineos *m.*   Pyrenees
pisar   step on
piscina   swimming pool
piso   apartment; floor
pistola   pistol; **pistola de hojalata** tin
  pistol; **pistola en mano** wielding a
  pistol
Pitágoras   Pythagoras
pizarra   blackboard
Pizarro (**Francisco**)   Spanish con-
  queror of Peru
placidez   placidity
plaga   plague

planchar   iron, press clothes
planeta *m.*   planet
planta   plant
plantar   plant
plasmar   make, mould, shape
plata   silver
plateado   silvery; silver-plated
Platero   name of a donkey in a famous book of prose poems by Juan Ramón Jiménez
platicar (*irr. sp.* **C**)   chat
plato   dish, plate
playa   beach
plaza   public square; marketplace
plenitud: a plenitud   fully
pluma   pen
pluscuamperfecto   pluperfect
población *f.*   population
poblador *m.*   inhabitant, resident
pobre   (*adj.*) poor; (*n.*) poor person
pobreza   poverty
poco   (*adj.*) little; *pl.* few; **tener poco tiempo** not to have much time; (*adj.*) little; not . . . very much; **falta poco para (las dos)** it's nearly (two o'clock); **poco a poco** little by little; **poco después** later on, a little while later
poder (puedo, pude, podido) (+ *inf.*)   be able, can be possible; may, might
poder *m.*   power
poderoso   powerful
poema *m.*   poem
poesía   poetry; poem
poeta *m.*   poet
policía *m.*   police officer, *f.* the police
política *f.*   (*n.*) politics; (*adj.*) political; **discutir de política** discuss politics
político *m.*   politician
polvo   dust
polvoriento   dusty
pollo   chicken
pomposo   pompous, inflated
poncho   poncho (cloak)
poner (pongo, puse, puesto)   put, place, set; **poner de manifiesto** discover, unveil, denounce, show; **poner en hilera** organize in a line, row; **poner en vereda** discipline, control; **poner la radio,** *etc.* turn on the radio; *etc.*; **poner la mesa** set the table; **poner nombre** name; **ponerse** put on; **ponerse (a** + *inf.*) start to; **ponerse** (+ *adj.*) become (+ *adj.*); **ponerse de acuerdo** agree; arrive at an agreement; **ponerse de pie** stand up; **ponerse loco de alegría** become very happy; **poner término** put an end, finish
por   for; in; by; because of; **por ciento** percent
porcelana   porcelain, china
porción *f.*   portion
porche   porch
¿por qué?   why?
porque   because; since, as; **porque sí** just because
porrón   wine bottle
portañola   gun port in a ship
portero   porter; doorkeeper
portón *m.*   large door
portugués, -a   (*n.*) Portuguese person; (*adj.*) Portuguese; *m.* Portuguese language
posar   pose
poseer   possess
posesivo   possessive
posibilidad *f.*   possibility
posible   possible
posición *f.*   position
positivo   positive
postal: tarjeta postal   postcard
postor   bidder
posterior   posterior, subsequent
postre *m.*   dessert
postrero   last
pozo   well
practicar (*irr. sp.* **C**)   practice
precio   price
precioso   precious, beautiful

precisamente   precisely; just

preciso   precise, exact, accurate; necessary; **es preciso** it is necessary

precoz   precocious

predilección f.   predilection, preference

predilecto   preferred, favorite

predominar   predominate, prevail

preferentemente   preferably

preferible   preferable

preferir (ie, i) (+ *inf.*)   prefer

pregunta   question

preguntar   ask a question; **preguntarse** ask oneself, wonder

preguntón, -a   inquisitive; (*n.*) inquisitive person

premiar   reward; award a prize to

premio   reward; prize

preocupación f.   worry, preoccupation

preocupado   worried, concerned

preocuparse   worry

preparado   prepared; ready

preparar   prepare; **preparar las maletas** pack the suitcases

preparativo   preparation

presagio   presage, omen

prescindir (de + *n.*)   do without, get along without

presencia   presence

presentación f.   presentation; introduction (of one person to another)

presentar   present; introduce (one person to another)

presente m.   present

presidente, -a   president

preso   prisoner, inmate in a jail

prestar   lend; **prestar atención** pay attention

pretérito   preterite

prima   cousin (female)

primavera   spring

primer (o)   first

primitivo   primitive

primo   cousin (male)

principal   principal, main

principalmente   mainly

príncipe m.   prince

principio   beginning; **al principio** in the beginning

prisa   haste, hurry, speed; **tan de prisa** in such a hurry

prisión   prison

privado   private

probar (ue)   try; taste (a food); **probarse** try on

problema m.   problem

proceder   proceed

procesador: procesadora de textos word processor

procurar   try, strive

producir (*irr. sp.* **F**)   produce; bring about

producto   product; *pl.* goods, commodities

profesor, -a   professor, teacher

profesoral   professorial

profundo   profound, deep

programa m.   program

progresar   improve, advance

progreso   progress, improvement

prohibir (+ *inf.*)   prohibit, forbid

prolongar (*irr. sp.* **B**)   prolong, lengthen; endure

promesa   promise; **promesa inequívoca** unmistakable promise

prometer (+ *inf.*)   promise

promoción f.   promotion

promover (ue)   promote

pronombre m.   pronoun

pronto   soon; **de pronto** suddenly; **pronta y cortésmente** rapidly and courteously

pronunciado   pronounced, uttered

pronunciar   deliver, make (a speech)

propiciar   propitiate, favor

propiedad f.   property; real estate

propio   proper; own; **luz propia** their own light

proponer (*conj. like* **poner**)   propose

prosista prose writer
protagonista *m. and f.* protagonist; main character in a literary work
proteger (*irr. sp.* **D**) protect
protestar protest
provincia province
provocativa provocative, inciting
próximo next
proyecto project
prudente prudent, cautious
prueba proof
púa thorn
publicar (*irr. sp.* **C**) publish
público public
Puebla Mexican city east of Mexico City
pueblecito small town; village
pueblo town; people (of a country)
puente *m.* bridge
puerta door
puerto port
pues then, well
puesto (*p. p. of* **poner**) put; **tener puesto** have on; (*n.*) position; job
pujante pushing; powerful
pulir polish
pulpería tavern; general store
pulular pullulate, swarm, be numerous
punta point; extremity; **punta de los dedos** fingertips; **punta del zapato** tip of one's shoe
punto point; **a la hora en punto** on time; **en punto** exactly
puntual punctual
puntualidad *f.* punctuality
puñal *m.* dagger
puñalillo little dagger
puro pure

Q

que who, whom, which, that; when; for; than; **es que** the fact is; **lo que** what

¿qué? what?; which?
quedar stay, remain; be left; keep; **quedar bien** *or* **mal con alguien** keep one's commitment; fail someone; **quedar convenido** agree; **quedar en** agree on; **quedar sabroso** be tasty, delicious; **sin que le quedara nada por dentro** remain indifferent; **quedarse** stay; **quedarse dormido** fall asleep
quehaceres domésticos *m. pl.* household chores
queja complaint
quejarse complain
quemar burn
querer (**ie**) (**quiero, quise, querido**) (+ *inf.*) want; wish; love, like (a person); **no querer** (+ *inf.*) refuse to
querido dear, beloved
queso cheese
quicio door jamb
quien who, whom
¿quién? who?; whom?; **¿de quién?** whose?
química chemistry
quince fifteen
quinientos five hundred
quitar (**se**) remove; take away; take off; take out; get out
quizás perhaps

R

radiante radiant, shining, beaming
radio (*m. in parts of Sp. A.; f. in Spain and other parts of Sp. A.*) radio; **apagar la radio** turn off the radio; **estación de radio** radio station; **poner la radio** turn on the radio
radioyente *m. and f.* radio listener
raíz *f.* root
rajá rajah, ruler in India
rama branch
rana frog

rancho   ranch
ranilla   soft part of the hoof of horses, donkeys, etc.
rapidez *f.*   rapidity
rápido   rapid, fast, quick
rapto de locura   rapture of insanity
rareza   rarity, oddity, eccentricity
raro   rare; **rara vez** seldom
rasgar   tear
rasgo   trait; *pl.* (facial) features
rastro   trail, trace, vestige
ratero   pickpocket
rato   short time, while
ratón *m.*   mouse
razón *f.*   reason; justification
razonar   reason
realidad *f.*   reality; **en realidad** actually
realizarse   realize; be accomplished
realmente   really
rebaja   reduction; deduction; discount
rebanada   slice (of bread)
rebenque   strong riding whip
recado   message; errand
recapitulación *f.*   review
recaudar   collect
recibir   receive
recibo   receipt
recientemente   recently
reclamar   demand; ask; order
recluta *m. and f.*   recruit
recoger *(irr. sp.,* **D**)   gather, collect, pick up, take up
recomendar (**ie**)   recommend
reconocer (*conj. like* **conocer**)   recognize; acknowledge
recordar (**ue**)   remember
recto   straight
recuerdo   remembrance, recollection, memory
recuperar   recover, regain
recurrir   resort
rechazar *(irr. sp.* **A**)   refuse, reject
red *f.*   net; **red metálica** mosquito net; metallic mesh, metallic screen
redondo   round

reducídisimo   very small
referencia   reference; **haciendo referencia a** be referring to
referirse (**ie, i**) (**a** + *n.*)   refer, make allusion
reflejar   reflect
reflexivo   reflexive
reforzar   reinforce
refresco   refreshment
refrigerador *m.*   refrigerator
refugiado   refugee
refunfuñar   grumble, growl
regalar   give a present
regalo   gift
regañar   scold
régimen *n.*   regime
regir (**i, i**) (*irr. sp.* **D**)   rule
reglamentario   related to rules
regordete   plump, chubby
regresar   return
regreso   return
reírse (**i, i**) (**de** + *n.*)   laugh; laugh at, make fun of
relativo   (*adj.*) relative
relato   story, narration
religiosidad   religiosity, tendency to be religious
religioso   religious
reloj *m.*   watch; clock
remansado   quiet
remedio   remedy, cure; **no quedar más remedio que** be nothing else to do but
remordimiento   remorse
rencor *m.*   rancor, animosity
rendija   crack
renovar (**ue**)   renew
renunciar   resign
reparar   repair
repente: de repente   suddenly
repetir (**i, i**)   repeat
repleto   replete, full
reportaje   news report
representante   (*adj.*) representing; (*n.*) representative
reprocharse   reproach

república republic
reputación reputation
requerir (ie, i) require
resbalar slip, glide
reserva reserve
reservado reserved, uncommunicative
resfriado (*n.*) cold
residencia residence
residente *m. and f.* resident
residir reside, live
resistir resist; bear; stand
resolver (ue) solve; settle; **resolverse** resolve, solve, settle; **todo se resolverá** everything will be all right
respectivo respective
respetable respectable
respetar respect
responder answer, reply, respond
responsabilidad *f.* responsibility
respuesta answer
restaurante *m.* restaurant
resto rest
resultado result; outcome; effect
resumen summary; **resumen: en resumen** in brief
resumir summarize, sum up
retaguardia rear guard
retazo piece, remnant
retirar take away; move away; **retirar de** remove from; **retirarse** go away
retrasarse be delayed, be late
retraso delay
retratista *m. and f.* portrait painter
retrato picture; portrait
reunión *f.* meeting
reunir gather, collect, put together; **reunirse** get together
revelado revealed
revista magazine
revoltoso rebellious, seditious, riotous
revólver *m.* revolver
revolver (ue) (*p. p.* revuelto) turn upside down, disarrange

revuelta revolt
rey *m.* king
rezar (*irr. sp.* **A**) pray
rico rich
rígido rigid, stiff
rima de cuartillas piles of paper
rincón corner
riña de gallos cock fight
río river
riqueza richness, abundance; *pl.* riches, wealth
ritmo rhythm
ritualizado ritualized
rizar (*irr. sp.* **A**) curl
robo robbery
rodear surround, encircle
rodilla knee
rododendro rhododendron
rogar (ue) (*irr. sp.* **B**) ask; beg; request
rojo red
romano Roman
romántico romantic
romper (se) (*p. p.* **roto**) break; smash; tear
ronco hoarse
rondar patrol, walk the street
ropa clothes, clothing; **ropa interior** underwear
rosa rose
rosal *m.* rose plant
rostro face
rozar browse
rubio blond
rudimentario rudimentary
rudo rough
rueda tire (of a car); **rueda desinflada** flat tire
rugir roar
ruido noise
rumbo direction, course
ruinas de piedra stone ruins
ruralidad *f.* rural character
ruso Russian; (*n.*) Russian; Russian language
rústico rural, rustic; rough

S

sábado Saturday
sábana (bed) sheet
saber (sé, supe, sabido) (+ *inf.*)
 know, know how; **saberse** be con-
 scious of being
sabiduría wisdom, knowledge
sabor taste
sabroso tasty; **quedar sabroso** be
 tasty, delicious
sacar (*irr. sp.* **C**) take out; pull out, get
 out; draw out; **sacar buenas notas**
 get good grades; **sacar una foto**
 take a photo
sacerdote *m.* priest
saco suit coat
sacrificarse sacrifice oneself
sagrado sacred
sal *f.* salt
sala living room; **sala de profesores**
 teachers' room; faculty lounge
salida exit; outskirts; date (with
 someone)
salir (salgo, salí, salido) (**de** + *n.*)
 leave; go out; come out; **salir**
 acompañado go out with an escort;
 salir al teléfono answer the tele-
 phone; **salir bien** turn out well;
 salir bien en un curso o en un exa-
 men pass a course or an examina-
 tion; **salir con** have a date with;
 salir de un lío get out of a diffi-
 culty; **salir de viaje** go on a trip;
 salir mal en un curso o en un exa-
 men fail a course or an examination
salita small living room or parlor; **sa-**
 lita de espera waiting room
salón *m.* large room; hall; assembly
 hall; large living room
salpicadura splash, spattering
saltar jump
salud *f.* health; **estar bien de salud** be
 in good health
saludar greet

saludo greeting; **saludo militar** mili-
 tary salute
salvar save
salvo except
san saint
sangre *f.* blood
sanguinario sanguinary, bloody,
 bloodthirsty, cruel
sanguíneo sanguineous, pertaining to
 blood
sano healthy
santo saint; **santo patrón** patron saint
sargento sergeant
sastre *m.* tailor
satisfacer (*conj. like* **hacer;** *p. p.* **satis-**
 fecho) satisfy
satisfactoriamente satisfactorily
se himself; herself; yourself; them-
 selves; him; her; you; them
secar (*irr. sp.* **C**) dry
secretario, -a secretary
secreto secret
secuencia sequence
secundario secondary; **escuela se-**
 cundaria high school, secondary
 school
sed thirst
sedoso silky
seguida: en seguida at once, immedi-
 ately, right away
seguir (i, i) (+ *pres. part.*) follow; con-
 tinue; keep on (+ *pres. part.*)
según according to; as
segundo second
seguramente probably, very
 probably
seguridad *f.* security; certainty, as-
 surance
seguro (*adj.*) sure, certain; safe, se-
 cure; (*n.*) insurance; **seguro social**
 Social Security
seis six
seiscientos six hundred
seleccionar select, choose
selva forest; jungle

sello stamp
semana week; **semana pasada** last week; **semana que viene** next week
sembrar sow
semejante similar, like, resembling; (before *n.*) such; **semejante nombre** such a name
semejar resemble
semestre (*n.*) semester
semiabierto partly open
semidesierto partly deserted; partly uninhabited
semilla seed
senador *m.* senator
sencillo simple; easy; plain; natural; candid
senda path
sendero path
seno breast, bossom
sensación sensation, feeling
sensible sensible
sentimiento feeling
sentado seated; sitting down
sentar (ie) seat; **sentarse** sit down
sentenciar sentence (someone)
sentido sense, meaning
sentir (ie, i) feel, perceive; regret, be sorry; **sentirse** feel (good, bad, sad, *etc.*)
señalado noted; indicated
señalar point out, indicate
señor *m.* man, gentleman; sir; Mr.; **señores** gentlemen
señora woman, lady; madam; Mrs.; **señora de la casa** lady of the house
señorita young lady; Miss
separar separate; **separarse (de** + *n.*) separate; remove; **separarse un poco de la mesa** move a little away from the table
ser (soy, fui, sido) be
ser *m.* being
seriedad *f.* seriousness
serio serious; **en serio** seriously
serpiente snake

servicio service; utility; **estación de servicio** gas station; **servicio de agua** water facilities
servir (i, i) serve; wait on; **servirse de** use
sesenta sixty
setenta seventy
Sevilla Seville, large city in southern Spain
si if, whether
sí (*refl. pron.*) himself, herself, themselves, oneself; **a sí mismos** to themselves
sí yes
siempre always
siesta siesta, afternoon nap
siete seven
siglo century
significado meaning
significar (*irr. sp.* **C**) mean
siguiente following, next
silbar whistle
silencio silence; **guardar silencio** be silent, keep still
silencioso silent
silla chair
simpático pleasant; nice; likeable; agreeable; witty
simple simple; single
simplemente simply
simposio symposium
sin without; **sin embargo** nevertheless; **sin que** (+ *pres. subjunc.*) without one's _____ing
sincero sincere
sindicato trade union; labor union
sino but
síntoma *m.* symptom
sintonizar (*irr. sp.* **A**) tune in (a radio station)
sinvergüenza *m. and f.* shameless person; scoundrel
siquiera: ni ... siquiera not even, not so much as
sirvienta servant; maid

sirviente *m.*   servant
sistema *m.*   system
sita   located
sitio   place; spot
situación *f.*   situation
sobre   (*prep.*) on, upon, over, above; about; (*n. m.*) envelope
sobresaltado   alarmed, fearful
sobresueldo   extra pay
sobrina   niece
sobrino   nephew
sociedad *f.*   society; association
socio   member (of a society, club, *etc.*)
sociólogo   sociologist
sofá *m.*   sofa, davenport
sol *m.*   sun
solamente   only
soldado   soldier
soledad *f.*   solitude, loneliness
solemnemente   solemnly
solicitar   solicit, ask for
solicitud *f.*   solicitude, concern
solidaridad *f.*   solidarity
solidez *f.*   solidity; firmness, strength
sólido   solid; well-grounded; **sólido argumento** well-grounded reason
solitario   solitary, lonely, lone
solo   (*adj.*) alone, single; lonely
solo *or* **sólo**   (*adj.*) only, merely
soltar (**ue**)   let out, utter
soltero   (*adj.*) single, unmarried; (*n.*) bachelor; unmarried person
sollozar   sob
sombra   shadow
sombrero   hat
sonar   sound
sonido   sound
sonreír (**se**) (**i, i**)   smile
soñar (**ue**)   dream
soñoliento   sleepy, drowsy
sopa   soup
soplar   blow
soportar   support; endure, stand
sordo   (*adj.*) dull, muffled (sound); deaf; (*n.*) deaf person

sorprender   surprise; **sorprenderse** be surprised
sorprendido   surprised
sorpresa   surprise; **la menor sorpresa** the slightest surprise
sortija   ring
sospechoso   (*adj.*) suspect
sostener (*conj. like* **tener**)   support, sustain, hold up
sótano   basement
su, sus   his; her; its; your; their
suave   soft, gentle
subalterno   subaltern, subordinate
subir   go up, come up, climb, soar
súbito: de súbito   suddenly
subjuntivo   subjunctive
subordinado   subordinate
suceder   happen
sucesivamente   successively
sucesivo   successive
sucio   dirty
Sudamérica   South America
sudar   sweat
suegra   mother-in-law
sueldo   salary
suelo   ground; floor
sueño   sleep; dream; **tener sueño** be sleepy
suerte *f.*   luck; **hombre de suerte** lucky man; **mucha suerte** lots of luck; **tener buena suerte** be very lucky; **tener suerte** be lucky
suéter *m.*   sweater
suficiente   sufficient, enough
sufrimiento   suffering
sufrir   suffer
sugerencia   suggestion
sugerir (**ie, i**)   suggest, hint
suicidarse   commit suicide
Suiza   Switzerland
sujeto   subject
sumiso   submissive; obedient
sumo   great, very great, extreme
superior   superior, higher, more advanced; upper; (*n. m.*) superior

supermercado   supermarket
suplicar (*irr. sp.* **C**)   beg, implore
sur *m.*   south
surco   furrow
surgir (*irr. sp.* **D**)   surge; appear
suspender   fail (a student in an examination or a course)
suspenso   failing mark (in an examination)
suspirar   sigh
sustituir (*irr. sp.* **K**)   substitute; replace by
sutil   subtle
suyo   his; hers; yours; theirs

T

tabaco   tobacco
tablero (**de ajedrez**)   chessboard
tacto   tact
tal   such, such a; **con tal que** provided that; **tal vez** perhaps
talento   talent, gift [of the mind]
taller *m.*   shop, workshop
también   also, too
Tampico   Mexican seaport on the Gulf of Mexico
tampoco   neither
tan   as; such a; so; **tan (grande) como** as (large); as; **tan de prisa** in such a hurry; **tan sólo** only
tango   tango (Argentinian dance)
tanto   so, so much, so many; as much, as many; **cuanto más ... tanto más** the more . . . the more; **en tanto que** in the meantime; **mientras tanto** meanwhile; **por lo tanto** therefore; **tanto como** as much as; **tanto el uno como el otro** the one as well as the other, both of them
tapar   cover (with a lid, cover, wrap); **tapar el hueco** stop up the hole; **taparse la nariz** cover one's nose
taquilla   ticket window

tardanza   delay, lateness, tardiness
tardar   delay, be late
tarde   (*adj.*) late; **días más tarde** some days later; (*n. f.*) afternoon; **horas de la tarde** afternoon hours
tarea   task, duty; (school) homework
tarjeta   card; **tarjeta de Navidad** Christmas card; **tarjeta postal** postcard
tarro   can, pot
tartamudear   stammer, stutter
taxi *m.*   taxi
taza   cup
tazón   large cup, bowl
te   you; to you; yourself
té *m.*   tea
teatro   theater
tecnología   technology
techo   roof; ceiling
tejer   weave; knit
tejido   woven; fabric
tela   cloth; fabric; canvas (for oil painting)
telefónico   telephonic
teléfono   telephone
telegrama *m.*   telegram
televisor *m.*   television set
tema *m.*   theme; subject matter
temblar (**ie**)   tremble
temblor   tremor
tembloroso   trembling, shaking
temer   fear, dread
temor   fear
temprano   early
tendencia   tendency
tender (**ie**)   tend
tendido   stretched out, lying
tener (**tengo, tuve, tenido**)   have; **tener (diez) años** be (ten) years old; **tener apetito** be hungry; **tener cuidado** be careful; **tener en cuenta** take into account; **tener ganas de** feel like; **tener hambre** be hungry; **tener los ojos fijos** stare, look intently at; **tener lugar** take place;

tener miedo be afraid; **tener puesto** have on; **tener que** + *inf.* have to; **tener sueño** be sleepy; **tener suerte** be lucky; **téngase especial cuidado** be especially careful; **téngase presente** bear in mind
tenida de truco   a game of cards
tenis *m.*   tennis
tentación   temptation
teorema   theorem
tercer (o)   third
Tercer Mundo   Third World
terminar   finish, complete
terno   curse, profanity
ternura   tenderness
terraza   terrace
terremoto   earthquake
terreno   piece of land; lot; terrain
terrible   terrible, awful, dreadful
tertulia   informal social gathering for conversation and discussion
tesorero   treasurer
tesoro   treasure
testigo *m. and f.*   witness
tez   complexion (of the face)
ti   you
tía   aunt
tibio   lukewarm
tiempo   time; weather; tense; season; **a tiempo** on time; **hace mucho tiempo** it has been a long time; a long time ago; **perder tiempo** waste time
tienda   store; tent
tierra   earth, land; country; dirt; ground
tigre *m.*   tiger
tijera, tijeras *f.*   scissors
timbre (*Mexico*)   stamp
tímido   timid, shy
timón   rudder, steering wheel (in cars)
tinta   ink
tinte   tint
tintorería   dry cleaner's

titulado   entitled
tío   uncle
típico   typical
tipo   type; kind; guy, fellow
tirar   pull; throw, cast
tiro   shot
título   title
tiza   chalk
toalla   towel
tocadiscos *m. sing.*   record player
tocar (*irr. sp.* **C**)   touch; play (an instrument); be one's turn; **tocar a la puerta** knock at the door
todavía   still, yet
todo   (*adj.*) all, every, each; the whole of; **de todas partes** from everywhere; **toda la verdad** the whole truth; **todas (las mañanas)** every (morning); **todo el mundo** everybody
todo   (*pron.*) all, everything; **todo lo que** everything that; **todos** everyone
Toledo   Spanish city situated about fifty miles south of Madrid
tolerante   tolerant
tolerar   tolerate; bear
Toluca   Mexican city near the capital
tomar   take; drink; **tomar el poder** assume power; **tomarse** drink; **tomar parte** participate; **tomar posesión** take possession; be inaugurated
tono   tone; **de más tono** high class
tontería   piece of foolishness
tonto   fool, stupid
topada   a bump (with one's lead)
torero   bullfighter
tormenta   storm
tormentoso   stormy
torneo   tournament
torno: en torno   around
toronja   grapefruit
torpemente   awkwardly, clumsily
torre *f.*   tower

torrente *m.*   torrent; rush; downpour
tortura   torture
totalitario   totalitarian
totalmente   totally
trabajador, -a   (*adj.*) industrious, laborious; (*n.*) worker
trabajar   work
trabajo   work, job, position
traducción *f.*   translation
traducir (*conj. like* **conducir**)   translate
traer (**traigo, traje, traído**)   bring; wear
tráfico   traffic
tragar   swallow
tragedia   tragedy
trago   drink; swallow; gulp
traje *m.*   dress; suit; costume
tramar   plot
tranquilidad *f.*   tranquility, quiet, peace
tranquilo   tranquil, quiet, calm, peaceful
transporte *m.*   transportation
trapo   rag
tras   after; behind
trasero   back; behind
trasladar   move from a place to another
traspatio   back yard
tratar (**de** + *inf.*)   treat; deal with; try; **tratarse de** be a question of; **tratar de tú** address familiarly with the pronoun **tú**
través: a través de   through; across
travesía   passage (by sea)
traza   plan, design; appearance
trazar (*irr. sp.* **A**)   draw, trace
trazo   delineation, outline; stroke
trece   thirteen
treinta   thirty
tren *m.*   train
trepar   climb
tres   three

trescientos   three hundred
tribu *f.*   tribe
tribulación *f.*   tribulation, affliction, trouble
tripulante   crew member
tribunal *m.*   tribunal; court
trigueño   (*adj.*) dark-haired; **trigueña** (*n.*) brunette
trimestre *m.*   trimester; quarter
triste   sad; gloomy
tristeza   sadness; sorrow; grief
triunfar   triumph; succeed
trompa   trunk [of an elephant]
trompeta   trumpet
trono   throne
tropezar   stumble, trip
tú   you
tu   your
tumba   tomb, grave
turbación   confusion, embarrassment
turbante   turban
turista *m. and f.*   tourist
turnarse   take turns
tutear   address familiarly with the pronoun **tú**
tuyo   your; **el tuyo** yours

U

ufano   proud, conceited
últimamente   lately
último   last
un(o) **una**   a, an; one; **unos** some; **tanto el uno como el otro** the one as well as the other; **uno al lado del otro** side by side; **uno a uno** one by one; **uno al otro** each other; **uno u otro** one or another
único   only; **solo el único** the only one
unificarse (*irr. sp.* **C**)   unify
unir   unite, join
universidad *f.*   university

universitario (*adj.*) university; refer-
ring to a university
urbano urban
urgente urgent
usar use; wear
uso use
usted, ustedes you; **ustedes mismos**
you yourself
utensilio utensil; tool
útil useful
utilidad *f.* usefulness

V

vacación *f.* (*usually pl.*) vacation
vacío empty
vacilante hesitant
vagabundo vagabond; wanderer; va-
grant
vagamente vaguely
vago vague
válido valid
valioso valuable, worthwhile
valer (**valgo, valí, valido**) be worth;
cost; **no vale nada** it is worthless;
vale más que it is better than
valientemente bravely, courageously
valor *m.* value; courage; strength
vals *m.* waltz
valle *m.* valley
vanidad *f.* vanity; conceit
varios several; various
varoncito small boy
vaso glass; glassful
vasto vast, immense, huge
vecino neighbor
vegetal *m.* vegetable
veinte twenty
veinticinco twenty-five
veinticuatro twenty-four
veintinueve twenty-nine
veintiun(o) twenty-one
vejez *f.* old age
vela candle

velar watch over; keep vigil
velocidad *f.* velocity, speed
velozmente fast, quickly
vena vein
vencer conquer
vendedor salesperson
vender sell
venezolano Venezuelan
venerar venerate; honor
venganza revenge
venidero coming; future
venir (**vengo, vine, venido**) come; (**el
año**) **que viene** next (year); **venirse
al suelo** come crashing to the floor
venta sale
ventaja advantage
ventana window
ventanilla service window (in bank,
post office, theater, *etc.*)
ver (**veo, vi, visto**) see
Veracruz Veracruz, Mexican seaport
on the Gulf of Mexico
veraneo: de veraneo spending the
summer
verano summer
verbo verb
verdad *f.* truth; true; **¿verdad?** isn't
it?; aren't you?; right?
verdadero real; true; actual
verde green
vergüenza shame; honor, self-re-
spect; **tener vergüenza** be self-re-
specting; be ashamed
verso verse
vertiginoso vertiginous, rapid
vestido (*n.*) dress; (*p. p.*) dressed
vestirse (**i, i**) dress, dress up
veterinario veterinarian
vez *f.* (*pl.* **veces**) time; **otra vez** again;
por primera vez for the first time;
tal vez perhaps; **una vez** once; **una
vez al** (**mes**) once a (month)
vía road; way
viajante *m. and f.* traveling sales-
person

viajar travel

viaje *m.* trip; **salir de viaje** take a trip

viajero traveler; passenger; **cheque de viajero** traveler's check

vicioso: hierbas viciosas weeds

víctima *f.* victim

victoria victory

vida life; **ganarse la vida** earn a living

video videocassette

viejo, -a *(adj.)* old; *(n.)* old person

viento wind

viernes *(n.)* Friday

viga beam, joist, rafter, girder

vigilante vigilant, police officer

vigilar watch, watch over

vigorizar *(irr. sp.* **A)** invigorate

vigorosamente vigorously

vino wine

violencia violence

violento violent

violín *m.* violin

visita visit

visitante *m. and f.* visitor

visitar visit

vista sight; view; **punto de vista** viewpoint

viuda widow

vivir live; be alive

vivo alive

volar **(ue)** fly

volátil volatile, fickle

volcán *m.* volcano

voluntad *f.* will; willingness

voluntario voluntary

volver **(ue)** *(p. p.* **vuelto)** come back, return; **volver a la carga** insist on, keep on doing the same thing; **volver a (preguntar)** (ask) again; **volverse** turn

vosotros you

votar vote

voz *f.* voice

vuelta turn; short walk; ride

vuestro your

Y

y and

ya already; now; presently; **ya no** no longer; **ya que** because, since

yerba grass

yo I

yuxtapuesto juxtaposcd, placed side by side

Z

zanquilargo longlegged

zapato shoe

zarandear stir, move things briskly

zarpar set sail, set out

zoología zoology

zoológico zoological; **jardín zoológico** zoo

zumbar hum, buzz, drone

ENGLISH-SPANISH VOCABULARY

Abbreviations

abbr.	abbreviation	*indef.*	indefinite	*prep.*	preposition
adj.	adjective	*inf.*	infinitive	*pres.*	present
adv.	adverb	*interrog.*	interrogative	*pret.*	preterite
art.	article	*irr. sp.*	irregular spelling	*pron.*	pronoun
cond.	conditional	*m.*	masculine	*refl.*	reflexive
conj.	conjugated	*n.*	noun	*rel.*	relative
conjunc.	conjunction	*obj.*	object	*sing.*	singular
def.	definite	*p.*	page	*sp.*	spelling
dem.	demonstrative	*part.*	participle	*Sp.*	Spain
dir.	direct	*pers.*	person	*Sp. A.*	Spanish America
f.	feminine	*pl.*	plural	*subj.*	subject
fut.	future	*pp.*	pages	*subjunc.*	subjunctive
ind.	indicative	*p. p.*	past participle	*v.*	verb

Page references immediately following the English word refer to explanations of the word in question.

Irregular verbs which are conjugated on pp. 458–466 are followed by (*irr. v.* 9 to 33). Verbs followed by (*conj. like* . . .) are irregular and follow the pattern of the verb indicated.

Radical-changing verbs are indicated by placing the vowel-change in parentheses after the verb, such as **pensar** (**ie**). When there is a vowel change in the present and preterite, both changes are indicated, as **dormir** (**ue, u**). Explanations of such changes are found on pp. 466–470.

Verbs followed by (*irr. sp.* **A** to **K**) undergo a spelling change in certain forms. The letter refers to the appropriate type of change explained on pp. 470–475.

A

a   un, una

abandon   abandonar

able: be able   poder (*irr. v.* 23) (+ *inf.*)

about   sobre; de; cerca de; **be about to** estar para; **be about (ten) years old** tener cerca de (diez) años, tener unos (diez) años; **come about** ocurrir

abroad: a trip abroad   un viaje por el extranjero

absent   ausente

absurd   absurdo

accept   aceptar

accident   accidente *m.*

accompany   acompañar

according to   según

account: on account of   a causa de, por

accountant   contador *m.*

accurate   exacto, preciso

act   (*v.*) actuar; **act as** estar de; (*n.*) acto

actress   actriz *f.*

actually (*pp.* 12–13)   de verdad, realmente

add   sumar

addition: in addition to   además de

address (someone)   (*v.*) dirigirse a alguien (*irr. sp.* **D**), hablar con alguien; (*n.*) dirección *f.*

admire   admirar

advantage   ventaja

adventure   aventura

adverb   adverbio

advice   consejos; **a piece of advice** un consejo; **a piece of good advice** un buen consejo

advise   aconsejar

affair   asunto

afraid: be afraid   tener miedo, temer

after   tras; después de; **after (eating)** después de (comer); **after (two) hours** a las (dos) horas; **quarter after (nine)** (las nueve) y cuarto

afternoon   tarde *f.*

afterward   después

again   otra vez; (**look**) **again** volver a (mirar)

against   contra

age   edad *f.*: **Golden Age** Edad de Oro

agent   agente *m.*

ago   hace; (**four days**) **ago** hace (cuatro días)

agree (*pp.* 13–15)   estar de acuerdo; convenir; concordar; caer bien; consentir en

agreeable   agradable

agreed (*p.* 15)   sí, cómo no; de acuerdo; (*Sp.*) vale

air   aire *m.*

airplane   avión *m.*

airport   aeropuerto

all   todos, todas; **all** (**night**) toda (la noche); **be all right** estar bien; **not at all** de ninguna manera

allow   permitir; dejar

almost   casi

alone   solo, solitario

along: alongside of   a lo largo de; **come along** progresar; **get along** llevarse bien; **take along with** llevar con

already (*p.* 253)   ya

also   también

although   aunque

always   siempre

American   americano, norteamericano

among   entre

amuse   entretener (*conj. like* tener), divertir (ie, i); **amuse oneself** entretenerse, divertirse

amusement park   parque de diversiones

an   un, una

anatomy   anatomía

ancient   antiguo

and   y; e

angry   enojado, enfadado

animal   animal *m.*

annex   anexo

annoying   molesto

another   otro

answer   (*v.*) contestar, responder (a);
    (*n.*) contestación *f.*, respuesta

antique   (*n.*) antigüedad *f.*

any   unos; algun(o); cualquier(a)

anyhow   de todas maneras, de cual-
    quier manera

anyone   alguno, alguien, cualquiera

anything   algo; **not . . . anything** nada

anywhere   en todas partes, en cual-
    quier parte, dondequiera, **not . . .
    anywhere** en ninguna parte

apartment   apartamento, departa-
    mento; (*Sp.*) piso

apologize   pedir perdón

appear   aparecer (*conj. like* conocer)

appearance   aparicion *f.*; entrada; as-
    pecto

apple   manzana

appreciate   apreciar

approach   acercarse (*irr. Sp.* **C**) (a +
    n.)

approval   aprobación *f.*

architect   arquitecto

are   son; están; **there are** hay

arm   (*v.*) armar(se); (*n.*) brazo

army   ejército

around   alrededor de, cerca de;
    aproximadamente; **go around** ir,
    andar (de un lado para otro); **turn
    around** volverse

arrange   arreglar

arrival   llegada

arrive   llegar (*irr. sp.* **B**); **arrive in**
    llegar a

article   artículo

artificial   artificial

artist   artista *m. and f.*

as   como; de; tan; **an . . . as** tan . . .
    como; **as far as** hasta; **as for** en
    cuanto a; **as long as** (**you are here**)

mientras, con tal que (estés aquí); **as
    soon as** tan pronto como

ashamed: be ashamed   tener pena/
    vergüenza, dar pena/vergüenza

ask (*pp.* **15–16**)   preguntar; **ask about**
    preguntar por; **ask for** pedir (i, i);
    ask a question hacer una pregunta

aspirin   aspirina

assure   asegurar

astronaut   astronauta *m. and f.*

at   a, en; **at home** en casa; **at least** por
    lo menos; **at once** en seguida; **at
    that time** en esa época; **not at all** de
    ninguna manera

Atlantic   Atlántico

attack   atacar (*irr. sp.* **C**)

attain   lograr, conseguir (i, i) (*irr. sp.*
    H), obtener (*conj. like* tener)

attend   asistir a

attractive   atractivo

auction   subasta

August   agosto

aunt   tía

author   autor *m.*

autumn   otoño

avenue   avenida

await   esperar

away: go away   irse (*conj. like* ir)

B

baby   bebé *m. and f.*

back   (*n.*) espalda

back: come back, go back   volver
    (ue), regresar

bad   (*adj.*) mal(o); (*adv.*) mal

balcony   balcón *m.*

ball pen   bolígrafo

banana   plátano

bandit   bandido

bank   banco

banker   banquero

baptism   bautizo

bar   barra, taberna, bar *m.*

barber   peluquero; (some countries of *Sp. A.*) barbero; **barbershop** peluquería; (some countries of *Sp. A.*) barbería

bark   (*v.*) ladrar

baseball   béisbol *m.*

basement   sótano

basket   cesto

bath   baño; **take a bath** bañarse

bathe (**oneself**)   bañarse

***be** (*pp.* **218–219**)   estar (*irr. v.* 17); ser (*irr. v.* 28)

beach   playa

beard   barba

bear in mind   tener en cuenta

beautiful   bello, hermoso

beauty   belleza

because (*p.* 16)   porque; **because of** a causa de; por; (*at the beginning of a sentence*) como

become (*pp.* **17–18**)   convertirse en; hacerse; llegar a ser; ponerse; volverse; **become fond of** encariñarse con; **become interested in** interesarse en/por; **become sick** enfermarse

bed   cama

bedroom   cuarto, habitación *f.*, dormitorio, alcoba

beer   cerveza

before   (*time*) antes de (+ *n.* or *pron.*); antes de (+ *inf.*); antes (de) que (+ *subjunc.*); (*place*) delante de

begin   comenzar (*irr. sp.* **A**) (a + *inf.*); empezar (*irr. sp.* **A**) (a + *inf.*)

beginning   principio

behind   tras; detrás de

believe   creer (*conj. like* leer)

---

*Expressions with **be** are listed under the other significant words.

belong   pertenecer (*conj. like* conocer)

beside   al lado de

best   mejor

better   mejor

between   entre

beyond   más allá de

bicycle   bicicleta

big   gran, grande

bill   cuenta

biology   biología

birthday   cumpleaños *m. sing.*

bitterness   amargura

blame   culpar; **who is to blame?** ¿a quién hay que culpar?

blouse   blusa

blow   soplar

blue   azul

blue jeans   pantalón de vaquero *m.*

boat   barco

body   cuerpo; **bodyguard** guardaespaldas *m. sing. and pl.*

book   libro

bonus   bono

bored   aburrido; **be** *or* **get bored** aburrirse

boring   aburrido

born: be born   nacer (*conj. like* conocer)

boss   jefe *m.*

both   los dos, ambos; **we both** nosotros dos

bother   molestar

bottle   botella

boulevard   paseo

box   caja

boy   muchacho; chico; **boyfriend** amigo; enamorado; novio; **delivery boy** mensajero

bracelet   brazalete *m.*

bread   pan *m.*

break   romper (*p. p.* roto); **break one's word** no cumplir con la palabra

breakfast   desayuno

breath   aliento, respiración *f.*
breathing   aliento, respiración *f.*
bridge   puente *m.*
bring   traer (*irr. v* 30)
broken   roto
brother   hermano
brother-in-law   cuñado
brown   moreno, castaño, pardo, color café
brush   cepillar
build   construir (*irr. v.* 14)
building   edificio
bullfighter   torero
burglar   ladrón *m.*
burned   quemado
bus   autobús *m.*
business   negocios; **a business** negocio, empresa
busy   ocupado
but (*pp.* **18–19**)   pero; sino; sino que; (*prep.*) menos, excepto, salvo; **nothing but** nada más que
buy   comprar
by   por; en

C

call   llamar; **call up** llamar
camera   cámara
can (*p.* **41**)   poder (*irr. v.* 23) (+ *inf.*); (**know how**) saber (*irr. v.* 26) (+ *inf.*)
candidate   candidato
capable   capaz, competente
capital   capital *f.*
car   auto, automóvil *m.*, coche *m.*
card   carta, baraja; *pl.* cartas, barajas; **postcard** tarjeta postal
cardiologist   cardiólogo
care   cuidado; **take care of** cuidar
careful: be careful   tener cuidado
carefully   cuidadosamente, con cuidado
carnation   clavel *m.*

carpenter   carpintero
carpet   alfombra
carry   llevar; **carry out (something)** llevarse; **carry out (a plan)** llevar a cabo
case   caso; **key case** llavero
cash   (*v.*) cobrar
cashier   cajero, -a
cassette   casete *m.*
cat   gato
catch   coger (*irr. sp.* **D**), agarrar; **catch a cold** coger, agarrar, pescar un catarro; **catch up** alcanzar (*irr. sp.* **A**)
cathedral   catedral *f.*
Catholic   católico, -a
cattle   ganado
cause   causa
celebrate   celebrar
cent   (*Sp.*) céntimo; (*Sp. A.*) centavo
center   centro
centimeter   centímetro; **be (one hundred eighty) centimeters tall** tener (ciento ochenta) centímetros de alto/altura/estatura
certain   cierto
chair   silla
champion   campeón *m.*
change   (*v.*) cambiar; (*n.*) cambio, vuelto
chapel   capilla
chapter   capítulo; **in chapter (three)** en el capítulo (tres)
character   carácter *m.*; personaje *m.*
characteristic   (*n.*) característica
charge   cobrar
charm   encanto
charming   encantador, -a
chauffeur   (*Sp.*) chófer *m.*; (*Sp. A.*) chofer *m.*
cheap   barato
cheat   engañar
checkers   damas *fl. pl.*; **play checkers** jugar a las damas
chemical   (*adj.*) químico
chess   ajedrez *m.*

chicken pollo
child, children niño, -a; mucha-
cho, -a; hijo, -a
childhood niñez *f.*, infancia
choose escoger (*irr. sp.* **D**)
Christmas Navidad, Navidades, Pas-
cuas; **Merry Christmas** Felices
Navidades
church iglesia
cigaret (te) cigarro, cigarrillo
citizen ciudadano
city ciudad *f.*
civilization civilización *f.*
clarify aclarar, clarificar (*irr. sp.* **C**)
class clase *f.*; **cut class** faltar a
clase
classical clásico
classroom aula
clean limpio
cleaner: dry cleaner's tintorería;
vacuum cleaner aspiradora de
polvo, barredora
cleaning (*n.*) limpieza
clear claro
clerk empleado
client cliente *m. and f.*
climb subir, escalar
clock reloj *m.*
close cerrar (ie)
close-mouthed callado
closed cerrado
clothes ropa
clothing ropa
club club *m.*
coach entrenador *m.*
coat abrigo
coffee café *m.*
cold (*adj.*) frío; (*n.*) frío; catarro,
resfriado; **be cold** hacer frío, tener
frío; **have a cold** estar resfriado,
tener catarro
collapse hundirse
college facultad *f.*; universidad *f.*
Columbus (Christopher) Cristóbal
Colón

come (*pp.* **42–44**)   venir (*irr. v.* 32);
llegar (*irr. sp.* **B.**); ir (*irr. v.* 20);
come down bajar; **come here!**
¡ven/venga acá!; **come in** entrar (en
+ *n.*); **come out** salir (de + *n.*)
comfortable cómodo
company compañía
competent competente
complain quejarse
complaint queja
completely completamente
complicated complicado
compound *n.* compuesto
computer computador *m.*, calculador
m.
concerning acerca de
concert concierto
condition condición *f.*
conduct (an orchestra)   dirigir (*irr.
sp.* **D**) (una orquesta)
confront confrontar, enfrentarse (a +
n.)
congratulate felicitar (por + *n.*)
conquest conquista
consent consentir
consider considerar
construct construir (*irr. v.* 14)
consult consultar
consume consumir
contact (*v.*) ponerse en contacto con
continue continuar (a + *inf.*) (*irr. sp.*
I); seguir (i, i) (*irr. sp.* **H**) (+ *pres.
part*)
contract contrato
contrary to contrariamente a, en con-
tra de, al contrario de
contribution contribución *f.*
convenience conveniencia; comodi-
dad *f.*
convenient conveniente; cómodo
convent convento
conversation conversación *f.*
convince convencer (*irr. sp. p.* **472,**
note 1)
cook (*v.*) cocinar, guisar, cocer (ue)

(*pres. ind.* cuezo, cueces, cuece, co-
cemos, cocéis, cuecen); (*n.*) coci-
nero, -a

corner (**on the street**)   esquina; (**of a
room**) rincón *m.*

correct   corregir (i, i) (*irr. sp.* **D**)

correspondence   correspondencia, car-
tas *f. pl.*

cost   costar (ue)

could *imperfect or cond. of*   poder

count   contar (ue); **count on** contar
con

counter   mostrador *m.*

country (**nation**)   país *m.*; (*as opposed
to city*) campo

couple   pareja; **couple of** par de; **mar-
ried couple** matrimonio, pareja

course   curso

cousin   primo, -a

cover   cubrir (*p. p.* cubierto)

crazy   loco

create   crear

criticize   criticar (*irr sp.* **C**)

cross   atravesar (ie), cruzar (*irr. sp.* **A**)

cry   llorar

cup   taza

cupboard   aparador *m.,* armario

cure   (*v.*) curar

curtain   cortina

custom   costumbre *f.*

customer   cliente *m. and f.*

cut   (*v.*) cortar; **cut class** faltar a clase;
cut down derribar, echar abajo

D

damage   (*v.*) dañar; echar a perder

dance   (*v.*) bailar; (*n.*) baile *m.*

dancing: after dancing   después de
bailar

dangerous   peligroso

dare   atreverse (a + *inf.*)

dark   oscuro

date (*date of month*)   fecha; (*with a
person*) compromiso; cita

daughter   hija

day   día *m.*; **the day before yesterday**
anteayer; **days ago** hace días; **one
day a week** un día a la semana

deal: a great deal   mucho

dear   querido

death   muerte *f.*

deceive   engañar

December   diciembre *m.*

decide   decidir (+ *inf.*); decidirse (a +
inf.)

decisive   decisivo

defeat   (*n.*) derrota

defend   defender (ie)

delicate   delicado

delivery boy   mensajero

demand   exigir (*irr. sp.* **D**)

democracy   democracia

dentist   dentista *m. and f.*

departure   salida

describe   describir (*p. p.* descrito)

deserted   desierto

deserve   merecer (*conj. like* conocer)

desire   (*n.*) deseo

desk   escritorio

dessert   postre *m.*

destroy   destruir (*conj. like* construir)

detail   detalle *m.*

diagnosis   diagnóstico

diamond   diamante *m.,* brillante *m.*

dictionary   diccionario

die   morir (ue, u) (*p. p.* muerto)

diet   dieta

different   diferente

difficult   difícil

difficulty   dificultad *f.*

dinner   comida

dint: by dint of   a fuerza de

direct   (*v.*) dirigir (*irr. sp.* **D**)

dirty   sucio

disappear   desaparecer (*conj. like*
conocer)

disappointed   decepcionado, contra-
riado, desilusionado
discover   descubrir (*p. p.* descubierto)
dish   plato; **wash the dishes** lavar/
fregar los platos
dishwasher   lavaplatos, lavadora de
platos
distance   distancia; **in the distance** a
lo lejos
district   distrito; barrio
do   hacer (*irr. v.* 19); **do dishes** lavar/
fregar los platos; **do without** pres-
cindir de; **not have anything to do
with** no tener nada que ver con
doctor   doctor *m.*, médico; **doctor's
office** consulta
document   documento
dog   perro
doll   muñeca
dollar   dólar *m.*
dominate   dominar
dominos   dominó *m.*
door   puerta
doubt   dudar (de + *n.*)
down: take down   bajar
downtown   centro
drawer   cajón *m.*
dream   soñar (ue) (con + *n.*)
dress   (*v.*) vestirse (i, i); (*n.*) vestido
drink   beber
drinking (coffee) (*p.* **404**)   tomar
(café)
drive (a car)   conducir (*irr. v.* 12); (*Sp.
A.*) manejar
driver   (*Sp.*) chófer *m.*; (*Sp. A.*) chofer
m.
drop   gota
drunk   borracho
dry   (*v.*) secar (*irr. sp.* **C**); **dry clean-
er's** tintorería
due to   debido a
dumbfounded   pasmado, boquia-
bierto
during   por; durante

dust   polvo
Dutch   holandés, -a

E

each   cada; **each other** uno a otro;
each time cada vez
early   temprano
earn   ganar
earthquake   terremoto
easily   fácilmente
east   este *m.*
easy   fácil
eat   comer; **good to eat** bueno para
comer, bueno de comer
economic   económico
effect   efecto; consecuencia
egg   huevo
eight   ocho
eighteen   dieciocho
either   tampoco
election   elección *f.*
electricity   electricidad *f.*
eleven   once
employee   empleado
empty   (**of a river**) (*v.*) desembocar
(*irr. sp.* **C**); (*adj.*) vacío
end   fin *m.*; final *m.*
enemy   enemigo
engineer   ingeniero
English (language)   inglés *m.*; (*adj.*)
inglés, -a
enjoy (*p.* **73**)   gozar (*irr. sp.* **A**) (de + *n.*
de + *inf.*); gustar; **enjoy oneself** di-
vertirse (ie, i)
enough   bastante
enter   entrar (en + *n.*)
entertain   entretener (*conj. like* tener)
entire   entero; todo
envelope   sobre *m.*
envy   envidia
equipment   equipo

escape   escapar (de + *n.*); escaparse
  (de + *n.*)
European   europeo
even   aun, aún; **even though** aunque
evening   noche *f.*
ever: than ever   que nunca
every (*pp.* **74–75**)   cada; **every (day)**
  todos los (días); **every other** cada
  dos; **everyone** todos los; todo el
  mundo; cada cual; cada uno
everything   todo; cada cosa; **every-
  thing that** todo lo que
everywhere   por todas partes; en todas
  partes; dondequiera; en dondequiera
evil: speak evil   hablar mal
exactly   exactamente
examination   examen *m.*; prueba
excellent   excelente
except   excepto, salvo, menos
excuse   excusa, pretexto
exercise   ejercicio
exhausted   cansado
expect   esperar
expensive   caro
experience   experiencia
experiment   experimento
expert   experto
expire   expirar; vencerse (*p.* **472**,
  note 1)
explain   explicar (*irr. sp. C*)
explanation   explicación *f.*
export   exportar
extremely   extremadamente
eye   ojo

F

fact   hecho; **the fact is** es que
factory   fábrica
fail (*pp.* **75–77**) *negative form of main
  verb;* **fail (go bankrupt)**   fra-
  casar; **fail** (*stop functioning*) fallar;
  fail (an examination) no pasar;
  salir mal en; **fail someone** sus-

pender a alguien; **not to fail to** no
  dejar de (+ *inf.*)
fair   (*n.*) feria
fall   (*v.*) caer (*irr. v.* 11); **fall down**
  caerse; **fall in love** enamorarse; **fall
  on** caer; (*n.*) otoño
family   familia
famous   famoso
fan   aficionado; fanático
far   lejos; **as far as** hasta
farm   finca
farmer   campesino
fast   rápido
fat   grueso, gordo; **get fat** engordar
father   padre *m.*
faucet   grifo
fear   temer; tener miedo
February   febero
feel (*pp.* **89–90**)   sentir (ie, i); sentirse;
  (**touch**) tocar (*irr. sp.* **C**); **feel like**
  tener ganas de (+ *inf.*); **how do you
  feel about (the president)?** ¿qué te
  parece (el presidente)?
fellow   amigo; compañero, tipo
fence   (*n.*) cerca
few   pocos; **fewer** menos
fiancé   novio
fiancée   novia
field   campo
fifteen   quince
fill   llenar
filling station   estación de servicio;
  gasolinera
film   película
finally   finalmente; por fin
find   encontrar (ue)
fine (*pp.* **90–92**)   (*v.*) multar; (*n.*)
  multa; (*adj.*) puro, fino; bueno, ex-
  celente; sutil; hermoso, bonito, be-
  llo, guapo, bien; (*ironically*) bueno
finger   dedo
finish   terminar, acabar
fire   fuego
fire fighter   bombero
first   primer, primero, -a

fish   pescado
five   cinco
fix   reparar, arreglar, componer (*conj. like* poner)
fixed   reparado, arreglado, compuesto
flashlight   linterna eléctrica
flashy   llamativo; **flashiest** más llamativo
flimsy   frágil, endeble
floor   suelo
flower   flor *f.*
fly   mosca
follow   seguir (i, i) (*irr. sp.* **H**)
following   siguiente
fond: be fond of   querer (*irr. v.* 25)
food   alimento, comida
foolishness   tonterías *f. pl.*; **a piece of foolishness** tontería
foot   pie *m.*
football   fútbol *m.*
for (**time**)   por, durante; (**cause**) pues; porque, como; **for a while** por un momento, por un rato; **for sale** se vende; a la venta
forbid   prohibir (+ *inf.*)
force   fuerza
foreigner   extranjero
forget   olvidar (+ *inf.*); olvidarse (de + *inf.*)
forgive   perdonar
former   (*adj.*) anterior *m. and f.*; (*dem. pron.*) aquel, *etc.*
formerly   antes
frame   marco
free   libre
French   francés, -a
Friday   viernes *m.*
friend   amigo, -a; **boyfriend** amigo, enamorado, novio; **girlfriend** amiga, enamorada, novia
friendly   amistoso
friendship   amistad *f.*
frighten   asustar, dar miedo
from   de; desde; **from (six o'clock) on** desde (las seis) en adelante

front: in front of   delante de
frying pan   sartén *f.*
full   lleno
fun: have fun   divertirse (ie, i); **make fun of** burlarse de
furniture   muebles *m. pl.*; **piece of furniture** mueble *m.*

G

gallery   galería
game   juego; partida
gangster   pandillero, pistolero
garage   garaje *m.*
garden   jardín *m.*
gardener   jardinero
gasoline   gasolina
gather   recoger (*irr. sp.* **D**)
general   (*n.*) general *m.*; (*adj.*) general
geologic   geológico
German   alemán, -a
Germany   Alemania
*get (*pp.* **92–94**)   conseguir (i, i) (*irr. sp.* **H**)
ghost   fantasma *m.*
gift   regalo
girl   muchacha, chica, niña, joven; **girlfriend** amiga, enamorada, novia
give   dar (*irr. v.* 15); **give away** regalar; **give back** devolver (ue) (*p. p.* devuelto)
glad   contento, alegre; **be glad** alegrarse
gloomy   triste
go   ir (*irr. v.* 20) (a + *inf.*); **go around** (**dreaming**) andar (soñando); **go back** volverse (ue) (*p. p.* vuelto); **go into** entrar en; **go to bed** acostar-

---

*Expressions with **get** are listed under the other significant words.

se (ue); **go up** subir; **go well** estar/
salir bien
God Dios
gold oro
Golden Age Edad de Oro
golf golf *m.*
good buen(o); **good (to eat)** ser bueno
para (comer), bueno de comer
goodbye adiós; **say goodbye** des-
pedirse (de + *n.*); decir adiós
good-looking guapo
goodness: my goodness! ¡por Dios!;
¡válgame Dios!; ¡Dios mío!
government gobierno
grade (in school) grado; **(mark)** nota,
calificación
gradually gradualmente, poco a poco
graduate (*v.*) graduarse
grandfather abuelo
grandmother abuela
grapefruit (*Sp.*) pomelo; (*Sp. A.*)
toronja
gray gris
great gran(de); **a great deal** mucho; **a
great many** muchos
green verde
greet saludar
groceries comestibles *m. pl.*, ali-
mentos
group grupo
grow crecer (*conj. like* conocer)
guard: bodyguard guardaespaldas
m. sing. and pl.
guest invitado
guilty culpable
guitar guitarra
gun revólver

H

hair pelo
hair dryer secadora de pelo *m.*
half mitad *f.*
hall corredor *m.*, auditorio

hand mano *f.*; **hand in** entregar (*irr.
sp.* **B**)
handkerchief pañuelo
hang colgar (ue) (*irr. sp.* **B**)
happen (*pp.* **112–113**) ocurrir; pasar;
suceder; (*v.* +) por casualidad
hard duro; difícil
harvest cosecha; **harvest time**
tiempo de cosecha
hat sombrero
hate odiar
Havana La Habana
have tener (*irr. v.* 29); **have a bad
time** pasarlo mal; **have a good time**
divertirse (ie, i), pasarlo bien; **have
dinner** comer; cenar; **have fun** di-
vertirse (ie, i); **have just** acabar de
(+ *inf.*); **have lunch** almorzar (ue)
(*irr. Sp.* **A**); **have nothing to do
with** no tener nada que ver con;
have (something) left quedar
(algo); **have something done** hacer
algo (*p.* **402**)
he él
head cabeza
headache dolor de cabeza *m.*
health salud *f.*; **in good health** bien,
bien de salud
hear (*pp.* **113–114**) oír (*irr. v.* 22);
hear of oír de, oír hablar de; **hear
from** tener noticias de; **hear over
the radio** oír en la radio; **hear that**
oír decir que; **hear (singing)** oír
(cantar)
heart corazón *m.*
help (*v.*) ayudar (a + *inf.*); (*n.*)
ayuda
her (*pron.*) la; (*adj.*) su, sus, de ella
here (*p.* **244**) aquí
hers (el) suyo, *etc.*
hide esconder; **hide oneself** es-
conderse
high alto; **be (kilometer) high** tener
(un kilómetro) de altura/alto
high school escuela secundaria

highway   carretera
hill   colina, loma
him   lo; le
hire   contratar
his   su, de él
history   historia
hole   hueco; agujero
home   casa; hogar *m.*; **at home** en casa
hope   esperar; **hope for (something)** esperar (algo), desear (algo)
horrible   horrible
horse   caballo
hospital   hospital *m.*, clínica
host   anfitrión *m.*
hot   caliente; **it is hot** hace calor; **it is so hot!** ¡hace mucho calor!
hotel   hotel *m.*
hour   hora
house   casa
housewife   ama de casa (*f. but* el)
how   ¿cómo?; como; **how do you like?** ¿qué le parece?; **how long?** ¿cuánto tiempo?; **how many?** ¿cuántos?; **how much?** ¿cuánto?; **know how** saber (+ *inf.*)
Huerta Street   la calle Huerta
human   humano
hundred   cien, ciento
hungry: be hungry   tener hambre
hunter   cazador *m.*
hurricane   huracán *m.*
hurriedly   apresuradamente, precipitadamente, de prisa
hurry   apurarse; apresurarse
hurt   doler (ue)
husband   marido

I

I   yo
if   si
illness   enfermedad *f.*
imagine   imaginar(se)

immediately   inmediatamente, en seguida
impatient   impaciente
important   importante
impose   imponer (*conj. like* poner)
impossible   imposible
in   en; (**within**) dentro de; **in addition to** además de; **in chapter (three)** en el capítulo (tres); **in fact** en realidad; **in front of** delante de; **in order that** para que; **in order to** para
include   incluir (*irr. sp.* **K**)
increase   (*n.*) aumento
industry   industria
inexpensive   barato, económico
influence   influencia
injure   herir (i, i)
inquire about   preguntar por
insect   insecto
inside   dentro de
insist   insistir (en + *n.*; en + *inf.*; en que + *subjunc.*); empeñarse (en + *n.*; en + *inf.*; en que + *subjunc.*)
inspire   inspirar
instead of   en lugar de, en vez de
instruction   instrucción *f.*
instrument   instrumento
insurance   seguro
intelligent   inteligente
intend (*pp.* **114–115**)   pensar (ie) (+ *inf.*); tener la intención de; **be intended for** ser para, estar destinado a
intention   intención *f.*
interest   (*v.*) interesar; **be/become interested in** interesarse (en/por + *n.*); *n.* interés *m.*
interesting   interesante
internal   interno
international   internacional
interpret   interpretar
interpreter   intérprete *m. and f.*
interrupt   interrumpir
intersection   cruce *m.*, intersección *f.*
into   en; **come into, go into** entrar en

introduce (*p.* 132) (**a person**)   pre-
sentar
invention   invención *f.*
invitation   invitación *f.*
invite (a + *inf.*)   invitar
iron   (*v.*) planchar
it   lo; la
Italian   italiano, -a
Italy   Italia
its   su, sus

J

jacket   chaqueta
janitor   conserje *m. and f.*
January   enero
jewel   joya
jewelry   joyas *f. pl.*; **a piece of jewelry**
joya
job   trabajo, empleo
joke   (*v.*) bromear, hacer chistes, hacer
bromas; (*n.*) chiste *m.*, broma
joy   alegría
judge   (*v.*) juzgar (*irr. sp.* **B**); (*n.*) juez
m.
jump   saltar
June   junio
just   exactamente; sólo; **have just**
(**eaten**) acabar de (comer)

K

keep (*pp.* 192–193)   tener; quedarse
con; guardar; **keep from** impedir (i,
i); **keep on** seguir (i, i) (*irr. sp.* **H**)
(+ *pres. part.*); **keep still** estarse
quieto o tranquilo; no moverse; ca-
llarse
key   llave *f.* **key case** llavero
kill   matar
kilometer   kilómetro; **be (a kilome-
ter) high** tener (un kilómetro) de
alto/altura
kind   (*n.*) clase *f*
kitchen   cocina

knife   cuchillo
knit   tejer
knock (*pp.* 133–134)   (*v.*) llamar/tocar
a la puerta; *n.* **hear a knock** oír to-
car/llamar a la puerta, sentir tocar/
llamar a la puerta
know (*pp.* 162–164) (**something; how
to do something**)   saber (*irr. v.*
26); (**be acquainted with**) conocer
(*irr. v.* 13); **get to know** llegar a
conocer

L

laboratory   laboratorio
lack   (*v.*) faltar; hacer falta; (*n.*) falta
lady   dama; **young lady** joven *f.*
lake   lago
lamp   lámpara
land   tierra; (**a piece of**) terreno
landlady   dueña, propietaria
landlord   dueño, propietario
language   idioma; lengua; (*in the
sense of style*) lenguaje *m.*
large   gran, grande
last (*p.* 164)   último; **last night** a-
noche; **last** (**month**) (el mes)
pasado
late (*pp.* 164–165)   tarde
latter   último; (*dem. pron.*) éste, ésta,
éstos, éstas, este último
laugh   reír (i, i), reírse; **laugh at** reír/
reírse de
laundry: do the laundry   lavar la ropa
law   ley *f.*; derecho
lawn mower   cortadora de hierba
lawyer   abogado
learn   aprender (a + *inf.*)
least: at least   por lo menos, al menos
leave (*pp.* 188–189)   salir (de + *n.*);
dejar
lecturer   conferenciante *m. and f.*
left (*p.* 357):   **have (something) left**
quedar (algo) a alguien
lend   prestar
less   menos; **the less . . . the less** (*pp.*

243–244) cuanto menos...menos,
etc.

let (*p.* **320**)   dejar, (que + *subjunc.*) per-
mitir

let's . . . (*p.* **321**)   ¡vamos a
(+ *inf.*)! (*1st pers. pl. pres. subjunc.*)

letter   carta

liberty   libertad *f.*

librarian   bibliotecario, -a

library   biblioteca

lie   (*v.*) mentir (ie, i); (*n.*) mentira

life   vida

light   (*v.*) encender (ie); (*n.*) luz *f.*;
traffic light semáforo

like   (*v.*) gustarle (a + *pers.*); querer,
amar, tener simpatía (por + *n.*); **how
do you like?** ¿qué le parece?;
¿cómo lo encuentra? ¿le gusta?;
(*adj.*) igual, parecido; (*prep.*) como
feel like tener ganas de; **like that**
así

listen   escuchar; **listen to** escuchar (+
thing)

literature   literatura

little   pequeño; **little by little** poco a
poco

live   vivir

lively   vivo, vivaz

living room   sala

loan   (*v.*) prestar; (*n.*) préstamo

lock   cerrar (ie) con llave

long (*pp.* **189–191**)   largo; **as long as
you are here** mientras que, con tal
que estés aquí; **be (two meters)
long** tener (dos metros) de largo;
how long? ¿cuánto tiempo?; **no
longer** no ... más

look (*pp.* **191–193**)   mirar; parecer;
look after cuidar; **look at** mirar;
considerar; **look forward** esperar
con placer; **look for** buscar (*irr. sp.*
C); **look into** considerar; **look like**
parecerse a; **look out!** ¡cuidado!;
look over examinar; **look up (up-
ward)** mirar hacia arriba; **look up
(a word)** mirar (una palabra)

looking: good-looking   guapo

lose   perder (ie)

lot: a lot   mucho

love   querer (*irr. v.* 25)

lubrication   lubricación *f.*

luck   suerte *f.*

lucky: be lucky   tener suerte

lunch   almuerzo; **have lunch** almor-
zar (ue) (*irr. sp.* **A**)

lung   pulmón *m.*

M

machine   máquina; **sewing machine**
máquina de coser; **washing ma-
chine** lavadora, máquina de lavar

maestro   maestro

magazine   revista

magnificent   magnífico

maid   criada, sirvienta

mail   (*v.*) echar al correo, mandar por
correo; (*n.*) correo

mailman   cartero

main   principal

make   hacer (*irr. v.* 19); **make fun of**
burlarse de; **make out** salir (bien o
mal)

malted   malteada

mamma   mamá

man   hombre *m.*

manager   gerente *m.*

many   muchos, -as

map   mapa *m.*

march   (*v.*) marchar; (*n.*) marcha

March   marzo

mark   calificación *f.*; nota; **get a mark**
sacar una nota

market   mercado

marry (*pp.* **209–210**)   casarse; **get
married** casarse; **marry someone**
casarse con alguien

Martí Boulevard   Paseo Martí

mass   misa

master   maestro

matter   materia, asunto; **what is the
matter with you?** ¿qué te pasa?;
¿qué le pasa a usted?

may   poder (*irr. v.* 23)
May   mayo
me   me; mí; **it's me** soy yo; **with me** conmigo
meadow   prado
meal   comida
measure   medir (i, i)
meat   carne *f.*
mechanic   mecánico
medicine   medicina
mediocre   mediocre
Mediterranean   Mediterráneo
meet   encontrar (ue); (*n.*) (*sports*) encuentro, competencia; **swimming meet** competencia de natación
meeting   reunión *f.*
member   miembro, socio
memorable   memorable
merchant   comerciante *m. and f.*
Merry Christmas   Felices Navidades
message   mensaje *m.*, recado
metal   metal *m.*
meter   metro
Mexican   mejicano, mexicano
Mexico   Méjico, México
middle   medio; centro
midnight   medianoche *f.*
military   militar
milk   leche *f.*
milkman   lechero
mind: bear in mind   tener en cuenta
mine   (el) mío, *etc.*
minister   ministro
minute   minuto
mirror   espejo
miss (*pp.* **210–211**)   extrañar, echar de menos; faltar; perder (ie)
Miss   señorita; (*abbr.*) Srta.
mistake   error *m.*
modern   moderno
moisture   humedad *f.*
moment   momento; **at that moment** en ese momento
Monday   lunes *m.*
money   dinero

month   mes *m.*; **last month** el mes pasado
more   más; **any more** ya no, no...más; **more often** más a menudo; **the more . . . the more** cuanto más... más, *etc.*
morning   mañana
most   más; el más; la mayoría, la mayor cantidad/parte de; muchos
motel   motel *m.*
mother   madre *f.*; **mother-in-law** suegra
motivation   motivo, motivación *f.*
motorcycle   motocicleta
mountain   montaña
mouth   boca
move   mover (ue); (**change one's position**) moverse; (**change one's residence**) mudarse
movie, movies   cine *m.*
Mr.   señor; (*abbr.*) Sr.
Mrs.   señora; (*abbr.*) Sra.
much   mucho; **how much?** ¿cuánto?; **so much** tanto
Muralla Avenue   la Avenida Muralla
museum   museo
music   música
musician   músico
must, must have (*pp.* **182–185**)   tener que
my   mi
myself   yo, yo mismo; me, a mí mismo

N

name (**first**)   nombre *m.*; (**last**) apellido
napkin   servilleta
near   (*adv.*) cerca; (*prep.*) cerca de
nearly   casi
necessary   preciso, necesario
need   (*v.*) necesitar; (*n.*) necesidad *f.*
neighbor   vecino
neighborhood   vecindario, barrio

nephew   sobrino
never (*p.* **250**)   nunca; jamás
new   nuevo
news   noticias *f. pl.*; **piece of news**
    noticia
newspaper   periódico
next (*p.* **211**)   próximo; siguiente
nice   agradable, bueno, amable; **nice**
    to agradable con, bueno con, ama-
    ble con
niece   sobrina
night   noche *f.*; **all night** toda la noche;
    every night todas las noches; **last**
    night anoche; **the whole night** toda
    la noche
nine   nueve
no   no; ningun(o); **no longer** no...más
no one   nadie
nobody   nadie
noise   ruido
nonetheless   sin embargo
nonsense   tontería
noon   mediodía
nor   ni
north   norte *m.*
nose   nariz *f.*
not   no
note   (*n.*) recado; nota
nothing   nada; **not have anything to**
    do with no tener nada que ver con;
    nothing but nada más que
notice   notar; fijarse (en + *n.*)
notify   avisar; notificar (*irr. Sp.* **C**)
novel   novela
now   ahora; ya
number   número
nurse   enfermero, -a

O

obey   obedecer (*conj. like* conocer)
object   objeto
occur   ocurrir, pasar, suceder

o'clock: (three) o'clock   las (tres); **at**
    (three) o'clock a las (tres)
October   octubre *m.*
of   de
offer   ofrecer (*conj. like* conocer)
office   oficina, despacho; **doctor's of-**
    fice consulta; **post office** correo,
    (*Sp.*) correos
often   muchas veces, a menudo
oil   petróleo, aceite *m.*
old   viejo; **be (fifteen) years old** tener
    (quince) años
on   en, sobre; **come on!** ¡vamos!; **on**
    account of a causa de, por; **on (ar-**
    riving) al (llegar); **on (Monday)**
    los (lunes); **on time** a la hora; a
    tiempo; **put on** ponerse (*irr. v.* 24)
once   una vez; **once (a week)** una vez a
    (la semana)
one   un(o)
onion   cebolla
only   único; (*adj. pp.* **233–234**) sola-
    mente, sólo
open   abrir (*p. p.* abierto)
operation   operación *f.*
operetta   opereta *f.*
opinion   opinión *f.*
opportunity   oportunidad *f.*
or   o; u
orange   naranja
orchestra   orquesta; **symphony or-**
    chestra orquesta sinfónica
order   (*v.*) pedir (i, i) ordenar; (*n.*) **(ar-**
    rangement) orden *m.*; **(command)**
    orden *f.*; **in order that** para que; **in**
    order to para
ordinarily   normalmente
other   otro
ought   *pres. of* deber
our   nuestro, *etc.*
ours   (el) nuestro, *etc.*
out: ask out   invitar a salir; **carry out**
    llevarse; **come out, go out** salir;
    take out (a thing) sacar (*irr. sp.* **C**)
outside   fuera

outstanding sobresaliente, destacado

over sobre; **over there** allá

overcast nublado

overcoat sobretodo, abrigo

overwhelming abrumador, -a; **such an overwhelming victory** una victoria tan aplastante

owe deber

own (*v.*) poseer, tener; (*adj.*) propio, mismo

owner dueño, -a; propietario, -a

oxygen oxígeno

P

pace paso

pack empaquetar; (**suitcases**) preparar las maletas

package paquete *m.*

page página

paint pintar

painting pintura

pair par *m.*, pareja

pajamas pijama *m.*

paleontology paleontología

pan: frying pan sartén *f.*

paper (*pp.* **234–235**) papel *m.*; (**for class**) trabajo

parade desfile *m.*

pardon *v.* perdonar

parents padres *m. pl.*

park (*v.*) estacionar; (*Sp.*) aparcar (*irr. Sp.* **C**); (*Sp. A.*) parquear

parrot loro

part parte *f.*

participate participar

particular particular

party fiesta

pass pasar

passenger pasajero

passport pasaporte *m.*

past pasado

pastor pastor

patience paciencia

patient (*v.*) enfermo, -a; paciente *m. and f.*

pay (*v.*) pagar (*irr. sp.* **B**); **pay attention** prestar atención; (*n.*) paga, sueldo

pencil lápiz *m.*

people (*pp.* **235–236**) gente *f.*

pepper pimienta

per por

perfectly perfectamente

perform actuar; realizar (*irr. sp.* **A**), hacer, (*irr. v.* 19) ejecutar, tocar (*irr. sp.* **C**)

period período

permission permiso

permit permitir (+ *inf.*); dejar (+ *inf.*)

person persona

personally personalmente

philosopher filósofo

philosophy filosofía

photograph fotografía, foto *f.*

picture cuadro, lámina

piece pedazo; **piece of paper** hoja; **piece of** + *n.*

pillow almohada

pink rosado

place (*pp.* **256–257**) lugar; sitio

plan (*v.*) planear; pensar (ie)

plane avión *m.*, aeroplano

planet planeta *m.*

plant (*v.*) plantar; (*n.*) planta

plastic plástico

play (*v.*) (*p.* **257**) (**a game**) jugar (ue) (*irr. sp.* **B**); (**an instrument**) tocar (*irr. sp.* **C**); (*n.*) obra teatral, pieza teatral

player jugador *m.*

playroom cuarto de juego

pleasant agradable

please (*v.*) agradar, complacer (*irr. sp.* **E**); por favor

plot trama

plumber (*Sp. A.*) plomero; (*Sp.*) fontanero

pocket bolsillo

poem poema *m.*, poesía
poetry poesía
police policía *f.*
policeman, police officer policía *m.*
policy (*insurance*) póliza (de seguro)
political político
pool: swimming pool piscina
poor pobre; **the poor** los pobres
popular popular
port puerto
Portuguese portugués, -a
position puesto; trabajo
postcard tarjeta postal
post office (*Sp. A.*) correo; (*Sp.*) correos
pound libra
practice (*v.*) practicar (*irr. sp.* C)
Prado el Museo del Prado
pray rezar (*irr. sp.* A)
preach predicar (*irr. sp.* C)
precious precioso
prefer preferir (ie, i) (+ *inf.*)
prepare preparar
present (*v.*) presentar; (*n.*) regalo; **at present** ahora, actualmente; **be present at** asistir a, estar presente en
president presidente *m.*
press planchar
pretty hermoso, lindo
prevent impedir (i, i) (+ *inf.*)
price precio; **rising prices** alza de los precios
priest cura *m.*
principal (*n.*) director, -a; (*adj.*) principal
print imprimir (*p. p.* impreso)
prize premio
probable probable
probably probablemente
problem problema *m.*
professor profesor, -a
program programa *m.*
promise prometer (+ *inf.*)
promote promover (ue); **be pro-**

moted ser promovido, ser ascendido
promotion promoción *f.*, ascenso
proof prueba
property propiedad *f.*
Protestant protestante *m. and f.*
provided that con tal que
public público
punctual puntual
punish castigar (*irr. sp.* **B**)
purpose propósito
pursuer perseguidor *m.*
put poner (*irr. v.* 24); **put in** meter; **put on** ponerse; **put up one's hand** levantar la mano

Q

quarter (**of a city**) barrio
question (**to which there is an answer**) pregunta; (**of something**) cuestión *f.*; (**a matter of**) asunto

R

rabbit conejo
radio radio *f. (m. in some Sp. A. countries)*
railroad ferrocarril *m.*; **railroad station** estación de ferrocarril *f.*
rain (*v.*) llover (ue); (*n.*) lluvia
raise (*v.*) levantar; (*n.*) aumento
rapidly rápido; rápidamente
rare raro
rather (*pp.* **257–258**) algo, bastante; más que; en lugar, en vez de
read leer (*irr. v.* 21)
ready listo, preparado
reality realidad *f.*
realize (*p.* **259**) darse (*irr. v.* 15) cuenta de
really realmente, de verdad

reason   razón f.; **for that reason** por
   eso
receive   recibir
recently   últimamente, recientemente
recommend   recomendar (ie)
record   disco
recorder   grabadora
red   rojo
refrigerator   refrigerador *m.*
refuse   rehusar, rechazar (*irr. sp.* **A**)
regard: in regard to   con respecto a,
   con referencia a, tocante a
regardless of   a pesar de
region   región *f.*
regret   sentir (ie, i), lamentar
relative   pariente *m. and f.*, familiar *m.*
relatively   relativamente
relieve   aliviar
remain   quedar(se)
remember   acordarse (ue) (de + *inf.*;
   de + *n.*) recordar (ue) (+ *inf.*; + *n.*)
rent   (*v.*) alquilar; (*n.*) alquiler
repair   reparar, arreglar, componer
   (*conj. like* poner) (*p. p.* compuesto)
repeat   repetir (i, i)
reply   contestar
report   informe *m.*
require   requerir (ie, i), pedir (i, i)
resemble   parecerse a (*conj. like*
   conocer)
reservation   reservación *f.*
reserve   reservar; **be reserved** re-
   servarse
resign   renunciar
rest   descansar
restaurant   restaurante *m.*
restless   inquieto, intranquilo
restriction   restricción *f.*
result   resultado
retire   jubilarse, retirarse
return (*pp.* **259–260**)   regresar, volver
   (ue); (**something**) devolver (ue);
   (*n.*) **return trip** viaje de regreso
revolution   revolución *f.*
rich   rico; **the rich** los ricos

ride (*p.* **283**)   ir (+ *mode of transporta-
   tion*); (*n.*) paseo
right (*pp.* **284–285**) (*adj.*)   derecho; **be
   right** tener razón; **right away,
   right now** ahora mismo
ring   sortija, anillo
riot   motín, tumulto, alboroto, desor-
   den, *m.*
rising prices   alza de los precios
river   río
road   vía, camino; (**highway**) ca-
   rretera
roast   (*v.*) asar
roasted   asado
robber   ladrón *m.*
rock   roca, piedra
room (*pp.* **285–287**)   cuarto, habita-
   ción; pieza (de la casa)
roommate   compañero de cuarto
rose   rosa
row   fila
rub   frotar
rug   alfombra
ruin   ruina
run   correr
Russian   ruso, -a

S

sad   triste
safe   seguro
saint (*pp.* **146–147**)   san(to), santa
salad   ensalada
salary   sueldo; salario, paga
sale   venta; **for sale** se vende, a la
   venta
salesman   vendedor *m.*; **traveling
   salesman** viajante *m.*
salt   sal *f.*
same   mismo
sand   arena
satisfaction   satisfacción *f.*
satisfied   satisfecho
satisfy   satisfacer (*conj. like* hacer)

Saturday   sábado *m.*
sausage   salchicha
save (*p.* 312) (**people, things**)   salvar;
   (**things**) ahorrar
say   decir (*irr. v.* 16); **say goodbye to**
   despedirse (i, i) de, decir adiós a
scarcely   apenas
scarf   bufanda
school   escuela
scientist   científico
scissors   tijera (*used in both sing. and*
   pl. to mean **scissors**)
scoffing   (*adj.*) burlón, -a
scratch   rascar (*irr. sp.* **C**); (**produc-**
   ing blood) arañar
scream   gritar
season   estación *f.*
seat   asiento
seated   sentado
secret   secreto
secretary   secretario, -a
see   ver (*irr. v.* 33)
seem   parecer (*conj. like* conocer)
sell   vender
senator   senador *m.*
send   mandar, enviar (*irr. sp.* **I**)
sensitive   sensitivo; (**referring to per-**
   sons) sensible, impresionable
serious   serio
servant   criado, -a
serve   servir (i, i); **serve as** servir de,
   estar de
set   poner (*irr. v.* 24)
settle (**an affair**)   arreglar
seven   siete
seventh   séptimo
several   varios
severe   severo, serio
sew   coser
sewing machine   máquina de coser
shade   sombra
shake   sacudir; **shake one's head**
   mover la cabeza
sharp   afilado, cortante; (**at two**
   o'clock) **sharp** (a las dos) en punto

shave   afeitar; **shave oneself** afeitarse
she   ella
ship   barco
shirt   camisa
shoe   zapato; **shoeshop** zapatería
shoemaker   zapatero
shop (**where things are sold**)   tienda;
   (**where things are made**) taller *m.*
short   corto; **be** (**two dollars**) **short**
   faltarle (dos dólares) a alguien
should   *pres. of* deber
show   enseñar, mostrar (ue)
sick   enfermo; **become** *or* **get sick** en-
   fermarse
side   lado
sidewalk   acera
sign   (*v.*) firmar; (*n.*) signo; señal *f.*
silent   silencioso; **be silent** callarse
silk   seda
silver   (*n.*) plata; (*adj.*) plateado, de
   plata
since (*cause*)   pues, ya que; (*time*) des-
   de, desde hace
sing   cantar
sir   señor *m.*
sister   hermana
sit down (*pp.* 312–313)   sentarse (ie)
situation   situación *f.*
six   seis
skill   habilidad *f.*, destreza
skin   piel *f.*
sky   cielo
slander   (*v.*) calumniar
sleep   dormir (ue, u); **sleep nights**
   dormir por las noches
sleepy: be sleepy   tener sueño
slide   (*n.*) diapositiva
slight   ligero, leve
smell   oler (ue) (*pres. ind.* huelo,
   hueles, huele, olemos, oléis,
   huelen); **smell of** (**garlic**) oler a
   (ajos)
smile   sonreír (i, i)
smoke   fumar
smoking   (*n.*) fumar *m.*

snow   (*v.*) nevar (ie); (*n.*) nieve *f.*
so   tan; **so much** tanto; *so that* para que
soap   jabón *m.*
society   sociedad *f.*
sociology   sociología
socks   calcetines *m. pl*
sofa   sofá *m.*
soft   suave; blando
softly   suavemente
soldier   soldado
solid   sólido
solve   resolver (ue) (*p. p.* resuelto)
some   (*adj.*) unos, -as; algunos, -as
someone   alguien, alguno
something   algo
sometimes   unas veces, algunas veces
son   hijo
song   canto
soon   pronto; **as soon as** tan pronto como
sore   dolorido
sound   ruido
south   sur *m.*; **South America** América del Sur, Sud América, Suramérica
Spain   España
Spanish (language)   español *m.*; (*adj.*) español, -a
Spanish American   hispanoamericano
spark plug   bujía
speak   hablar; **speak evil** hablar mal
speaker   orador *m.*
specialist   especialista *m. and f.*
specialize   especializarse (*irr. sp.* **A**)
speed up   acelerar
spend (*pp.* 313–314)   (**money**) gastar; (**time**) pasar
spite: in spite of   a pesar de
spoon   cuchara
sports   deportes *m. pl.*
spring   primavera
St. (*pp.* 146–147)   San, Santo
stamp   sello; (*Mexico*) timbre *m.*
stand up (*pp.* 332–333)   levantarse

standing: be standing   estar de pie, estar parado
start   empezar (ie) (*irr. sp.* **A**)
state   estado
station   estación *f.*; **filling station** estación de servicio, gasolinera
stay (*pp.* 333–334)   quedar(se); **stay at** quedarse en
steal   robar
steel   acero
stereo   estéreo
still   (*adj.*) quieto; **keep still** estarse quieto/tranquilo; no moverse; callarse; (*adv.*) todavía; aún
stockings   medias *f. pl.*
stomach   estómago; **turn one's stomach** revolver el estómago, dar náuseas
stone   piedra
stop (*p.* 334)   parar(se), detenerse (*conj. like* tener)
store   tienda
storm   tormenta, tempestad *f.*
story   historia, cuento
stove   cocina, estufa
strange   extraño, raro
stranger   extranjero, forastero
street   calle *f.*
struggle   (*v.*) luchar; (*n.*) lucha
student   estudiante *m. and f.*
study   estudiar
stupid   tonto, estúpido
style   estilo
subject   sujeto
subway   metro
suceed   lograr (+ *inf.*) tener éxito
success   éxito
successful: be successful   tener éxito
such (*pp.* 361–362)   tal; parecido
suddenly   de repente
suggest   sugerir (ie, i)
suit   traje *m.*
suitcase   maleta
summer   verano
sun   sol *m.*

Sunday   domingo
sunny: be sunny   hacer sol
supper   cena; **have supper** cenar
support   apoyar
suppose   suponer (*conj. like* poner); **be supposed to** tener que
sure   cierto, seguro
surgeon   cirujano
surprise   (*v.*) sorprender; (*n.*) sorpresa
sweater   suéter *m.*
Sweden   Suecia
sweet   dulce
swim   nadar
swimming   (*n.*) natación *f.*; nadar *m.*; **swimming meet** competencia de natación
symphony   (*n.*) sinfonía (*adj.*) sinfónica; **symphony orchestra** orquesta sinfónica
system   sistema *m.*

T

table   mesa
tablecloth   mantel *m.*
tact   tacto
*take (*pp.* **362–365**)   tomar
talent   talento
talk   hablar; conversar, charlar, platicar (*irr. sp.* **C**)
talkative   hablador, -a
tall   alto; **be (one hundred eighty centimeters) tall** tener (ciento ochenta centímetros) de alto/de altura/de estatura
tank   tanque *m.*
taste of (garlic)   saber a (ajo)
tax   impuesto
tea   té *m.*

---

*Expressions with **take** are listed under the other significant words.

teach   enseñar
teacher   maestro, -a; profesor, -a
teacup   taza para té
team   equipo
tear   (*v.*) rasgar (*irr. sp.* **B**), romper (*p. p.* roto)
tear   (*n.*) lágrima
telephone   (*v.*) telefonear; llamar por teléfono; (*n.*) teléfono; **telephone number** número de teléfono
television   televisión *f.*; **television set** televisor *m.*; **watch television** mirar (la) televisión
tell   decir (*irr. v.* 16)
ten   diez
tennis   tenis *m.*
terrible   terrible
test   examen *m.*, prueba
than   que; de
thank   (*v.*) agradecer (*conj. like* conocer), dar las gracias a; **thank you** gracias
thanks   gracias
that   (*adj.*) ese; aquel; (*pron.*) ése; aquél; eso; aquello (*rel. pron.*) que; **so that** para que; **that (important)** tan (importante)
the   el, la, los, las
theater   teatro
their   su, sus
theirs   (el) suyo, *etc.*
them   (*dir. obj.*) los, las; (*ind. obj.*); les; (*prep. obj.*) ellos, ellas
themselves   se; ellos, ellos mismos
then   pues; entonces; luego; **by then** para entonces
there (*pp.* **244–245**)   allí, allá; **over there** allá; **there is** *or* **there are** hay
these   (*adj.*) estos, -as; (*pron.*) éstos, -as
they   ellos, ellas; (*pp.* **385–386**) se
thief   ladrón *m.*
thing   cosa
think (*pp.* **389–390**)   pensar (ie); creer (*conj. like* leer); **think of** (*+ pres.*

part.) pensar (+ *inf.*); **think of** (+ *n.*)
pensar en (+ *n.*)

third   tercer, tercero, -a

thirsty: be thirsty   tener sed

thirty   treinta

this   (*adj.*) este; (*pron.*) éste; esto

though: as though   como si

three   tres

throat   garganta; **have a sore throat**
dolerle la garganta a alguien

through   por

throw   tirar, lanzar (*irr. sp.* **A**); **throw
away** tirar

Thursday   jueves *m.*

ticket   (*Sp.*) billete *m.* (*Sp. A*) boleto;
give a ticket (**to a driver**) multar o
ponerle una multa (a un chófer)

tie   corbata

time (*pp.* **390–392**)   hora; tiempo; vez
f.; época; **at that time** en esa época;
each time cada vez; **from time to
time** de vez en cuando; **have a good
time** divertirse (ie, i); **on time** a la
hora

tin   lata

tire   neumático

tired   cansado; **become** *or* **get tired**
cansarse

title   título

to   a; hasta; (**in order to**) para

today   hoy; **of today** de hoy día

together   juntos; **get together** reunirse

tomato   tomate *m.*

tomorrow   mañana

tonight   esta noche

too   demasiado; **too much** *or* **too
many** demasiado

tool   herramienta

tooth   diente *m.*

toothache   dolor de muela, dolor de
muelas

topcoat   abrigo, sobretodo

torn   rasgado, roto

touch   tocar (*irr. sp.* **C**)

tourist   turista *m. and f.*

toward   hacia

tower   torre *f.*

town   pueblo; **be in town** estar en el
pueblo, en la ciudad, en el lugar; **to
town,** al centro, al pueblo

toy   juguete *m.*

track   pista

traffic   tráfico; **traffic light** semáforo

train   tren *m.*

trap   atrapar; *n.* trampa

travel   viajar; **travel agency** agencia
de viajes

traveler   viajero

traveling salesman   viajante *m.*

treat   tratar

treatment   tratamiento

tree   árbol *m.*

trembling   tembloroso

trial   juicio, proceso

trip   viaje *m.*; **a trip abroad** un viaje al
extranjero; **round trip** viaje de ida
y vuelta; **take a trip** hacer un viaje

trousers   pantalón *m.*, pantalones *m.
pl.* (both refer to one pair of
trousers)

truck   camión *m.*

true   verdad; verdadero

trunk   baúl *m.*

trust (**someone**)   confiar (en alguien),
fiarse (de alguien)

truth   verdad *f.*

try   tratar (de + *inf.*); probar (ue)

Tuesday   martes *m.*

turn (*pp.* **410–413**)   (*v.*) volverse (ue);
turn around volverse; **turn off**
apagar (*irr. sp.* **B**); **turn on** (**the
light**) encender (ie) (la luz); **turn
one's stomach** revolver (ue) el es-
tómago, dar náuseas; **turn out** (**the
light**) apagar (*irr. sp.* **B**) (la luz);
(*n.*) turno; **it's someone's turn to**
tocarle a alguien + *inf.*

TV set   televisor *m.*

twenty   veinte
twist   retorcer (ue) (*irr. sp. p.* **472**,
    note 1)
two   dos; **two hundred** doscientos
typewriter   máquina de escribir

U

umbrella   paraguas *m.*
uncle   tío
under   bajo; debajo de
understand   entender (ie), compren-
    der
unemployment   desempleo, paro
unfortunate   desgraciado
unhappy   infeliz
unironed   sin planchar
United States   los Estados Unidos
university   universidad *f.*
unless   a menos que
unstable   inestable
until   hasta
up to   hasta
upstairs   arriba
us   nos; (*prep. obj.*) nosotros
used to (*p.* **199**)   *translated by the im-*
    perfect tense of the Spanish equiva-
    lent of the verb following **used to**
usher   acomodador *m.*
usually   normalmente
utensil   utensilio

V

vacation   vacaciones *f. pl.*
vaccinate   vacunar
vacuum cleaner   aspiradora de polvo,
    barredora
valley   valle *m.*
valuable   valioso, precioso

verb   verbo
very (*p.* **413**)   muy; **very much** mu-
    cho; **that very day** ese mismo día
vice-president   vicepresidente *m.*
vigor   vigor *m.*
village   pueblo
violently   violentamente
violin   violín *m.*
visit   visitar
visitor   invitado; visitante *m. and f.*
voice   voz *f.*
volume   volumen *m.*
vote   (*v.*) votar; (*n.*) voto

W

wait   esperar; **wait for** esperar (+ *inf.*)
waiter   camarero
waitress   camarera
wake up (someone)   despertar (ie) (a
    + *n.*); despertarse (ie)
walk   (*v.*) andar, caminar, pasear; (*n.*)
    paseo; **take a walk** pasear, dar un
    paseo
wall   pared *f.*
want   querer (*irr. v.* 25) (+ *inf.*)
war   guerra
warm   tibio; **be warm (person)** tener
    calor; (**weather**) hacer calor
wash   (*something*) lavar; (*oneself*) la-
    varse
washing machine   lavadora, máquina
    lavadora
waste   (*v.*) gastar; **waste time** perder
    tiempo; (*n.*) **waste of time** pérdida
    de tiempo
watch   (*v.*) mirar; observar; cuidar;
    watch out ir/andar con cuidado;
    watch out! ¡cuidado!; **watch tele-**
    vision mirar (la) televisión; (*n.*) re-
    loj *m.*
watchmaker   relojero

water   agua (*f. but* el); **water bottle**
   bolsa de agua
way   manera; forma
we   nosotros, -as
wear   usar
weather   tiempo
wedding   boda
Wednesday   miércoles *m.*
week   semana; **last week** la semana
   pasada; **next week** la semana que
   viene
weeping   (*adj.*) llorón, llorona
weight   peso
well   bien; **well-known** famoso
what   (*rel.*) lo que; (*interrog.*) ¿qué?;
   ¿cuál?
whatever   (*pron.*) cualquier cosa que;
   lo que; (*adj.*) (*p.* **147**) cualquiera
when   (*rel.*) cuando; (*interrog.*)
   ¿cuándo?
whenever   cuando
where   (*rel.*) donde; (*interrog.*)
   ¿dónde?; ¿adónde?
wherever   dondequiera que; adonde-
   quiera que; por dondequiera que
which   (*rel.*) que; el que; el cual; lo
   cual; lo que; (*interrog.*) ¿qué?;
   ¿cuál?
whichever   cualquiera
while   mientras, mientras que; **for a**
   while por un rato/momento
whisper   (*v.*) susurrar, murmurar; (*n.*)
   susurro, murmullo
whistle   silbato
white   blanco
who   (*rel.*) que; quien; el que; el cual;
   (*interrog.*) ¿quién?
whoever   quienquiera
whole: the whole   todo el, *etc.*
whom   (*rel.*) que; quien; el que; el
   cual; (*interrog.*) ¿quién?
whose   (*rel.*) cuyo; (*interrog.*) ¿de
   quién?
why   ¿por qué?; **that is why** por eso
wide   ancho; **be (twenty centimeters)**

wide tener (veinte centímetros) de
   ancho
widower   viudo
wife   esposa, mujer, señora
wildly   descontroladamente, desatina-
   damente
will   (*n.*) testamento
win   ganar
wind   (*n.*) viento
wind a clock *or* **watch**   dar cuerda a un
   reloj
window   ventana
windy: be windy   hacer viento
wine   vino
winter   invierno
wipe   secar (*irr. sp.* **C**)
wise   sabio
wish (*p.* **446–448**)   querer (*irr. v.* 25);
   desear
with   con; **with me** conmigo
without   sin
witness   testigo *m. and f.*
woman   mujer *f.*
woolen   de lana
wonder   (*v.*) preguntarse; *I wonder if*
   (**whether**) me pregunto si
wonderful   maravilloso
word   palabra; **break one's word** no
   cumplir con la palabra
work   (*v.*) trabajar; (*meaning* **func-**
   tion) funcionar; (*n.*) trabajo
worker   obrero
working   (*n.*) trabajar *m.*
workingman   obrero
workman   obrero
world   mundo; **world champion** cam-
   peón mundial
worried   preocupado
worry   preocuparse; **worry about** pre-
   ocuparse por
worth: be worth   valer (*irr. v.* 31)
would (*pp.* **448–449**);   *conditional for*
   conclusion of a condition; imper-
   fect when it is equivalent to **used to;**
   sometimes conditional, sometimes

imperf. subjunc. when used to soften a statement; **would that** ¡ojalá!

write   escribir (*p. p.* escrito)

writer   escritor *m.*

wrong: be wrong   estar equivocado

Y

year   año

yell   gritar

yes   sí; (*p.* **255**) ya

yesterday   ayer; **the day before yesterday** anteayer

yet   todavía

you   (*subj. pron.*) tú, usted, ustedes; (*dir. obj. pron.*) te, lo, le, la; (*indirect obj. pron.*) te; le; les; se, (*prep. obj. pron.*) ti, usted, ustedes

young   (*adj.*) joven; **young lady** joven *f.*; **young man** joven *m.*

your   tu, su, *etc.*

yours   (el) tuyo, (el) suyo, *etc.*

youth   juventud *f.*; (**a youth**) un, una joven

COPYRIGHT ACKNOWLEDGMENTS

INDEX

References are to pages. Problem words are normally indexed only under English meaning.